CAMPEONES DE MEDIANOCHE

CAMPEONES DE MEDIANOCHE

Daniel Entrialgo

MUDDY
WATERS
BOOKS

C/ Juan Ramón Jiménez, 2. 10º E. 28036 Madrid
info@muddywatersbooks.es

Diseño: Victoria de Diego
Corrección y edición: Benito Garrido

ISBN: 978-84-122720-1-7
Depósito legal: M-28124-2020

Impreso en Imprenta Kadmos

www.muddywatersbooks.es
@MuddyWatersB
@muddywatersbooks

Impreso en España - *Printed in Spain*

ÍNDICE

Pliego de descargo

Pocas cosas generan tanta admiración en el imaginario colectivo del siglo XX y XXI como los deportistas de élite. Sus piruetas imposibles, las demostraciones de fuerza o velocidad, esa habilidad llevada a extremos casi mágicos... Todo ello conforma una suerte de embrujo colectivo que, más allá del lado sórdido del deporte profesional (que lo tiene, y no precisamente del que se habla en el libro), ha convertido a estos hombres y mujeres en auténticas 'marcas con piernas' cuyos rostros son reconocibles en todo el planeta y, por ende, son capaces de vender cualquier cosa que no necesitamos amparados en sus indudables éxitos deportivos.

Sin embargo, y como no podía ser de otra manera, a los fundadores de esta editorial lo que más nos ha atraído habitualmente de los deportistas no era lo que hacían en el terreno de juego, sino cómo se desenvolvían fuera del mismo. Lo más lejos posible, de hecho. Por dos motivos: el primero, porque como devotos declarados que somos de la cultura pop, resulta imposible ignorar su relevancia en este sentido, desde lo más frívolo a lo más trascendente (que también lo hay, aunque a veces no lo parezca). El segundo, creemos que compartido con algunos millones de personas más, es que nos sentimos más cercanos a ellos cuanto más conocemos sobre sus miserias, sus dudas, sus dramas... Suponemos que la razón está clara: nunca podremos 'competir' con ellos sobre un campo de juego, pero en este aspecto las cosas se igualan extraordinariamente.

Los deportistas aquí incluidos combinan estas dos facetas: capaces de batir todos los récords mientras enardecen a la hinchada con su juego... y copar al mismo tiempo los titulares de la prensa al día siguiente por lo que pasó después en alguna discoteca. Es muy probable que casi todos nosotros, si no todos, comenzáramos viendo esas hazañas nocturnas tan solo como una serie de historias graciosas, pintorescas, sin más trascendencia. Porque, ¿quién no se ha cogido una buena cogorza celebrando una gran victoria? ¡Qué menos! El problema es que todos estos campeones, sin excepción, también acabaron transformados en personajes que rozaban el patetismo, si no se hundieron profundamente en él. Porque hay otra regla que siempre se cumple: cuanto más alto subes, más dura resulta la caída. Y todos ellos subieron muy alto (tal vez no tanto como hubieran podido, pero muy alto).

Ojo, que nadie se asuste: todo lo anterior no significa que este libro no tenga partes (muy) divertidas, algunas casi homéricas y otras emotivas. Pero sería absurdo negar que los protagonistas de estas páginas están marcados por evidentes problemas psicológicos, una salud frágil que se ha llevado a más de uno antes de tiempo y un carácter narcisista que incluso, en algunos casos, derivó en delitos graves durante su particular espiral autodestructiva. Pero lo mismo podríamos decir si hubiéramos elegido a actores, músicos, escritores o incluso políticos (vale, este último libro sería especialmente retorcido).

Estas páginas no tratan, por tanto, ni de elevar a los altares ni de hundir en los infiernos a ninguno de sus protagonistas, aunque evidentemente algunos de ellos nos despertarán más simpatías que otros. Aquí el objetivo es distinto: descubrir al lector las motivaciones que llevaron a cada uno de ellos a lanzarse sin paracaídas al abismo y abrazar todas sus tentaciones pese a que, en la mayoría de los casos, eran más conscientes que nadie de lo absurdo de su comportamiento. Incluso, por qué no, preguntarse si en algún caso su vida habría sido mejor de no haberlo hecho.

Por supuesto, todo esto no sería posible sin una pluma adecuada que lo plasmara, pero esa era la parte más sencilla de la ecuación. Ninguno de nosotros tenía dudas de que Daniel Entrialgo era nuestro hombre, un tipo capaz de recordar tanto la marca de polos que usaba

George Best como el apellido de todas las Miss Mundo con las que se acostó o el número de goles que metió en la temporada 68-69. Pero, sobre todo, alguien que, pese a conocerle bien desde hace más de una década, nos había sorprendido con una primera novela –*Puskas*, no duden en hacerse con ella; solo tiene el fallo de que no la publicamos nosotros–, capaz de mostrar con maestría ese lado humano del que hablábamos.

El cóctel literario, pues, está servido. Y nos encanta cómo ha quedado. Ahora solo queda que ustedes se sirvan la bebida de su elección y sigan pasando páginas a buen ritmo. Creemos que no saldrán decepcionados, pero si lo hacen –hay gente para todo–, solo tienen que ir a buscarnos a alguno de nuestros bares de cabecera para discutirlo. Nosotros nos encargamos de la primera ronda.

Los editores

Prólogo

Por Quique Peinado

El 18 de octubre de 1997 fue un día histórico. No sé si para el deporte, pero sí para mi juventud. Romario de Souza Faria, delantero brasileño de 31 años, se plantó delante de la prensa y, con la única expresión facial que conocía (la ponía exactamente igual para celebrar un gol tras romperle la dignidad a Rafa Alkorta o tras enchufarle una hostia a Diego Simeone), declaró: "Hace 18 años que juego al fútbol y la noche siempre ha sido amiga mía. El día que el presidente vino a ficharme le comenté que la noche me encanta y que cuando no salgo, no marco. El día del Palmeiras salí por la noche, llegué a las siete de mañana al hotel y luego marqué tres goles. Desde entonces no he vuelto a salir más y los goles no llegan, así que habrá que empezar a salir por las noches. Salí el jueves, salí ayer, saldré hoy y la próxima semana creo que haré igual".

Romario apuraba su última etapa en Europa en las filas del Valencia y demostraba que había sido la combinación más perfecta de farra y fútbol que conocieron los tiempos, una versión abstemia de George Best con peor pelo y mejor movimiento de cadera. El delantero que dominó el fútbol a mitad de los 90, el que parecía salido de *Oliver y Benji*, como lo definió Kiko Narváez, convocaba solemnemente a una prensa que lo estaba matando por no marcar un gol para dejar claro la condición número uno para ser un "campeón de medianoche", como los define el libro que te vas a empezar a leer: no solo salgo, sino que jamás lo voy a esconder.

Evidentemente la vida nocturna de Romario le acortó la carrera y le dejó un escalón por debajo de las grandes leyendas de la historia del balompié, siendo quizá el delantero más talentoso y letal que conocieron los tiempos, pero eso posiblemente no le importaba. Romario amaba tanto el césped como la samba y se autoconcebía como un ser humano completo solo cuando las dos cosas fluían paralelamente. Si Jorge Valdano, que lo entrenó en Valencia, dijo aquello de que el fútbol es un estado de ánimo, habría que entender que para que el ánimo de Romario fuera compatible con el gol, tenía que acostarse cuando sus compañeros se levantaban. Quizá no fuera verdad y simplemente era la excusa de un joven egoísta al que no le importaban sus equipos para hacer la vida que quería hacer y que no se le permitía al resto de los mortales. Pero también es verdad que Romario no pertenecía al escalón humano de los otros futbolistas y que ejercía su privilegio con una honestidad muy por encima de la media.

Hoy no sé si quiero a Romario, pero mi yo de 18 años adoró a ese tío. Y posiblemente todo el yo de cualquier persona que soñara con ser un deportista profesional: alguien que es capaz de lograrlo sin dejar de hacer lo que se le vetaba. Porque lo que admiramos de Romario y de los tipos que salen en este libro es, simplemente, que ellos lograron lo que nosotros desearíamos: llegar a lo máximo sin hacer apenas renuncias. ¿Quién quiere joderse la vida para ser una estrella? Pocos. Pero, ¿quién quiere ser una estrella sin joderse la vida? Todos. ¿Quiénes lo logran? Unos pocos genios. Por eso Romario (y Rodman, y Daly, y Best) nos representan. Y por eso jamás los querríamos de compañeros de trabajo.

No se trata, creo, de ser bueno saliendo mucho. Se trata de ser muy bueno, salir mucho y reconocerlo. Se trata, como tantas cosas en la vida, de la actitud.

Pongo otro ejemplo que no sale en este libro, por aquello de aportar: Carlos Moyà. En 2004 reubicó su carrera para encaminarla a ganar la Copa Davis, su auténtica obsesión tras quedarse fuera de la final del título español de 2000. Ese año sumó tres títulos (entre ellos, el Masters 1000 de Roma; solo logró tres torneos de esta categoría en toda su carrera) y se plantó en la final de la Davis de Sevilla como un tiro, dando a España el punto decisivo en una obra de arte de partido contra Andy Roddick. En la rueda de prensa posterior a ese momento, en medio de un tsunami de atención mediática hacia Rafa Nadal, que nacía al estrellato en ese instante tras vencer a Roddick en aquella eliminatoria, Moyà dejaba claro que era un deportista sensacional con una obsesión: "Muchas veces me he despertado por la noche pensando en este día. Había que ganar. Era muy importante para mí. Me dije que iba a sobrevivir y lo conseguí. He estado esperando a que esto sucediera durante tanto tiempo que... Siempre pensé que, si alguna vez tenía que jugar el punto definitivo, no podría ni coger la raqueta, pero lo he hecho", dijo, muy serio, y remató: "Me dije: 'No puedo fallar. Si no aprovecho esta oportunidad, no me podré considerar un buen jugador". Y lo hizo. Eso sí, en la misma rueda de prensa dejó claro que al año siguiente no le esperaran por los cielos del tenis. Que no se iba a matar otra vez como lo hizo para ganar un trofeo que le hiciera estar en paz consigo mismo. En 2005 ganó solo en Chennai, un torneo que vencía prácticamente todos los años, y poco más. Nunca regresó al nivel de la final de Sevilla. Quienes lo nombraban líder de un equipo Davis que debía tener en él el referente veterano y en Rafa Nadal la fuerza de la juventud, tuvieron que quedarse con las ganas.

¿Es Carlos Moyà un mal deportista, un mal competidor? No. ¿Acaso no ama el tenis? Evidentemente lo adora, y la prueba es que se ha dedicado a él, con éxito además, hasta el día de hoy desde que en 2010 dejara de ser jugador profesional. Simplemente, Moyà no lo tenía como única prioridad. Consideraba que renunciar a todo lo demás no valía la pena para llegar un escalón más arriba, el que separa a los muy buenos de las leyendas. Él decidió que no y también se ganó nuestro amor: ser lo que fue él, siendo como fue él, merece nuestra idolatría.

En este libro se repasan historias de farra, extremos, diversión... y tragedia. Rodman fue un hombre perseguido por sus propios demonios. Best acabó de la peor manera posible. Daly transitó tantas veces por el infierno que se hizo amigo de juergas del diablo. No conviene dejar atrás que las vidas de jóvenes al límite que hacen cohabitar el éxito en el deporte profesional –el mundo más testosterónico que existe (a menos en el que no se torean animales)– con una actividad nocturna que coquetea con la autodestrucción, no siempre acaban bien. Pero aquí estoy, 41 años, padre de dos hijos que hace lustros que no sale por la noche y al que le duelen las piernas porque ha tenido que cargar un par de cajas y subir dos pisos con ellas, y mientras escribo esto pienso que las historias que acaban mal no merecen la pena, que esos tipos que pusimos en un pedestal porque tenían todo lo que deseábamos no son mis referentes. Pero que tampoco es que yo esté para tirar cohetes a día de hoy y tengo bastante menos cosas que contar a mis nietos ni placeres mundanos que recordar cuando sea viejo y esté en una silla de ruedas mirando unas palomas comer las migas que acerté a tirarles. Así que no tengo claro si hasta los que acabaron mal, no lo hicieron bien. Puede que sí. Lo que tengo por seguro es que entre ser Romario, acostándome a las 7, ganando un Mundial y siendo una de las personas que más han molado vestidos en pantalón corto, o ser Cristiano Ronaldo y arrasarlo todo dejándome la vida para estar físicamente inapelable, preferiría ser Romario. Y entre ser Carlos Moyà, tener ese *flow* y habérmelo pasado de puta madre para ganar un Roland Garros y una Copa Davis, o ser Roger Federer, el mejor de todos los tiempos pero también la persona más aburrida de todos los tiempos, me quedo con el mallorquín. No es casualidad que mientras escribo esto lleve puesto los pantalones Nike que me compré cuando llegó a la final del Open de Australia del 97. 23 años después siguen impolutos. Como la leyenda dionisiaca de Moyà. Como el recuerdo de todos los tipos que aparecen en este libro.

INTRODUCCIÓN

Nunca des de beber a un campeón después de medianoche

Primero, no exponerlo jamás a la luz brillante, especialmente a la del sol; segundo, no permitir que se moje; y tercero, la regla más importante de todas, la que nunca debe olvidarse, no alimentarlo nunca –y nunca es nunca– después de medianoche. Estas son las tres reglas del Mogwai, la entrañable y bondadosa criatura que aparecía en *Gremlins*, la película de 1984 dirigida por Joe Dante y producida por Steven Spielberg. A pesar de la aparente sencillez de dichos preceptos, la irresponsabilidad humana –como acostumbra– terminaría incumpliendo tales mandamientos y el caos se apoderaría de la pantalla.

Trasladando las tres reglas citadas a la carrera de una estrella del deporte, podríamos reinterpretarlas del siguiente modo: primero, no dejes que la luz cegadora de la vanidad, el éxito rápido y el dinero fácil deslumbre sus ojos; segundo, no permitas que el agua azucarada del halago moje de engreimiento sus oídos ni que las voces aduladoras del sexo humedezcan de tentación su entrepierna; y tercero, de nuevo la regla más importante de todas, nunca des de beber a un campeón después de medianoche.

Si lo haces, como veremos a lo largo de los diferentes capítulos de este libro, es posible que la atracción de la noche empuje a nuestro ídolo –de forma irresistible– hacia el lado oscuro del exceso. El deseo desenfrenado nublará sus sentidos y le hará malgastar toda su fortuna en placeres mundanos. Poco a poco, caerá despeñado por la pendiente del vicio –cada vez más solo, cada vez más deprimido– hasta acabar contemplando en el espejo del baño, cada mañana, el reflejo del fracaso y la derrota.

La génesis de este libro que aquí comienza nace sobre el mantel almidonado de una tradicional *brasserie* francesa del centro de Madrid, entre sorbos humeantes de sopa bullabesa con salsa *rouille* y sabrosos mordiscos de albóndigas de pato de las Landas, hace más de un año, entre los primeros rayos de sol de la primavera. El autor de estas líneas había quedado a comer con Javier Márquez Sánchez y Rodrigo Varona, colegas de profesión y compañeros de viejas batallas periodísticas, para celebrar y brindar –con una copa de Chablis frío en la mano– por la gestación y feliz nacimiento de Muddy Waters Books, su nueva editorial.

Entre sus primeros proyectos, revoloteaba en la cabeza de ambos la idea de un libro sobre los mayores juerguistas de la historia del deporte, un boceto aún sin desarrollar al que habían bautizado con el nombre provisional de *Sudar la camiseta*. Les hablé entonces de Romário de Souza Faria, aquel inolvidable goleador de los años noventa –delantero del Barcelona, el Valencia y la selección brasileña– famoso tanto por su increíble definición delante de la portería como por su capacidad para cerrar las últimas discotecas de la ciudad, siempre rodeado de bellas mujeres y efluvios de alcohol. De él, un periodista llegó a escribir que no le gustaba nada entrenar durante el día, pero que –a cambio– sudaba muy a gusto la *camisinha* por las noches. Lo que nadie sabía entonces por estos lares es que, en Brasil, la *camisinha* es el nombre popular por el que se conoce a los preservativos (y Romário 'empapaba' docenas de ellos por semana).

Mientras apurábamos el postre, los tres continuamos recordando anécdotas de otras estrellas estrelladas del fútbol mundial, el boxeo, la NBA, el ciclismo, el golf o casi cualquier práctica deportiva que reporte fama y dinero. Historias de perdedores –las más divertidas– que se empeñaron en nadar a contracorriente sin ni siquiera guardar la ropa antes. Tipos extravagantes, de espíritu contestatario, que derrocharon sus dones naturales como si fueran espuma de cerveza. Fanáticos hedonistas del aquí y del ahora que pasaron –en muy pocos años– de augurar el más brillante porvenir a lamentarse por lo que pudo ser y no fue, dejando en la memoria de los aficionados el eco de una trayectoria malograda resumida en apenas unas palabras: mucho sexo, muchas drogas... y algunas tardes de gloria.

Cuando llegaron los cafés a la mesa, ambos se quedaron en silencio durante un segundo para proponerme a continuación: "Oye, ¿y por qué no escribes tú ese libro?".

Y en esas me he visto durante estos últimos meses, leyendo decenas de biografías y artículos sobre el tema, revisionando viejos documentales, partidos y fotografías, recuperando antiguas entrevistas de las hemerotecas, intercambiando anécdotas, ideas y recuerdos con amigos o compañeros, documentándome para escribir estas páginas que tantas horas de gozosa nostalgia me han hecho pasar delante del teclado.

Pero no os equivoquéis. Aquellos campeones no eran ningunos 'mataos'. Más bien todo lo contrario. Exudaban tanto talento por sus poros que la comodidad del éxito –obtenido casi sin esfuerzo– acabó por despistarles. Lo tenían todo para ser los mejores del planeta, pero se perdieron en el bosque de la vida y acabaron eligiendo la senda equivocada.

Tal es el caso de Mike Tyson, el boxeador con la pegada más salvaje del cuadrilátero. Daba tanto pánico verlo noquear que conseguía derrotar psicológicamente a sus contrincantes incluso antes de subirse al *ring*. "Yo no intimido a mis rivales insultándoles antes de la pelea. Eso no sería efectivo. Yo les intimido golpeándolos", proclamaba con chulería. Acabaría en la cárcel, acusado de violación, dilapidando en caprichos absurdos una fortuna inmensa de cientos de millones de dólares.

O de George Best, elegido mejor futbolista del planeta en 1968, quien a los veintisiete años ya se arrastraba por los campos como un exjugador jubilado. Demasiado alcohol y demasiadas mujeres, aunque él jamás estaría de acuerdo en colocar semejante pronombre ('demasiado') delante de dos palabras tan hermosas. Si Madrid ha dedicado su aeropuerto a la memoria de Adolfo Suárez, el arquitecto de la Transición, y Liverpool a John Lennon, el padre de alguna de las más bellas canciones de pop jamás compuestas, el George Best City Airport de Belfast rinde homenaje al único norirlandés que logró poner de acuerdo en algo a sus belicosos compatriotas, ya fuesen católicos o protestantes. Y es que ambas comunidades estarían dispuestas a jurarlo sobre la Biblia: él sí que fue *The Best*.

Para comprender a Dennis Rodman, uno de los escuderos de Michael Jordan en la edad dorada de los Chicago Bulls de la NBA, uno debe encender el piloto automático de la suspensión de la incredulidad, ya que nada en él tiene sentido. Amante de la cantante Madonna y de la 'vigilante de la playa' Carmen Electra, adoraba travestirse de mujer a pesar de su más que demostrada heterosexualidad, fue confidente íntimo del dictador más excéntrico del mundo (Kim Jong-Un, el Amado Líder de Corea del Norte) e incluso llegó a ser adoptado legalmente por una familia blanca –y muy racista– de Oklahoma, siendo él negro. ¿No es alucinante?

El pecado capital de *Mágico* González, por otra parte, fue la molicie. El triunfo le causaba pereza. Quienes le conocieron bien aseguran que no tenía nada que envidiar técnicamente al mismísimo Maradona. Pero él había nacido en El Salvador, país chiquito con ninguna tradición futbolística (un lugar tan improbable para un genio de la pelota como el desierto de Los Monegros para un campeón de esquí alpino), y se sentía más cómodo bajo la noche estrellada de un barrio de Cádiz, agitando el hielo de su copa al ritmo de la música, que llegando en un flamante deportivo a la encopetada gala del Balón de Oro. Un antisistema del consumismo y de la competición.

También habrá oportunidad de revisar otros expedientes menos conocidos del golferío deportivo. Como el del golfista John Daly, que siempre jugaba con resaca y que jamás pasó de largo la puerta de un casino. O el del iracundo Ty Cobb, una de las leyendas del béisbol seminal, quien afilaba los tacos de sus botas para clavárselos en la espinilla a quien osara pararle. Y habrá espacio, por supuesto, para tres estampas crápulas del exceso ibérico, tales como Guillermo Gorostiza, *Dum Dum* Pacheco o *El Chava* Jiménez.

Y así, trago a trago, madrugada tras madrugada, acompañaremos en su deambular durante las próximas trescientas y pico páginas a algunos de los campeones más dispersos de la historia.

Una última cosa. Recuerda: nunca des de beber a un campeón después de medianoche. Pero si aquello –simplemente– sucede, relájate y disfruta, comparte con él al menos un par de tragos y, sobre todo, sé benévolo con sus debilidades. Por la mañana, la resaca que arrastre sí que será de campeonato.

Daniel Entrialgo
Madrid, octubre de 2020

1

MIKE TYSON
O el gran despilfarro

Cómo fundirse 400 millones de dólares y no conseguir absolutamente nada a cambio

En 1985, el director de cine Walter Hill (autor de algunos taquillazos de los años ochenta como *48 horas*, *Calles de fuego* o *Danko: calor rojo*) firmaba una comedia *palomitera* y facilona construida al servicio de su protagonista, el humorista afroamericano Richard Pryor (ya en la cuesta abajo de su carrera). La película se llamaba *El gran despilfarro* y, aunque el producto final era bastante mediocre, el planteamiento inicial de su argumento resultaba de lo más sugerente. Un hombre corriente (Richard Pryor) recibe por sorpresa la inmensa herencia de un rico y lejano pariente, un tipo tan acaudalado como excéntrico, el cual decide incluir en su última voluntad una cláusula chocante. Para poder acceder al contenido del testamento –y demostrar así que posee el auténtico espíritu del derroche–, el afortunado Richard Pryor deberá gastarse, a lo largo de un mes entero, un millón de dólares (de los de entonces) cada día. Tendrá que hacerlo, además, en nada que le reporte ningún tipo de patrimonio (es decir, no podrá comprarse coches, mansiones, joyas, acciones o cualquier clase de bien mueble o inmueble); o lo que es lo mismo, deberá aprender a transformar treinta millones de dólares en volutas de humo.

Hasta aquí, la película. En la realidad de la vida, mucho más retorcida e inconcebible que la ficción, el boxeador y ex campeón del mundo de los pesos pesados Mike Tyson llegaría a declararse en bancarrota, varias veces, a pesar de haber generado a lo largo de su carrera –entre bolsas de combate, premios y patrocinios comerciales– la ingente cantidad de 400 millones de dólares, una cifra absolutamente escandalosa. Un enigma personal que nos genera una doble curiosidad: por un lado, ¿cómo puede un atleta profesional llegar a amasar tal cantidad de dinero?; y dos, ¿cómo puede alguien administrar su colosal fortuna de forma tan desastrosa como para arruinarse de tal modo? La respuesta podría tener cabida en una de las frases que se escuchan en *El gran despilfarro*: "¡Esto solo pasa en América, hijo, y Dios la bendiga por ello!".

Aunque pueda parecer increíble, el caso de Mike Tyson resulta tan solo extraordinario en su desorbitada cantidad, aunque no en la repetición del esquema. Son decenas los casos de deportistas profesionales estadounidenses que, en las últimas décadas, lo han perdido todo aun habiendo acumulado –en apenas unas pocas temporadas– una riqueza varias veces superior a la que cualquier ciudadano ordinario podría alcanzar en decenas de vidas completas.

La edad de oro del deporte estadounidense

George Steinbrenner fue un magnate de los años sesenta que se hizo rico gracias a una compañía de transporte de mercancías. En el año 1973, decidió meterse en el mundo del béisbol y compró la franquicia de los Yankees de Nueva York, su equipo preferido de la niñez, por diez millones de dólares. En 2012, casi cincuenta años después, Bloomberg estimó el valor del club en 2.850 millones. Ni las acciones de Amazon han logrado tal revalorización.

Durante la década de los años ochenta y noventa, el negocio del deporte experimentó un crecimiento desmesurado en Estados Unidos.

El desarrollo del *merchandising* y la expansión de los contratos televisivos –que comenzaron a proporcionar unos ingresos nunca antes vistos en la historia– convirtieron al sector (da igual si se trata de fútbol americano, baloncesto, béisbol, hockey sobre hielo o boxeo) en una industria milmillonaria, muy atractiva para el inversor. En el arco de tiempo de apenas un par de décadas, los periodistas deportivos tuvieron que dar clases particulares de macroeconomía para asimilar en su justa medida las magnitudes que empezaban a estamparse en las páginas de sus diarios. Veamos otro ejemplo: en 1989, el empresario petrolero Jerry Jones adquirió los Cowboys de Dallas, uno de los equipos más populares de la NFL, por un montante –estratosférico entonces– de 150 millones de dólares; en 2009, una auditoria justipreció a esta franquicia texana en una cifra superior a los 1.800 millones (un 1.200% de revalorización en veinte años).

Uno de los principales colectivos beneficiados por este tsunami de bonanza y prosperidad fue el de los jugadores. Sus sueldos aumentaron en poco tiempo de un modo exponencial. En 1968, el salario medio de un profesional del bate en la Liga Nacional de béisbol apenas rozaba los 19.000 dólares por temporada. En 2010, sin embargo, ya era de tres millones. En apenas una generación, habían pasado de ganar el equivalente a un sueldo de alto ejecutivo de la época a ser directamente millonarios. Las cantidades comenzaron a ser mareantes. En el *draft* de 1993 (el sistema por el cual los equipos de la NBA adquieren a las jóvenes promesas), los Dallas Mavericks ofrecieron a Jamal Mashburn –un alero correcto, pero no una gran estrella– un relumbrante contrato de 33 millones de dólares por siete años. Pero es que, por aquella misma época, Mike Tyson podía llegar a boxear por bolsas de 35 millones por combate; es decir, era capaz de ganar en una única velada más que muchos ídolos del baloncesto en toda su carrera.

Y esta no era su única fuente de ingresos. La publicidad empezaba a extender los primeros grandes cheques del sector a cambio de patrocinios exclusivos (algo que hoy en día nos resulta de lo más habitual, pero que por entonces no lo era tanto). Michael Jordan fue –en este sentido– uno de los pioneros, al conseguir un fijo anual de dos millones y medio de dólares por calzarse unas zapatillas Nike (en 2003, Lebron

James acordaría con esa misma firma deportiva un contrato descomunal de 90 millones). A lo largo de su trayectoria, sobre todo en los primeros buenos años, Mike Tyson aparecería en anuncios de Pepsi, Toyota, Kodak o Nintendo, marcas multinacionales que –sin embargo– saldrían huyendo de su vera no demasiado tiempo después, cuando la sombra de su pésima imagen pública comenzara a ser percibida más como una rémora que como un reclamo.

La década de los años ochenta convirtió en gran símbolo del dinero fácil al personaje de Gordon Gekko, el *broker* protagonista de la película *Wall Street*, un *yuppie* engominado –interpretado magistralmente por Michael Douglas– que repetía, enfundado en su traje de Armani, aquello de "la codicia es algo bueno, funciona, ha hecho progresar al mundo y ha salvado a esa gigantesca corporación de tres siglas llamada USA". Los años noventa dieron paso a la burbuja tecnológica de las *puntocom* y el ombligo de las finanzas se desplazó desde Nueva York hasta San Francisco (a Silicon Valley, concretamente). Una hermosa borrachera de bonificaciones y primas por beneficios que no generaría apenas resaca hasta la repentina crisis de Lehman Brothers, en 2008.

Las revistas económicas, como *Fortune* o *Forbes*, mostraban en su portada a los nuevos héroes americanos, jóvenes y forrados, modelos aspiracionales que se convertían en millonarios –de la noche a la mañana– gracias a la oportuna venta de un portal de internet, su destreza en los negocios o la astuta ejecución de un *pelotazo* inmobiliario. La única diferencia entre aquellos tipos y alguien como Mike Tyson –en este ascenso hasta la cima del sistema– residía en que los primeros sí poseían una educación universitaria y conocían –al menos en su parte teórica– los rudimentos básicos para gestionar una cuenta bancaria repleta de ceros.

Los deportistas profesionales suelen hacerse ricos de manera repentina, sin valorar apenas el esfuerzo del logro por el camino. Los billetes comienzan a caer del cielo como una lluvia fina, que empapa sus huesos de una aparente sensación de felicidad (así como de una desbocada fiebre consumista). Su situación recuerda, en cierto modo, a la de esos afortunados que vemos celebrar el premio gordo de la lotería cada Navidad. Uno adquiere un décimo un día y *voilà*, a la mañana siguiente puede comprarse todo aquello que desea. Literalmente. La experiencia nos dice que muchos de ellos acaban arruinados en un plazo no demasiado largo de tiempo, peleados con parientes y amigos, maldiciendo amargamente el poder corruptor del dinero.

En 2009, la revista *Sports Illustrated* publicó un artículo demoledor sobre un tema que sacaba a la luz ciertas estadísticas palmarias. A los dos años de su retirada, el 78% de los jugadores de la NFL confesaba estar pasando apuros financieros de algún tipo; a los cinco de dejar el baloncesto, el 60% de los profesionales de la NBA se declaraba en bancarrota. El reportaje no incluía datos sobre la práctica del boxeo en particular, aunque el caso de Mike Tyson resulta paradigmático en este sentido.

Conviene tener en cuenta que, en EE UU, muchas de estas fulgurantes estrellas (como el propio Tyson) proceden de un entorno misérrimo, nacidos en el seno de familias desestructuradas y criados en un entorno agresivo de barrios marginales y bandas callejeras. En cierto modo, conciben el deporte como el único camino posible para lograr salir del gueto. Lógicamente, no poseen estudios ni preparación financiera (algunos no saben siquiera cómo cobrar un cheque) y resultan presa fácil para pillos embaucadores y pícaros de la estafa. Casi todos son de origen afroamericano, aunque el problema no reside tanto en su raza como en el nivel socioeconómico del que provienen. Al fin y al cabo, parece lógico que les afecte a ellos en mayor medida ya que la comunidad negra resulta ser muy superior en porcentaje, respecto al resto de etnias, dentro del conjunto del deporte profesional norteamericano (una mayoría casi aplastante en el caso concreto de la NBA o el boxeo), siendo también, por razones históricas, una etnia muy numerosa dentro de las clases sociales más desfavorecidas.

Sin embargo, es su particular y despreocupado estilo de vida lo que más acaba influyendo a la hora de descompensar su balance económico. Viven centrados en el aquí y el ahora, sin apenas previsión de futuro, imitando a la cigarra de la fábula (nunca a la hormiga), enfocados mucho más hacia el gasto que al ahorro. Porque, para ellos, lo realmente importante es *molar*.

La cultura del 'bling-bling' (o cómo fardar cueste lo que cueste)

Dentro del *slang*, la jerga coloquial de las calles, el término *bling-bling* hace referencia a la idea de brillar y fardar (lo que se viene siendo tirarse el rollo). La idea consiste en pulirse el dinero de la forma más jactanciosa posible, casi obscena, exhibiendo la opulencia a través de un gasto irracional y caprichoso. No mostrar rubor alguno a la hora de acaparar cualquier símbolo de ostentación o lujo que uno pueda (o tal vez no, visto lo visto) permitirse. Es lo que en inglés se conoce como *show-off*, es decir, presumir, alardear, fantasmear, cacarear y vanagloriarse, un concepto muy arraigado en la cultura urbana del *hip-hop*, cuando las primeras estrellas del *rap* –allá por los años noventa– mostraban una imagen fanfarrona en sus videoclips como símbolo de éxito.

Anillos y relojes de oro, cadenas de brillantes customizadas con el dorsal del equipo o las iniciales grabadas en piedras preciosas, varios deportivos en el garaje, mansiones inabarcables de miles de metros cuadrados –a pesar de vivir solos–, yates, piscinas, motos de agua, botellas de Louis XIII bebidas a gollete y absurdos abrigos de visón en climas de cuarenta grados a la sombra (los cuales muchas veces ni siquiera llegan a sacar del armario). Una especie de consigna invisible les obliga a poseer lo mismo que el vecino de taquilla en el vestuario, cueste lo que cueste. Lo importante es derrochar, no importa en qué, para demostrar a los demás que uno es un ganador. De la pobreza a la abundancia en un par de ganchos, con la sed insaciable en la garganta de quien las ha pasado canutas de niño, envidiando todo aquello que uno no podía tener, y que ahora trata de ponerse al día y recuperar el tiempo perdido.

El mismo afán competitivo que les ha llevado a triunfar en el deporte de élite, los empuja a rivalizar por ver quién es el que más gasta fuera del *ring* o lejos de la cancha de juego. *¡Bling-bling!* Tú tienes un Lamborghini rojo, yo tengo uno rojo y uno negro; si te compras dos Rolex de oro rosa, yo media docena. Más de esto y más de aquello, lo que haga falta. Y una vez que ya han acumulado suficientes cosas materiales, llega la hora de coleccionar personas de carne y hueso a su alrededor. El séquito.

Cualquier estrella que se precie debe tener su propio cortejo particular, un ejército de asalariados que lo acompaña a restaurantes, anuncia su llegada a los centros comerciales o llama la atención de los curiosos en los reservados de las discotecas. No importa cuántos sean (ocho, diez, cuarenta...), todo lo paga el mismo. Bebidas, fiestas, entradas de conciertos, pases VIP, lo que sea (en una ocasión, Mike Tyson se fundió medio millón de dólares de una tacada, regalando joyas a sus –presuntos– amigos).

Peluquero y tatuador particular, estilista disponible las 24 horas del día, un mayordomo para ordenar el vestidor (repleto siempre de zapatillas de deporte exclusivas), un tío que da de comer a las mascotas, otro que se encarga de mantener el frigorífico lleno de cervezas, un par de primos lejanos que no tienen nada mejor que hacer con su vida o incluso alguien que nadie sabe muy bien a qué se dedica, pero que siempre anda revoloteando por ahí. Y todos cobrando un sueldo semanal, mantenidos por el mismo tipo.

El colofón del exceso suele llegar con el momento *Make it rain* (Haz que llueva), bautizado así por una canción del rapero Jay-Z. Hay que colocarse en un lugar elevado, con un público expectante debajo, y –reproduciendo el gesto típico de los clubs de *striptease*– comenzar a lanzar, de uno en uno, un gran fajo de billetes al aire, en un rápido e incesante movimiento de las yemas de los dedos, haciendo así que el dinero vaya cayendo al suelo –si nadie se apresura a cogerlo al vuelo– como las hojas secas del otoño (en YouTube, es posible encontrar vídeos de Floyd Mayweather, el supercampeón de boxeo, *haciendo llover* maletines enteros de billetes de cien, regando a los asistentes con hasta 50.000 dólares de una sentada).

Por supuesto, luego están las chicas. El sexo. Preciosas pelirrojas, rubias esculturales y morenas de curvas siliconadas, recién salidas de un poster desplegable de la revista *Hustler*. Acompañantes, *escorts*, novias de alquiler. Da igual la denominación. Normalmente, este periodo dura un tiempo limitado, como la fogosidad de un felino en celo, hasta que la estrella de turno se cansa y decide sentar la cabeza, buscar el amor verdadero y casarse. Y es justo entonces cuando llegan los verdaderos problemas. Divorcios millonarios, pleitos por paternidad, pensiones, manutención de los vástagos (Evander Holyfield, uno de los grandes rivales de Tyson, ha reconocido tener –hasta la fecha– once hijos de nueve mujeres diferentes). Para este tipo de personas, tan forradas como populares, resulta muy complicado saber cuándo una mujer les abre su corazón por razones verdaderas o solo por el mero interés crematístico.

Existe una película documental de 2012, *Broke: estrellas en la ruina*, dirigida por Billy Corben, en la que explican y analizan los casos reales de muchos de estos deportistas desplumados. Una de las personas que aparece entrevistada es Robin *Boss* Lyon, fundadora de *Baller Alert*, una especie de club para chicas casaderas que proporciona información confidencial sobre la vida privada de los jugadores de la NBA. ¿Con qué objetivo? Poder *cazarlos*. Su lema es: "Para chicas guapas que desean tener la vida de una estrella del baloncesto". Proporciona datos y gustos personales de los principales millonarios de la liga (qué tipo de mujer prefieren, qué cosas suele hacer) y envía alertas al móvil cuando un deportista millonario se deja caer por una discoteca concreta. "Tengo siete mil socias apuntadas a este servicio –explica Lyon–. Se ponen *sexis* y se van para allá en busca de un marido rico y famoso. Ese es su oficio, pescar un buen partido. Y si consiguen quedarse embarazadas, mucho mejor".

Con estas premisas, no resulta difícil aventurar que muchos de ellos acaben divorciados en un periodo no muy largo de tiempo, gastándose una verdadera fortuna en abogados y acuerdos de separación. La ruptura del matrimonio entre Mike Tyson y Robin Givens le costó al boxeador ocho millones de dólares, una cifra gigantesca entonces, aunque muy alejada de los primeros puestos del *ranking*.

El golfista Greg Norman, en 2008, tuvo que entregar a su exmujer, Laura Andrassy –tras veinticinco años de matrimonio– la increíble suma de 105 millones de dólares. Y aún más cara le saldría a Michael Jordan la ruptura con su ex, Juanita Vanoy, a quien tuvo que desembolsar 150 millones en el año 2002 (de hecho, la estrella de los Chicago Bulls lidera todavía hoy esta peculiar clasificación a nivel absoluto, una lista repleta de ceros en la que suelen aparecer, normalmente, nombres relacionados con la industria del cine o de la música, tales como Neil Diamond, Steven Spielberg, Harrison Ford, Kevin Costner o Paul McCartney).

Facturas, hipotecas, letras pendientes, alquileres, préstamos, un ejército de aprovechados a los que mantener y, para colmo, el Tío Sam. Muchos de estos deportistas desconocen la prolija legislación americana relativa a tasas e impuestos y acaban denunciados por el propio estado americano. Mike Tyson, por ejemplo, tuvo que declararse en bancarrota tras enterarse de que debía al fisco estadounidense 17 millones de dólares en impagos y atrasos.

Si a esto le añadimos el alto riesgo y poco olfato que demuestran a la hora de invertir (casi todos montan restaurantes, discotecas, clubs de alterne o lavaderos de coches, negocios muy poco lucrativos en general), las estafas que sufren a manos de timadores y algunos vicios poco confesables –como la pasión por la droga, la prostitución o los casinos–, la nómina de deportistas de élite arruinados es larga y pesada: Latrell Sprewell (perdió 100 millones), Gilbert Arenas (111 millones), Scottie Pippen (120 millones), Allen Iverson (entre 150 y 200 millones) y así hasta más de sesenta nombres que se van deslizando por la pantalla como frías y desapasionadas anotaciones contables.

En el vértice de la pirámide, no obstante, sigue estando Mike Tyson, con esos 400 millones de dólares arrojados al sumidero, un expediente el suyo que no solo cumple –una a una– con todas las características que hemos visto hasta ahora en este apartado, sino que añade a su biografía cada uno de los tópicos y clichés de la imaginería literaria, cinematográfica y sentimental del boxeo. Una infancia perra y dolorosa, un ascenso vertiginoso hasta la cúspide y una cuesta abajo decadente y penosa. Porque, como bien advertía el título de la novela de Budd Schulberg (considerada por muchos como la gran obra maestra del género pugilístico), *Más dura será la caída*.

La noche en que los dioses del boxeo dijeron basta

Japón, 10 de febrero de 1990. La carrera deportiva de Mike Tyson posee una fecha maldita que señala, como una cuña de madera clavada a martillazos, un antes y después en su trayectoria. Lo que hasta entonces no era más que una línea ascendente casi perfecta (en sus cinco años de profesional había bruñido un palmarés inmaculado de 37 victorias en 37 peleas, 32 de ellas por *knock-out*, dejando a sus adversarios fuera de combate, en 17 de estas 32 ocasiones, antes incluso de acabar el primer asalto), encontró aquella noche un tope en el cielo, rebotó contra su mala suerte –o una preparación descuidada– y nunca más volvió a enderezarse. Ese día todo se torció para siempre.

El combate se celebraba en el Tokyo Dome de la capital nipona, metrópolis que había puesto sobre la mesa de negociación seis millones de razones para llevarse el contrato y albergar semejante espectáculo. Aunque Tyson ponía en juego su cinturón de campeón unificado de los pesos pesados, la velada no dejaba de ser un mero trámite. Su rival se llamaba James *Buster* Douglas y era un auténtico don nadie, un desconocido al que las apuestas le daban una probabilidad de victoria de 42 a 1 en contra.

Desde el primer *round*, Douglas sorprendió a todos los presentes al evidenciar que iba a tomarse la contienda mucho más en serio de lo esperado. Al parecer, no se limitaría a protegerse el mentón, besar la lona de la forma más digna posible y llevarse a casa su porcentaje del pastel. Buscaba algo más. A Tyson, por el contrario, se le veía extrañamente calmo, sin ese apetito voraz de carne fresca que solía demostrar por entonces. Tal vez, incluso, algo lento de movimientos, pesado y adormecido, como si a la bestia salvaje que era entonces le hubieran lanzado un dardo narcotizante. Douglas lo mantenía fácilmente a distancia prudencial con su *jab* y, cada vez que los puños de Tyson silbaban sus oídos, acudía al *clinch* (táctica defensiva que consiste en abrazar al rival para evitar sus acometidas) con el fin de atemperar los ánimos.

Al final del quinto asalto, durante un intercambio de golpes, un directo del aspirante acabó impactando en el párpado de Tyson, lo que le hinchó el ojo como un balón de playa, impidiéndole ver correctamente por uno de sus frentes de ataque. Douglas se envalentonó e intentó dominar la pelea, sin embargo, cuando ya casi terminaba el octavo *round* y acosaba a Tyson contra las cuerdas, este le lanzó un violentísimo *uppercut* con su derecha que le hizo volar por los aires y aterrizar sobre el suelo como un saco de patatas.

El guión volvía al argumento previsto. Douglas estaba tirado en la lona, aturdido y jadeante, el público aplaudía en pie y los periodistas empezaban a recoger sus apuntes del pupitre, comprendiendo que aquel asunto estaba ya liquidado. El árbitro mexicano, Octavio Meyrán, se arrodilló delante de Douglas y comenzó la cuenta de uno a diez en su misma cara, acompañando cada dígito con los dedos de las manos. Fue un desglose excesivamente moroso, casi a cámara lenta (hay quien ha cronometrado el lapso de tiempo y asegura que Meyrán se demoró casi trece segundos en completar su conteo, una acción polémica que siempre le perseguiría). Justo en el número nueve –o más bien, en el nueve y medio– Douglas se levantó, aún con los pies de trapo, desorientado y confundido. Cuando Tyson se disponía a rematarle, sonó la campana y el azar, caprichoso, lo salvó de un KO seguro.

El caos parecía haber sucumbido al orden natural y el campeón salió dispuesto a dar carpetazo a aquel molesto contratiempo. Sin embargo, algo no iba bien. Sus guantes parecían hueros de potencia, rellenos de heno en vez de mármol, y Douglas consiguió rehacerse. En el décimo asalto llegó el estupor. Tyson flameaba como una bandera desflecada. Se había quedado sin aliento, vacío, tal vez por la falta de costumbre o quizá traicionado por un arriesgado exceso de confianza. Douglas conectó una serie de rápidos *jabs*, un gancho ascendente y cuatro directos consecutivos. Todos certeros, todos decisivos. Por primera vez en su vida, Tyson cayó de espaldas contra la lona. Nadie se lo podía creer. No es que fuera inesperado, era algo simplemente inconcebible.

La lengua inglesa posee una palabra, sin equivalencia exacta al castellano, que suele utilizarse con frecuencia en la jerga deportiva: *underdog*. Con ella se designa a la persona o equipo que llega a una competición con escasas o nulas posibilidades de victoria. No significa exactamente ser un perdedor (para eso ya existe el término *loser*), se refiere más bien al antónimo del concepto 'favorito'. Pocas veces ha habido un *underdog* más canónico que James *Buster* Douglas, de hecho, su foto podría haber ilustrado tal entrada en el diccionario.

Octavio Meyrán repitió la misma operación que había realizado un par de asaltos antes, aunque ahora el interpelado era el invencible campeón, Mike Tyson, que gateaba por el *ring* en busca de su protector bucal, el cual había salido despedido por los aires tras el impacto. Casi al final de la cuenta, el aturdido defensor del título lograba ponerse en pie entre bamboleos y tropezones, más como un autómata que como un ser consciente. Sus plomos estaban fundidos, sus ojos desenfocados y su aparato motriz ya no respondía a las órdenes que el cerebro trataba de enviarle. El árbitro abrazó a aquel fardo con músculos y dio la pelea por concluida. Acaba de producirse lo imposible. La mayor sorpresa de la historia del boxeo y una de las más grandes del deporte en general. Nadie podía creerlo. Tyson había sido derrotado.

El asistente Steve Lott formó parte del equipo de Tyson desde sus inicios en el boxeo profesional hasta 1988. Sin duda, es una de las personas que mejor le conocen. Aunque no estuvo presente aquella noche en Japón, analiza lo acaecido de un modo casi épico. "Mike iba a ganar ese combate y retener el cinturón hasta el segundo nueve y tres cuartos de la cuenta. Entonces, Douglas se levantó del suelo y la historia tomó un curso totalmente distinto. ¿Qué es lo que pasó? Se pueden emplear excusas de todo tipo, hubo cientos de errores en su preparación, pero yo te diré lo que ocurrió en verdad. Ese día, los ingobernables dioses del boxeo miraron a Mike Tyson directamente a la cara y le dijeron: '¡Basta, chico, ya no más! Hasta aquí ha llegado tu carrera'. Y eso es algo que todavía pone los pelos de punta".

¿Por qué perdió Mike Tyson en Japón?

Pero no todo el mundo se declara creyente de los dioses del boxeo. Algunos agnósticos y ateos reclaman una explicación más racional de lo sucedido, más allá del recurrente *fatum*, habitual desencadenante de la tragedia griega clásica. Aquel era un combate rutinario, jamás debió acabar de tal modo. ¿Por qué lo perdió Tyson? ¿Acaso Douglas era mucho mejor púgil de lo que los especialistas habían calibrado? Lo cierto es que, en su primera defensa del título, Douglas fue apaleado sin contemplaciones por Evander Holyfield en apenas tres asaltos y decidió retirarse con un puñado de millones en la cartera. Su éxito duró apenas un suspiro. Dentro de la historia del boxeo, su momento cumbre es solo el asterisco de un pie de página ligado al nombre de Tyson.

¿Sería entonces un simple accidente? Esas cosas pasan a menudo, incluso en América. Unos pocos años antes, en 1986, el transbordador espacial *Challenger* había explotado en pleno vuelo 73 segundos después de su despegue ante la atónita mirada de millones de espectadores que contemplaban la escena por televisión. Hizo falta que la NASA impulsará una investigación de varios meses para descubrir que la deflagración se debió a la grieta cuarteada de un anillo de goma mal sellado. ¿Quizá Tyson también cayera desde el cielo del *ring* por un insignificante detalle, un minúsculo fallo que hubiese desencadenado, sin embargo, un efecto en cadena devastador?

Pero no, hoy sabemos a ciencia cierta que la mayor promesa de los pesos pesados de los últimos tiempos estrelló y destrozó aquella noche en Tokio el reluciente Ferrari que era su futuro por culpa de su propia torpeza vanidosa. Él solito, junto a su mala cabeza, fueron los grandes responsables de echarlo todo a perder.

Solo 18 meses antes, en junio de 1988, Tyson había alcanzado el clímax de su carrera al humillar sobre el cuadrilátero a Michael Spinks, campeón de la FIB (una de las cuatro organizaciones mundiales del boxeo profesional), en solo 92 segundos. De ese modo, lograba unificar todos los cinturones posibles de este deporte en uno solo. Su dominio era incontestable, su presencia física, intimidatoria, y sus puños, martillos pilones. Tenía fama, éxito y mucho dinero. Y entonces todo se vino abajo.

Primero, desapareció de su lado su representante de toda la vida, el hombre que lo había dirigido y asesorado desde los viejos días de sudor anónimo y gimnasios de barrio, Jimmy Jacobs, que fallecía ese mismo año por culpa de una leucemia linfática crónica. A pesar de su buena mala fama (un tipo nada recomendable que conseguía, sin embargo, las mejores bolsas del deporte), Tyson decidió contratar al estrafalario promotor Don King –famoso por su peinado cano en punta y su amor por el *show-business*–, lo que le valió romper con otro de sus pilares de confianza, Bill Cayton, quien lo demandaría, indignado, por incumplimiento de contrato.

Don King se aprovechó de la fragilidad emocional de Tyson para apartarlo de su viejo equipo de trabajo e inculcarle una nueva mentalidad competitiva, mucho más mercantilista, enfocada hacia el *marketing* y el espectáculo. “Nosotros tratábamos a Mike como un valioso y quebradizo jarrón chino de la dinastía Ming al que había que quitar el polvo con mucha delicadeza –recuerda Steve Loft–. Don King, sin embargo, lo lanzaba de aquí para allá como a un balón de fútbol. Siempre tomaba las decisiones que más le interesaban a sí mismo, nunca a su representado. Todos los valores que le habíamos inculcado, la cultura del trabajo, el esfuerzo o la lealtad, los eliminó de un brochazo. King le imbuyó a cambio, de forma meticulosa y calculada, el odio racial y el sentimiento de rabia. Sabía que así lograría aislar a su gallina de los huevos de oro del resto del mundo. Lo convirtió en alguien bravucón, iracundo y agresivo. Nada que ver con el Mike que yo conocí de joven”.

La vida sentimental de Tyson también se hundió por entonces como un Titanic con el casco agujereado. Llevaba un tiempo saliendo con una pizpireta actriz de telenovelas, Robin Givens. Se sentía enamorado, así que decidió proponerle matrimonio. La luna de miel duró apenas ocho meses, lo que tardó ella en acudir a su abogado y plantearle una demanda de divorcio, pleiteando además por la mitad de su fortuna. Lo más frustrante para Tyson fue que Robin comenzó a pasearse –junto con la suegra– por los platós de la televisión estadounidense tildándole de maniaco y obseso. En 20/20, el popular programa de la estrella pionera de los matinales femeninos de cotilleos Barbara Walters, Robin describió a su exmarido como “una tortura, un puro infierno, mucho peor de lo que nadie pueda llegar a imaginarse” y lo acusó de protagonizar constantes escenas de celos, víctima de su temperamento volátil. Acabaron divorciándose el día de San Valentín de 1989.

En aquel tiempo, Tyson ya se encontraba completamente descontrolado. Saltaba de cama en cama y de chica en chica –muchas de ellas profesionales–, gastaba a manos llenas y demostraba una especie de voracidad rabiosa en todo lo que hacía. Se rompió varios huesos de la mano en una estúpida pelea callejera (lo que retrasó uno de sus combates) y estampó su BMW contra un árbol. Despedazó habitaciones de hotel y despidió a su entrenador de siempre, Kevin Rooney, quien le había reprendido en público docenas de veces por su absurdo comportamiento. Descuidó el entrenamiento, poniendo más interés en las fiestas nocturnas que en el saco o la comba, llevando a alcanzar un peso de 115 kilos (jamás había sobrepasado antes los cien en la báscula).

Quizá con estos antecedentes, muchos de ellos desconocidos por el gran público en aquella época, no hubiera parecido tan sorprendente el resultado final de su hecatombe en Japón.

¿Cómo había llegado a enfangarse tanto por el camino? ¿Por qué se dejó llevar por la senda equivocada de los placeres efímeros? Muchos creen que su brújula comenzó a extraviar el norte el mismo día que perdió a su mentor y maestro, Cus D'Amato, el único que había sabido sujetar las riendas de su fuerza desbocada con pulso firme y mano izquierda.

Para entenderlo todo mejor deberíamos regresar a su infancia, la experiencia traumática que ha marcado toda su vida.

El chico tímido que criaba pichones

"La primera vez que sentí amor de verdad fue gracias a las palomas. No sé por qué me gustan tanto, me da hasta vergüenza hablar de ello. Me ayudan a mantenerme en paz, a formar parte de algo". En 2011, Mike Tyson sorprendió a mucha gente participando en una especie de concurso televisivo documental (el espacio se titulaba *Taking on Tyson*, aunque en algunos países latinos fuera traducido como *Las alas de Tyson*) centrado en la cría y entreno de palomas mensajeras de competición, las más veloces y resistentes que existen.

A lo largo de varias entregas, el boxeador narraba intimidades de su infancia, utilizando siempre el mundo de la colombofilia como hilo conductor. Fue entonces cuando muchos descubrieron –asombrados– la devoción pura e incondicional que aquel tipo duro de fachada pedregosa sentía por estas aves urbanas desde que era apenas un crío. "Nunca tuve la suficiente confianza en mí mismo como para criar ejemplares de raza –explica en uno de los capítulos–. Por entonces, no sabía adiestrar palomas, solo poseerlas. Pero si las aprecias de verdad, has de soltarlas. No puedes tenerlas encerradas. Ellas necesitan ser libres y volar por el mundo. Por eso experimento tanta gratitud cuando compruebo que vuelven al palomar. Recorren cientos de kilómetros y luego regresan a casa. Lo hacen porque quieren, no obligadas. No puedo decir lo mismo de muchas personas de mi vida. Se fueron y nunca volvieron".

Nacido como Michael Gerard Tyson, el excampeón de los pesos pesados se recuerda a sí mismo como un niño gordo, tímido, acomplejado y apestoso ("no solía ducharme a menudo", asegura). Llevaba gafas, tenía la voz chillona y exhibía un marcado ceceo al pronunciar. Los matones del barrio se mofaban de él y le hacían la vida imposible. Creció en las calles sin ley de Fort Greene, en el área deprimida de Brownsville, en el neoyorquino barrio de Brooklyn, criado en solitario por su madre, la cual –confesaría él muchos años más tarde– solía practicar la prostitución para llevar algo de comida caliente a casa.

Su padre biológico, Percell Tyson, desapareció de su lado al poco de nacer él. Su padre adoptivo, Jimmy Kirkpatrick, duró algo más, aunque también acabaría abandonándolo junto a su madre y sus hermanos. Vivían en casas ocupadas, muchas de ellas sin agua o electricidad, expuestos a constantes desahucios. No resulta extraño que el mocoso Mike encontrara en las palomas el cariño incondicional que nunca había hallado entre la especie humana.

Su primer KO llega a los once años. "Había comprado cien pichones de cría y los llevaba en tres sacos, arrastrándolos por la acera –recuerda–. Unos pandilleros vinieron a incordiarme. Los conocía bien, ya me habían robado antes. Uno de ellos cogió una paloma del saco, una Tippler inglesa, y me la puso en la cara, burlándose de mí. '¡Devuélvemela, es mía!', le dije. '¿La quieres, eh?', me preguntó. Entonces, la estrujó, le arrancó la cabeza de cuajo y empezó a salpicarme con su sangre. Algo se rebeló dentro de mí. Fue la primera pelea que tuve mi vida. Me sentí muy bien golpeando a aquel tipo".

Aquel día, el joven Tyson descubrió un don en su interior, el poder de la intimidación. Si pegaba a la gente –y aquello se le daba bien–, ya nadie se atrevía a reírse de él. Al revés, los chicos le mostraban respeto. De hostigado a hostigador. Si quieres sobrevivir en la jungla del asfalto, aprendió, es más fácil romper las reglas que seguirlas.

Solo un año después, con doce, lleva ya treinta detenciones. Pequeños hurtos y atracos a mano armada. También participa en peleas callejeras con apuestas de por medio. "En mi banda, había armas de fuego –describe en una entrevista–. Solíamos disparar a las bandas rivales y ellos te disparaban a ti. Procedo de un ambiente hostil. Crecí sin padre y mi madre era una trabajadora sexual. Nunca sentí orgullo de mi familia. Siempre me humillaron. Lo único que aprendí en el gueto fue a golpear a la gente. Romper su voluntad a puñetazos, demostrarles que era más fuerte que ellos. En realidad, no era más que un niño asustado e inseguro. No tenía ni idea de lo que hacía, aunque todo el mundo me decía que era muy bueno dando palizas".

El resto de su adolescencia la pasa en diversos reformatorios, como el Tyron School for Boys, donde intentan apaciguar su furia suministrándole un tranquilizante antipsicótico, la clorpromazina. En otra institución estatal, sin embargo, el correccional Elmwood, coincide con Bobby Stewart, un expúgil irlandés que colabora como entrenador y terapeuta en el gimnasio del centro. Stewart le convence para reconducir sus habilidades con los puños hacia la noble práctica del boxeo. En vez de en sucios callejones, el pubescente Tyson empieza a desfogar toda su ira dentro del *ring*, golpeando a sus adversarios con los nudillos ya no desnudos, sino enfundados en guantes reglamentarios.

En una visita al centro juvenil de Spofford, asiste a una conferencia motivacional de Muhammad Alí, el mejor boxeador de todos los tiempos, y queda fascinado. Su espejo, sin embargo, es el añejo campeón de los años veinte Jack Dempsey. Estudia e imita sus maneras visionando amarillentas filmaciones de sus viejos combates. *El Torturador de Manassa*, como se le apodaba en su época, ha pasado a la historia del boxeo por su estilo agresivo y silvestre, carente de estrategia o técnica sofisticada (según cuentan, solo tenía dos formas de pelear: como un perro rabioso o como un gato salvaje).

En una temprana grabación –no aparenta ni quince años en la imagen–, un jovencísimo Mike Tyson reconoce a cámara: "Estoy loco por Dempsey. Me encanta su feroz intensidad. Me gustaría llegar a ser algo parecido a él, algo completamente diferente al resto de boxeadores".

'Cus' D'Amato y el rito del aprendizaje

Todas las grandes historias –y esta lo es– atraviesan un rito de aprendizaje en su argumento. En un momento clave de la trayectoria del héroe, aparece un maestro instructor –mitad pedagogo, mitad figura paterna–, el cual forma al aprendiz, mostrándole el justo y recto camino de la victoria. Es el señor Miyagi de Daniel-San en *Karate Kid*, el viejo entrenador Mickey de los tres primeros *Rocky* o el maestro Gandalf que adiestra a Frodo en *El señor de los anillos*. Más allá de la ficción –y de un modo similar a Luke Skywalker–, Tyson también tendrá a su Yoda particular en la vida real, el hombre que le mostraría el lado luminoso del boxeo. Se llamaba *Cus* D'Amato.

Cuando el viento del destino quiso juntar a ambos, Constantine *Cus* D'Amato era ya una venerable leyenda del pugilismo, un veterano de setenta y tantos años semiretirado. De joven, había entrenado a Rocky Graziano (quien le dejó por un mánager más afamado), pero sobre todo era recordado por forjar con éxito la carrera del gran campeón Floyd Patterson. Ahora, ya jubilado, había abierto un pequeño gimnasio –casi por puro entretenimiento– en Catskill, Nueva York, muy cerca del reformatorio donde Tyson entrenaba.

Es Bobby Stewart, el expúgil irlandés que había convencido al chico recluso para dedicarse al boxeo, quien le habla a D'Amato de un huérfano negro, enfadado con el mundo, que lleva dinamita en los puños. "Lo vi pelear y comprobé que era fuerte –recuerda *Cus* en una vieja entrevista–. Podía encajar los golpes del adversario y estaba dispuesto a ser constante. Eso era todo lo que necesitaba saber. Así que le dije que sí, que podía hacer de él un verdadero campeón". Corre el año 1980 y Mike tiene tan solo catorce años.

D'Amato observa tal potencial en su físico y en su carácter que no solo lo acoge bajo sus alas protectoras, sino que convence a las autoridades del correccional de que le entreguen su custodia. Tyson se va a vivir con él a la tranquila zona (a pesar de su nombre) de Catskill, tras conseguir que le den la condicional. La casa de *Cus* es por entonces una especie de hogar de acogida y el imberbe Mike comparte techo con otros jóvenes conflictivos que también están intentando cambiar las malas calles por el cuadrilátero. Con el tiempo, D'Amato llega a convertirse incluso en su tutor legal (la madre de Tyson había fallecido ya) y lo educa como boxeador y como persona.

El viejo maestro monta un pequeño equipo alrededor de su joven pupilo y acompaña su formación junto al preparador Teddy Atlas, quien empieza a pulir su estilo. Su objetivo consiste en encauzar toda esa fuerza e ira salvaje en un propósito creativo, no en uno destructivo. Convertir la chispa en llama y la llama en fuego. D'Amato sabe que su nueva promesa puede comportarse como un niñato terrible, de muy difícil trato, pero algo dentro de él le dice que ese no es el verdadero Mike. Así lo describe Steve Loft, quien empezó a ejercer de ayudante de su equipo justo por entonces. "Cus lo despojó de toda la porquería que llevaba en su interior y lo dejó como un lienzo en blanco. De algún modo, consiguió llegar hasta él".

En una filmación casera de Super 8, datada en 1982, se le puede escuchar dando instrucciones concretas y precisas a un tierno Tyson de dieciséis primaveras. "Intenta ponerte siempre de lado, así, de este modo puedes lanzar el puño con la peor de las intenciones", le explica. Un día se pasa por el gimnasio el exboxeador de origen puertorriqueño José Torres, medallista de plata en los JJ OO de Melbourne 1956 y campeón de los pesos semipesados bajo la tutela de D'Amato. Tyson está castigando a un *sparring* entre las doce cuerdas del *ring*. Cus lo señala y le indica: "¿Ves a ese chico? Va a ser campeón mundial de los pesos pesados". José Torres lo mira y asiente por compromiso. "Ojalá, pero es complicado". D'Amato se gira y endurece el rostro. "No, en serio. Va a ser campeón del mundo. Ya lo verás".

Y no es ninguna bravuconada, ha diseñado una estrategia completa –a largo plazo– para conseguirlo. Tyson aprende a combinar la agresividad de las peleas callejeras de barrio, casi una nueva versión de Jack Dempsey, con las enseñanzas y habilidades del boxeo práctico. "Tienes que adaptar tu forma de golpear a los trucos de la vieja escuela –le alecciona–. Esto va mucho más de cabeza que de puños. Lo psicológico también cuenta". Puede ser un chico hosco y maleducado, pero también demuestra una inteligencia intuitiva. Entiende todo lo que está pasando a su alrededor, plenamente consciente de su fuerza y potencial. "A veces me gusta ser un poco arrogante –admite Tyson en una de aquellas primeras grabaciones, con el timbre de voz agudo de la adolescencia–. Pero no mucho, solo una pizca".

Lo cierto es que su preparación incluye episodios siniestros de difícil explicación. Vuelve temporalmente al reformatorio tras una denuncia por comportamiento sexual improcedente. La víctima es una niña de trece años, familiar –por complicar aún más las cosas– de Teddy Atlas, su preparador. Discuten agriamente por ello, Mike se pone violento y Atlas se ve obligado a sacar un revólver y amenazarlo –con el cañón del arma apuntándole a su cabeza– para evitar que se le eche encima. Por supuesto, dimite de su cargo.

D'Amato le busca un nuevo entrenador personal, Kevin Rooney, quien terminará de abrillantar el proyecto y de llevarlo a lo más alto. Tyson gana las Olimpiadas Juveniles derrotando a todos sus rivales en el primer asalto. Su superioridad es tan insultante que, en la final (contra Joe Cortez, el vídeo puede encontrarse en YouTube), tarda exactamente ocho segundos en noquear a su adversario y mandarlo a la lona. En 1984, sin embargo, fracasa en su intento de representar a EE UU en los JJ OO de Los Ángeles. Cae en el último cruce, a los puntos (no sin controversia), contra Henry Tillman, el púgil que acabaría ganando la medalla de oro en aquellos Juegos.

A punto de cumplir los diecinueve, el boxeo amateur se le ha quedado pequeño y decide dar el salto al boxeo profesional. Su violenta irrupción en los pesos pesados será la más estimulante de los últimos tiempos, como una ducha helada de asombro en medio de un desierto de aburrimiento.

El campeón más joven de la historia del boxeo... está de duelo

En marzo de 1985, Tyson despega verticalmente en el boxeo de máximo nivel con un debut apabullante. Tarda un minuto y cuarenta y siete segundos en destrozar a su primer rival, Héctor Mercedes, al que pone de rodillas en un rincón –literalmente– a base de violentas acometidas. Su progreso, en los siguientes meses es imparable. 17 victorias en 17 combates. Todas por KO. Muchas de ellas, tan breves como violentamente hermosas.

Es más bajito que la mayoría de los pesos pesados y sus brazos no parecen tener la suficiente longitud como para mantener los puños de su rival a una distancia prudencial. Esto le obliga a ser mucho más directo y agresivo en su estrategia. De un modo metódico e implacable, como el batallón de infantería que avanza impasible, bajo los obuses, en la primera línea del frente, se mete encima del adversario a base de golpes rápidos y contundentes. Una apisonadora que avanza y avanza hasta tumbar al contrario.

Esa es su táctica, atacar y atacar hasta vencer por la vía rápida, un estilo suicida que enloquece a los aficionados. Parece un tanto kamikaze, pero es que él puede permitírselo. Por algo posee un arma casi invencible: su pegada. "Lo importante en el boxeo es ganar. Como sea, de cualquier forma. Gana y la gente te vitoreará", explica Ralph Wiley, periodista afroamericano del canal ESPN y de la revista *Sport Illustrated*, especializado en deporte y asuntos raciales: "Pero si pegas como un martillo y dejas fuera de combate a tíos como armarios en el primer asalto, ¡guau!, entonces los tendrás hechizados, tío, a todos ellos. Es como si tocaras la flauta del jodido Hamelín, el público te seguirá hipnotizado a todas partes. Te adorará".

Tyson puede parecer tan cruel y agreste como una escena de Tarantino, y como el cineasta, posee un tirón irresistible entre la masa (incluso entre los que no son especialmente aficionados al boxeo). Solemos pensar que la violencia repele a la sociedad civilizada, pero en verdad la atrae y fascina de un modo tan extraño como morboso.

Enseguida los medios empiezan a hablar de él y lo colocan en lo más alto de la lista de candidatos a pelear por el campeonato mundial. En su camino hacia el título de la WBC, ventila a cinco púgiles más, necesitando para ello, en total, no más de nueve asaltos. Los promotores cierran el contrato de su primer intento de acceso al pedestal de campeón. Será el 22 de noviembre de 1986, contra Trevor Berbick, en el Paradise Memorial Gardens de Las Vegas.

Pero entonces, lo peor ocurre. Unos días antes de celebrarse la velada más importante de su vida, el 4 de noviembre, el destino vuelve a castigar a Tyson con un terrible impacto en el costado: Cus D'Amato, el hombre que ha cincelado su cuerpo y su mente, fallece a los 77 años de una neumonía, dejándolo solo y –en cierto modo– desamparado frente a un mundo cruel y desconocido, como un ciego al que le arrebatan su perro lazarillo.

Más que a luchar por el campeonato del mundo, Tyson sube al *ring* esa noche de otoño con la idea, entre ceja y ceja, de vengar a su mentor. Va vestido con calzón negro en señal de luto (a pesar de que su rival ya ha elegido ese mismo color para vestirse, razón por la que será multado) y no lleva calcetines debajo de sus botas, tan oscuras también como la noche. Su aspecto es sombrío, austero y amenazante, casi como un monje guerrero que desea, más que nada, dar una paliza a la misma muerte en persona por haberse llevado antes de tiempo al único ser cercano que le ha importado realmente.

El pobre Trevor Berbick no tiene la culpa, pero se convierte en el chivo expiatorio de su rabia. Apenas puede parar el vendaval de guantazos que se le viene encima desde que suena la campana. Todavía hoy resulta aterrador verle intentar levantarse del suelo dando tumbos como un borracho mareado, totalmente grogui, con la cara tumefacta, aturdido por el festival de guantazos que ese chico tan enfadado de enfrente le ha propinado sin piedad.

El árbitro para la pelea en el segundo asalto. Tyson se convierte esa noche en el campeón de los pesos pesados más joven de la historia del boxeo. Veinte años, cuatro meses y veintidós días (ni siquiera tienen la edad legal para beber alcohol en cuarenta y nueve de los cincuenta estados de la Unión). "Ha empezado una nueva era en el boxeo", afirma el comentarista. La era de Mike *Iron* Tyson, quien a pesar de sujetar el cinturón dorado entre sus manos, continúa con la expresión encrespada y melancólica.

Le hubiera gustado tanto que el viejo *Cus* estuviera allí arriba en el *ring*, a su lado, para verlo...

La vida mancha (primeros millones y primeros excesos)

Durante los dos siguientes años, Tyson impone una implacable dictadura militar en la categoría de los pesos pesados. Golpe a golpe,

KO tras KO, va extendiendo un dominio aplastante a su alrededor, amedrentando además a sus atemorizados rivales (muchos de ellos salen al cuadrilátero ya vencidos moralmente) a base de palizas. "Yo no intimido a mis rivales insultándoles antes de la pelea. Eso no sería efectivo. Yo les intimido golpeándolos", declara. Aquella pizca de arrogancia que confesaba diluir en su carácter –allá por su adolescencia– empieza a aumentar de dosis hasta adquirir el tamaño de varias cucharadas soperas.

El boxeo es un deporte algo enmarañado en su organización. Existen hasta cuatro asociaciones internacionales diferentes (tres, en aquel momento, ya que la WBO no surge hasta 1988), cada cual con sus propios campeones y listas de aspirantes al título, conformando así una apelmazada y confusa sopa de letras. Tyson es el vigente defensor de la WBC (la World Boxing Council), pero aspira a unificar su dominio sobre el resto, la WBA (World Boxing Association) y la IBF (Internacional Boxing Federation), para lograr ceñirse de este modo –parafraseando a *El señor de los anillos*– un único cinturón para gobernarlos a todos.

Como en esas escenas –estilo videoclip– de la saga *Rocky*, en las que Sylvester Stallone va noqueando adversarios, uno tras otro, en un montaje encadenado ambientado con música ochentera, Tyson se va deshaciendo de todos sus adversarios en los siguientes meses sin apenas pestañear: James *Rompehuesos* Smith, Tony TNT Tucker (de los pocos que le aguantan los doce asaltos), Tyrell Biggs, Mike Spinks (a quien humilla y derriba en 91 segundos de reloj), Frank Bruno o el veterano Larry Holmes, quien jamás había sufrido –hasta entonces– un *knock-out* en sus 75 combates anteriores. Tyson se queda solo en la cima, como el macho alfa de la manada, un nervudo rottweiler color azabache rodeado de inofensivos y esponjosos caniches.

Además de implantar su dominio, la nueva estrella del deporte mundial (su fama y popularidad traspasan ya fronteras y disciplinas) se convierte en una engrasada máquina de hacer dinero. En marzo de 1988, se enfrenta a Tony Tubbs en un combate de promoción ante 65.000 espectadores y las entradas se agotan solo una hora después de ponerse a la venta. La ducha de millones que empapa su piel de guerrero no le sienta nada bien al joven Tyson, el cual comienza a dejarse llevar por el mal de altura y los delirios de grandeza.

Sin la orientación juiciosa con la que Cus D'Amato gobernaba el timón de su vida, el rumbo del campeón extravía el horizonte y adquiere derroteros erráticos. En lo personal, se vuelve bravucón y descuidado e introduce la cabeza hasta el cuello en el cubo de los excesos. Sale de juerga, se acuesta con batallones de mujeres (tiene que retrasar un combate por culpa de una infección de gonorrea) y consume cocaína –droga que probó por primera vez en el gueto cuando apenas tenía once años– de forma regular.

En lo profesional, rompe amarras con sus primeros entrenadores y asesores para dejarse atraer por ambientes sórdidos y viciados. Su asociación con el promotor Don King, por ejemplo, le aproxima a un círculo turbio de implicaciones nada salubres. Es un adicto al caos, y sin nadie que lo controle, se convierte en un rico niño mimado, egoísta y caprichoso, que solo quiere dar rienda suelta a sus impulsos más primarios. En el fondo, descubre que no le apetece tanto detentar el papel de sacrificado héroe del boxeo como el de villano y bala perdida, un rol mucho más divertido de encarnar.

A pesar de que se entrena mal y se cuida poco, su salvaje físico le permite seguir ganando combates sin necesidad de exigirse demasiado. De puertas para fuera, todo parece de color de rosa, pero hoy sabemos que las vigas maestras de su existencia comienzan por entonces a infestarse de carcoma.

En 2013 publica *Toda la verdad*, una biografía de 500 páginas, escrita por el periodista Larry Slogan, en la Tyson que confesará, sin pelos en la lengua, todos sus infantiles y excéntricos caprichos sin sentido (cualquier cosa que el dinero pueda comprar), sus vicios caros y su desorden emocional. Muchos aficionados tienen así ocasión de repasar esta etapa de su carrera y comprenderán por qué aquel Tyson egregio de bronce y oro, invencible de cara a los demás, no resultaba ser en realidad más que un gigante con tobillos de arcilla.

Según él mismo explicará, por ejemplo, muchos años después, durante una visita al zoo de Nueva York observa en la zona de grandes primates a un impresionante gorila macho adulto de unos 200 kilos de peso, un auténtico espalda plateada que mantiene acorralado al resto de ejemplares del grupo. En una decisión difícil de entender, Tyson ofrece al director del centro 10.000 dólares a cambio de poder abrir la jaula, meterse dentro y pegarse con el gorila (solo por comprobar quién de los dos sale victorioso). "El animal era poderoso, pero sus ojos reflejaban el brillo de un niño inocente", recuerda.

Por aquel tiempo ya se encuentra en proceso de divorcio de Robin Givens, su primera esposa, lo cual no es óbice para que –casi a diario– se pase por su casa para tener sexo con ella. En una de esas ocasiones, la sorprende en la cama con un desconocido, un blanquito alfeñique al que está a punto de despedazar. Aunque por entonces no es más que un completo desconocido, Tyson recordará el rostro de aquel amante asustado antes de escapar por el balcón. Décadas después, convertido ya en una superestrella de Hollywood, el boxeador revelará su identidad. "Era Brad Pitt, tío. Y estaba allí en la alcoba, con mi mujer, dale que te pego. Yo me volví loco, claro, deberíais haber visto su cara al sorprenderle. Pero no le guardo rencor por ello. Lo recuerdo como un enclenque rubio con pintas de surfero", detalla.

Sus malas compañías y su desaconsejable estilo de vida le van dejando dolores, traumas y cicatrices. Uno de los pocos buenos amigos que conserva de su infancia, Robert *Tito* Montanez, es asesinado en el aparcamiento de un bar del barrio (habitualmente frecuentado por el propio Tyson) en una disputa, nunca aclarada del todo, por unas joyas.

La década de los noventa le alcanzará de lleno en el mentón, con toda la fuerza bruta que uno pueda imaginar. Primero, con su inesperada derrota –la primera de toda su carrera– contra James *Buster* Douglas en Japón (episodio ya narrado en un epígrafe anterior), en febrero de 1990; y un año más tarde, en el verano de 1991, con un escandaloso suceso que –ahora sí– le hará descender hasta los infiernos más subterráneos de su alma.

Cuando solían preguntarle por la estrategia a seguir antes de un combate frente a este o aquel rival, Mike Tyson acostumbraba a responder: "Todo el mundo tiene un plan, hasta que le cae la primera hostia". Cuando esta cae, ya nadie sabe cómo reaccionar. Todo lo previsto antes, se desmorona.

Penitenciaría de Indiana, recluso número 933225

Tras su primer descalabro como profesional, su representante Don King le consigue unas cuantas peleas de aliño, combates contra rivales asequibles para ir recuperando la forma y engordar la billetera. Derrota a Henry Tillman, Alex Stewart (ambos caen en el primer asalto) o Donovan *Razor* Ruddock sin mayores sobresaltos. La idea es llegar a cruzarse, en un evento millonario, con Evander Holyfield, el nuevo dominador de los pesos pesados, y demostrar así ante el mundo que lo de Japón no fue más que un mal sueño. Se llega a fijar una fecha incluso, pero algo impedirá que el choque llegue a celebrarse.

El 19 de julio de 1991, Mike Tyson acude como invitado al hotel Canterbury de Indianápolis, donde va a celebrarse la gala de Miss América Negra. Una de las candidatas al certamen de belleza, una estudiante de dieciocho años llamada Desiree Washington, le propone verse a solas y ambos se citan en la suite 606. Unas horas más tarde, la policía esposa sus muñecas y se lo lleva detenido. La chica acaba de acusarle de haberla violado.

Ochos meses después, la jueza Patricia Gifford martillea el atril de la sala de juicios y dicta sentencia: diez años de condena (seis de ellos en prisión y cuatro en libertad condicional) y el pago como indemnización a la víctima de 30.000 dólares. Tyson es ingresado de forma inmediata en la penitenciaria Youth Center de Indiana, una institución de seguridad media-alta, según la clasificación nacional. Su número de recluso será el 933225.

A punto de cumplir los 26, Mike Tyson pasará los próximos tres años y medio de su vida (en total, permanecerá cuarenta y cuatro meses entre rejas, hasta que su pena sea rebajada por buen comportamiento) confinado entre los muros del presidio, embutido en un ridículo mono blanquinegro de gruesas rayas horizontales (muy parecido al que solían llevar los cacos en las viejas viñetas infantiles), desperdiciando las mejores primaveras de su plenitud física y derrochando unos cuantos millones más de su cuenta, proporcionándose así –dentro de la cárcel– toda la protección, comodidades y placeres que solo el poder de los dólares puede ofrecer en un lugar tan incierto como ese.

Solo, encerrado y privado de derechos, desarrollará en su interior un resentimiento vidrioso contra la sociedad, una rabia descontrolada que marcará su próximo devenir. En su particular visión del mundo, Tyson siente que ha intentado complacer al sistema, entregándole una bestia vistosa encima del cuadrilátero y un ciudadano domesticado fuera de él. Y todo para acabar de este modo. "Si no puedo conseguir que me queráis, aceptaré entonces vuestro odio –parece querer decir–. Si esperáis lo peor de mí, será justo eso en lo que me convierta". Cuando salga de allí, se habrá convertido en una persona distinta por fuera y por dentro, pero no necesariamente mejor.

Adelgaza 25 kilos, redefine sus músculos y comienza a tatuarse todo el cuerpo (pura cultura carcelaria). Se graba un rostro del líder comunista chino Mao Tse-Tung en el bíceps de su brazo derecho, otro más del guerrillero cubano Che Guevara en el vientre y un tercero del tenista Arthur Ashe (el único afroamericano en ganar el torneo de Wimbledon, famoso por su activismo racial) en el hombro izquierdo.

Devora con profusión las obras de Karl Marx, Shakespeare o Tolstoi, aunque reconoce no comprenderlas muy bien. "Leer es importante, pero aún lo es más saber cómo interpretar correctamente todo eso que estás leyendo", declarará tiempo después. También se convierte al Islam, como tantos otros campeones de raza negra, bajo el nuevo nombre de Malik Abdul Aziz.

A pesar de esta capa epidérmica de aparente barniz profundo, también se deja arrastrar por las tentaciones más mundanas. "Tenía tanto sexo allí dentro que acababa agotado –se puede leer en su biografía–. Ni siquiera me dejaba ver por el gimnasio, me pasaba todo el día descansando en el catre, dentro de mi celda". También asegura que cena langosta todas las noches y que llega a tener un romance con la psicóloga del centro, su consejera de adicciones. Un tren de vida absurdo e irreal, muy distinto del que, supuestamente, debería ser el día a día de un convicto convencional.

Una de las cosas más disparatadas que hace dentro de la cárcel es comprarse un auténtico tigre de Bengala (tal vez, como metáfora encarnada de su estado de ánimo). Lo adquiere en 1992, aunque hasta última hora, en su pulsión consumista, no tendría claro si decantarse por un gran felino rayado o por otro descapotable italiano que añadir a su prohibitiva colección. Al final, el animal exótico le convence más como inversión ("un tigre resulta ser mucho más *cool* que un Lamborghini", le aconseja otro recluso).

Le pondrá *Boris* de nombre y convivirá con él, ya fuera de la cárcel, los próximos 16 años, llegando a alcanzar un grado de intimidad muy alto con la insólita mascota. "Lo metía dentro de mi habitación y me acostaba a su lado –asegura en una entrevista a la revista *GQ*–. Cuando se hizo demasiado viejo, tuve que deshacerme de él. Sus ojos y su cabeza empeoraron. Bueno, también influyó que le arrancara el brazo a una persona".

En una reciente charla para Instagram, junto al rapero Fat Joe, Tyson aporta más detalles del suceso: "Una mujer saltó la verja de su jaula y se puso a jugar con él. Como *Boris* no la conocía, se sintió amenazado y la atacó. No podrías creer lo que un tigre es capaz de hacerle a la carne humana. Aquella chica estaba bien jodida. Le di 250.000 dólares a la pobre para que no me demandara". Más tarde, parece reflexionar algo más sobre el asunto y admite: "Cuando compré aquel animal no sabía lo que hacía. Yo era idiota por entonces. No es posible domesticar a una fiera de 250 kilos como esa. Son demasiado fuertes y te pueden matar incluso por accidente, simplemente jugando. Nunca debí meterla en casa".

En los últimos años, Tyson ha reconocido públicamente la mayoría de sus errores y torpezas. No ha tenido ningún reparo en narrar y describir las bajezas de todo tipo y condición que ha llegado a cometer en su pasado, sin esquivar por vergüenza –o temor al que dirán– ninguna de ellas. Drogas, prostitución, orgías... "Cuando era joven –explica–, yo era un animal forrado de pasta. Lo repartía entre mis amigos, lo festejaba con ellos y, a cambio, me acostaba con sus madres, sus hermanas o sus primas. A ellas les regalaba un coche o lo que me pidieran. Así de mal estaba".

Y a pesar de ello, aún hoy, se niega a admitir sin embargo la acusación que acabó por truncar su carrera del todo. "Yo no la violé, soy inocente –afirma categórico–. Fue sexo consensuado, no forzado. Dios lo sabe. Y ella lo sabe también. Las consecuencias de sus actos son algo con lo que tendrá que convivir el resto de sus días".

Durante un tiempo, Desiree Washington se dedicó a pasear su testimonio por diversos platós de televisión, concedió entrevistas e intentó vender los derechos de su historia para un libro o una película. También aparecieron fuentes contradictorias que desmentían sus palabras y la acusaban de haber diseñado un gran montaje. Luego, se esfumó en la nada.

Con casi 30 años, Mike Tyson sale de la cárcel convertido en un sospechoso habitual. El sexo y las drogas lo tienen agarrado por los redaños y ha tirado sus mejores años de boxeador por la letrina. A pesar de todo, aún mantiene cierto tirón entre los aficionados (quizá más por morbo que por curiosidad). Muchos se preguntan si todavía será capaz de remontar su carrera. Él, por su parte, parece dispuesto a hacer cualquier cosa por recuperarla. Está rabioso como un perro apaleado y no dudará en morder –literalmente– a aquel que se interponga en su camino.

El ruido y la furia (Tyson vs. Holyfield)

Su primer combate, después de abandonar la cárcel, tiene lugar en agosto de 1995 y lo enfrenta a un irlandés, blanco como la nata, con pinta de estibador portuario, llamado Peter McNeeley. Tyson lo destroza en poco más de ochenta segundos. No es, desde luego, el rival más exigente del circuito, pero llama la atención la pegada del excampeón tras permanecer tanto tiempo inactivo. "¿Ha vuelto el antiguo Tyson?", se interrogan los cronistas.

Vence sucesivamente a otros tres rivales de segunda fila, necesitando en total apenas ocho asaltos para mandarlos a todos a la lona, hecho que le sirve para ascender posiciones en el escalafón y embolsarse la increíble cifra de 80 millones de dólares (tal es la cotización de su caché, a pesar de todo).

Uno de los mayores desafíos a los que debe enfrentarse, a la hora de combatir, es soslayar el engorroso momento del control *antidoping*, ya que se ha convertido en un consumidor compulsivo de cocaína. Para evitar dar positivo –como confesará años después– sustituye su orina por la de otras personas de su confianza. Rellena de pis limpio un pene de plástico falso (lo que se denomina en el argot un *whizzinator*) y lo cuela de rondón entre los calzoncillos; luego, simula que está miccionando dentro de la muestra, aprieta el émbolo y da el cambiazo.

Lo hace delante de los jueces, poniéndose de espaldas ("normalmente, a ningún hombre le gusta ver directamente el pene de otro tipo mientras este se alivia", detalla). En muchas ocasiones, utiliza orina limpia filtrada de sus hijos y de su segunda esposa, la cual llega a advertirle, medio en broma, medio en serio: "Cuando tengan los resultados del análisis vas a dar negativo en drogas, eso seguro, pero a cambio podrá salir que estás embarazado".

En noviembre de 1996, consigue al fin enfrentarse a Evander Holyfield, el campeón que ha ocupado su puesto en la cumbre de los pesos pesados, un combate anhelado que debería, sin embargo, haberse celebrado cinco años atrás, cuando Tyson aún era Tyson y todavía no había pasado por su tortuosa experiencia penitenciaria.

Holyfield es una roca granítica de nivel mayúsculo –muy superior a los guijarros de *sparrings* que le han colocado hasta ahora por el camino– y logra derrotarle por KO técnico en el undécimo *round*, cuando el árbitro Match Halpern decide parar la pelea. Tyson no encaja bien esta segunda derrota de su palmarés y denuncia haber recibido numerosos cabezazos ilegales, por parte de su adversario, durante la contienda.

La rivalidad entre ambos se agria y encona, convirtiéndose en un negocio de lo más lucrativo para todas las partes. Sus respectivos promotores plantean entonces disputar un espectacular combate de revancha, al que denominan pomposamente (¡ay, si Faulkner levantara la cabeza!) *El ruido y la furia*, con una impresionante bolsa –a repartir entre ambos boxeadores– de 65 millones de dólares (a cambio de una sola noche de puñetazos).

El ansiado duelo tiene lugar en el graderío principal del MGM Grand Garden Arena de Las Vegas, en junio de 1997, y bate todos los récords de la modalidad *pay-per-view* –o pago por visión– en América, rozando los dos millones de espectadores (cada uno de ellos pagaría una cantidad cercana a los sesenta dólares por contemplar el combate desde el televisor de su casa).

Toda la parafernalia de artificios que acompaña el evento, por dentro y por fuera, convierte a esta pelea en una de las más raras y singulares de la historia del boxeo. Desde el campanazo inicial, Tyson reclama al juez constantemente que su contrincante le está propinando cabezazos de forma reiterada, táctica –un tanto innoble– que le permite a Holyfield evitar que su rival se le venga encima. En uno de esos momentos, aprovechando que sus cuellos se enganchan cabeza con cabeza, Mike Tyson pierde completamente la ídem, abre sus mandíbulas y le muerde la oreja a Holyfield, desgarrándole –a pesar del protector bucal– parte del lóbulo. El vigente campeón comienza a dar saltos palmarios de dolor, mientras el aspirante sonríe con expresión vengativa y muestra al público sus labios ensangrentados.

Es una imagen tan extraña de ver y asimilar que nadie sabe bien cómo reaccionar. El árbitro, por supuesto, lo descalifica, dando por concluido el combate. Tyson no acepta la decisión y capitanea una patética batalla campal sobre el *ring*, con los multitudinarios equipos de ambos púgiles implicados, una pendencia barriobajera –repleta de sonrojo– que pone punto final a tan lamentable velada (entre la confusión, por cierto, alguien encuentra en el suelo el trozo de oreja de Holyfield, seccionada a dentelladas; los médicos intentarán cosérsela en el hospital, aunque no conseguirán reimplantársela finalmente).

Además de perder la revancha (y toneladas de prestigio de paso), Tyson es sancionado por la federación con una multa de tres millones de dólares. El estado de Nevada, por su parte, decide retirarle su licencia de boxeador por un periodo indefinido. Los columnistas pugilísticos lo denuestan de forma casi unánime, calificando el combate de burda astracanada y regando de oprobio su deshonroso comportamiento.

Los aficionados, salvo una camarilla de incondicionales, tampoco parecen perdonarle. Algunos desconocidos llegan incluso a arrojar cabezas de animales muertos al jardín de su mansión y, cada vez que se deja ver en público, es increpado por la multitud. Su actitud chulesca y desafiante tampoco ayuda demasiado. Tyson se muestra despreciativo ante la prensa y no tiende la mano a nadie; al contrario, busca el conflicto siempre que puede. Finalmente, acosado por todo y por todos, decide refugiarse –como él mismo revelará años después– "en el sexo y las drogas".

Los problemas crecen y se multiplican. Un día Tyson recibe una carta del fisco y descubre que debe 17 millones de dólares a la hacienda nacional en concepto de impago e impuestos atrasados. Decide entonces inspeccionar sus libros de cuentas –para lo que contrata a un ejército de contables–, realiza una auditoria y descubre que Don King le ha estado robando durante todos estos años una cifra casi incalculable de dinero (desviando cuentas, inflando facturas y cargando gastos propios). Finalmente, demanda a su representante por estafa continuada, reclamándole la devolución de 100 millones de dólares. Para poder pagar a los abogados tendrá que malvender hasta 62 vehículos de lujo de su colección privada (incluyendo un Ferrari F50 de edición limitada, motor V12 de 4,7 litros, 520 caballos, cambio de seis velocidades, carrocería rojo brillante y un propulsor utilizado en la Fórmula 1, subastado por algo más de dos millones de dólares).

Su ruptura con Don King –otra más en su larga trayectoria– le deja algo tocado. Muchos de sus viejos colaboradores le habían advertido sobre él, pero prefirió dejarse impresionar por su peinado de genio chiflado y sus cheques repletos de ceros. "Algunos tipos tratan de sacarte de la esclavitud para luego convertirte en su esclavo", declararía Tyson, a propósito de King.

En 2009, más de diez años después de *El ruido y la furia*, la celebérrima estrella televisiva Oprah Winfrey consigue reunir en su programa a los dos protagonistas de la pelea quienes no han vuelto a dirigirse la palabra desde entonces. Tyson es ya otra persona, una mucho más calmada y racional; ha expiado sus pecados y no duda en pedirle perdón públicamente a Holyfield, quien no solo acepta sus disculpas sino que llega a bromear sobre el aspecto de su maltrecha oreja. Ambos se estrechan la mano en varias ocasiones, se regalan piropos y fuman la pipa de la paz.

Unos meses más tarde, Tyson abunda aún más en los acontecimientos de aquella noche durante una entrevista al diario británico *The Guardian*. "Aquello no estuvo bien. Morderle así fue una jodida locura. Yo estaba cegado y solo pensaba en matarlo. Sus cabezazos me habían sacado de quicio. La verdad es que aquella noche iba drogado hasta arriba. Por aquel entonces, el boxeo ya no me importaba una mierda.

Me creía Dios, aunque la verdad es que estaba totalmente acabado. Y yo ni siquiera lo sabía".

La última bufonada (Mike Tyson vs. Lennox Lewis)

El sol de la década de los noventa va poniéndose lentamente en el horizonte del siglo XX con un Tyson crepuscular en imparable cuesta abajo. En lo deportivo, todavía sigue logrando *knock-outs* espeluznantes –como el que inflinge al sudafricano Francois Botha o al campeón británico Julius Francis en 1999–, aunque en general, sobre el *ring*, se le percibe mucho más lento y pesado en sus maneras (la báscula no perdona).

Frente a Orlin Norris, noquea a su rival una vez que la campana –la señal que marca el final de cada asalto– ya ha sonado, un gesto considerado sumamente sucio entre los aficionados. Aunque se lleva la victoria, el público lo abuchea ferozmente y le arroja vasos de plástico como signo de repulsa.

Algo muy parecido acontece poco después, contra Lou Savarese, con quien se sigue pegando a pesar de que el *gong* ya se ha escuchado claramente. El árbitro acude a separarlos, pero –en la refriega– Tyson agarra al juez por el cuello y lo lanza contra el suelo (será sancionado con 180.000 dólares por ello). Se le nota muy pasado de vueltas, sin ningún control de la situación. Se ha convertido en el chico más malo del circuito y mucha gente le tiene ganas.

En lo personal, su vida es un desastre absoluto. No deja de derrochar, a pesar de que vive prácticamente en la bancarrota (de los 114 millones de dólares que se embolsa entre 1995 y 1997, ya no le queda nada), y descuida cualquiera de los aspectos físicos que un deportista de élite debiera preservar. Sufre un aparatoso accidente de moto, en el cual se rompe una costilla y se perfora un pulmón. En otro incidente de tráfico, golpea a dos conductores a los que ha embestido y debe pasar seis meses en la cárcel (aún se encuentra bajo libertad condicional) y prestar doscientas horas de servicios comunitarios.

Temeroso de dar positivo por marihuana en un control *antidoping* (ese día no debía tener su *whizzinator* de orina limpia a mano), se niega a pasar la prueba médica y es inhabilitado por noventa días. Poco después, la policía federal tira la puerta de su casa abajo y registra el domicilio en el transcurso de una redada antidroga. Para terminar de rematar tan calamitoso periodo, su segunda esposa (Monica Turner, con la que lleva seis años casado) rompe el matrimonio y le pide el divorcio, harta de sus constantes infidelidades.

Su última oportunidad de redención, encima de un cuadrilátero, acaece en 2002, cuando logra que el púgil británico Lennox Lewis (que acapara los cinturones de campeón de los pesos pesados de hasta tres asociaciones distintas) acepte poner sus títulos en juego y pelear contra él.

Durante los meses anteriores al choque, Mike Tyson se muestra deslenguadamente agresivo. "¡Quiero el corazón de Lewis, quiero comerme a sus hijos!", aúlla ante las cámaras. Suena tan afectado y aparatoso que todos se lo toman a broma. No creen que sea nada más que pura pantomima, fogonazos del teatrillo impostado que acompaña a todo buen *show*.

Sin embargo, durante la rueda de prensa que se celebra en Nueva York para presentar el evento, Mike Tyson se presenta en el auditorio con un grupo de matones malencarados, uniformados al modo paramilitar (imitando un poco el estilo setentero de los Panteras Negras), y comienza a desafiar arrogantemente al grupo de Lennox Lewis.

En un momento dado, Tyson pierde los nervios y se lanza contra su rival, formándose una caótica montonera. "Le debió dar un soplo de aire o algo así –recuerda Lewis–. Se me quedó mirando con cara de perdonarme la vida, tiró su gorra de cuero al suelo y, de repente, se vino hacia mí como un jodido demente. Mis guardaespaldas lo pararon, mientras yo pensaba: '¡Joder, esto no estaba previsto en el guión!'. Llegó incluso a morderme una pierna en su arrebato. Yo estaba desconcertado, con toda la ropa descolocada, preguntándome: '¿Pero qué mierda le pasa a este tío?'. Nos fuimos de allí y él tipo seguía gritándome: '¡Venga, marica cobarde, vuelve a aquí! ¡No eres lo suficiente hombre como para pegarte conmigo!' Ya sabes, el tipo de bravuconadas intimidatorias que solo pronuncia un bobo loco. Alguien que sabe que no puede ganar de otro modo y necesita romper las reglas para desviar la atención de lo realmente importante".

Tyson ha llegado a un punto tal de distorsión de la realidad (a causa de las drogas, seguramente) que ya no diferencia entre el personaje valentón y camorrista que ejerce encima del *ring* y el ciudadano convencional que convive con el resto del mundo, a diario, dentro una sociedad reglada. Hasta dentro de sus estándares normales de grosería e incorrección ha llegado a pisar el viscoso légamo del fondo. Una charlotada deplorable que marca el momento más ínfimo de su accidentada trayectoria deportiva.

Tan vergonzante llega a ser su comportamiento a ojos del mundo del boxeo, que la comisión pugilística del estado de Nevada no duda en revocarle su licencia de boxeador por segunda vez en su carrera (la primera ocasión tuvo lugar con motivo del mordisco a Holyfield). Debido a esta decisión reglamentaria, la pelea ya no puede celebrarse en Las Vegas, como estaba previsto. El enfrentamiento tendrá que demorarse unos cuantos meses más, hasta que los promotores encuentren un nuevo escenario.

Finalmente, y tras múltiples problemas legales, el Tyson vs. Lennox Lewis se disputa en el Pyramid Arena de Memphis, Tennesse, en junio de 2002, en medio de una expectación inimaginable (solo la recaudación por los derechos del *pay-per-view* supera los 100 millones de dólares). Los organizadores saben sacar provecho de la polémica previa y, en medio del *ring*, colocan una barrera humana de enormes forzudos (vestidos de llamativo amarillo) a modo de cordón sanitario de seguridad entre ambos boxeadores, un muro diagonal tan exagerado en lo previsor como acertado desde el punto de vista publicitario.

En lo referente al puro combate en sí, el desequilibrio pugilístico resulta decepcionante (sobre todo, para los nostálgicos del mejor Tyson). Lennox Lewis domina todos y cada uno de los asaltos confortablemente. En el octavo, noquea al bocazas de Tyson con un directo en pleno mentón.

El castigo que ha padecido ha sido notable, en cierto modo, hasta excesivo. La lluvia de puñetazos podría haberse acabado mucho antes, pero él ha insistido en mantenerse en pie, delante de su rival, recibiendo golpe tras golpe. Por un momento, ha dado incluso la sensación de que estaba sintiendo un placer masoquista en encajar semejante paliza, como si una parte de sí mismo deseara castigar a su otro yo a modo de penitencia.

Mientras Lennox Lewis está celebrando la victoria con su equipo en el rincón, Tyson llega de improvisto por detrás y lo enfrenta. Algunos se temen lo peor y endurecen la postura, pero las intenciones del derrotado son sorprendentemente nobles. Con una elegancia desconocida hasta entonces, el arrepentido Tyson coge el micrófono y, delante de todo el estadio, alaba al justo vencedor: "Has boxeado de forma espléndida. Te tiendo la mano". Y en un gesto de impresionante ternura, alza su guante y le limpia un pegote de sangre que le cuelga del rostro, el rostro del hombre que acaba de machacarlo.

Lennox Lewis se queda asombrado y se muestra magnánimo en la victoria. "Antes de la pelea –comentará en declaraciones posteriores–, mucha gente me decía por la calle: '¡Queremos que lo derribes como a un árbol, enséñale educación, no sabe comportarse!'. Sin embargo, cuando vieron cómo actuó al final del combate, ya no sentían lo mismo. Se acercaban y te miraban compasivos, como queriendo diciendo: '¿Viste a Mike? ¡Uff, pobre tipo!'. En cierto modo, aquella noche encontró una especie de victoria en la derrota".

En una de las cláusulas del contrato, se prevé la posibilidad de que el perdedor reclame una posible revancha, pero Tyson declina ejercerla. Algo en su interior se ha resquebrajado. Sabe que la derrota contra Lewis ha sido una especie de adiós anticipado. Sus mejores días de boxeo han volado y –a diferencia de sus fieles palomas mensajeras– estos no van a volver jamás.

Allí es, precisamente, donde busca refugio, entre las paredes de madera de su viejo palomar de Nueva Jersey. Se encierra con sus pichones, les da de comer e intenta olvidarse de todo. Como él mismo asegurará años después, "tras perder aquella pelea, el corazón se me partió en dos".

Solo y perdido en el callejón de los sueños rotos

Después del fiasco contra Lewis, participa en tres combates más, perdiendo dos de ellos. Sus últimos minutos como boxeador los agota en junio de 2005, frente a un irlandés ramplón llamado Kevin McBride. En la báscula, entrega un peso ominoso de 108 kilos y, sobre el cuadrilátero, apenas soporta los topetazos de su contrincante hasta el sexto asalto.

Tras el enésimo gancho limpio de su rival, cae de culo sobre la lona, groseramente, con la rudeza de un peso muerto, asfixiado y consumido. Se queda ahí sentado, con las piernas abiertas, contemplando sin remedio cómo el árbitro va contando hasta diez, rendido y entregado, boqueando por las branquias como un pez agonizante en la orilla.

Un final indigno de su talento, el cual ha derrochado y desperdiciado con casi mayor prodigalidad que su fortuna. "Se acabó. Lo dejo –afirma a los medios tras la desdichada velada–. No puedo seguir con esto. No puedo seguir mintiéndome. No voy a continuar arruinando este deporte".

Atrás quedan 20 años exactos de competición y un palmarés de 50 victorias (44 de ellas por KO) y 6 derrotas (tres de ellas cosechadas en sus últimos cuatro combates). Para muchos, el mejor pegador de la historia de los pesos pesados; o, al menos, el más espectacular y salvaje.

Cuelga los guantes en el armario y cierra las portezuelas. Ahora debe pensar qué hacer con su vida. Técnicamente, se encuentra arruinado. Ha dilapidado hasta el último dólar de los aproximadamente 350 millones que ha ganado –exclusivamente– por competir (más otras cuentas decenas más en publicidad y patrocinios). Está enganchado al alcohol, las drogas y el sexo; y casi todo el mundo posee una opinión poco recomendable de su persona.

Poco antes, en 2003, por alguna extraña razón, decide que es buena idea hacerse un espacioso tatuaje (de gusto discutible) en todo el lado izquierdo de la cara. Al parecer, Tyson acude con una idea muy diferente en su cabeza al estudio de Victor Whitmill, un artista de las agujas tintadas, pero se deja convencer por la vehemencia de este último y se hace un diseño alternativo (bastante invasivo y atrevido, por cierto). Whitmill le explica que se trata del grabado que los guerreros maoríes se tatúan en el rostro como símbolo de su fiereza. Desde entonces, su tatuaje le acompaña en el reflejo del espejo cada mañana, habiéndose convertido en su seña de identidad más característica, una auténtica firma indeleble, personal e intransferible (a día de hoy, asegura que no se arrepiente de ello).

En 2006, un año después de aquel último combate, es arrestado en Arizona por conducir bajo la influencia de las drogas. Uno de los agentes declara haberle visto esnifar varias filas de polvo blanco, de forma precipitada, sobre el salpicadero del BMW que conduce, mientras se le ordena bajar la ventanilla. Varios meses más tarde, golpea violentamente a un *paparazzi* en el aeropuerto de Los Ángeles, el cual –tras acabar en el hospital por las contusiones– lo denuncia por agresión. Deberá cumplir una nueva pena de confinamiento, aunque solo por unos días.

Acorralado y sin salida, ingresa en varios centros de desintoxicación donde intentará rehabilitarse con desigual éxito. A esperanzadores periodos de abstinencia le siguen tremendas recaídas. En diversas entrevistas y confesiones posteriores (Tyson no va a tener ningún problema en desnudar su alma a tumba abierta durante los próximos años), el excampeón deja constancia de su desgarradora lucha interna. "No quiero morir, pero he estado a punto de hacerlo demasiadas veces. Quiero una vida sobria, pero soy un alcohólico vicioso. He hecho un montón de cosas malas, pero deseo ser perdonado. He mantenido relaciones con prostitutas sin protección, a pesar de saber que podían tener sida. Me he comportado como un capullo, a veces imbécil, a veces arrogante, casi siempre más loco que valiente. Mi vida entera es una historia de arrepentimiento. Toda mi conducta, todas mis acciones, todo ha sido equivocado. Ojalá no hubiera hecho esto, ojalá no hubiera dicho aquello. He llegado a pensar seriamente en matar a otras personas. Menospreciaba a mis rivales. La vida de los demás no tenía ningún valor para mí, no significaba nada. He mentido a todo el mundo, les he dicho que estaba limpio. Y no lo estoy. Cuanto más sé sobre no existir, más dispuesto estoy a dejarme morir. Estaba loco, estaba enfermo y no tenía ni idea del punto en que lo estaba. No quiero que la persona que yo era antes vuelva a salir de mí. Le tengo miedo. Lo odio y lo temo. Si dejo que regrese, las puertas del infierno se abrirán con él. Y ya nadie podrá cerrarlas de nuevo".

La hora de la expiación
('I can feel it coming in the air tonight')

Bradley Cooper, Zach Galifianakis y Ed Helms (que aún no se han convertido en las superestrellas de Hollywood que van a llegar a ser poco después) regresan de nuevo a la suite 2452 del hotel Caesars Palace de Las Vegas –la cual han destrozado tras una noche de borrachera de la que no recuerdan nada– para descubrir asombrados al mismísimo Mike Tyson sentado al piano que hay en el recibidor, como una aparición fantasmal, escuchando por el equipo estéreo el gran éxito de Phil Collins *In the air tonight*.

–¡Callaos! –les ordena Tyson–. Mi parte favorita viene justo ahora.

Redoble de batería inconfundible y el ex campeón de los pesos pesados, con evidente sobrepeso y un irritante timbre agudo de chihuahua cabreado en la garganta, comienza a berrear la letra del estribillo a pleno pulmón: "I can feel it coming in the air tonight, oh, Lord / Well, I've waiting for this moment all my life, oh Lord". El trío protagonista le va acompañando en los coros –emocionado e incrédulo ante su presencia– hasta que el puño de Tyson, de improviso, rasga el aire como un jet supersónico y noquea a Galifianakis –alias, el "gordito"– de un salvaje derechazo (molesto, al parecer, por el hecho de que los chicos hayan encerrado a su famoso tigre en el cuarto de baño, tras secuestrarlo de su mansión la noche anterior). Lo cierto es que da igual las múltiples veces que uno haya visionado la escena, siempre resulta graciosa.

Por supuesto, la historia descrita anteriormente no pertenece a la vida real de Mike Tyson, sino al guión de la hilarante comedia *Resacón en Las Vegas* (estrenada en el verano de 2009), auténtico taquillazo de la década. Apenas se trata de un simple cameo –dos o tres minutos en total, dentro del metraje–, pero la aparición del boxeador en la cinta de Todd Phillips va a revolucionar totalmente su trayectoria profesional futura (quizá, como dice la letra de la canción de Phil Collins, Tyson haya estado "esperando este momento toda su vida, sintiéndolo llegar en el aire"). "Aparecer en *Resacón en Las Vegas* fue algo fantástico para mí –explica–. Me abrió las puertas del mundo del *entertainment* y me dejó expandirme hacia áreas que jamás había pensado pisar. Aún hoy me paran por la calle para suplicarme que les cante mi versión de *In the air tonight*".

A pesar de sus claroscuros, su comportamiento tenebroso y su actitud irresponsable, Mike Tyson se convierte en un icono transversal. No tiene que ver con el boxeo, ni siquiera con el deporte en general, su caso recuerda más al de esos antihéroes masivos que logran seducir con sus imperfecciones el corazón caprichoso de la cultura popular. Resulta raro, pero es así.

¿Por qué? La única pregunta oportuna que cabe plantearse ante un dilema de este tipo es si, según el criterio de alguien de la calle, Tyson mola o no mola –ser *cool* o no ser *cool*, que diríamos en inglés–; y la respuesta resulta simple, pero contundente: Tyson mola. La prueba más palmaria de ello es su incorporación al universo pop de la serie *Los Simpsons*, a través del personaje de Drederick Tatum, evidente sosias del excampeón.

La suya, además, es una historia de redención, el argumento que más emociona y hechiza a la sociedad americana. Después de haberse revolcado por el barro abyecto del pecado, ahora siente una fuerza espiritual en su interior que le empuja a desprenderse de su pasado, liberarse de las cadenas de su adicción y abrazar el único antídoto que existe contra el odio atroz que siente: el perdón (empezando, por supuesto, por el perdón a uno mismo).

"He tardado cincuenta años en descubrir cómo ser amable con mi propio yo –confiesa en una entrevista–. Durante mucho tiempo, pensé que ser benévolo conmigo mismo consistía en comprarme ropa cara, tener una mujer preciosa, vivir en una mansión enorme y conducir un coche bonito. Ahora sé, sin embargo, lo que significa estar en casa con tus hijos, cantar en el karaoke junto a los amigos, tumbarse en la piscina o irse a la habitación de invitados y fumarse un buen cigarro habano en soledad. Eso sí es quererse".

Desconocemos si Tyson ha vencido realmente a sus fantasmas interiores, si sigue tropezándose de vez en cuando con los mismos escalones de siempre, en medio de la noche más oscura, pero lo que sí parece evidente es que su cosmovisión de la vida ha dado un giro radical. "Fui viejo demasiado pronto y listo demasiado tarde –afirma en una perla de sabiduría sorprendentemente madura, para luego rematar con otra sentencia de lo más afilada–. Este mundo no está hecho para tipos duros, sino para hombres inteligentes".

En su ascenso hacia el equilibrio emocional, Tyson se ha casado por tercera vez (con Lakiha Spicer, con quien –por ahora– lleva ya más de una década de, aparentemente, feliz matrimonio) e intenta mantener una relación fluida con todos sus vástagos, lo cual no resulta nada sencillo, dado lo tormentoso y complejo de sus muchos amoríos anteriores. Legalmente, ha tenido un total de seis hijos con al menos cuatro mujeres, incluyendo sus dos últimas esposas (Monica y Lakiha), la modelo Kimberly Scarborough y una bailarina *stripper* de Phoenix de la que apenas se conoce su nombre artístico, Shelley.

En este sentido, uno de los momentos más dolorosos de su vida acaeció en 2010 cuando una de sus hijas –Exodus, de tan solo cuatro años de edad– falleció por culpa de un desgraciado accidente doméstico (fue encontrada sin vida por su hermano con una cuerda de ejercicios enroscada al cuello), una tragedia que el excampeón reconoce no haber logrado superar aún.

Una estrella 'mainstream' llamada Mike Tyson

Resulta complicado reunir en unas líneas toda la panoplia de ocupaciones profesionales que Tyson ha ido desplegando sobre el tapete de la actualidad estos últimos años, desde que abandonara la práctica del boxeo; sobre todo por lo improbable y sorprendente de muchas de ellas (aunque ya casi nada acerca de él puede resultarnos inverosímil).

Ha inspirado una serie de dibujos animados titulada *Los misterios de Mike Tyson* (una vil copia del esquema clásico de Scooby-Doo), ha rodado en China una película de artes marciales (*Ip Man 3*, junto a Donnie Yen, estrella oriental del género) y ha cedido su imagen (a cambio de 800.000 dólares, una cifra que le sirvió para que no le embargaran su casa) a una firma de *pachinko*, un popular juego de azar japonés, similar al *pinball* occidental.

En 2011, volvió a aparecer –brevemente– en la segunda entrega de *Resacón en Las Vegas*, interpretando en esta ocasión (igual de mal que en la primera parte) el *hit ochentero* de Murray Head, *One night in Bangkok*. Lo más noticioso de esta colaboración fue que su antiguo tatuador –Victor Whitmill– denunció a Warner Bros (incluso llegó a solicitar una orden judicial en la que pedía detener el estreno del filme) al considerar que el tatuaje con el que el actor Ed Helms se despierta en la película, estampado –al igual que el de Tyson– en plena cara, vulneraba sus derechos de autor. En concreto, su acusación expresaba que "el diseño ideado por mí para el rostro de Tyson está considerado como uno de los más representativos del país". Por tal razón, consideraba "irrenunciable participar en cualquier explotación comercial" de dicho dibujo. El juez, como era previsible, desatendió sus reclamaciones.

Posteriormente, también haría un par de cameos más en la saga paródica (ya casi una franquicia) *Scary Movie*. A pesar de estos escarceos en el mundo del celuloide, sigue afirmando que su película favorita de todos los tiempos es *Rocky III*, pero no porque vaya de boxeo, sino porque en ella pelea su ídolo de la infancia, Mr. T, el inolvidable M.A. Baracus de *El Equipo A*.

Atendiendo a aspectos más personales, ha realizado una peregrinación a La Meca, uno de los deberes insoslayables de cualquier musulmán (no olvidemos que Tyson abrazó la religión islámica durante su periodo carcelario), y también se ha declarado vegano.

Muchas de estas cosas le sirvieron de material inspirador para *Undisputed Truth* (La verdad indiscutible), un monólogo en formato *stand-up comedy* que el propio Mike Tyson escribió y protagonizó en 2012. El espectáculo, que comenzó en Las Vegas, tuvo tanto éxito que viajó por Europa y todo EE UU para subir, finalmente, a los escenarios de Broadway, con la dirección del prestigioso cineasta afroamericano Spike Lee. Solo en medio del proscenio, bajo la luz de los focos –según proclamaban los carteles que promocionaban el montaje–, Mike Tyson desnudaba su cuerpo y su alma ante la mirada de los espectadores, sin dejarse nada debajo, aunque –como él mismo advertía al entrar en escena–, respecto a lo de desnudar el cuerpo, "se trata de una simple metáfora, no esperen nada literal".

Queda muy poco de aquel chico tímido, con gafas y voz de pito, del que solían mofarse los matones de su barrio. Ahora es el propio Tyson quien se ríe de sí mismo y de su trayectoria. Por ejemplo, demostraría sus nulas dotes para el chachachá en las versiones italiana y argentina del show con famosos *¡Mira quién baila!*, edición –esta última– en la que coincidiría con la ex vigilante de la playa Pamela Anderson.

Allá, en Buenos Aires, ya había visitado anteriormente el programa de televisión conducido por Diego Armando Maradona, *La noche del 10*, donde se sinceraría con el *Pelusa*. “Me he dado una vuelta por Villa Florito, el barrio en el que creciste, Diego –le contó el boxeador–. Y, la verdad, se parece mucho al mío. Creo que los dos venimos de mundos similares. Todo el mundo cree que soy demasiado excéntrico, supongo que también dirán lo mismo de ti, pero te aseguro que los dos somos buena gente”.

El señor de la hierba, Aquiles y el verdadero significado de la palabra guerrero

La última faceta que ha mostrado Mike Tyson al mundo es su dimensión de empresario visionario, invirtiendo sus últimos ahorros y potencial humano en un negocio imaginativo, osado y moderno: la marihuana.

Desde que el estado de California aprobara su consumo como sustancia recreativa, allá por 2016, el excampeón de los pesos pesados empezó a considerar seriamente este proyecto en su cabeza. Para ello, adquirió 170 hectáreas de terreno cultivable en el condado de Hot Springs, en pleno zona de desierto, plantó allí cientos de semillas de marihuana (incluyendo variedades comestibles, otras comunes y algunas de calidad *premium*) y montó una empresa –Tyson Ranch, un nombre con pegada– de comercialización y consumo (una práctica ilegal en muchos países, España por ejemplo) de este producto, derivado de la *cannabis sativa*, especie herbácea milenaria conocida por nuestros antepasados bajo el nombre común de cáñamo.

Más que una simple explotación agrícola, el exboxeador pretende ofrecer en su rancho toda una experiencia holística. Atracciones turísticas, un hotel de lujo, un *camping* con tiendas de campaña, un anfiteatro para festivales de música y hasta una “universidad Tyson” en la que se enseñen técnicas de cultivo a los futuros plantadores de marihuana.

"Llevo más de veinte años luchando contra mi adicción a las drogas duras, así que sé bien de lo que habló –explicó durante la presentación de su negocio a la prensa–. Si pones a cinco desconocidos a beber alcohol en una habitación cerrada, acabarán liándose a puñetazos; si haces lo mismo con marihuana, terminarán haciéndose *selfies*. Lo digo por experiencia. He probado cocaína, ácido y cosas peores y siempre había alguien que resultaba herido. La marihuana, sin embargo, me ayudó a mitigar el dolor. Nunca me ha dado por destrozar una habitación mientras fumaba hierba. No puedo decir lo mismo del resto de sustancias".

Lo cierto es que las últimas noticias al respecto, aparecidas en la prensa norteamericana a lo largo de 2020, hablan de unos ingresos para su empresa de medio millón de dólares al mes, una auténtica fortuna. No exageraba Tyson, por tanto, al definir el cannabis como "una droga milagrosa".

Para promocionar sus inversiones, el viejo Mike no ha dudado en aprovechar su tirón en redes sociales, una herramienta digital que no existía en su época de campeón. Su cuenta de Instagram roza los diez millones de seguidores y, en ella, se le puede encontrar protagonizando todo tipo de vídeos, muchos de ellos virales, como uno en el que intercambia productos con la estrella de las artes marciales mixtas, Conor McGregor (con quien sostuvo por cierto algún altercado verbal en el pasado, aunque, por lo visto, parecen haber hecho ya las paces). El irlandés le obsequia con una botella de su whisky irlandés –una marca llamada Proper Twelve– mientras que Tyson le ofrece a cambio un saco de su mejor hierba. Tyson y McGregor. Los dos, bebedores y fumadores; los dos, deslenguados y los dos, guerreros.

"Una de las cosas que tengo pendiente por hacer, antes de morirme, es visitar la tumba de Aquiles en Grecia, el rey de todos los luchadores", explica Mike Tyson en una entrevista de 2016 a la revista GQ, con el verbo pausado de quien parece haber reflexionado mucho sobre la verdadera naturaleza de su ser y de su oficio. "El boxeo, entendido como lucha entre dos hombres, tiene una parte espiritual muy fuerte. El problema es que esa espiritualidad no se percibe habitualmente porque está dominada por la parte física", añade en un pensamiento que deja mucho más poso del que parece a primera vista, una meditación con considerable recorrido intelectual y dimensión histórica.

Fue el filósofo, orador y político romano Séneca quien dejó escrito al respecto: "Los gladiadores están protegidos por la destreza, pero se quedan indefensos por la ira". Muchos estudiosos creen que el Imperio Romano comenzó a provocar su inevitable caída –ante el acoso progresivo de las tribus bárbaras– el día en que sus nativos dejaron de defender las fronteras con sus propias manos, entregándoles la desagradable ocupación de las armas a los mercenarios extranjeros.

Como aseguraba hace algún tiempo el coronel y analista de seguridad nacional Ralph Peters, tras diversos ataques terroristas de Al Qaeda a intereses norteamericanos: "Los soldados estadounidenses están muy bien preparados para derrotar a otros soldados. Por desgracia, los enemigos a los que nos veremos obligados a enfrentarnos en el futuro no serán casi nunca soldados en ese sentido tradicional del término; es decir, individuos dotados de profesionalidad, códigos y disciplina. Probablemente, quienes nos ataquen sean guerreros erráticos, de mentalidad primitiva y lealtad voluble, acostumbrados a una violencia connatural, sin interés alguno por el orden civilizado".

Como en su idolatrado Aquiles y en los antiguos griegos que hostigaron a la próspera civilización de Troya, en el viejo corazón de Tyson –aunque escondida y adormecida– aún palpita la emoción de la lucha ancestral, una pasión inmortal que supera en emoción a cualquier deleite de la vida casera o de los placeres mundanos, una etérea sensación de eternidad que ha cautivado a los hombres –y a los poetas– desde el principio de los tiempos.

Porque a pesar de tantos millones dilapidados, noches de excesos y cameos inofensivos en comedias de éxito, en su piel tatuada y endurecida habitará por siempre el alma salvaje de un auténtico guerrero.

2.

GEORGE BEST
Días de goles, tardes de pub

Si hubiera nacido feo...

A mediados de los años cuarenta del pasado siglo, un emigrante judío llamado Benjamin Eisenstadt inventaba en el barrio neoyorquino de Brooklyn el actual sobre de azúcar, esa especie de pequeño envoltorio rectangular sellado que acompaña desde entonces –cada mañana– nuestra taza de café en el bar. Un diseño sencillo pero tremendamente útil (cuentan que Eisenstadt se inspiró en el formato de las bolsitas de té para concebirlo) que lo convirtió en millonario de inmediato. Fue tal la popularidad de su patente que a alguien se le ocurrió imprimir en el papel del envase citas breves de personajes famosos, de tal modo que, antes de rasgar el sobre y vaciar su contenido granulado dentro del vaso, uno podía endulzar también su conocimiento, diluyendo de forma sencilla, rápida y algo superficial una sentencia juiciosa del saber popular en su acervo cotidiano. Nacía así la literatura de citas (o *quotes*, en inglés), uno de los géneros más extendidos y representativos de esta sociedad posmoderna.

De G.K. Chesterton a Groucho Marx, pasando por Albert Einstein, Oscar Wilde, Winston Churchill, Bernard Shaw o Rabindranath Tagore. Sus redondas perlas de sabiduría, estampadas en millones de sobrecitos de azúcar arrugados, retumban durante unos leves segundos en nuestros adormecidos oídos, iluminando de sabiduría el interior de la sesera, haciéndonos esbozar un gesto de asentimiento cómplice por un instante, hasta disolverse poco después en el olvido –sin dejar demasiado poso, por desgracia–, sepultadas en el inmenso océano de estímulos que nos rodea a cada instante.

Posiblemente George Best haya sido el futbolista más citado de toda la historia del deporte. Sus frases –repletas de agudo ingenio, cinismo irreverente y una mordaz predisposición a reírse de sí mismo– suelen replicarse sin cesar (*copy/paste*) en decenas de páginas de internet, asociando para siempre su apellido a las tres cosas que más amó en su vida (y que mejor se le dieron): el fútbol, las mujeres y el alcohol; aunque no necesariamente en ese orden.

"No es cierto que me haya acostado con seis Miss Mundo. En realidad, fueron solo tres".

"Cada vez que entro en un sitio, hay sesenta personas que quieren invitarme a una copa. Y yo no sé decir que no".

"Gasté mucho dinero en coches caros, chicas guapas y alcohol. El resto lo desperdicié".

"Nunca salía de casa por la mañana con la intención de emborracharme. Simplemente, sucedía".

"Tenía una casa cerca del mar, pero para llegar a la playa tenía que pasar por delante de un pub. Jamás llegué a bañarme".

"En 1969, dejé las mujeres y la bebida. Fueron los peores veinte minutos de toda mi vida".

"Podría haber ingresado en Alcohólicos Anónimos, pero para mí sería muy difícil hacerme pasar por anónimo, os lo aseguro".

"Hace años dije que si me dieran a elegir entre marcarle un golazo al Liverpool o acostarme con una Miss Universo no iba a saber con qué quedarme. Por suerte, ya no necesito elegir. He podido hacer ambas cosas".

No está nada mal para ser el hijo de un humilde tornero de los astilleros de Belfast, un tipo adorable, simpático e irresistible (imposible no caer en su hechizo) a quien la bebida transmutaba, sin embargo, en alguien agresivo y bocazas. Un guaperas con patillas y melena a la moda, ojos azules y hoyuelo en el mentón, dotado como nadie de su generación para dominar el fútbol británico. Podría haber sido el mejor (*the best*), pero se conformó con ser simplemente Best, eso sí, con mayúscula. Un ídolo pop (treinta años antes de que apareciese David Beckham) que prefirió despilfarrar todo su talento en el goce vacío de los placeres mundanos y convertirse en un ángel caído de alas desflecadas. Porque, como él mismo dejó dicho en una ocasión: "Si hubiera nacido feo, no habríais oído hablar de Pelé".

Libros, canciones y hasta un aeropuerto

Hace ya más de tres lustros que George Best perdía su última batalla en un céntrico hospital de Londres, postrado, demacrado y mortecino, con un segundo hígado trasplantado en el costado –al primero lo anegó en cirrosis– y una legión de periodistas esperándolo en la puerta, intentando conseguir una postrera exclusiva para la portada de uno de esos tabloides sensacionalistas que se venden en los supermercados. Había regateado a la muerte tantas veces que, aburrido y agotado, dejó de corretear por la banda –en zigzag, sin dirección fija–, encarando siempre la senda más poblada de defensas y problemas. Se paró, se dio la vuelta y le entregó la pelota al pie a la blanca dama de la guadaña. A nadie pudo sorprender que todo acabara de tal modo, aunque no por ello dejara de ser menos triste.

Las señales de su recuerdo siguen instaladas en el inconsciente colectivo del Reino Unido. Cuando los aviones aterrizan bajo la niebla de Belfast, lo hacen en las pistas del George Best Airport (algo sumamente raro designar póstumamente a un aeropuerto con el nombre de un futbolista), y cuando los aficionados acuden a ver un partido a Old Trafford, el campo del Manchester United, contemplan a la hinchada local flamear al viento una pancarta gigante con la siguiente leyenda: "*Georgie, simply the Best*". Siguen editando biografías y documentales sobre su figura y es posible encontrar en las tiendas de segunda mano antiguos vinilos de las bandas que lo adoraron. Siempre se ha dicho que la canción de The Kinks *Dedicated follower of fashion* la compuso Ray Davis en su honor (al delantero siempre le gustó vestir a la moda, todo un *influencer* en su época), y muchos cuarentones aún conservan como un trofeo, en su colección de discos raros, el legendario elepé que el grupo The Wedding Present sacó en 1987, titulado precisamente así –*George Best*–, con una foto de él en la carátula, vestido de rojo, con su porte desgarbado y las rodillas cubiertas de barro.

Tal vez sea pertinente empezar esta historia por el final, un poco al estilo de una serie de J.J. Abrams, para ir saltando –más tarde– hacia atrás en el tiempo, introduciendo quizá en la trama, de vez en cuando, a alguna otra estrella del balompié británico, tan excéntrica y bebedora como el propio Best, miembros todos ellos de una cultura de testosterona y cerveza que raramente podría concebir lo que es disfrutar verdaderamente de un partido de fútbol sin haber pasado antes –y también después– por la barra de un pub.

Un funeral de estado

3 de diciembre del año 2005. Medio millón de personas abarrotan las calles de Belfast para despedir y rendir tributo a quien consideran su compatriota más querido. La capital de Irlanda del Norte lleva ya siete años disfrutando de una paz mucho tiempo esquiva, la cual –aunque bisoña y frágil– se antoja al fin definitiva (tras el Acuerdo de Viernes Santo, firmado y refrendado en abril de 1998). Aunque el sonido de las bombas ya no retruene en los barrios católicos y protestantes, la ciudad sigue escindida por la religión, la política y el odio. Los muros de hormigón, con sus grafitis de aerosol y sus embrolladas argollas de alambre de espino, continúan separando por la mitad a ambas comunidades como dos naciones reflejadas en un mismo espejo, unidas en lo geográfico, pero irreconciliables en lo sentimental. Cada una de ellas en su esquina, con sus ideas, sus símbolos y –también– sus propios héroes caídos.

Por eso resulta casi un milagro que toda Belfast salga hoy a la calle para rezar, junta y unida, por un mismo motivo: George Best. "Él nos dio esperanzas –comenta uno de los párrocos de la comitiva–. Nos hizo pensar que este lugar merecía la pena, que había algo más allá de la violencia". La muchedumbre avanza lentamente, repartida a lo largo de las aceras mojadas, invadiendo incluso parte de las cunetas, en medio de un silencio apenas roto por salvas de aplausos. Cuatro helicópteros de la policía vigilan el serpenteo de la multitud desde el vientre del cielo, tan gris y lluvioso como casi siempre, mientras centenares de agentes acordonan el recorrido, de casi seis kilómetros de largo. Best había nacido, 59 años antes, en uno de los barrios de la zona este de la ciudad (no el más céntrico ni luminoso, precisamente), Cregagh, un confín obrero levantado sobre paredes de ladrillo tiznadas de hollín, repleto de iglesias presbiterianas, metodistas o adventistas, y sedes del Ejército de Salvación. Pero hoy es un día simbiótico y las estampas católicas del Papa de Roma conviven con banderas de la Union Jack, impensable de ver más allá de la frontera sur del Úlster. Según señala un comentarista de televisión, el único norirlandés que podría haber conseguido algo parecido –esto es, poner de acuerdo a dos sociedades tan antagónicas– sería el cantante Van Morrison. Suena más que posible, aunque, por mucho que la voz rasgada del León de Belfast enamore los oídos, Best siempre le aventajará –y por varias zancadas– en carisma y simpatía.

Hay tantos nombres destacados de la política, la cultura o la sociedad civil entre los miembros del cortejo fúnebre que bien podría ser considerado, sin ninguna duda, como un verdadero funeral de estado. Han venido hasta aquí para honrar su memoria y mostrar sus condolencias a la familia personajes tan variopintos como el primer ministro británico Tony Blair, los componentes del grupo de rock Oasis o el actor Mickey Rourke. Tan solo 300 invitados han podido acceder al interior de la capilla del castillo de Stormont, el lugar escogido para velar el féretro del exfutbolista. Entre discurso y discurso, suena la canción de los Beatles *The long and winding road*, una especie de metáfora vital de su paso por este mundo, interpretada en directo por una orquesta ubicada detrás del altar.

Antes de ser conducido al cementerio de Roselawn, donde será enterrado, algunos de los que mejor le conocieron suben hasta el estrado para pronunciar unas palabras en su memoria. Alex Ferguson, el técnico más laureado de la historia moderna del Manchester United, afirma: "Además de su talento, lo que más destacaría de él sería su coraje. Le pude ver derribado por las patadas de los defensas rivales en muchas ocasiones. Pero él siempre se levantaba del suelo y decía: '¡Dadme la pelota otra vez, maldita sea!'. Eso quedará para siempre en mi mente".

George Best no necesitó jugar ninguna Eurocopa o Mundial para destacar en el fútbol. Defendía la camiseta verde de su pequeña patria, un país pequeño y encajonado, sin demasiadas posibilidades de competir a nivel internacional. "Le debo todo lo que soy a la gente de Irlanda del Norte", afirmó rotundo en una ocasión, al preguntarle si no se sentía frustrado por no haber podido brillar en una selección más poderosa, una a la altura de sus capacidades. En uno de aquellos partidos internacionales, en noviembre de 1970, Best se enfrentó al combinado español en el estadio Sánchez Pizjuán de Sevilla, en un choque clasificatorio para la Eurocopa de 1972. Su marcador aquella tarde fue el defensa catalán Joaquín Rifé, quien jamás ha podido borrar tal fecha de su cabeza: "Best me amagó hacia un lado, me hizo un quiebro, y salió por el otro costado. Se fue y me dejó atrás. Luego sentó a cuatro españoles más y asistió finalmente a Todd, que remató al cuerpo de Iribar. Se inventó aquella jugada de la misma nada. Fue algo increíble. Era rápido e inteligente, pero también una persona sencilla. Al parecer le gustaba vivir la vida a tope, no lo sé, aunque te aseguro que en el trato personal era de lo más normal". Carles Rexach, exentrenador y habilidoso extremo del FC Barcelona, lo recuerda en términos parecidos: "Una persona educada y nada engreída. Tenía un regate y un cambio de ritmo excepcionales".

Comienza a diluviar con fuerza sobre Belfast. El cementerio se cubre de paraguas negros. La hierba se empapa de lluvia y también de lágrimas. Es hora de decir adiós a George Best. Por fortuna, sin embargo, su increíble leyenda permanece aún muy viva.

¿Cuándo empezó a joderse todo, Georgie?

George Best fue el primer futbolista de la historia que hizo gritar de histeria a las adolescentes (y también a más de una madurita) solamente con su mera presencia, la primera estrella *pop* en el sentido moderno del término. Podía competir perfectamente en magnetismo sexual con cualquier otro ídolo del rock, incluyendo a los Beatles o a los Rolling Stones. En una ocasión, medio en broma, medio en serio, llegó a contabilizar el número total de mujeres con las que se había acostado hasta ese momento y la cifra obtenida superaba cómodamente las dos mil relaciones. Ellas lo deseaban, ellos le envidiaban y, en general, todo el mundo lo adoraba. En 1974, tras una de sus muchas bancarrotas, sumido ya en el alcoholismo, una iniciativa popular logró recaudar en apenas unas horas 74.000 libras esterlinas –procedentes de donativos anónimos–, solo para ayudarle.

Circulan por ahí todo tipo de historias y anécdotas a propósito de sus andanzas. A diferencia de otras celebridades, donde prevalece la leyenda y el mito sobre la realidad contrastada, la mayoría de las referidas a Best suelen ser ciertas (o al menos, eso se presupone), ya que ha sido él mismo quien las ha relatado en alguno de sus libros o –muy numerosas– entrevistas. De su puño y letra ha redactado dos biografías autorizadas, *Blessed* (Bendecido) y *Scoring at half time* (Marcando en el descanso), donde revela sin ningún pudor un montón de intimidades y secretos de vestuario. También ha escrito *Hard tackles & dirty baths: The inside story of football's golden era* (Entradas duras y vestuarios sucios: historia interior de la edad de oro del fútbol) y *The good, the bad and the bubbly* (El bueno, el malo y el achispado), esta última en colaboración con el periodista Ross Benson.

Curiosamente, la mayor parte de sus confesiones no están dedicadas a sus años de luz y triunfos, sino a su empinada cuesta abajo. En una especie de ejercicio de contrición masoquista, Best suele deleitarse en los detalles más sórdidos de su caída, gustándole retratarse en el fango de la desesperación y los excesos, chapoteando en su propio patetismo, casi como un colega pasado de vueltas que narra a su pandilla de amigos, entre bromas y chupitos, sus aventuras de borrachera de la noche anterior. "Es a lo que más tiempo he dedicado en toda mi vida –comenta–, así que es de lo que tengo más material para contar". La única limitación que pone a sus agitadas vivencias son las lagunas movedizas en las que su castigada memoria se hunde a veces, una objeción muy parecida la que ya reconocería Keith Richards en su biografía *Life* (Vida). "Como siempre estaba borracho –apunta George Best–, hay muchas cosas de las que no me acuerdo. Una vez dejé un Mercedes en un taller para que lo repararan y me llamaron a los dos años para que pasara a recogerlo de una puñetera vez. Se me había olvidado incluso que lo tenía".

Nunca tuvo mayor reparo en burlarse irónicamente de su alcoholismo, incluso en los peores momentos, siempre encontraba un buen momento para el gag. "Es un placer estar esta noche aquí de pie frente a ustedes –declamaba en una ceremonia de entrega de premios, en 1999, ya casi al final de sus días–. Bueno, en realidad, el simple hecho de poder sostenerme en pie esta noche ya es un verdadero placer".

Tal vez llevara la adicción en los genes. Su madre también falleció por culpa de la bebida – en octubre de 1978, a una edad incluso más temprana que él–, un drama que golpeó como un gancho en la mandíbula a su querido hijo *Georgie*. Él siempre se sentiría responsable de no haber estado allí, en la encapotada Belfast, cuando su madre empezó a esconder botellas de ginebra en los altillos de la cocina. Una culpa que siempre le zahirió por dentro y que intentó olvidar de la única manera que sabía: bebiendo más y más.

Tampoco era algo tan raro, la verdad, en la época en que Best emergió como estrella (finales de los años sesenta y principios de los setenta), que los deportistas de élite se emborracharan de vez en cuando para celebrar alguna victoria o cumpleaños, fomentando así el compañerismo entre los miembros del equipo, acudiendo todos juntos a algún pub tras el partido para brindar con unas cuantas pintas. La cultura del alcohol se encuentra muy enraizada en el corazón mismo del fútbol británico, una costumbre social –la de unir cerveza y goles– que prácticamente se pierde en los orígenes de su historia.

Una de sus primeras novias famosas se llamaba Jackie Glass. Era rubia, guionista de cine y solía realzar sus torneadas pantorrillas con unas botas altas de cuero blanco, a juego con su atrevida minifalda. La conoció en un club nocturno de Manchester, cuando él apenas tenía 22 años y estaba en el mejor momento de su carrera. Jóvenes y hermosos, se enamoraron profundamente y –a pesar de las constantes infidelidades de él–, estuvieron juntos casi un año. Su primer amor. Hoy, cuatro décadas después, ella se hace llamar Ani Rinchen Khandro, lleva el pelo rapado al cero y su único atuendo es una túnica de color naranja. Pertenece a la iglesia Hare Krishna y asegura haber encontrado el camino de la iluminación. "A George le encantaba entrenar, jugar y alardear en el campo –recuerda–. Vivía por y para el fútbol. Esa era toda la diversión que necesitaba. Si empezó a beber fue por culpa de su enorme timidez".

La palabra latina *solitudo* significa soledad, pero también desierto. Vagar por las dunas de ese paraje interior puede resultar estremecedor para algunas personas. El miedo patológico que desarrollan a la hora de confrontarse a los demás puede llegar a generarles una sensación interna de angustia muy difícil de dominar. Cuentan los especialistas que algunos veteranos de la Segunda Guerra Mundial, los cuales no habían mostrado señal alguna de cobardía al avanzar –rodeados de cadáveres– por las playas de Normandía, se quedaban, sin embargo paralizados por el terror escénico, ya en su vida civil, al tener que enfrentarse a la simple convención social de saludar y charlar con sus vecinos. Según explica el propio George Best en algún párrafo de su biografía, la timidez atroz que padecía le impedía afrontar cualquier actividad "con el resto del mundo" sin haberse tomado una copa antes para relajarse. Una fobia que, por cierto, solo conseguía atenazarle las tripas fuera del campo de fútbol (dentro de él, se sentía totalmente a salvo).

Afirman algunos psicólogos que el factor principal que diferencia al introvertido clásico del tímido crónico es el sufrimiento. Un dolor derivado del miedo al rechazo y del pavor al ridículo. El introvertido no habla con los demás porque no le apetece. El tímido crónico es incapaz de hacerlo porque, simplemente, no puede.

Sea por una causa o por otra, lo cierto es que el ascenso de Best hacia el firmamento de la fama fue tan fulgurante y cegador como el despegue de un cohete espacial. De forma paralela, sin embargo, su posterior colapso y caída adquirió la velocidad y contundencia de un meteorito ardiente, descendiendo como un armagedón de fuego y destrucción sobre su entorno (aunque él no lo viera siempre de esa manera). "Me hace gracia cuando los periodistas hablan de mi vida desperdiciada y me tratan como a un ídolo caído. Esa gente que escribe trabaja en una oficina de nueve a cinco por un sueldo mediocre. Yo salgo todas las noches de juerga y me pagan 5.000 libras por entrevista. A veces, pienso: '¿Pero quién es el que está aquí desperdiciando su vida?".

A Best nunca le benefició su vinculación con la permisiva escena pop (cantantes, actores, modelos, presentadores) que le rodeó y aduló, ni tampoco la embelecada indulgencia con la que todos ellos le trataron siempre. Era como un pavo real, desplegando su cola de colores siempre que se lo pedían. Podía hacer lo que quisiera. Nadie le llamaba la atención. Solo un modesto miembro del servicio de habitaciones se atrevió una vez a mostrarle el reflejo de la cruda realidad delante de su cara. El futbolista se había encerrado en la suite de un hotel con una candidata a Miss Universo y pidió por teléfono a recepción que le subieran un par de botellas de champaña. El camarero que se las llevó, que casualmente era aficionado del Manchester United y gran admirador del propio Best, sintió tal decepción al contemplar a su ídolo en un contexto tan previsible, libertino y decadente que no dudó en preguntarle en voz alta: "¿Cuándo empezó a joderse todo, *Georgie*?". Best caminó lentamente hacia él, agarró la cubitera de plata que contenía las botellas, le dio una generosa propina de 50 libras y, luego, sin decir ni una palabra, le cerró la puerta en las narices.

Creo que te he descubierto un genio. Stop.

Aunque su posterior inclinación hacia la disipación y la impudicia pueda hacernos colegir lo contrario, Best fue en su niñez un destacado estudiante, un chico aplicado e inteligente que obtendría, a la tierna edad de once años, una beca escolar en la prestigiosa Grosvenor Grammar School gracias a sus altas calificaciones. Ya de adolescente, empezó a destacar en algunos equipos juveniles de Belfast (como el Cregagh Boys Club o el Lisnasharragh), aunque su físico liviano y esmirriado no era considerado por sus entrenadores como el más indicado para descollar en el juego de brega, contacto y choque, estilo balompédico que predominaba entonces por aquellas latitudes septentrionales, siendo la fuerza y el empuje del rugby (el gran deporte tradicional en toda la isla de Irlanda) y no la habilidad técnica con el balón en los pies, el modelo atlético a seguir. Por decirlo en pocas palabras, el muchacho no parecía lo bastante rudo como para llamar la atención.

Fue un ojeador local del área de Belfast, Bob Bishop, que trabajaba para el Manchester United a cambio de dos libras por semana, quien viera en las botas sucias de aquel chico de apenas quince años, trotando por el campo embarrado de un patatal de categoría juvenil, el pálido brillo de un diamante en bruto. Un impulso interior empujó a Bishop hasta la estafeta de correos del barrio, desde donde mandó –dirigido al entrenador Matt Busby– el telegrama más famoso de la historia del fútbol británico: "I think I've found you a genius" (Creo que te he descubierto un genio). Apenas se necesitaron ocho palabras –tampoco había por qué gastar más peniques en redundancias– para encender la mecha de una bomba de relojería llamada George Best.

Y entonces llegó la invitación. El destino golpeaba en su puerta. Una prueba para ingresar en las categorías inferiores del Manchester United. Best nunca había volado más allá del nido familiar. El lugar más lejano que había pisado hasta entonces eran los guijarros anacarados de la playa de Bangor, el enclave costero y turístico ubicado a menos de 25 kilómetros de su casa. Manchester resonaba amenazante al otro lado del mar de Irlanda, más allá de la isla de Man, una urbe industrial, enorme y desconocida. El United era uno de los equipos más poderosos de la liga inglesa y él un crío endeble de ascendencia obrera y fuerte acento norteño. El desafío era tremendo. Su madre Anne se despidió de él en la estación y le entregó una bolsa de papel con unos emparedados de pepinillo para el trayecto. Otro muchacho pecoso con ansias de triunfar, Eric McMordie, fue su única compañía durante aquel periplo emancipador. La añoranza les mordió tan fuerte en el cogote que Best y McMordie se volvieron a casa apenas 48 horas después de haber arribado a Manchester. "Habíamos acordado que si a uno de los dos no le gustaba aquello, regresaríamos juntos –recuerda–. Nos fuimos de allí en el ferry nocturno". Regresó a Belfast como un polluelo mojado, aterido de frío y miedo. Sus padres escribieron varias cartas al propio Matt Busby para rogarle una segunda oportunidad. Le explicaron que George era el mayor de seis hermanos y que había echado de menos el calor de los suyos, algo bastante comprensible para un muchacho de su edad. En el hogar de los Best nunca había sobrado el dinero y esta podría ser una ocasión pintiparada para el porvenir de su retoño. Todos quedaron de acuerdo y lo mandaron de vuelta a Inglaterra. Corría el año 1961.

En su nueva llegada a Manchester, el club lo hospedó en un hogar de acogida de la avenida Aycliffe (no demasiado lejos de Old Trafford), el domicilio particular de una mujer viuda –*miss* Fullaway–, la cual trataría al joven George como una segunda madre (incluso le echaba las mismas broncas que ella si se retrasaba). La típica ama de casa con rulos y gafas de pasta, siempre sirviendo el té de las cinco acompañado de un buen pedazo de bizcocho de jengibre. El portal de la casa estaba ubicado en una callejuela tranquila, repleta de setos de narcisos, y el ambiente era muy familiar. Por las mañanas, Best iba a entrenar con los juveniles del United (por entonces, jugaba en la posición de lateral izquierdo) y, por la noche, antes de acostarse, se abrillantaba él mismo las botas de tacos con un cepillo y un poco de betún, inclinado sobre el borde de la cama. Luego, se sentaba en el pupitre de la habitación y escribía una carta a sus padres. Todas las noches, sin fallar una. Un verdadero encanto, o como suele decirse en la vieja Albión, *a really nice guy*.

Un equipo (de luto) en construcción

En febrero de 1958, tan solo tres años antes de que un chico de quince años apellidado Best llegase al club, la plantilla al completo del Mancheter United regresa de Belgrado tras jugar un partido de la Copa de Europa contra el Partizán, haciendo escala técnica en el aeropuerto de Múnich. El capitán del vuelo 609 de la British Airways, James Thain, trata de elevar del suelo –hasta en dos ocasiones– el pesado morro del Airspeed Embassador que pilota, pero la pista helada le hace abortar la operación en ambas tentativas. Al tercer intento –a las tres y cuatro minutos de la tarde, hora local– consigue al fin despegar la aeronave, que comienza a dibujar una estela titubeante sobre la bruma. El avión no consigue ganar altura suficiente y acaba estrellándose contra un edificio abandonado, poco más allá de la torre de control.

Entre los 23 fallecidos por el accidente, hay hasta ocho futbolistas del primer equipo: Tommy Taylor, Roger Byrne, David Pegg, Liam Whelam, Geoff Bent, Eddie Colman, Mark Jones y Duncan Edwards. Este último es rescatado –aún con vida– de entre los hierros quemados de la cabina, pero fallece sin remedio, como consecuencia de las graves heridas, apenas unos días después. Tenía tan solo 21 años y estaba considerado como la mayor promesa de la liga nacional a su edad. Nadie puede asegurarlo, pero tal vez fuera a él a quien le hubiera correspondido, realmente, adueñarse, en la historia del fútbol británico, del lugar privilegiado que más tarde ocuparía Best.

También se cuentan víctimas entre el cuerpo técnico del club, periodistas y miembros de la tripulación. La ventura, siempre caprichosa, sonríe sin embargo de modo macabro a un puñado de supervivientes, extraños elegidos de un destino no deseado, imposible de razonar y difícil de asimilar. Bobby Charlton, futura estrella y capitán del equipo, esquiva ese día la muerte. También vuelve a nacer Matt Bubsy, el entrenador leyenda, aunque dentro de su pecho, algo se marchita para siempre. Cuando despierta, en el lecho del hospital, consciente de que algo muy siniestro ha acaecido, va recitando en voz alta a su mujer los nombres de sus chicos, de uno en uno, lentamente. Ella se limita a ir asintiendo o negando con la cabeza en silencio, según la suerte final que haya corrido cada cual.

Como un país devastado tras una cruenta guerra, desolado y destruido, el Manchester se encuentra de la noche a la mañana en ruinas, diezmado de efectivos y sumido en la tragedia. En EE UU, toda una generación recordará qué estaba haciendo el día que asesinaron en Dallas a John F. Kennedy. En Manchester, la gente del fútbol no podrá olvidar nunca el instante exacto en que la BBC emitió el comunicado que anunciaba la catástrofe de Múnich. Fue un *shock* general, un jirón de piel en el corazón mismo de la comunidad, como si aquellas muertes hubieran tenido lugar en el seno de su propia familia.

"No era un tema tabú, pero a los jugadores veteranos no les gustaba hablar sobre ello –rememora Best–. El recuerdo flotaba en el ambiente, podías percibir el duelo". Tras el accidente, el United intentará reconstruir el equipo poco a poco, apostando por chicos tan jóvenes como él. Al mismo tiempo, sin embargo, el voraz reloj del tiempo no detiene su curso y los años sesenta empiezan a desplegarse, con todo su color, sobre una Inglaterra gris y plomiza, aún sacudida por las penurias económicas y el espíritu de sacrificio de la reciente posguerra. En unos pocos años, todo va a cambiar para siempre.

Un amigo al otro lado de la trinchera

Mike Summerbee va camino de cumplir los 80 años. Su rostro, en el que resalta una enorme nariz de granito rosa, cuajada de finas venas añiles, parece un busto de basalto, esculpido a martillazos. Lleva el pelo blanco peinado hacia delante, como un patricio romano. Fue un delantero áspero y eficiente en su juventud, hoy es una leyenda del fútbol inglés, un archivo viviente de experiencia y anécdotas. Para distraerse de la jubilación, suele desempeñar el cargo honorífico de embajador del Manchester City, el otro gran equipo de la ciudad, el gran –y en ocasiones odiado– rival del United. Rojos como el diablo estos últimos, azules como el cielo los primeros. Su reverso en el espejo.

Siempre que viaja con el equipo, normalmente al extranjero, y concede alguna entrevista, las preguntas de los periodistas acaban tornando, de forma indefectible, hacia un mismo tema: George Best, su gran amigo. A Summerbee no solo no le importa hablar de él, sino que al hacerlo ilumina sin querer el rictus de su cara adoptando un semblante pícaro (quizá porque le hace retrotraerse a sus dulces años de juventud). Luego se va poniendo más serio cuando llegan las cuestiones sobre los escándalos y el alcohol. Pero aun así continúa, porque, por encima de todo, le gusta recordar a su amigo.

"Era miércoles, mi día libre –explica–, y entré en una cafetería que se llamaba The Cardoma. Éramos solo tres personas: una chica, George Best, sentado solo en una esquina, y yo. Me acerqué y me presenté. Nos caímos bien de inmediato y nos hicimos inseparables. Éramos dos chavales perdidos en la gran ciudad. Hablábamos de todo: chicas, música y cerveza, cosas de adolescentes, de todo menos de fútbol". Resulta curioso que aquellas dos almas gemelas construyeran su amistad en el territorio neutral de la noche, ya que por el día cada uno de ellos vivía en la orilla opuesta de una rivalidad deportiva irreconciliable. "Siempre se dice que el gran enemigo del Manchester United es el Liverpool FC, pero la auténtica competencia que se respiraba en la ciudad, a veces incluso hostil, era contra nosotros, el City –explica Summerbee–. Para los *derbies*, cuando nos tocaba enfrentarnos al uno contra el otro, George y yo teníamos un pacto de caballeros: él no me tiraba caños, y no me hacía quedar como un idiota, y yo no le pegaba patadas, y no le dejaba antiestéticas cicatrices en las piernas. Así podíamos salir más tarde juntos de fiesta sin problemas".

Se cuentan todo tipo de leyendas sobre el piso de soltero que ambos compartieron durante un tiempo. Cuando ligaban en un club, obligaban a las chicas a vendarse los ojos; luego las subían a su coche y las llevaban hasta el apartamento. Cuando habían terminado, las devolvían al pub de nuevo con los ojos tapados. "Así ellas no podían saber la ubicación exacta de nuestro refugio", explica. Con el tiempo, llegaron a abrir juntos una boutique de ropa en el centro de Manchester (aunque terminarían cerrándola por su mala gestión). Se llamaba *Edwardia* y estaba decorada con grandes fotos de ambos jugadores en las paredes. Sus llamativos escaparates mostraban siempre las últimas tendencias en moda juvenil: americanas de mil rayas con forro de seda, botas Chelsea de punta estrecha y pantalones acampanados. Summerbee también montaría una sastrería especializada en camisas a medida, negocio del que se haría cliente habitual el actor Michael Caine. Ambos habían coincidido y congeniado en 1981, durante el rodaje (Summerbee apenas sale en algunos planos) de la película *Evasión o Victoria*, junto a Pelé, Ardiles o Bobby Moore.

Su pasado es rico y feraz, aunque –de algún modo– discurre paralelo a las correrías de Best. "Nuestra amistad no estaba relacionada con el fútbol. Iba más allá. Incluso fue el padrino de mi boda. Pasamos años maravillosos, pero temí por su suerte todos los días de mi vida. George era ingobernable. Me dicen a menudo que el modo en el que acabó es el precio que la naturaleza hace pagar a algunos genios a cambio de entregarles un don. Y su don era el poder jugar al fútbol como los ángeles. Tampoco ayudó todo el circo que se montó a su alrededor. Fue uno de los primeros futbolistas a quien el sistema utilizó como un producto comercial puro y duro. Todo aquello le trastocó".

El chico con el mundo a sus pies (y estos no tienen precio)

En 1963, Best cumple diecisiete tiernos años mientras juega en las categorías juveniles del United. Ha ganado algo de peso y masa corporal, aunque sigue encerrando todo su talento dentro de un caparazón enclenque y delicado. El club le ha encontrado un empleo a tiempo parcial –cerca de Old Trafford– como chico de los recados, a la vez que va completando sus estudios en un instituto del centro. Un día, el entrenador Matt Busby le señala con el dedo y le anuncia con voz profunda: "Este domingo juegas, chaval". George Best debuta en Primera División –directamente, sin pasar antes por el equipo de reservas– contra el West Browmwich Albion, con el número 11 a la espalda, ocupando la posición de extremo izquierda en el campo (a lo largo de su carrera irá alternando su ubicación según la ocasión, pudiendo jugar algunas veces por la banda derecha, con el dorsal 7 a la espalda, y otras con el 11, justo en el carril contrario, demostrando por ambos lados idéntico peligro y eficacia).

El novato enseguida se distingue del resto por su estilo descarado. Es un regateador nato, a lo Stanley Matthews (uno de los grandes mitos del fútbol inglés), un arte antiguo, sugerente y vistoso que no abunda en estos días. Una exhibición de fintas y quiebros que mana de sus botas de un modo natural, sin aparente esfuerzo, bendecido por una antojadiza gracia divina. Los defensas rivales no digieren bien tanto escarnio e intentan escarmentar al mocoso con patadas, rudeza e insultos. Pero él, lejos de amedrentarse, se detiene delante de ellos, los cita y los provoca: "¡Venga, ven a quitármela, abuelo!". Luego, cambia de ritmo y desaparece de su vista, llevándose la pelota amarrada al tobillo, haciendo enloquecer al graderío. Hay un punto de inconsciencia en su proceder, una cierta ingenuidad osada. Cuando entrena con sus compañeros, se comporta de idéntica manera, sin guardar el obligado respeto que la jerarquía de la antigüedad otorga dentro del vestuario. Su insolencia consigue agriar el carácter de los más veteranos. "¡Como vuelvas a hacerme otro caño, maldito crío, te parto las piernas!", le advierte Nobby Stiles, famoso entre los delanteros de la liga por su prognatismo maxilar y sus contundentes marcajes.

Best firma su primer contrato como profesional y empieza a ganar un buen dinero, aunque sus principales inquietudes, por ahora, siguen girando en torno al fútbol. Exprime su voluntad en mejorar sus capacidades, que ya son muchas, probando y explorando todo lo que puede llegar a hacer con un balón entre las piernas. Experimenta un placer desconocido al descubrir el dominio y suficiencia que detenta sobre el devenir del juego. Poseer el control de la situación le hace sentirse fuerte y poderoso sobre el césped, como un virtuoso guitarrista que sabe que no va a fallar ni una sola nota en lo más alto del escenario, con todo el público pendiente de él, mientras los focos lo iluminan con un cono de luz.

En 1965, gana su primer título de Liga con el Manchester United. Resulta evidente que la suya es la irrupción más refrescante de la escena balompédica británica en décadas. Su atractiva apariencia física y sus filigranas endemoniadas cautivan a los hinchas, aunque a veces revela chispazos de mal genio y frustración, cuando sus cabalgadas acaban frenadas por los rivales mediantes faltas burdas y obstrucciones clamorosas. Tiene solo 19 años, pero ya apenas puede caminar por las calles de Manchester sin que le reconozcan.

En las entrevistas, las primeras que le hacen, todavía se muestra ante los periodistas discreto y cohibido, poco seguro de sí mismo en compañía de desconocidos. Habla sin demasiada soltura, sonando vacilante y reservado por la falta de costumbre. Se muerde el labio inferior antes de contestar y elude el contacto directo de la mirada en la respuesta. Su día a día es bastante convencional aún. Entrena por la mañana y holgazanea por la tarde. Entre semana, se deja caer por algún pub del centro y quema las horas en la mesa de *snooker* (la modalidad de billar más popular en el Reino Unido). Se gasta unas cuantas libras en ropa, cerveza y discos, pero el resto se lo envía a sus padres. Todavía vive con su casera, la señora Fullaway, compartiendo habitación y sueños con David Sadler, otro compañero precoz del United. El cocker spaniel de *miss* Fullaway se revuelve nervioso, entre ladridos, cada vez que alguien aporrea la puerta de la casa, otrora tranquila y anónima. Suelen ser colegialas, con minifalda y mochila, que preguntan descocadamente –según la apolillada etiqueta de la época– por *Georgie* (así es como empieza a llamarle popularmente todo Manchester). "Te hemos traído un pastel casero, cariño". "¿Nos regalas una foto dedicada, por favor?". "¿Saldrías conmigo el viernes?". "¿Te puedo dar un beso?". "¡Eres *taaaaan* guapo!". En las oficinas del club reciben una media de trescientas cartas diarias dirigidas a su persona. La mayoría de los remitentes poseen identidad femenina y se expresan hacia el delantero en términos románticos, insinuantes o directamente sexuales.

El entrenador Matt Busby intenta ahuyentar de su mollera tantos cantos de sirena. "No te lo creas, chico, ni tampoco te confíes, aún te queda toda una montaña por delante en la vida", le aconseja, mientras le muestra un titular de prensa que ya lo coloca a la altura de las nubes: *Best: The boy with the world at his priceless feet* (Best: el chico con el mundo a sus –impagables– pies). La relación entre ambos es especial, casi paternofilial. Busby lo ha visto crecer como persona y futbolista y sabe que tiene a su cargo a alguien tan valioso y quebradizo como una fina copa de cristal de Waterford. Siente cierta debilidad por el muchacho y por eso –también– barrunta ciertos temores y recelos en su interior. Presiente que Best surca el océano de la fama como un bergantín cargado de valiosos tesoros, camino de las Indias Orientales. Su aventura está próxima a arribar con éxito en buen puerto, aunque para llegar sano y salvo hasta su destino, deberá bordear primero la tormenta y el desastre, siempre al filo del naufragio.

El Beatle del sombrero mexicano

En la primavera de 1966, Best disputa con el Manchester United su primera Copa de Europa, una competición que –tras la tragedia aérea de Múnich– se ha convertido en una especie de obsesión, tanto para el club como para su entrenador (todos sueñan con poder ganarla y dedicársela a la memoria de los que se fueron prematuramente aquel día infausto). Tras una eliminatoria intranscendente contra el campeón de la Oberliga (la competición futbolística de la RDA, la república socialista de la escindida Alemania), el United se enfrenta en cuartos de final al poderoso Benfica portugués. El conjunto lisboeta lleva dominando la escena europea –junto al Inter de Milán– durante todo ese primer tramo de la década (dos títulos y dos finales más), gracias a futbolistas de leyenda como Eusebio –la *Pantera Negra*– o Mário Coluna.

El partido de vuelta se disputa ante 75.000 espectadores en el Estádio da Luz de la capital lusa, un escenario impresionante que lleva varios años sin presenciar una sola derrota del equipo local, un dato que, sin embargo, no parece impresionar a George Best, quien esa noche marca –ante las cámaras de la BBC, las cuales retransmiten el partido en directo– dos espectaculares tantos, ayudando al United, con sus inverosímiles regates y escapadas, a imponerse por un histórico 1-5. Tan solo tiene veinte años, pero acaba de entregar su tarjeta de visita a toda la afición del viejo continente. La Europa futbolística se enamora del habilidoso chico de patillas largas y melena *beat* (aunque España insista en denominar a su estilo como *yé-yé*).

Antes de enlazar con el vuelo de regreso, Best se da una vuelta por las tiendas del aeropuerto y –por alguna razón inconcreta– decide comprarse un enorme y vistoso sombrero mexicano de recuerdo (por qué una pieza charra como esa se vendiera como souvenir ibérico en Portugal sigue también siendo un misterio). Aterrizados ya en suelo británico, el veinteañero Best desciende de la escalerilla del avión con el complemento mexicano calado hasta las cejas, gafas de sol engalanando la mirada y un largo abrigo de cuero negro por encima del traje oficial del equipo, como si retornara de unas largas vacaciones al sol, saludando sin rubor alguno a las decenas de fotógrafos que van fundiendo carretes a su paso. A los futbolistas veteranos del United no les hace ninguna gracia la broma. Son gente formal y no quieren que la hazaña de vencer en Lisboa sea interpretada como una novatada estudiantil, un chiste de viaje de fin de carrera. Pero eso es precisamente lo que ocurre. La imagen de Best se convierte en un icono de los nuevos tiempos y da la vuelta al mundo con la celeridad de un teletipo, no hay agencia de noticias que no venda el negativo de esa instantánea aquel día.

Es norma habitual que, por entonces, las noticias deportivas ocupen siempre la contraportada de los diarios ingleses, nunca jamás la primera plana (dedicada esta a temas más serios, como política o economía). Saltándose dicha norma no escrita, *The Daily Mirror* abre esa mañana su edición nacional con su imagen en portada, titulando a cinco columnas: *The return of the Beatle* (El retorno del Beatle). Sin apenas pretenderlo, Best acaba de traspasar una fina línea invisible, imperceptible pero decisiva. Como esos acelerantes químicos que se echan al hormigón líquido para que fragüe más rápido, el dichoso sombrero mexicano acaba de solidificar su fama como un bloque de cemento armado, a prueba de martillazos. El fenómeno George Best acaba de nacer y es ya imparable.

Las chicas gritan histéricas solo con verle, le acorralan como una jauría al salir de entrenar e intentan tocarle el antebrazo desnudo, el flequillo lacio o cualquier otro apéndice que se tercie. Best tiene que comprarse un Jaguar descapotable de color blanco para intentar huir de las muchedumbres. Una compañía discográfica le ofrece incluso grabar un disco pop a cambio de 7.000 libras, una cantidad absurdamente elevada, pero el United, por supuesto, se lo impide. ¿Pero qué demonios está pasando? ¿Es que acaso todo el mundo parece haberse vuelto loco? Inglaterra entera está viviendo una nueva era, una repleta de luces de colores, ropa ajustada y guitarras eléctricas. Solo hace falta darse una vuelta por el centro de Londres para darse cuenta de ello.

Los años del 'Swinging London'

El 15 de abril de 1966, apenas unas semanas después de que la imagen de Best –con su ya famoso sombrero– dé la vuelta al mundo, la revista norteamericana *Life*, la biblia del fotoperiodismo, dedica un gran artículo a la escena alternativa que se está viviendo desde hace algún tiempo en la capital de Inglaterra. La designa, además, con un sobrenombre concreto que pasa a bautizar de forma ya oficial lo que hasta entonces era un secreto a voces, el *Swinging London*.

Durante gran parte de los años cincuenta, el país había vivido inmerso en un decorado gris ceniza, propio de una economía sumida en la posguerra. La memoria de las cartillas de racionamiento y los esqueletos de las casas derruidas por los bombardeos nazis –muchos aún en pie– hacía recordar a los británicos el espíritu de sacrificio y templanza que les había conducido hasta la victoria. Pero la década de los sesenta ha entregado la antorcha a una nueva juventud, la primera nacida más allá del fin de la contienda (Best, por ejemplo, es de la quinta de 1946, justo un año después de la rendición alemana), una generación que reclama una actitud moral y estética distinta a la de sus padres ante el simple hecho de estar –y sentirse– vivo.

El cine que llega desde Francia o Italia ha introducido nuevos modelos masculinos de referencia, como Alain Delon o Marcello Mastroianni, el *modern jazz* del movimiento *beatnik* ha dado paso al subversivo y jaranero sonido *ska*, introducido por los inmigrantes jamaicanos que están repoblando Notting Hill a golpe de ritmo caribeño y olor a especias. En las calles, los *mods* aparcan sus Lambrettas de faros cromados junto a clubs nocturnos *underground*, donde se danza hasta el amanecer bailes coreografiados de nombres bobos y graciosos, como el *pony*, el *dog* o el *hitch-hike*. También hay espacio para la explosión cultural y artística. De la agria reivindicación del movimiento literario *Angry Young Men* (Alan Silitoe, Kingsley Amis o Colin Wilson) se pasa a la explosión cromática del *pop art* británico (la exposición retrospectiva de la Tate Gallery de 1964 resulta sintomática en este sentido, dando un impulso definitivo a esta corriente pictórica), con artistas como Peter Blake, Richard Hamilton o David Hockney.

El *Swinging London* es un culto efervescente, rápido y desechable, sin ninguna pretensión intelectual o ideológica. No quiere lanzar ladrillos contra el muro del sistema o derribar el pensamiento dominante –eso ya ocurrirá un par de años más tarde, al otro lado del Canal, durante el mayo francés–, sino centrarse exclusivamente en el hedonismo y la desinhibición, el placer y la pasión, el eterno culto juvenil a la música, el sexo, el alcohol y las drogas (en esto caso, las anfetaminas). "Espero morirme antes de llegar a viejo", cantan The Who en el tema *My Generation*, el himno generacional de estos días.

Pero si algo caracteriza toda esta explosión de autocomplacencia es la moda pop. Vestirse de un modo concreto es la expresión máxima de rebeldía. Mary Quant acaba de crear oficialmente la minifalda, en 1964, al presentar un corte de quince centímetros exactos por encima de la rodilla. Las principales tiendas de ropa del *Swinging London* se reparten por los vanguardistas bazares de King's Road y los escaparates de Carnaby Street (que aún no es peatonal ni tampoco un imán turístico, sino apenas un callejón paralelo a Regent Street). Ellos presumen de flequillo *hipster* y ellas lucen piernas interminables, tupidas pestañas postizas y aparatosas botas de cuero. Son las *dollies*, las inspiradoras ninfas de los sueños eróticos *sixties* (como bien las describirá Tom Wolfe en *Vida y desventuras de una niña pija londinense*, relato incluido dentro del volumen canónico *La banda de la casa de la bomba y otras crónicas de la era pop*). Un ejemplo pluscuamperfecto de todo este ecosistema *beat* es la película de Michelangelo Antonioni *Blow-up* –estrenada ese mismo año de 1966–, donde el personaje de David Hemmings (una especie de trasunto del fotógrafo David Bailey, otro santón de la escena *Swinging London*) recorre el lado más eléctrico y palpitante de la capital británica junto a Vanessa Redgrave y Jane Birkin, ambas ligeras de ropa, embebecidos todos ellos del espíritu –o *zeitgeist*– de la época.

Los clubs nocturnos de moda son caros y exclusivos y hasta ellos acude una nueva aristocracia. Gente guapa, rica y famosa; rostros jóvenes, hermosos y triunfadores; mentes apolíticas, sibaritas y epicúreas. John Lennon y Mick Jagger, la modelo Jean Shrimpton, el fotógrafo Cecil Beaton o los actores Peter Sellers (protagonista del filme *What's new Pussycat?*, resumen cómico del movimiento) y Michael Caine (que acaba de triunfar con *Alfie*); también están allí el diseñador Ossie Clark, el bailarín Nureyev –asentado en el Royal Ballet de Londres tras su deserción de la URSS– o el empresario Alexander Plunket-Greene, esposo de Mary Quant. Un grupo selecto y untuoso que dará la bienvenida a la manada al nuevo cachorro de moda entre la modernidad, un futbolista de lo más *cool* llamado George Best.

El mito del *Swinging London*, que se irá extendiendo por las principales ciudades del Reino Unido (incluida Manchester) como una mancha magenta de pintura acrílica, será autoconclusivo en sí mismo. Nacerá y morirá en un espacio de tiempo muy concreto, degenerando en sus excesos manieristas durante los primeros compases de los setenta (cayendo a veces, incluso, en su propia parodia barroca, como se recoge con cierto sarcasmo –no exento de nostalgia– en las comedias delirantes de Austin Powers), hasta llegar por contraste hasta la reacción opuesta: salvaje, feísta y con conciencia de clase; los primeros puntapiés violentos –propinados con botas militares y chupas de cuero acribilladas de imperdibles– del punk, la ira que anticipará las huelgas obreras y el desencanto social en la nueva era de Margaret Thatcher.

Por qué alcanzar el Santo Grial a los 22 años no es buena idea

1968 es el año, el año en que se convierte en el mejor futbolista del momento. Tras haber ganado la temporada anterior su segundo título de Liga, Best disputa y alcanza –esta vez sí– la ansiada final de la Copa de Europa, la cual se desarrolla curiosamente en el majestuoso estadio londinense de Wembley. El partido más importante de su vida tiene lugar el día 29 de mayo, justo una semana después de haber soplado veintidós velas en su tarta de cumpleaños. El enemigo a batir en esta histórica ocasión es de nuevo el Benfica de Eusebio. En la prórroga, con 1-1 en el marcador, Best se queda solo delante del portero José Henrique y el universo entero –bifurcándose en diferentes posibilidades de éxito o fracaso– se detiene ante él por un segundo. Con un latigazo seco, quiebra la cadera del guardameta portugués y marca a puerta vacía. El Manchester United se proclama campeón de Europa por primera vez en su historia. Es el primer conjunto británico en conseguirlo.

Desata el éxtasis colectivo de toda una afición y casi el de un país al completo, todo un arrobamiento místico. Gracias a su gol, la tragedia de Múnich acaba de ser exorcizada en cierto modo. El trofeo se eleva al cielo en memoria de todos los ausentes. "Estábamos predestinados a ganar aquella Copa, aquel símbolo –escribirá años después el propio Best–. Teníamos que conseguirlo por Matt [Busby] y por el resto de supervivientes. Todavía puedo ver su cara cuando saltó al campo tras el pitido final. No lloraba, pero había una especie de halo fulgente a su alrededor. Era su sueño. Fue muy emotivo".

Al terminar el partido, la espuma del champán comienza a salpicar las baldosas del vestuario. Hay mucho que festejar. Sin embargo, Best prefiere huir discretamente del cortejo y celebrar la victoria por su cuenta, junto a su última conquista –tan rubia y flaca como siempre–, su amigo John Lennon y la nueva novia de este, una chica de rasgos orientales llamada Yoko Ono. Es apenas un detalle, pero revelador. Todo el mundo de dentro del club sabe que existe una grieta generacional entre el ídolo juvenil de cabellos asilvestrados y el bloque granítico de los jugadores veteranos. La relación de George Best con Bobby Charlton, capitán y emblema del United, es frígida y apática. Ambos representan dos formas opuestas de pisar la acera de la vida. "Recuerdo a Bobby, levantando la vista y, deliberadamente, no pasándome el balón pese a estar desmarcado –comenta Best–. Yo hacía lo mismo. Me moría por hacerle disgustar y oír un *fuck* saliendo de su boca. Sabía que él odiaba decir tacos, por eso disfrutaba tanto haciéndoselos pronunciar con mis provocaciones. Él estaba felizmente casado y no se mezclaba socialmente tras los partidos. Yo era muy diferente en ese sentido, justo lo contrario".

Existe una brecha de nueve años de diferencia entre ellos (Charlton ha nacido en 1937, poco antes de la Segunda Guerra Mundial), un salto enorme en la forma de vestir, pensar o comportarse. Best se subleva ante él casi como un adolescente rebelde –a lo James Dean– que no soporta la acartonada fachada de sus mayores. Charlton representa al discreto caballero anglosajón, de etiqueta rígida y sentimentalidad algo estirada. Best es una onda de energía en movimiento, un galán de su tiempo. Conduce descapotables, frecuenta clubs de moda y luce una melena que enloquece a las chicas. Bobby Charlton sufre alopecia desde joven y se tapa su cabeza lironda con los mechones de pelo que le crecen por los costados. "Una vez mandé a mi hijo a una de sus escuelas de fútbol y regresó calvo a casa", se burlará cruelmente Best, muchos años después, al recordar aquella rivalidad con Charlton.

Unas semanas después de ganar la Copa de Europa, Best recibe el Balón de Oro, el trofeo individual que lo acredita como mejor jugador de 1968. Está en su mejor momento futbolístico, jamás llegará a flotar tan alto como esa temporada. El quid de la cuestión es que tiene solo 22 años y parece haber ya tocado techo. ¿Qué puede esperar uno de la vida cuando ha conseguido llegar al castillo de la princesa, matar al dragón y beber el elixir del Santo Grial a esa edad? ¿De dónde sacar la motivación? Cuando alguien se siente de ese modo, realmente, tiene un problema.

Ese mismo verano, muchos de sus compañeros del Manchester United se marchan a Italia para participar en la Eurocopa de naciones junto a su selección. Inglaterra es la actual campeona del mundo y está considerada como uno de los mejores conjuntos del planeta. Pero Best juega para Irlanda del Norte, su pequeña patria, y no podrá clasificarse –ni este verano ni ningún otro– para la fase final de una competición internacional de prestigio. "Los viajes con la selección del Ulster eran como irse de vacaciones con tus colegas. Bebíamos, nos reíamos y teníamos mucha actividad *after hours*", rememora.

Los *mass media* acaban de alumbrar a la primera estrella pop del fútbol y pronto comenzarán a exprimirlo como un limón, extrayendo todo el jugo posible de su pulpa. Él, por su parte, tampoco desaprovechará la más mínima ocasión de beneficiarse de los dulces tragos de la fama. Un periodista observa como Best atiende a un grupo de *fans* tras un entrenamiento. "De repente, apareció una chica impresionante. Debía ser modelo o algo así –deja escrito–. George la vio, se acercó hasta ella y le entregó un papel garabateado. La chica miró lo que él le había escrito y le sonrío. Yo pensaba que era una especie de autógrafo dedicado, pero enseguida me di cuenta de que lo que acababa de darle era su número de teléfono. Ahí es cuando comprendí que todo lo que rodeaba a este chico era condenadamente especial".

Intuitivo, valiente, astuto, genial, con una arrancada incontenible y una sedosa conducción de pelota. La prensa lo magnifica, colocándolo en un pedestal tan alto que casi provoca vértigo. Best decide independizarse y deja al fin la casita de muñecas de *miss* Fullaway (su casera –y segunda madre– durante los últimos años) para irse a vivir solo. Su nido de soltero es una vivienda enorme y desangelada, ubicada en Blossoms Lane, una obra de diseño proyectada por el arquitecto modernista Frazer Crane. Dos alturas, formas cúbicas y grandes cristaleras, un poco al estilo de las millonarias mansiones de Beverly Hills (aunque esto no sea la soleada California, precisamente, sino la lluviosa y algo deprimente Manchester).

Además de un amplio garaje para su querido Jaguar de color blanco –y el resto de descapotables que irán llegando–, Best encarga todo tipo de *gadgets* de última generación. Cortinas eléctricas, calefacción radial en el suelo, lámparas de luces estroboscópicas, sala de billar, mueble-bar (muy bien surtido) y una televisión en color –casi nadie se la puede permitir por entonces– que sale automáticamente de la chimenea al pulsar un botón (un poco al estilo de la residencia futurista que aparece en la película de Peter Sellers *El guateque*, estrenada durante esa misma época). Su última excentricidad –y quizá la más absurda– es una piscina exterior repleta de peces de colores, a modo de estrafalario acuario. En definitiva, una aséptica y desmesurada jaula de oro, un refugio nada acogedor para alguien que confiesa abiertamente odiar la soledad.

La prensa empieza a perseguirle a todas partes, informando de las cosas más insignificantes que le ocurren. Si decide colocarse un pañuelo fucsia al cuello, inmediatamente se convierte en noticia. Pone de moda todo lo que viste o toca, así que decide sacar provecho de ello. Contrata a Bill McMurdo, uno de los agentes y representantes más importantes del país, el cual trasmuta al delantero en una sociedad (i)limitada de negocios. "Antes de llegar Best – recuerda el propio McMurdo–, no había tradición alguna en el fútbol inglés en lo referente a publicidad o patrocinios comerciales. Él fue el primero en abrir la senda a los demás, muchas décadas antes de que apareciese David

Beckham, por cierto. Cometimos errores de bulto por entonces, pero es que no existía ningún precedente al que agarrarse. Íbamos tanteando el terreno paso a paso. Esto sí lo hacemos, esto no. No sabíamos cómo iba a tomarse la sociedad británica ver a alguien como George Best vendiendo eso y aquello. Si iba a funcionar en pantalla o a quedar ridículo. Pero vaya si funcionó".

Graba su primer anuncio de televisión para salchichas Cookstown por una cifra –casi obscena– de varios miles de libras. Luego vendrán más y más. Refrescos, zapatillas, *after-shave*. Ejercer de modelo, en largas y monótonas sesiones fotográficas, le resulta de lo más aburrido, pero rodar junto a chicas guapas siempre le ayuda a distraerse. En un comercial para el desodorante Fore, Best aparece rodeado de docenas de ellas. Asoman la cabeza hasta por debajo de sus axilas. Resulta algo grotesco y vulgar contemplado hoy en día, aunque no tanto en el sexual contexto machista de aquellos días. En las oficinas del Manchester United, desde luego, no se encuentran nada cómodos contemplando esta nueva faceta comercial de su goleador estrella. "La publicidad fue un monstruo insaciable –recuerda Best–. Hice anuncios de todo tipo y condición, lo que me convirtió en un rostro tremendamente popular entre la gente común. Iba al cine y era engullido por la multitud. Literalmente. No es fácil saber encajar todo eso con apenas 22 años".

Las tentaciones son muchas. Demasiadas. Gana dinero, juega al fútbol, es famoso y, además, tiene unas pintas muy chulas, un tío *enrollado*. Poco a poco, sus patillas se hacen cada vez más largas y pobladas y su armario se llena de camisas psicodélicas. La mayoría de las noches termina en *La Phonographe*, un sofisticado club nocturno que tiene fama de albergar a las chicas más guapas de toda la ciudad. "Yo fui el primero en trascender al fútbol, el primero en tener que enfrentarme a cosas desconocidas hasta entonces, el precio que va asociado a la fama desbordada –escribe Best en una de sus biografías–. Me encontraba legiones de *fans* enloquecidas. Y eso antes no existía. No me imagino a *sir* Stanley Matthews [la gran estrella del balompié británico en los años cuarenta y cincuenta] llevándose a todas esas chicas al catre, como hacía yo. Supongo que él se las hubiera llevado a casa de sus padres, para presentarlas formalmente".

Los Best siguen viviendo en Belfast, junto al resto de su familia. Desde tan lejos, no pueden proporcionarle buenos consejos ni mostrarle su amor incondicional. Nadie de su entorno parece dispuesto a advertirle del peligro al que se expone. Nadie parece ser consciente de la atmósfera de irrealidad en la que vive. Una vorágine insana y asfixiante capaz de desestabilizar al espíritu más templado (y mucho más a un chico tan joven como él). Existe más atención mediática acerca de su último peinado que sobre cualquier otra preocupación del país. Las mandíbulas de la farándula y el *show business* le han agarrado fuerte por la pantorrilla y se niegan a soltar la presa. "Pasó de ser dulce y encantador a convertirse en una persona hastiada –recuerda su primer amor, Jackie Glass, la cual había roto con él poco tiempo atrás debido a sus constantes infidelidades–. Era como un niño goloso encerrado dentro de una enorme pastelería, con todos esos dulces a su alcance. Al principio, no dudó en atiborrarse de ellos, pero muy pronto acabó empachado y enfermo".

Comienza la cuesta abajo (y es muy empinada)

Matt Busby también siente que ha llegado a su particular cima del camino, pero es que él, al menos, acaba de cumplir los sesenta. Tras ganar la Copa de Europa en Wembley y honrar a las víctimas de la catástrofe de Múnich (la astilla que siempre ha llevado clavada en un costado), decide dejar su puesto de entrenador del United y convertirse en *general manager* del club. De los charcos del banquillo a la moqueta de los despachos. Busby era la última toma de tierra que conectaba a Best con el mundo de competición, el barro de los entrenamientos y el sudor de cada domingo. El faro que lo guiaba –como un padre adoptivo– entre la procelosa tormenta de los excesos. "¿Quién puede sustituir a una leyenda viviente?", titula el diario *The Times*.

En apenas unos meses, el equipo se agrieta y desploma como un techo infestado de carcoma. Tras su marcha, el Manchester United iniciará una larga travesía por un desierto yermo de juego y títulos, una sequía que durará más de veinte años, hasta que el escocés Alex

Ferguson consiga reverdecer sus agostados laureles en los años noventa. El protagonismo del fútbol inglés cambia de rol y de ciudad. El Leeds United de Don Revie, el Derby County de Brian Clough (su odiada Némesis, como bien explica la novela y posterior película de culto *The damned united*) y, por supuesto, el otro gran conjunto bermellón de la Liga, el Liverpool, que dominará la escena británica de los setenta y ochenta con la avaricia de un tirano centroamericano. El United se hunde en la mediocridad de su falta de ambición y estilo. George Best seguirá unas cuantas temporadas más en la plantilla, pero ya nada volverá a ser como antes. Algo se apaga para siempre en las pupilas de sus hipnóticos ojos añiles.

La mala marcha del equipo acidula su juego y carácter. Empieza a hacer cosas que antes no hacía. Protesta aparatosamente, agrede a los defensas y se encara con el público. Lo expulsan de forma habitual y se comporta como un petulante niñato mimado (llega a arrojar a la cara de un árbitro un puñado de césped embarrado, acción por la cual lo sancionan durante un mes entero). Jugar al fútbol era su placer, pero –como ya no obtiene ningún goce a través del balón– empieza a buscar la adrenalina en distracciones más mundanas.

Comienzan los años setenta, una década desordenada y libertina que le agarra y agita por los cuellos de su lujoso abrigo de terciopelo. Pelos aún más largos, *look* desaliñado y un vestidor repleto de complementos estrambóticos. Su cambio físico acompaña al moral. Gana peso, casi todo grasa, se descuida y relaja. Sale todas las noches, practica el sexo en modo orgiástico, imita los caprichos de una estrella del rock y, sobre todo, empieza a beber de un modo desaforado. Hay decenas de grabaciones de aquel tiempo que lo inmortalizan sirviendo torres geométricas de copas de champán, brindando con whisky en su vigésimo cuarto cumpleaños o repartiendo botellas de vino en una fiesta improvisada, junto a un grupo de hinchas que aún le jalean.

Empieza a faltar a los entrenamientos y también a algunas sesiones de fotos. Se monta una camarilla de amigos postizos que lo protegen y adulan, le lían y le dan sablazos (él lo paga todo), aunque el verdadero culpable de aquello es el propio Best. "Yo soy mi peor enemigo –confiesa–. A veces me paso de la raya, es cierto. El fútbol ya no supone ningún esfuerzo para mí. Me resulta demasiado fácil". No va a ser una caída gradual sino un salto suicida al vacío. Las cosas se precipitan demasiado rápido. La policía lo detiene por conducir ebrio y pasa la noche en el calabozo, su primer gran escándalo. A su madre se le ensombrece el rostro cuando lee el titular de la noticia en un periódico de Belfast. Está sumida en una profunda depresión que, a escondidas, combate a base de lingotazos de ginebra.

Busby le llama a su despacho y le reprende: "¿Pero dónde demonios te metes, George? ¿Por qué no te casas y sientas la cabeza de una puñetera vez?". Suena fácil de corregir, pero el veneno de la destrucción ya circula por los glóbulos de su sangre. Nunca es suficiente, nunca va a estar satisfecho. Es un adicto. Tan simple y fácil como eso. "Buscaba la felicidad en cosas rápidas y fáciles, cosas como el sexo o el alcohol –insiste su exnovia Jackie Glass–. Sustitutos que nunca te van a proporcionar nada a largo plazo".

En enero de 1971, cuando aún le quedan unos meses por delante para cumplir los veinticinco, es expulsado del Manchester United *sine die* por atentar gravemente contra la disciplina del equipo. El propio Matt Busby es quien toma y comunica la decisión delante de las cámaras de televisión. Su expresión es la de una persona incrédula y aturdida, como si la situación le resultara tan inconcebible que le superara. "No vino a entrenar ni el viernes ni el sábado y ni siquiera se presentó al partido del domingo. Aún hoy, de hecho, sigo sin tener ni idea de dónde puede estar. No sé si ahora mismo se halla en Manchester, dentro de Inglaterra o fuera de Europa. No le he visto el pelo desde hace semanas. Y os aseguro que él sabe bien dónde encontrarme. La puerta de mi despacho siempre está abierta. Lo que no pienso hacer es salir ahí fuera y ponerme a buscar a George Best por las esquinas. ¡Háganlo ustedes si quieren! Por lo que a mí respecta, está fuera del equipo hasta nuevo aviso".

Los periodistas se toman literalmente la sugerencia de Busby e inician una frenética batida por los principales pubs y clubs nocturnos que frecuenta. Rastrean sus huellas como sabuesos en una cacería hasta que consiguen localizarlo en un apartamento de Londres de fachada victoriana, por la zona de Islington. Best lleva encerrado allí un par de días junto a la actriz de 22 años Sidnéad Cusack (esposa hoy del también actor Jeremy Irons, por cierto), a quien ha conocido ese mismo fin de semana. La prensa inicia entonces un asedio teatral retransmitido en directo por varios canales (una especie de precedente dramatizado de los actuales programas de telerrealidad), mientras una multitud de curiosos se agolpa a las puertas de la vivienda, un auténtico carnaval de cámaras, micrófonos y testigos improvisados. Lo más irónico de todo es que, contrariamente a la idea generalizada, Best no se ha encastillado entre esas cuatro paredes para disfrutar de una aventura amorosa, sino para huir de sí mismo. Su realidad tiene mucho más que ver con la psicología que con la sexología (de esto último ya tiene suficiente ración todos los días).

Tras la enésima juerga de la noche anterior, Best pierde el tren que le debe llevar a él y su equipo hasta Londres para jugar contra el Chelsea. Consigue tomar un convoy posterior, frustrado consigo mismo y maltratado por la resaca. Durante el trayecto conoce a Sidnéad, con quien conecta de forma inmediata. A pesar de no conocerla de nada, le cuenta sus problemas y ella le escucha con paciencia y dulzura. "Deberías refugiarte de ti mismo por un tiempo. ¿Quieres venirte a mi casa a descansar?", le ofrece ella. La idea suena celestial, pero la paz apenas dura dos días y medio. Best escucha gran algarabía en la calle, descorre las cortinas y se encuentra con el objetivo de una cámara apuntándole directamente a la cara. Conecta el televisor del salón y ve la propia casa en la que se encuentra escondido enfocada desde el exterior, rodeada de una masa informe. Una pesadilla de la que no logra despertar. "Es imposible escapar de este circo –piensa–. Soy demasiado famoso como para poder desaparecer. Jamás dejarán de perseguirme".

Unos días más tarde realiza una declaración pública. Matt Bubsy está a su lado, sentado junto a él en un sofá Chesterton de cuero marrón, apretándole cariñosamente la rodilla en un gesto tranquilizador. Best se frota su tupida barba, mira al suelo y empieza a pedir perdón. Parece salido de algún tipo de cautiverio. "Me he equivocado y lo siento. Todo ha sido un completo error. Voy a tratar de volver a ser el que era con todas mis fuerzas".

Busby va asintiendo con la barbilla mientras Best balbucea sus disculpas, aunque hay algo que no encaja en la puesta en escena. El futbolista parece estar realmente arrepentido, pero su parlamento suena hueco y forzado. Levanta al fin la mandíbula y todos buscan algo de verdad en sus ojos. Es inútil. Ya no queda nada de luz en su mirada.

"¡Nunca más volveré a jugar para el United!"

Allá adonde va, incluso de vacaciones, la prensa lo persigue de un modo nada sutil, laminando su capacidad de disfrutar del más mínimo resquicio de vida. Cada vez se encuentra más y más aislado. Dentro del vestuario del United, no se relaciona prácticamente con nadie. En el césped continúa alternando destellos deslumbrantes de talento sublime con cortocircuitos atolondrados de mediocre mal genio. Capaz de marcarle seis goles, ¡seis!, al Northampton Town durante un partido de la FA Cup (sobre el fango resbaladizo de un campo impracticable, además) y de arrancar –más tarde– de un puñetazo el balón al árbitro, quien lo sujeta entre las manos, durante un derbi contra el Manchester City (negándose además a pedirle perdón, días después, en un intento del club por aminorar la sanción). Registra sendos *hat-tricks* (tres goles en el mismo encuentro) contra el West Ham o el Southampton y deja –con sus regates– a cuatro defensores del Sheffield United tirados por el suelo antes de marcar un golazo, pero inmediatamente después es expulsado por insultar bobaliconamente a unos hinchas del Chelsea en medio de un partido. Para endulzar tanto *intermezzo* de subidas y bajadas anímicas, protagoniza un tórrido romance con Carolyn Moore, Miss Gran Bretaña 1971, relación tormentosa que los tabloides británicos pormenorizan con fijación obsesiva.

A pesar de haber perdido casi todo su interés por la competición, Best mantiene unas estadísticas más que aceptables durante la temporada 70-71 y parte de la siguiente (teniendo en cuenta, sobre todo, su estilo de vida). Un registro de 27 goles en 54 partidos y tercer clasificado en el trofeo del Balón de Oro, solo superado por Johan Cruyff y Sandro

Mazzola. Sin embargo, a partir del otoño de 1972, el United entra en una decadencia alarmante. Ante la frustración de no pertenecer ya a un equipo de élite, Best prefiere invertir sus mejores golpes de cadera en las pistas de baile de las discotecas londinenses. Sus diferencias con la directiva son ya insostenibles.

Gran amante de la costa malagueña y del sol español, el futbolista huye hasta Marbella en la primavera de 1973 y –sentado en una silla de mimbre, al borde la piscina del hotel en el que se hospeda, en bañador, camiseta rosa de tirantes y unas gafas de sol Ray-Ban de espejo– anuncia ante un pequeño grupo de reporteros su hastío profesional. Está saturado de jugar al fútbol en general y de hacerlo en una plantilla tan floja como la del actual United en particular (entre los presentes se encuentran dos periodistas del diario deportivo As, Miguel Vidal y Javier Gálvez). Best asegura sentirse cansado de todo y confiesa que está pensando muy seriamente en retirarse y dejarlo: "Soy un puto desastre [*I am a bloody wreck*]. Lo único que he hecho en este último año es beber. Una botella al día concretamente. Voy de mal en peor. He construido una imagen de mí mismo que ha acabado por volverse contra mí. No me siento en forma. Estoy hecho polvo en todos los sentidos".

Los fotógrafos le lanzan una pelota de playa a los pies y le piden que la mantenga en el aire mientras lo retratan para el artículo. Best se descalza las chancletas e intenta complacerles, pero apenas es capaz de enlazar dos toques seguidos. Se le nota lento y abotargado, poco queda ya del chico enteco y fibroso que ganara la Copa de Europa hace poco menos de un lustro. Acaba de cumplir veintisiete años hace unas semanas y ya parece un exjugador, una vieja gloria. Unas semanas más tarde, acabará ingresado en el hospital tras sufrir una trombosis a consecuencia de una borrachera descomunal.

La prensa fantasea con la posibilidad de que abandone Inglaterra y fiche por un equipo español. Hay rumores de interés por parte del Barcelona, el Real Madrid e incluso el Atlético. Sin embargo, Best llega a sopesar una posibilidad mucho más sorprendente: recalar en el Málaga C.F., que por entonces milita en Tercera División, en una especie de jubilación dorada. Playa por la mañana, goles por la tarde y jolgorio andaluz por la noche. Pero la ley deportiva española no permite contratar a extranjeros más allá de las primeras categorías y sus sueños de huir al Mediterráneo se diluyen en la orilla.

Ese mismo otoño regresa a la disciplina del Old Trafford y empieza a entrenarse de nuevo, aunque todo el mundo es consciente de que sus días como diablo rojo (*red devil*, expresión con la que se conoce popularmente a los futbolistas del Manchester United) están próximos a su fin. En octubre de 1973 disputa un partido con el equipo de los reservas. En las gradas apenas hay siete mil espectadores y, casi todos, han ido a verle a él. Al contemplar el poco empeño que exhibe sobre la cancha, acaban abucheándole. El 1 de enero de 1974, con el nuevo año recién estrenado, se enfunda la camiseta rojo corinto del Manchester United por última vez en su vida (su postrero rival sería el Queens Park Rangers). Al día siguiente no se presenta a entrenar, lo que le acarrea una sanción interna de dos semanas sin empleo ni sueldo. Cuando se lo comunican, Best sale del vestuario dando un portazo. "¡Nunca más volveré a jugar para el United!", exclama iracundo.

Ha permanecido un total de once temporadas en el club (desde su debut en 1963), apenas un efímero suspiro o toda una eternidad, según se mire. Dos títulos de Liga inglesa, una Copa de Europa y máximo goleador del equipo durante seis temporadas, un bagaje digno para muchos otros futbolistas, pero proporcionalmente escaso para la capacidad superlativa que atesoraba en sus botas. "Siento mucha tristeza –declara Matt Busby, realmente afectado, consciente de que su hijo pródigo ya no tornará nunca más a casa–. Era un jugador extraordinario, con una luz que parecía un don divino". Esa misma temporada, sin George Best ya en sus filas, el Manchester United desciende al pozo de la Segunda División. "Quizá ahora que estoy retirado, os olvidéis de mí y consiga que me dejéis en paz de una vez", bromea delante de una docena de micrófonos.

Pero está totalmente equivocado. Y él lo sabe. Va camino de convertirse en una estrella errante del papel cuché, un mercenario de las exclusivas de chismes sobre borracheras, rupturas e infidelidades (un pionero *gossip boy* del medio rosa), además de un soldado de fortuna en equipos semiprofesionales o de medio pelo, entregando su imagen a cambio de un porcentaje de taquilla y contratos por semana. Vende su alma al diablo del dinero fácil y jamás volverá a ser dueño de su propio destino. Es justo ahora cuando la prensa va a empezar a perseguirle en serio. Y más despiadadamente que nunca.

¿Dónde demonios está Dunstable?

Best y su entorno mantienen un ritmo de vida oneroso que requiere ingresos constantes para seguir dando de comer a la bestia. Abre una agencia de viajes, un par de pubs y discotecas (como el Slack Alice, en el número 2 de Bootle Street) y una cadena de restaurantes llamados Oscars, pero todo negocio que regenta acaba quebrando –algo que a nadie sorprende– por su nula capacidad de gestión. Sus agentes empiezan a tantear un posible regreso a los estadios, aunque ningún equipo *serio* parece interesado en aventura tan arriesgada. Un club sudafricano, el Jewish Guiad de Johannesburgo, acepta su préstamo (Best aún pertenece por contrato al United) y el antiguo Balón de Oro vuela hasta el extremo meridional del continente negro para jugar –en pleno régimen del Apartheid– cinco bochornosos partidos. Resulta patético ver deambular su errática sombra por equipuchos de tres al cuarto como este. Ni siquiera pueden considerarse actuaciones en el sentido estricto de la palabra, sino más bien bolos lamentables, cameos esporádicos a cambio de un puñado de libras.

Aunque su mera presencia siempre levanta expectación y morbo entre el público, dispuesto a pagar el precio de una entrada por ver al ídolo caído en persona, su decrépita peregrinación por las categorías más anónimas del fútbol resulta incomprensible a ojos de muchos de sus *fans*, casi un acto masoquista de contrición y penitencia. Disputa tres partidos con el Stockport County, una localidad costera del sur de Inglaterra que milita en Cuarta División, y también pasa por el Dunstable Town ("¿pero dónde demonios está eso?", le pregunta a su agente cuando este le anuncia que acaba de firmar por ellos). El club es tan austero que Best tiene que poner veinticinco libras de su propio bolsillo para que puedan zurcir las redes de la portería, deshilachadas por la lluvia y el frío. A finales de año termina en la Liga irlandesa, un campeonato flojo que apenas sí interesa a los nativos, luciendo la camiseta –no llegará a sumar ni cinco partidos– del Cork Celtic.

Entre pachanga y pachanga, su descontrolado proceder nocturno y sus tempestuosas relaciones románticas seguirán lanzando por la borda carnaza sanguinolenta a los hambrientos tabloides. En abril de 1974 es detenido por la policía y, más tarde, puesto en libertad –bajo fianza de 6.000 libras–, tras haber sido acusado de substraer un abrigo de pieles, el pasaporte, un talonario de cheques y otros efectos personales a la señorita Marjorie Wallace, famosa por haber obtenido el título de belleza de Miss Mundo en la edición del año anterior. Hace falta que Best desbloquee su memoria, tras varios días de resaca y fatiga mental, para que el asunto quede aclarado. En realidad, todo se desata en medio de una memorable cogorza, cuando él le propone a ella dar juntos la vuelta al mundo. Hacen las maletas, alquilan un coche y se refugian en el bar del aeropuerto, donde –entre copa y copa– empiezan a discutir sobre el rumbo a tomar en su antojadiza huida. Marjorie quiere comprar un billete con destino a Hawai, pero George prefiere empezar el periplo por Marbella. Cada cual parte peras por su lado, olvidando sus pertenencias (más tarde, denunciadas por ella como robadas) en el maletero del automóvil, el cual abandonan a su suerte en el aparcamiento subterráneo de la terminal del aeropuerto. La prensa hará –merecidísima– mofa y escarnio de tan embarazoso como ridículo escándalo.

Los años setenta serán especialmente accidentados para Best, década que atravesará dando tumbos nada refinados. Quizá sea este un buen momento para interrumpir momentáneamente su historia y desviar la mirada –por unas cuantas páginas– hacia otro peculiar personaje del fútbol británico coetáneo. Un tipo muy parecido a él en cierto modo, aunque perteneciente a otro estrato social en lo deportivo, un jornalero del balompié proletario, exquisito en sus maneras técnicas, pero miembro de la casta más baja del estrellato futbolístico, un auténtico *hooligan* en su modo de entender y ejercer el oficio. Pídanse un par de pintas en la barra para ir humectando el gaznate y procuren no tocarle mucho las narices por si acaso. Les presentamos a Robin Friday, el futbolista con más genio (en todos los sentidos) que nunca hayan visto.

"Come and see Friday on Sunday"

Apenas tres meses antes de que George Best sea detenido por haber hurtado, presuntamente, las pertenencias de la señorita Wallace, el *Reading Evening Post* celebra en sus páginas deportivas otra excelsa actuación del nuevo fichaje del equipo de la ciudad. Reading es una localidad de tamaño medio (unos 170.000 habitantes por entonces) del condado de Berkshire, a mitad de camino entre Londres y Oxford. Entre sus nativos más distinguidos se encuentran, curiosamente, nombres tan famosos como el de la actriz Kate Winslet, el músico Mike Oldfield, el humorista Ricky Gervais o la actual duquesa de Cambridge, esposa del Príncipe Guillermo, Kate Middleton.

Muy lejos, sin embargo, de tal aristocracia, el *glamour* del cine o el ambiente universitario (Reading posee un campus célebre y extenso), llega hasta allí, a principios de 1974, un personaje estrafalario y singular que dejará su propia huella –con botas de tacos– en la memoria de los aficionados locales, un asalariado del balón llamado Robin Friday.

Si George Best solía salir de fiesta con John Lennon, a Friday le habría pegado más irse de juerga con Keith Moon, el vesánico baterista de The Who; si Best se codeaba con Michael Caine en los clubs nocturnos, Friday habría sido el perfecto colega del macarra Francis Begbie (el violento, maniaco y chiflado personaje de la saga *Trainspotting*); y si a Best le apodaron 'el quinto Beatle', Friday podría haber sido perfectamente 'el segundo Iggy Pop'.

Bailaba desnudo en los pubs, fumaba marihuana y tomaba pastillas, salía hasta al amanecer mientras las chicas pululaban a su alrededor como panteras, se gastaba hasta el último centavo que tenía (y no eran demasiados) en beber cerveza e invitar a sus colegas, vestía un estilo setentero excesivo y –además de todo eso– jugaba al fútbol como un puñetero genio. Su particular historia, circunscrita durante décadas a la tradición oral de la escena del balompié más modesto, saltó a la fama nacional (y, en parte, también internacional) gracias a una biografía –editada en 1997– titulada *The greatest fooballer you never saw: The Robin Friday Story* (El futbolista con más genio que nunca viste: la historia de Robin Friday); un libro que recopila recuerdos y testimonios de aquellos que le conocieron, escrito en comandita por el periodista Paolo Hewitt y el músico Paul McGuigan, bajo original del celebérrimo grupo de rock británico Oasis. El prólogo, como no podía ser de otra manera, lo firma el escritor Irvine Welsh, gran amante del fútbol, los pubs o la música y autor de la novela generacional –ya citada anteriormente como referencia– *Trainspotting*.

Del mismo modo que Best tuvo en Matt Busby una figura paternal y protectora dentro del fútbol, Robin Friday apenas habría conseguido nada sin la fe y constancia de Charlie Hurley, exjugador irlandés y entrenador-mánager del Reading FC en aquellos días. Con él jugó tres temporadas bajo la disciplina (por decir algo) de este equipo plebeyo, dejando perlas de su inmenso talento por los campos impracticables de la Cuarta División inglesa. Tras una postrera temporada en Gales, en el Cardiff City, Friday se retiraría de la competición profesional en 1977, con solo 25 años, para trabajar con su hermano Tony en el negocio del asfaltado, como un simple peón más, desapareciendo para siempre de la escena pública. "Siempre fue un futbolista con conciencia de clase –explica uno de sus compañeros–. No como los mercenarios actuales".

Robin Friday nace en Acton, un típico barrio obrero de la periferia oeste de Londres, en el verano de 1952. Ya desde joven, destaca por sus habilidades atléticas, dando sus primeros pasos en el boxeo, los bolos o el críquet. Su gran amor, sin embargo, es la música. Le apasiona Janis Joplin, el primer *heavy metal*, el sonido *soul* del sello Stax Records (Sam & Dave, Otis Redding, Wilson Pickett), el ritmo *ska* de Desmond Dekker o la escena Northern Soul que está surgiendo en la zona de Wigan. Tras abandonar la escuela, se tiene que poner a trabajar desde muy joven. Intenta ser escayolista, pero acaba pavimentando con brea las aceras y tejados agrietados de su barrio. Se casa a los diecisiete años con una joven caribeña de raza negra (algo sumamente inusual entonces), con la que tiene un hijo enseguida, Nicola.

Charlie Hurley lo descubre con 22 años, jugando en un equipo amateur y le propone fichar por el Reading. "Bajé a hablar con él –rememora Hurley–. Su ropa estaba cubierta de polvo de ladrillo y llevaba unas botas asquerosas. No había nadie tan desaliñado dentro del vestuario, pero en el campo relucía como una jodida luciérnaga". Y añade:

"Jamás le vi llevar camisa con corbata, ni siquiera una americana. Le compré una para la foto oficial, el día que firmó con nosotros, pero el muy desgraciado no se la puso". Para Friday es un verdadero sueño llegar a ser profesional del fútbol, aunque sea para un equipo de la Cuarta División, el escalón más bajo del sistema de categorías inglés. Ha sufrido un gravísimo accidente laboral hace no demasiado. Una gran barra de hierro le atravesó la espalda, afectándole al estómago y perforándole parte del pulmón. Un par de centímetros a la izquierda y no lo cuenta. Ha estado tres meses ingresado en el hospital. Ahora, sin embargo, se encuentra regateando defensas sobre el pasto mojado. Es su momento. Y debe aprovecharlo.

Debuta con el Reading en febrero de 1974, en un encuentro contra el Exeter City. Le gusta trotar sin espinilleras, con las medias enrolladas a los tobillos, con su melena rockera al viento y sus largas patillas afiladas. Empieza a marcar un montón de goles y a sorprender a todos con su técnica individual. Claramente, no debería estar jugando en Cuarta División, sino mucho más arriba. Es como descubrir a un virtuoso del piano tocando en un tugurio de mala muerte. El *Reading Evening Post* saluda su llegada a la ciudad como una bendición del cielo: "He is 6ft tall, 21 years old, very skillfull... so, don't forget, come and see Friday on Sunday" (Mide seis pies de altura, 21 años, muy habilidoso... así, que no olviden, vengan a ver a Friday [Viernes] el Domingo), un juego de palabras con su apellido Friday –viernes en inglés– y domingo (*Sunday*), el tradicional día de partido.

Por las noches recorre los pubs de la ciudad y bebe mucho. Le encanta la Colt 45, una cerveza norteamericana famosa por su alta graduación alcohólica, y el Southern Comfort, un licor elaborado a base de whisky, frutas y especias. Viste de un modo recargado, a la moda excesiva de la época, combinando el satén de su camisa con la piel de lagarto de la cazadora (lo compra todo en los puestos bohemios de Kensington Market). Completa su *outfit* con vaqueros Levi's llenos de agujeros, una casaca afgana de piel de camello y un polo Ben Sherman's de corte *mod*. El contraste con sus compañeros de vestuario resulta palmario. Su local preferido es el Churchill's, el antro con peor mala fama de todo Reading, un cuchitril realmente peligroso. Una noche,

Friday aparece por ahí con un abrigo largo hasta los pies y unas botas militares estilo Dr Martens. Se abre paso hasta la pista de baile, lanzado puntapiés al aire. Mientras gira y rota como una peonza sin control, los faldones del abrigo se le abren por los lados, mostrando que no lleva ninguna prenda más debajo, solo sus tatuajes. Un espíritu libre, exprimiendo la vida tal y como Dios le trajo al mundo.

–Jugamos el domingo –le comenta Charlie Hurley, su entrenador–. Así que procura no pasarte demasiado este sábado.

–Tranquilo, *mister*. Me iré pronto a casa, no beberé nada y tampoco me meteré en peleas ni movidas –le tranquiliza Friday.

–No me importa que me mientas de vez en cuando –le contesta Hurley–. Pero al menos intenta no hacerlo tres veces seguidas en la misma frase.

Es un tipo duro, curtido en las crudas broncas de la calle. Los defensas rivales le cosen a patadas, pero él sigue marcando goles a pesar de todas las faltas que le hacen. Juega los últimos partidos de la temporada con el hueso del tobillo astillado y ni siquiera se entera. Tiene que mantener a su parienta y a su chaval de cinco años con las 45 libras semanales que gana por contrato (siendo pintor de brocha gorda ganaría más del doble), pero al menos es feliz sintiéndose futbolista de verdad, aunque sea de los de más abajo. Siempre anda mal de pasta. Acostumbra a invitar a los colegas y no duda en prestarles un par de billetes cuando se lo piden. Tampoco gasta demasiado en cosas superfluas. Cuando se mudan a un apartamento viejo, se niega a poner papel pintado en las destartaladas paredes. Odia ese rollo antiguo. Él mismo las decora a brochazos de un negro tan oscuro como la boca de un lobo, impregnando la casa de una atmósfera inquietante. Le encanta Led Zeppelin y lo primero que hace, nada más entrar por la puerta, es poner en el tocadiscos alguno de sus vinilos. Da igual la hora que sea o lo que piensen sus vecinos. Luego se calza sus botas de cocodrilo, se pone unos vaqueros desgastados y una camiseta con el logo de Deep Purple en la espalda y se va a entrenar.

Son los experimentales años setenta y, en los barrios quinquis que Friday frecuenta (los mismos que Owen Jones describirá décadas después en su célebre ensayo *Chavs: la demonización de la clase obrera*), fumar marihuana es algo tan habitual como eructar. Según un estudio de la época, el 40% de los jóvenes de su edad han probado LSD alguna vez. Friday pertenece a este grupo estadístico, aunque él lo ha tomado tantas veces que ni se acuerda cuántas (sobre todo, durante aquel verano que pasó en una comuna *hippie*).

Su fama de goleador empieza a despertar la curiosidad del mundillo futbolístico y algunos ojeadores de equipos de Primera (Sheffield United, Aston Villa, West Brom) se desplazan hasta la ciudad para verle *in situ*. "¿Quién coño es ese tío y que carajo hace jugando en Cuarta División?", se interrogan admirados. Su club, sin embargo, no escucha ninguna oferta por él. Ahora tienen la oportunidad de ascender de categoría y no van a dejar escapar tan fácilmente a su futbolista bandera. El estadio del Reading, antes triste y deshabitado, se llena de cánticos y bufandas. Los hinchas acuden hasta allí, llueva o truene, solo por verle en acción.

El tipo de alimentación que lleva –cerveza y *fish&chips*– no le permite mantener un gran fondo atlético, pero lo suple con talento e imaginación. No tiene fuerza de voluntad para abandonar hábitos tan poco recomendables, pero es tan superior al resto de futbolistas con el balón en los pies que el físico le resulta indiferente. Siempre se va de marcha tras los partidos, aunque las vísperas se reprime un poco más. Es frecuente que entrene con resaca.

–¿Qué tal he jugado hoy? –le pregunta a Hurdley.

–Como un pedazo de mierda –le contesta su entrenador.

–¡Pero si he sido el mejor del partido, jefe! –replica Friday mosqueado.

–No te compares con ellos, hijo. Solo contigo mismo. Estás a otro nivel. Aun siendo el peor del partido, sigues siendo el mejor de todos.

Regresan de un encuentro y en el tren coinciden con la plantilla del West Ham. Los entrenadores de ambos equipos, que se conocen de sus dulces días de jugador, comparten un té caliente en el vagón cafetería. Entra entonces Robin Friday, con sus botas de piel de cocodrilo, dando empujones y codazos hasta alcanzar la ventanilla que hace las veces de barra. "¡Ponme también a mí algo de beber, como a estos dos carcamales, pero algo de verdad, joder!". El técnico del West

Ham, con su traje gris de franela, *pullover* de cuello de pico granate y el escudo del club cosido en la pechera, tuerce el gesto en un mohín de disgusto y le comenta a Hurley al oído: "¡Jodidos *hooligans*! Ya dejan entrar a estos desgraciados a cualquier lado". Tras poner cara de circunstancias, señala a Friday con el dedo y admite: "Me temo que es nuestro delantero centro".

En abril de 1975, en su segunda temporada en el Reading, Friday mete el gol de la victoria en el último segundo y corre enloquecido por la banda hasta llegar al final de la grada, donde se topa con un policía de uniforme muy serio. Sin dudarlo, y ante la sorpresa de todo el estadio, le sube la gorra al agente y le planta un beso en la frente. Al día siguiente, la tira cómica del periódico local retrata a una fila de polis haciendo cola ante el futbolista para recibir su beso.

–¡No me hace puñetera gracia que hagan bromas con esto! –explica Friday mientras arruga el diario–. En realidad, yo odio a los jodidos maderos.

La afición lo adora y las mujeres también. Lo persiguen por las noches y él se deja. No le importa firmar autógrafos durante horas, como una estrella de verdad, aunque luego tenga que coger el metro para ir a entrenar, o atravesar en su regreso un descampado solitario para alcanzar el tren de cercanías, llegando casi siempre a su casa empapado por la lluvia.

Su comportamiento sobre el césped es, por el contrario, tan genial como indisciplinado. Lo expulsan y amonestan constantemente, traicionado por sus reacciones impetuosas y su lenguaje procaz. A la hora de enfrentarse a una defensa poblada, casi siempre tiene más problemas para superar a los porteros de las discotecas locales que a los guardametas de los equipos rivales (a quienes golea sin piedad). En algunos pubs nocturnos de Reading le tienen prohibida la entrada. "¡Venga, tío, una pinta y me las piro!", le ruega al matón de la puerta. Pero no hay manera de regatear a este tipo de cancerberos.

La hinchada lo idolatra tal y como es, con sus debilidades y sus locuras. La comunión con la grada es casi mística. En una ocasión, el entrenador Hurley sale fuera del estadio, en medio de un partido, para recibir a un amigo en la misma puerta de la calle. De pronto, el campo entero estalla en un grito de júbilo. El Reading ha metido gol. "Ha sido Friday", le dice Hurley a su acompañante. "¿Y eso cómo lo sabes, si no lo hemos visto?", le pregunta este. "Por la forma en que lo ha celebrado el público –responde–. Ha sido él. Seguro".

Siente un dolor incurable en el pecho cada vez que piensa que su hermano gemelo Tony se está perdiendo su gran momento. Nunca ha podido ir a verle jugar por una razón impepinable: está cumpliendo condena en la penitenciaría por robo con allanamiento. Una madrugada, desayunando unos huevos con bacon en una cafetería para taxistas, tras una larga noche de farra, escucha a alguien que dice: "Todos los que están en la cárcel se lo merecen por gilipollas". Friday se vuelve loco y le raja la cara al tipo con el tenedor que lleva en la mano, aún con restos de salsa kétchup en sus púas, al más puro estilo Joe Pesci en *Uno de los nuestros*. "Te daré un consejo –comenta alguien–. En presencia de Robin, jamás se te ocurra meterte con su hermano".

Es relativamente frecuente que los lunes se presente a entrenar con un ojo morado y rasponazos en los nudillos. En el autobús del equipo, siempre va en la parte de atrás, fumando hierba, riendo y compartiendo alguna pastilla. Si está de buen humor, le gusta protagonizar de vez en cuando gamberradas absurdas. En una ocasión, regresando de madrugada tras un partido, paran a estirar las piernas cerca de un cementerio. Mientras la mayoría aprovecha para orinar, Friday salta la tapia, desaparece en la negrura de la noche y regresa al cabo de unos minutos con la figura de un ángel de mármol entre los brazos. Luego, lo coloca en el asiento contiguo al del entrenador Hurley, que ronca como un serrucho. Las risas lo desvelan y, a pesar de llevarse un buen susto, al despertar junto a una escultura funeraria, reprende a Friday con tono calmado: "Devuelve el ángel a su tumba, hijo, o los espíritus del difunto te perseguirán de por vida". Es el único que sabe qué decirle exactamente en cada ocasión.

Está a punto de coincidir con George Best, dentro del mismo terreno de juego, cuando este ficha por el Stockport County, conjunto que también milita en la Cuarta División. El problema es que el agente de Best quiere –a cambio de jugar en el campo del Reading– quedarse con un porcentaje de la taquilla. "Si no viene Best, no llenarán su estadio", le advierte al presidente del club. Pero este le replica orgulloso: "No lo necesitamos, ya lo llenamos todos los domingos con Robin Friday". Al final, ambos nunca llegarán a encontrarse, una lástima (sobre todo para los pubs de la ciudad). Seguramente, ambos habrían acabado yéndose juntos de juerga tras un partido glorioso.

En su tercera y última temporada en el Reading FC, el equipo va mejor que nunca, la racha más victoriosa en sus cincuenta años de historia. En abril del 76, frente al Tranmere Rovers, marca su gol más recordado. Está en el centro del campo, de espaldas al marco rival, cuando el cuero le llega volando por los aires. Friday para la pelota con el pecho, la deja suspendida en el éter durante un segundo y la volea en acrobática chilena. La bola sale disparada en parábola, atraviesa los cincuenta metros que la separan de la portería, y entra por la misma escuadra. El tipo que arbitra ese día se llama Clive Thomas y es un colegiado internacional. Ha estado presente en varios Mundiales y partidos de Copa de Europa, junto a los más grandes futbolistas del planeta. Se queda tan impresionado con la acción de Friday que se pone a aplaudir en medio del césped como si fuera un hincha más. Luego, lo busca en el túnel de vestuarios, le estrecha la mano y le dice: "Es el mejor gol que he visto en mi vida. ¿Cómo te llamas?". El jugador le sonríe y replica, en su habitual tono sarcástico: "Pues deberías venir más por aquí, colega. Hago cosas así muy a menudo. Me llamo Robin Friday, por cierto". Ese mismo mes de abril, el Reading asciende a Tercera División, el mayor logro deportivo en su carrera.

Divorciado de su primera esposa, se casa –semanas más tarde– con Liza, su segunda mujer, aprovechando el parón estival. Durante la boda, en vez de entregarles sobres cerrados con dinero, los invitados les regalan saquitos de tela con unos gramos de polvo blanco dentro. Pasan la luna de miel en St Ives, uno de los pueblos más hermosos de la costa de Cornualles. "Me gustaría intentar dar el salto –le confiesa a su mujer, tumbado desnudo sobre la cama del hotel–. Ser un poco más ambicioso y jugar en un equipo que me pueda pagar lo que creo que merezco".

A pesar de que acaban de subir de categoría, Charlie Hurley decide, por sorpresa, traspasar a Robin Friday, su máximo goleador y estrella del equipo, antes de que dé comienzo la siguiente temporada. En su decisión, no influye la indisciplina del delantero ni el número disparatado de tarjetas rojas que le muestran, cada vez más a menudo (se pierde una cantidad absurda de partidos por culpa de estas sanciones); tampoco le importa que salga casi todas las noches hasta el amanecer, ni siquiera que aparezca resacoso cinco minutos antes de entrenar. La única razón por la que Hurley lo deja marchar es porque se ha enterado de que ha empezado a tomar drogas de forma seria, regular y peligrosa. En octubre de 1976, al fin, lo vende al Cardiff City, de la Segunda División, por solo 50.000 libras (una cifra bastante baja, dadas las estadísticas goleadoras que asegura). Los aficionados del Reading FC inundan las oficinas del club con cartas de protesta. Les dolería menos que les extrajeran un riñón. Nunca dejarán de considerarlo como una leyenda de su amado equipo.

El mismo día que Friday llega a Gales, nada más bajarse del ferrocarril, la policía lo detiene por haber viajado sin billete. En las oficinas de su nuevo club reciben una llamada desde comisaría. "Tenemos aquí en la celda a un tipo de pelo largo y pinta de lunático que asegura haber fichado por vosotros. No es cierto, ¿verdad?". Su fama de salvaje lo precede. "Sabíamos que algo raro pasaba –recuerda Jimmy Andrews, manager del Cardiff City–. El precio que pagamos por Friday era ridículo en relación a su calidad y, la verdad, resulta bastante sospechoso cuando te ofrecen un chollo así. Olía a gato encerrado, pero merecía la pena arriesgarse por alguien como él".

Cuando le presentan a sus nuevos compañeros, muchos no saben ni cómo saludarle. Están algo intimidados ante su presencia. "A ti te conozco –le dice Friday a uno de ellos, el defensa central Paul Went–. Llevo una cicatriz en mi pierna recuerdo de tus tacos. Como ahora entrenaremos todos los días juntos, podré devolverte el favor". La anécdota la cuenta el propio Went, entre risas, quien añade: "El día de su debut le metió dos goles al Fulham. Sus defensas no podían pararle, así que empezaron a intimidarle, o a intentarlo más bien, con insultos y patadas. Después de una tarascada, Friday se dio la vuelta y le dio un besito en la mejilla a su marcador, un tipo rudo y cubierto de barro. Fue su particular modo de humillarle delante de la grada. Nos quedamos todos muy desconcertados. Era alguien realmente especial".

En la bucólica Cardiff nunca acabará de encajar y apenas durará una temporada y media. Sanciones (bate su récord de amonestaciones, 28 en 20 partidos, un promedio de locos), trifulcas, escándalos varios (destroza la mesa de billar de un hotel durante una concentración), problemas domésticos con su segunda mujer y una lesión inoportuna lo mantienen más tiempo fuera del terreno de juego que dentro. A pesar de todo ello, deja algunos destellos para el recuerdo con la pelota entre los pies.

En abril de 1977, jugando frente al Luton, sufre un brusco encontronazo contra el guardameta rival, Milija Aleksic, el cual cae al suelo algo magullado. Friday, que acaba de anotarle un gol unos minutos antes, le ofrece la mano para levantarse, pero este se revuelve y lo rechaza en un desplante un tanto avinagrado. El delantero se siente tan enrabietado con el gesto displicente del contrario que, en el siguiente lance, agarra la pelota, se regatea a todo aquel que se le pone delante y vuelve a marcarle otro tanto, tumbándolo antes en el suelo con una finta. Antes de celebrar el gol, busca la mirada de Aleksic y, desplegando sus dedos índice y corazón en forma de 'V', le hace el gesto más ofensivo del universo anglosajón (un equivalente a la *peineta* española, como bien le gustaba llamarla a Luis Aragonés). *Fuck you*. ¡Que te jodan! La imagen (resulta sencilla encontrarla por Google tecleando los términos 'Friday' y 'Aleksic') se convierte en el gran icono de su singular temperamento. Por algo lo llamaban, como bien lo describe su biografía, el futbolista con más genio que nunca viste.

A finales de 1977, la situación se hace insostenible. Robin Friday acude al despacho de Jimmy Andrews y le comunica que se retira del fútbol. Tiene solo 25 años. Regresa a Londres y se pone a trabajar con su hermano en el negocio del asfaltado. Mocho en mano, extiende un velo de brea ardiente por los tejados del barrio. Su apellido desaparece para siempre de las páginas de deportes de los periódicos locales, pero su memoria se conserva, como objeto de culto, entre los *connoisseurs* más *indies* del balompié pedestre y proletario.

En el invierno de 1990, su hermano Tony encontrará el cuerpo sin vida de Robin Friday en su apartamento del oeste de Londres. Llevaba varios días sin contestar al teléfono. Todo apunta a una sobredosis como causa de su deceso. Es 22 de diciembre y faltan solo tres días para Navidad. Al entierro, acude Charlie Hurley, su viejo entrenador y confidente en sus días gloriosos con el Reading FC. Al toparse con Tony, se queda petrificado al comprobar el parecido físico entre ambos. "Ni siquiera sabía que tuviera un hermano gemelo, nunca me lo contó", le comenta. Ambos permanecen unos segundos en silencio:

–Sois idénticos, es increíble. ¿Te pareces también a tu hermano en su genio? –le pregunta.

–¡Noooo! ¡Yo soy mucho peor! –contesta Tony–. ¡Mucho más peligroso! En realidad, Robin era el chico bueno y tierno de la familia.

George Best, volumen II: la aventura americana

Unas cuantas páginas atrás, habíamos dejado a George Best tambaleándose en mitad de la década de los setenta; seguramente, en el reservado de un club nocturno, con bastantes copas de más, rodeado de un enjambre de chicas melosas y con un ejército de *paparazzi* apostado en la puerta del local. Los días se repiten para él como fotocopias borrosas –de esas que se imprimen con el tóner bajo de tinta–, uno detrás de otro. Siente que necesita un cambio de aires urgente, una excusa para romper el bucle tóxico en el que se encuentra atrapado, sacar la cabeza por encima de las olas y respirar. La respuesta a sus plegarias le llega en forma de oferta desde el otro lado del Océano Atlántico, a través de la llamada de otra gran estrella británica, pero del rock, el cantante y pianista que más discos vende ahora mismo, un tipo aún más estrafalario que él a la hora de vestir y que –en ese preciso instante– no deja de sonar en la radio gracias al tema *Don't go breaking my heart*, un dúo con Kiki Dee que es número uno en las listas americanas y en otra docena más de países alrededor del globo terráqueo. Un extímido, refugiado y rehabilitado tras unas gafas de colores chillones, al que todos llaman Elton John.

La relación entre Elton John y el balón comienza más o menos por esa época. Aficionado fanático desde la cuna del Watford –modesto equipo de una localidad pegada a Londres, a 27 kilómetros al noroeste del centro–, el músico decide darse un capricho y se compra el equipo de su niñez –millones, desde luego, no le faltan– para ejercer, sentado a los teclados, de presidente del mismo. Contra todo pronóstico, la aventura no le sale nada mal. En apenas seis temporadas, con él al timón de los despachos, el Watford escala desde la Cuarta División hasta lo más alto del escalafón británico, llegando incluso a alcanzar un sorprendente subcampeonato de Liga en 1983 (siendo solo superados en la clasificación por el Liverpool, el gran dominador del momento) y a disputar la final de la FA Cup frente al Everton, ante la mirada circunspecta de la Reina Isabel y las lágrimas emocionadas del joven Elton.

Como pasa gran parte del año en Hollywood, en 1976, Elton John decide invertir en el negocio del *soccer* (así es como llaman al fútbol en EE UU) y se convierte en copropietario y accionista de una de las franquicias más prometedoras de la competición local, Los Ángeles Aztecas. Por alguna razón extraña, EE UU vive un *boom* futbolístico sin precedentes y la NASL (North American Soccer League) se ha convertido en una especie de Benidorm del balón, un retiro de lujo para el ocaso de los veteranos más famosos. Hasta allí llegan exfenómenos de la historia del balompié reciente tan célebres como Pelé (quien jugará en el Cosmos de Nueva York junto a Franz Beckenbauer), Johan Cruyff (Washington Diplomats), Eusebio (Boston Minutemen) o Gordon Banks (que coincidiría en el Fort Lauderdale Strikers con el alemán *Torpedo* Müller). Una época otoñal, melancólica e irrepetible en su despreocupada inocencia que contará con la participación estelar del más célebre caso de prejubilación prematura en el deporte de élite: George Best.

El día de su presentación, con la presencia de la patrulla motorizada de la policía de Los Ángeles como invitada sobre el césped (la cual despliega en su honor un desfile coreografiado, entre rugidos de tubos de escape y música de fanfarrias), George Best posa para la prensa al lado de Elton John, quien va ataviado con un sencillo chándal color naranja ácido y gafas a juego (en Estados Unidos, es la cultura del *show business* la que manda). Best acaba de cumplir 29 años, aunque podría aparentar diez más. Lleva el pelo largo, barba poblada y las facciones algo flácidas por el alcohol. Cuando sube a las oficinas a rubricar su contrato, el presidente del club le informa. "Este año le pagaremos 20.000 dólares, pero el que viene serán ya 30.000". Best sonríe y bromea: "Entonces firmaré el año que viene". No, no tiene pinta de que vaya a cambiar.

Su vida en la soleada California es razonablemente feliz. Da largos paseos por la playa de Santa Mónica, rodeado de jóvenes rubias de cuerpos esculturales que patinan en bikini por el paseo. Luego, se come un par de burritos con cerveza floja americana en el *Fat Face Fenner's*, un pub irlandés que ha encontrado por casualidad, y termina la tarde entrenando suavemente con los Aztecas, mientras el atardecer rosa de Los Ángeles se refleja en los espejos de los rascacielos del *downtown*. Por primera vez en muchos años se siente libre. Está muy lejos de casa y de la prensa sensacionalista, la cual –al fin– ha decidido dejarle en paz. Cuando mira ahora hacia los lados, ya no encuentra a ningún fotógrafo camuflado espiándole. Consigue un nuevo agente, Ken Adam, quien le asegura que América es el lugar perfecto para explotar su afilado perfil comercial. Quién sabe, incluso podría ser un buen momento para levantar el pie del acelerador, disfrutar del paisaje y, por qué no, enamorarse de nuevo.

Angie

Antes de emigrar y probar fortuna en la soñada California, la británica Angie McDonald trabaja como bailarina, modelo ocasional y conejita Playboy –es decir, camarera– en uno de los clubs que Hugh Hefner posee en Londres. Ya en Los Ángeles, consigue un puesto como monitora de aeróbic (práctica pionera que Jane Fonda convertirá, pocos años más tarde, en una fiebre imparable de mallas ajustadas y calentadores fosforitos, llegando a vender 17 millones de cintas de vídeo VHS de sus ejercicios en 1982) en un gimnasio exclusivo de Santa Mónica, hasta donde acuden a ponerse en forma bellezas sexys y famosas como Maud Adams, la chica Bond de *El hombre de la pistola de oro* y *Octopussy*, Priscilla Presley, la hija del Rey del Rock, o la cantante y actriz Cher, con quien Angie acaba haciendo buenas migas, convirtiéndose poco después en su entrenadora personal a tiempo completo.

Gracias a esta relación, Angie comienza a ser habitual en los saraos de la *beautiful people* de Beverly Hills, *parties* al borde de la piscina donde todo tipo de noctívagos personajes se acercan hasta ella para brindarle propuestas de muy diverso pelaje. En una de esas fiestas, en Playa Hermosa, un chico tímido de vidriosos ojos azules le pide una cita. Ella no le conoce, pero unas amigas le susurran que es un futbolista famoso. Angie se presenta en su casa de la playa con un traje oscuro de fiesta, tacones y mechas rubias, recién salida de la peluquería. Cuando la invitan a pasar, lo descubre solo, en mitad del bar que se ha hecho instalar en el jardín, con su melena desordenada, chancletas en los pies, camiseta y unos *shorts* vaqueros desteñidos, una estampa muy alejada del pretencioso aire con el que los machos alfa intentan impresionarla a menudo. "¡Qué mono!", piensa para sí. George Best la descubre observándole y sonríe.

1977 es un buen año para Best. Acaba la temporada siendo nombrado mejor centrocampista de la NASL y comienza a salir regularmente con Angie. El sol angelino le calienta los huesos y hace ya tiempo que no sale en los tabloides por razones extradeportivas. Quizá podría sentar la cabeza junto a ella, recapacita; tal vez incluso casarse. En enero de 1978 contraen matrimonio en la Candlelight Wedding Chapel de Las Vegas, la típica capilla con aspecto de pastel de nata que aparece en tantas películas americanas. Ella lleva una falda larga azul y un *blazer* de seda blanca con blusa a juego; él viste pantalón oscuro y una americana de cuadros con los cuellos de la camisa por fuera, al estilo Travolta de la época. Los dos lucen un vistoso pompón rosa en el ojal en señal de celebración. George le besa tiernamente la mejilla en la fotografía de recuerdo que se hacen a la salida de la ceremonia. Todo posee un algodonoso aire naíf, aunque se trata de un simple espejismo. El matrimonio pasará decenas de crisis, peleas y denuncias y no durará más de ocho años.

Best pretende enderezarse, montar un negocio y rehacer su vida, pero el proyecto que se le ocurre podría ganar el premio a la idea más estúpida del mundo. "Hay que sentirse muy fuerte para estar al borde del alcoholismo y decidir montar un bar", recuerda su agente. El pub en cuestión (lo abre junto a la playa) se llama *Bestie's* y será su segunda casa

–o tal vez la primera– mientras viva en Los Ángeles. Bajo el rótulo de la puerta, coloca un cartel que reza: *You're may go further or fayre worse* (puedes entrar aquí o buscar algo peor). Como todo el mundo sospecha, el dueño del bar –esto es, Best– bebe mucho más que cualquier otro cliente. "Si 70.000 aficionados quieren beberse una copa junto al mito George Best –explica Angie–, cada tipo se tomará un trago solamente, pero mi marido, en cambio, acabará con setenta mil copas encima". Él, por su parte, no tiene ningún problema para encontrar con quién o por qué brindar. Bebe en los buenos tiempos para celebrar y en los malos para olvidar. En la cultura etílica de aquellos días, emborracharse en exceso no se considera todavía una enfermedad en sí misma, no existe una conciencia clara del verdadero alcance del problema. "Si me paso de frenada, duermo la mona y ya está", asegura. Tan simple como eso.

Empieza a perderse entrenamientos y desaparece de las convocatorias. Su mujer todavía lo defiende –aparece en una entrevista con una camiseta en la que se lee *I only sleep with the Best* ("Solo duermo con el mejor", un ingenioso juego de palabras con el apellido de su esposo)–, aunque la apariencia de normalidad que intenta transmitir no consigue convencer a la directiva de los Aztecas, que decide traspasar a su marido, hartos ya de tanta indisciplina, en junio de 1978.

Comienza entonces un éxodo errático por destinos absurdos y poco lustrosos, siempre en busca de algún club dispuesto a darles asilo. "Éramos como una familia de zíngaros", recuerda Angie: "Siempre de aquí para allá, con la casa a cuestas. Pero a pesar de todo, por entonces, aún éramos felices". Normalmente, divide la temporada completa en dos mitades para poder jugar parte del año en Europa (el Fulham londinense, el Hibernians de Edimburgo, el modesto AFC de Bournemouth, de la Tercera División inglesa, o el desconocido Tobermore United, de la liga de Irlanda del Norte, son algunos de sus últimos destinos) y parte del año en conjuntos de la NASL (el Fort Dauderdale de Florida o los Terremotos de San José). De vez en cuando, su genio adormilado emite algún breve destello del antiguo George Best, pero casi siempre se limita a ser una mala imitación de sí mismo.

"Los presidentes de todos esos equipos en los que nos guarecimos nos recibían siempre con las manos abiertas", rememora Angie. "¡Best jugando para nosotros! ¡Seguro que nos trae éxitos e ingresos! Pero George acababa decepcionándolos a todos. Podía haber sido una especie de David Beckham, ganar millones solo con dejarse ver por ahí de vez en cuando, pero se emborrachaba y desaparecía durante días. Los clubs no sabían cómo manejar la situación, lo acababan despidiendo de todos los sitios".

Angie intenta por todos los medios crear una especie de nido confortable a su alrededor. Comida casera y una bonita casa, pero nada funciona si hay una botella de por medio. En octubre de 1978, la madre de Best fallece en Belfast, víctima también del alcoholismo. La noticia lo destroza por dentro, pero lejos de abrirle los ojos, lo empuja a beber más y más.

Tocando fondo en San José

La Liga norteamericana de fútbol, la otrora glamurosa NASL, empieza a agonizar como espectáculo y como negocio. Los mejores jugadores se han ido y la competición parece un circo ambulante en decadencia. Best solamente encuentra acomodo en los Terremotos de San José, los Earthquakes, una franquicia escasa de recursos que apenas sí sobrevive a los últimos coletazos del sistema, un equipo perfecto para tocar fondo. Se instalan allí en 1980 y su estilo de vida es ya el de un alcohólico en fase avanzada. Se levanta tarde, apenas come otra cosa que dulces, deja de asearse y sus borracheras duran cada vez más, a veces semanas enteras, durante las cuales nadie sabe dónde se mete. Angie lo busca por los peores bares de la ciudad. A veces, lo encuentra tirado en el suelo –pidiendo limosna– o magullado por algún puñetazo, tras haber intentado sisar un par de pavos del frasco de las propinas para poder seguir de farra. En los breves periodos de lucidez sobria que tiene de vez en cuando, la depresión se apodera de su cerebro. Sufre al ver en lo que se ha convertido, cómo ha podido caer tan bajo y fallar a tanta gente. Entonces sale corriendo hacia la licorería de la esquina y se compra un par de botellas para borrar esa imagen de su cabeza y evadirse así de la culpa que lo atormenta. La directiva de los Earthquakes demuestra tener una paciencia infinita con él y se comporta más como un centro de rehabilitación que como un club de fútbol.

Angie descubre que se ha quedado embarazada y decide contárselo a su marido. Lo localiza en un antro de la playa, solo en la barra, con la cara metida literalmente dentro de una copa, casi inconsciente. "¿Qué haces aquí?", le pregunta él al verla. "Vengo a darte una noticia –le explica ella–. Vas a ser papá, vamos a tener un hijo". Best sigue mirando fijamente el contenido del vaso y farfulla: "¡Déjame beber en paz! Ya volveré a casa cuando termine".

El nacimiento de su único hijo, Calum Best, en febrero de 1981, supone un nuevo desafío en su vida, uno bien grande. Durante un tiempo se impone la ley seca y consigue levantar a su alrededor una frágil fachada de normalidad. El 22 de julio de ese mismo año, juega un partido en el estadio Spartan de San José contra los Fort Lauderdale Strikers. Tras encajar su equipo un tanto, en claro fuera de juego, y comprobar que no es anulado, Best inicia una acalorada discusión con el árbitro, Ian Foote, el cual acaba mostrándole tarjeta amarilla. "George se puso como un loco –recuerda el exfutbolista inglés Ray Hudson, presente aquel día en el terreno de juego, formando parte del equipo rival–. Parecía un T-Rex con hemorroides, estaba hecho una fiera. Cuando iban a sacar de centro, no hacía más que repetirles a sus compañeros: '¡Dadme la pelota, joder! ¡Pasadme la jodida pelota!'. Agarró el balón y se puso a regatear defensas en eslalon, como lo hacía el campeón de esquí Alberto Tomba, deslizándose colina abajo. Se coló hasta dentro del área, sin parar de driblar rivales, y marcó un gol memorable. Fue pura ira, una demostración de todo el talento que llevaba metido ahí dentro. Aquellos defensas no eran ningún Maldini, desde luego, pero regatear de esa forma a cinco o seis tipos, tú solito, no es nada fácil, te lo aseguro".

Fue declarado el mejor gol de la Liga aquella temporada (puede verse en YouTube, bajo el epígrafe *George Best: greatest NASL goal ever*) y montaron una gala para entregarle el trofeo. El jugador escribiría sobre aquella noche años después, describiendo exactamente lo que pasó después: "Fue una velada maravillosa. Llevaba casi once meses sin beber, acababa de ser padre, me habían dado un premio y todos me aplaudían por ello. Así que me fui al parking a recoger mi coche, metí el trofeo en el maletero, conduje mi coche hasta el primer bar que encontré abierto y estuve de borrachera durante veintidós días seguidos. Cuando las cosas van mal, siempre encuentras una excusa para beber. Está lloviendo, estoy triste, no tengo trabajo, no tengo dinero, mi mujer no me quiere. El problema es que yo bebía incluso cuando todo me iba bien. Tenía un hijo pequeño, un buen contrato, y aun así me iba por ahí de borrachera, cinco o seis días por semana, sin que mi esposa pudiera encontrarme. Lo eché todo a perder. Siempre he sido un jodido desastre".

En la cinta documental *Best: all by himself*, dirigida por Daniel Gordon en 2016, se incluye un testimonio desgarrador de su esposa Angie, ambientado justo en esa época. La cámara muestra el volante de un coche desde un plano subjetivo, avanzando en mitad de una tormenta, aún es de noche, y la *voz en off* de una mujer comienza a contarnos una historia terrible. "Estoy llevando a mi hijo a revisión. Está lloviendo y hace un día de perros. Todo pasa como en una película, a través de los limpiaparabrisas, que no dejan de moverse. De repente, veo a un hombre caminando por medio de la carretera, junto a la línea divisoria del carril. El pobre va encorvado y calado hasta los huesos. Me digo: '¡Pobre mendigo!'; y es justo entonces cuando me doy cuenta de que es mi marido, borracho como una cuba, tambaleándose de vuelta a casa. Sigo conduciendo y llevo a mi hijo al médico. Se acabó. No puedo más".

Su mujer lo abandona poco después, aunque la pareja no se divorciará de forma definitiva hasta cinco años más tarde, en 1986, tras un penoso goteo de denuncias por alcoholismo y violencia doméstica. "No podía cuidar de dos niños al mismo tiempo: mi hijo pequeño y mi marido –explica Angie–. El bebé grande tenía que irse de casa. Desde mi punto de vista, lo suyo no era una enfermedad, sino una opción. Uno no puede elegir no estar enfermo, pero sí puede elegir dejar de beber, es distinto. Él no quiso dejar de beber y punto. Es algo que todavía hoy sigo sin poder entender".

Un jubilado sarcástico, irónico e ingenioso (cuando está sobrio)

Tras arrastrar su triste figura por un rosario de equipos insustanciales, estirando y deformando el muelle de su fama hasta la parodia, George Best cuelga definitivamente las botas en 1984, con 38 años, aunque en realidad ya ha dejado de tomarse en serio al fútbol –y a sí mismo– varios lustros atrás. Está perdido en casi todos los sentidos, volando a ras de suelo, fuera del radar de los muchos ex –entrenadores, amigos, compañeros o incluso novias– que tratan de ayudarle o aconsejarle. Exhibir su talento delante de miles de espectadores henchía sus venas de pasión cuando era joven, pero toda esa emoción se esfumó hace mucho tiempo y ahora nada puede llenar ya el vacío que se ha horadado en su pecho, solo la bebida. Su vida es una tragedia, pero –por encima de todo– una historia real, la de un tipo que ha decidido hundirse a sí mismo con ahínco y denuedo, víctima de sus propios demonios.

Además de su adicción al alcohol y de la inestable mochila emocional que carga a la espalda, tiene problemas económicos. Apenas puede sufragarse los gastos básicos. Vive de prestado gracias a la generosidad de viejos colegas y no deja de meterse en problemas. Basta repasar la hemeroteca de aquel tiempo para encontrar noticias como esta: "El exídolo del fútbol británico George Best se enzarzó la noche del martes pasado en una reyerta de la que salió con la cara destrozada. Best, que ante un tribunal se declaró insolvente para el pago de impuestos atrasados, fue por la noche a un pub para *olvidar las penas* con su amiga Mary Stavis, ex Miss Mundo. Una vez allí se originó una violenta disputa y alguien estrelló un vaso de cerveza contra la cara del jugador, que empezó a sangrar abundantemente. Poco después, en el hospital de Westminster, de Londres, se le aplicaron a Best varios puntos de sutura. Según Mary Stavis, el futbolista no provocó a nadie, pues, aunque ha tenido problemas a causa de su anterior afición a las bebidas alcohólicas, aquella noche solo consumió un refresco". Otro teletipo de prensa, fechado en 1985, detalla: "George Best, de 39 años, abandonó ayer la prisión de Ford, en el condado de Sussex (Reino Unido). Best permaneció encarcelado doce semanas por conducir ebrio y ser reincidente".

Cuando le preguntan que por qué no ingresa en una clínica de desintoxicación y afronta su problema de una vez, él se defiende con un argumento irrefutable (al menos, en su cabeza): "Cada vez que entro en un sitio, hay al menos setenta personas que quieren invitarme a un trago. Y yo no puedo ser tan desconsiderado como para rechazarles".

Convierte las exclusivas sobre su vida privada en su principal fuente de ingresos, transformándose en uno de esos caricaturescos personajes de la prensa rosa y sensacionalista que uno ya no recuerda muy bien por qué se hicieron famosos en realidad. Recorre los platós de televisión y las redacciones de los tabloides vendiendo entrevistas escandalosas –en las que describe sus miserias con todo lujo de detalles y ningún pudor– a cambio de un cheque repleto de ceros (el cual se va enseguida por el desagüe de sus incontrolables excesos). Cuando no está borracho del todo, resulta ser un tipo de lo más simpático y encantador. El público disfruta mucho escuchando sus anécdotas beodas, sexuales y deportivas, las cuales se entremezclan y confunden con frecuencia en un mismo monotema. Sabe reírse de sí mismo y darle la vuelta al patetismo de ciertas situaciones y experiencias de su insólita vida, dotándolas de un cinismo hilarante que consigue contagiar de risa y empatía a todo aquel que lo escucha.

Pero la línea que separa a sus particulares doctor Jekyll y mister Hyde es muy tenue y, a veces, traspasa los límites de lo gracioso u ocurrente para adentrarse en la ordinariez más chabacana, al más puro estilo del típico borrachuzo torpe, incómodo y metepatas. En 1990, acude al famoso *talk show* de Terry Wogan, un programa de entrevistas en directo, con audiencia masiva, para el primer canal de la BBC. Best se presenta con un conjunto color pistacho y camisa de dibujo geométrico. Tiene la mirada vidriosa del que va algo achispado. "¿Qué te gusta hacer últimamente, George?", le pregunta Terry Wogan para romper el hielo. Best le mira fijamente y afirma muy serio: "I like screwing" (Me gusta follar). Apenas se escuchan un par de risitas escandalizadas en medio de un océano de embarazoso silencio. "No en serio, George, ¿qué te gustaría hacer con tu vida?", repite Terry Wogan, intentando retomar la entrevista. Y Best insiste: "Screw" (Follar). El presentador mira directamente a cámara y con cara de circunstancias, se limita a sentenciar como despedida y conclusión: "Señoras y señores, George Best".

En 1995, contrae segundas nupcias con Alex, una preciosa exazafata de tan solo 23 años (él tiene ya 49). La crónica anunciada de esta nueva aventura romántica repite las pautas de su primer matrimonio en una eterna cinta de Moebius. "Cuando estaba bien era el mejor esposo que una chica pudiera desear. Adorable como un peluche, al que cuidar y abrazar –recuerda ella–. "Pero cuando bebía se transformaba en un demonio, un tipo desagradable que le habría caído muy mal al George Best sobrio". La bebida le hace ponerse agresivo y es frecuente que reciba palizas en los bares o que acabe la noche en el calabozo tras discutir con su mujer y destrozar la casa (en una ocasión es detenido por ponerle un ojo morado a Alex). Todas sus riñas domésticas son seguidas y amplificadas por la prensa más cotilla, que encuentra en la pareja una mina inagotable de confidencias y revelaciones morbosas.

Su último refugio –fuera de la barra del bar– lo encuentra en el canal de televisión Sky Sports, donde ejercerá de comentarista deportivo durante la década de los años noventa, analizando partidos de fútbol de la Premier League o despachándose a gusto como tertuliano del programa semanal *Soccer Saturday* (el equivalente británico del histórico espacio de televisión española *Estudio Estadio*). En su salsa, se destapa como una voz ocurrente y chisposa, sabiendo salpimentar en sus análisis futboleros cucharadas de conocimiento, gotas de ingenio y una pizca de guasa. Muchas de sus críticas mordaces aún se recuerdan entre sonrisas. Sobre las cualidades técnicas de David Beckham, por ejemplo, afirma: "No sabe rematar con la zurda. No va bien de cabeza. No roba balones y apenas mete goles. Por lo demás, no está mal".

También le preguntan sobre Paul Gascoigne, otra celebridad alcohólica nacional, con una trayectoria muy parecida a la de Best en lo referente al amor por la bebida, la genialidad con el balón y el gen autodestructivo en la sangre, aunque carente de ese estilo sofisticado y brillo *cool* que el norirlandés exudaba en su mejor época (por su aspecto vulgar y algo hortera, a Gascoigne no resulta difícil imaginárselo disfrazado de guiri en Mallorca, colorado como una gamba cocida, bebiéndose todas las existencias de un bar con *happy hour* o practicando *balconing* en algún hotel barato de pensión completa). "Se le acusa de ser arrogante, borracho e incapaz de manejar su fama. Eso suena como si pudiera parecerse a mí –comenta Best sobre Gascoigne–. Dicen que le gusta beber y jugar al fútbol, pero no os engañéis. Su currículo no le alcanza ni para atarme los cordones de la botella".

No mueran como yo

Sus últimos años, ya caminando por los albores del siglo XXI, son sombríos, trágicos y dolorosos. Su hígado está desecho como un paté de campaña y su rostro descarnado presenta un aspecto cadavérico. Pasa largas temporadas en Irlanda del Norte, regresando a los cielos de su niñez, sentado en el porche de su casa, en medio del bosque, con dos grandes perros correteando por el jardín. En cierto modo, lo único que hace ya es esperar la muerte.

En 2002, la sanidad pública británica lo incluye en el programa de trasplantes y, tras una operación de casi diez horas de duración, recibe un nuevo hígado. Tan solo cuatro meses después, la prensa lo sigue a escondidas hasta un pub de Surrey y lo fotografía bebiéndose un par de *spritzers* (una mezcla de vino y agua, muy popular en el Reino Unido). El escándalo es mayúsculo. Le hemos pagado a Best una bola extra con nuestros impuestos, exclaman los columnistas indignados, y él sigue comportándose como Nicolas Cage en *Leaving Las Vegas*.

Su agonía final –lenta y cruel– es seguida al detalle por todo el país, entre el morbo y la aflicción, convirtiéndose en una especie de culebrón en directo. Cada vez que lo ingresan en el hospital, siempre al borde del colapso, con los pulmones destrozados y severas hemorragias en sus órganos internos, decenas de cámaras y curiosos se agolpan en la puerta, rumiando el fatal desenlace. Él, mientras este llega, intenta al menos dejar a su joven esposa e hijo en una mejor posición pecuniaria (ya no le quedan demasiados ahorros en el banco) y no duda en sacar tajada económica de un puñado de lacrimógenas entrevistas, las cuales vende al mejor postor.

Su última transacción comercial es una polémica fotografía póstuma, el último retrato que existe de él. La publica en su portada del 20 de noviembre de 2005 –cinco días antes de la muerte del jugador– el tabloide (propiedad del magnate Rupert Murdoch) *News of the World*, famoso por sus disparatadas noticias sobre ufología, leyendas urbanas o chismes de celebridades. En la cruda instantánea, George Best yace en la cama de la clínica prácticamente extinguido, con los goteros colgando, entubado por nariz y garganta, mirando al objetivo sin mostrar ya miedo o emoción alguna. Acompañando la imagen, hay un mensaje escrito que reza: "Don't die like me" (No mueran como yo). El impacto que causa en la opinión pública es tremendo.

La foto la ha negociado Phil Hughes, su último agente, de hecho es él mismo en persona quien aprieta el obturador de la cámara, un modelo doméstico vulgar y corriente. "Hoy me arrepiento de haber hecho aquello –confesará años después–. La idea era sacar una serie de documentos gráficos sobre la recuperación de George, pero por desgracia ya no hubo ocasión de hacerle más fotos".

La noticia del fallecimiento la comunica su hijo Calum, delante de un enjambre de periodistas, en las mismas escaleras de entrada del hospital de Londres en el que expira. Inmediatamente, el estadio de Old Trafford se llena –de forma espontánea– de ramos de flores, velas encendidas, bufandas rojas y camisetas del Manchester United con su número a la espalda, una masiva ofrenda popular de gratitud y respeto muy similar a la que los británicos tributarán, una década más tarde, tras el adiós de David Bowie.

Muchos de sus más íntimos amigos han preferido no ir a verle al hospital en sus últimos momentos, para no llevarse en la memoria un recuerdo de él tan doloroso. "Todos sabíamos que iba a morir por culpa de su adicción y, en cierto modo, le fallamos", confiesa Malcolm Wagner, uno de sus viejos colegas en los días dichosos de vino y rosas, y autor del libro *George Best & Me*: "Alguien a quien él respetara lo suficiente debería haberle dicho: '*Georgie*, esto no puede seguir así. Vamos a diseñar un plan y vamos a seguirlo a rajatabla'. Pero nadie tuvo un buen plan".

Durante un tiempo, fugaz pero muy luminoso, George Best brilló con la intensidad del fósforo que se enciende en mitad de un apagón. El mejor jugador del mundo. *Simply, the Best*. No duró demasiado, pero no son tantos los que pueden decir algo parecido. Y eso ya nadie podrá arrebatárselo nunca.

"Cuando me vaya –dejaría escrito–, olviden toda esa mierda y recuerden solo mi fútbol. Con que una única persona piense que fui el mejor, ya mereció la pena".

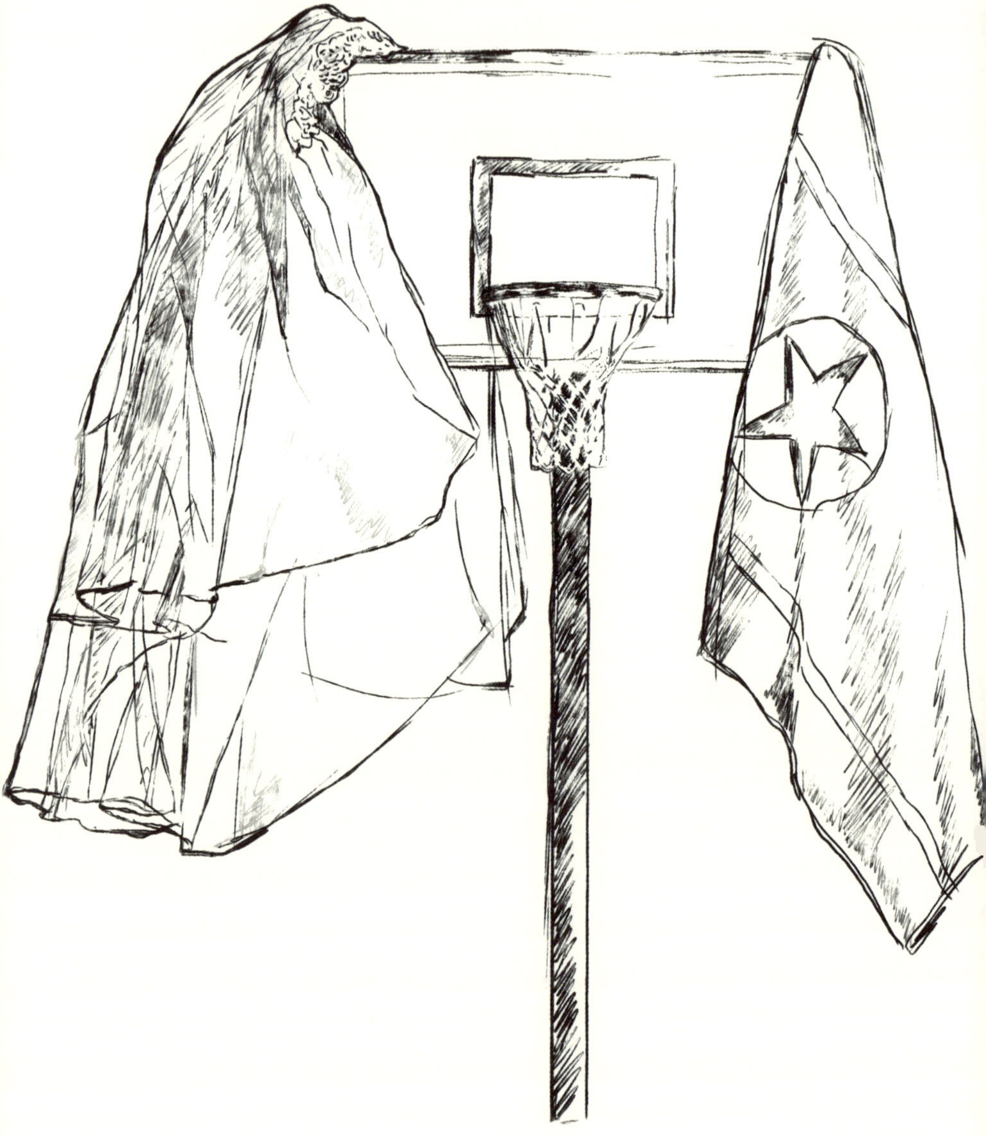

3.

DENNIS RODMAN
El perro verde más raro de la NBA (y mira que la NBA es rara)

Cuando el Amado Líder Supremo (y peor enemigo de América) te invita a su cumpleaños

12 de junio de 2018. Toda la compleja maquinaria de la política internacional yanqui contiene la respiración durante unas horas mientras se celebra, en un pequeño rincón del mar de Java, uno de los encuentros diplomáticos más enrevesados y atípicos que haya tenido lugar desde los viejos días del deshielo, allá en los estertores de la ya olvidada guerra fría: una reunión bilateral al más alto nivel que, a partir de hoy mismo, va a entrar a formar parte de los libros de historia bajo el epígrafe de Cumbre de Singapur.

Las manecillas del reloj marcan las nueve en punto de la mañana, cuando el presidente de los Estados Unidos de América, Donald Trump, y el máximo dirigente de Corea del Norte, Kim Jong-Un (también conocido por sus obedientes súbditos como Líder Supremo o

Amado Líder), se encuentran formalmente en el *hall* del hotel Capella de la isla de Sentosa, territorio de Singapur, en medio de una deslumbrante tormenta de *flashes*, yendo al encuentro el uno hacia el otro –desde cada extremo de la habitación– sobre una gran alfombra roja y un mar de enormes banderas desplegadas de fondo. Al coincidir en el centro del plano, se estrechan la mano y sonríen a cámara, derritiendo así la tensión acumulada, una instantánea para la eternidad.

Es la primera vez que el mandatario de este hermético estado con capital en Pyonyang (último reducto doctrinal del añejo bloque comunista más ortodoxo) se entrevista con un presidente norteamericano en funciones, cara a cara, desde que la península asiática se fraccionara y aislara en dos naciones independientes tras el fin de la guerra de Corea, 65 años atrás, uno de los últimos conflictos Este-Oeste del agitado siglo XX –cada vez más lejano y brumoso en la memoria– que aún permanece sin cicatrizar.

Las medidas de seguridad en las que se va a desarrollar esta cumbre han sido planificadas por los servicios secretos de las dos delegaciones con meses de antelación. Las calles de la diminuta isla de Sentosa –antiguo refugio de los piratas malayos, reconvertida hoy en parque turístico de la cercana Singapur– amanecen hoy desalojadas de cualquier vestigio de población civil, ocupadas en su lugar por agentes de traje oscuro y gafas Ray-Ban de espejo. El espacio aéreo colindante –cerrado al tráfico comercial– es vigilado desde las nubes por cazas militares, los cuales rasgan el aire con sus rugidos sónicos. La escena parece sacada de una novela de Ian Fleming o, peor aún, de J. G. Ballard.

–Vamos a tener una relación fabulosa, no tengo duda –anuncia Trump en primer lugar, con su corbata roja descendiendo más allá de su bragueta.

–No ha sido fácil llegar a este punto –le responde Kim Jong–. El pasado nos ha frenado y los prejuicios han estado tapando nuestros ojos y oídos.

Cada mínimo detalle de la entrevista (dónde sentarse, el perfil que se ofrece a cámara, los intérpretes, las pausas, quién hablará en primer y último lugar) ha sido especificado y calibrado por los equipos de protocolo y etiqueta de ambos bandos con precisión milimétrica.

A pesar de las amables intenciones y afables sonrisas que presiden el encuentro, no conviene olvidar que hace apenas unos meses Corea del Norte amenazaba con oscurecer el cielo de Washington con cientos de Hwasong-15, el misil balístico intercontinental de fabricación propia –orgullo patrio de su imponente arsenal nuclear– que acostumbran testar regularmente sobre el mar de Japón, dentro de unas maniobras de simulación –nada inocentes– que han estado a punto de quebrar la frágil convivencia de la región.

Los cerebros grises de la CIA han intentado, en muchas ocasiones, penetrar dentro del círculo íntimo del Líder Supremo, pero sus sistemas de espionaje han chocado siempre contra un muro de silencio más grueso que la famosa Muralla China. Posiblemente, el régimen de Pyonyang haya logrado levantar sobre sus fronteras el cerco más impenetrable del planeta. Ningún agente americano ha conseguido jamás llegar hasta Kim Jong-Un (ni siquiera acercarse), una figura resguardada y protegida bajo un halo de secretismo espeso. Es como si el dictador de Corea del Norte viviera dentro de un espejo deformante, curvado sobre sí mismo. Nadie es capaz de captar su verdadero reflejo sin recibir a cambio una imagen totalmente distorsionada.

Bueno, todos menos una persona. La excepción. Alguien tan extraño y raro como la propia Corea del Norte. Un norteamericano de raza negra con un aro en la oreja izquierda y tres *piercings* en nariz y labios. Un exjugador profesional de baloncesto con un palmarés impresionante (posee cinco anillos de campeón de la NBA) a quien le gusta teñirse el pelo de colores chillones y travestirse de mujer por puro entretenimiento. Un alcohólico y mujeriego confeso –exnovio formal de la cantante Madonna– que ha malgastado toda su fortuna en vicios caros y caprichos absurdos, un niño grande con graves problemas psicológicos que lleva saliendo de marcha hasta el amanecer todas las noches de la semana (excepto sábados y domingos, según su costumbre) desde hace décadas. Un perro verde llamado Dennis Rodman.

No es solo que haya viajado hasta en cinco ocasiones a Corea del Norte (un país sumamente restrictivo en lo que se refiere a la entrada de cualquier extranjero) para reunirse con Kim Jong-Un, es que además Rodman lo trata como si fuera un viejo colega. Bromean, se abrazan y hasta se emborrachan juntos. El Amado Líder incluso le ha invitado, con el cogollito más fiel de su guardia pretoriana, a una de sus ultrasecretas residencias privadas, para celebrar allí una lujosa, exclusiva e ignota fiesta de cumpleaños.

El director de la agencia de inteligencia más poderosa del planeta deja de leer la ficha de Rodman y arroja la carpeta de su expediente sobre la mesa de caoba de su despacho, para interrogarse en voz alta contrariado: "¿Pero cómo demonios ha podido este espantajo llegar adónde ninguno de mis mejores satélites espía lo ha logrado jamás? ¡No lo entiendo, joder!".

¿Con cuál de las dos Coreas dices que has firmado un contrato?

Cinco años antes de la Cumbre de Singapur, Dennis Rodman no tiene nada que hacer con sus días salvo beber, salir de juerga y gastarse el poco dinero que aún conserva en el banco. Retirado de la competición hace ya un lustro, *El Gusano* (ese es el poco postinero apodo que ostenta desde sus días de adolescencia) no acaba de encontrar una ocupación convencional que le reporte algún tipo de renta prolongada en el tiempo.

Su representante, quien intenta desesperadamente buscarle cualquier tipo de bolo (en el argot, actuación, espectáculo o evento de carácter menor que un artista realiza por mero interés monetario) con el que llevarse al bolsillo algún porcentaje, por pequeño que sea, de sus cada vez más magros ingresos, recibe un día sobre su mesa una oferta inusual. El gobierno coreano le ofrece a su representado un viaje de placer por su hermoso país. Hoteles, dietas, todos los gastos pagados y un buen montante fijo a cambio de hacerse unas fotos con unos colegiales, firmar unos pocos autógrafos y visitar el palacio presidencial. Rubrica el contrato sin apenas leerlo y le llama entusiasmado a Rodman. "¡Haz las maletas, chaval, nos vamos a Corea!".

Cuando llegan los billetes de avión, su secretaria –más versada en política y geografía que su jefe– comprueba el destino y sacude la cabeza con incredulidad. "¿De verdad que vais a ir a Pyongyang? –le pregunta–. ¿Pero no te has enterado de que su régimen comunista amenaza con declararnos la guerra?". El representante se encoge de hombros y pone de cara de no entender nada. "No sé de que me hablas, nos vamos a Corea, ya sabes, ahí donde hacen los móviles Samsung. ¿Qué problema hay?". Y ella, empezando a sospechar lo ocurrido insiste: "¿Pero con cuál de las dos Coreas has firmado el acuerdo?".

Y esa es la verdadera razón por la cual Dennis Rodman accede a visitar una de las peores dictaduras del planeta, un estado totalitario que se encuentra en los primeros puestos de la lista de países que no respetan los derechos humanos (además de encabezar la nómina de enemigos internacionales de Estados Unidos). No hay vocación filantrópica de hermanamiento entre pueblos –como luego intentará vender el jugador–, tampoco una pretensión nihilista de provocar a sus compatriotas con una nueva y loca excentricidad, ni siquiera una ideología revolucionaria detrás, tan solo un lamentable –y algo cómico– error de cálculo. Hubiese bastado introducir Pyongyang en Google Maps para darse cuenta que era la del Norte y no la del Sur la Corea que quería contratarle. Pero es que son precisamente este tipo de cosas improbables las que suelen pasarle a Dennis Rodman.

¿Y por qué precisamente él y no otro? La razón resulta también ser curiosa. En plena década de los años noventa, cuando es aún su padre quien dirige con mano de hierro los destinos de sus compatriotas, el joven Kim Jong-Un vive y estudia en un elitista internado suizo. Según parece, al futuro delfín le gusta pasar las horas muertas conectado –vía satélite– a los canales de la televisión norteamericana, algo sumamente exótico para su mentalidad norcoreana. Le encanta visionar todo tipo de retransmisiones deportivas, aunque muy especialmente los *playoffs* de la NBA.

Son los años dorados de los Chicago Bulls y el futuro Líder Supremo se hace fanático del equipo de Illinois (incluso llega a comprarse una camiseta roja, la cual coloca con chinchetas en su cuarto de estudiante). Curiosamente, y a contracorriente del sentimiento mayoritario, Michael Jordan no es su jugador preferido, ni siquiera Scottie Pippen. Quien realmente le fascina es un ala-pívot eléctrico y peleón, obsesionado con el rebote y las labores defensivas, un grano en el culo irritante y alborotador que lleva el pelo teñido de naranja un día y, al siguiente, de amarillo limón (o incluso decorado a rayas). El ídolo de Kim Jong-Un se llama Dennis Rodman. "Quiero cerrar una brecha con Corea del Norte, abrir un diálogo con ellos –se justifica ante los periodistas, en el aeropuerto, poco antes de partir–. Yo lo llamaría diplomacia del baloncesto. Soy una especie de embajador de buena voluntad".

Pyongyang recibe a Rodman con los brazos abiertos y una gran alfombra roja a los pies del avión. Es agasajado y paseado como una estrella rutilante y estrecha lazos con Kim Jong-Un, quien se siente entusiasmado de tener por fin a su lado a uno de los fetiches de su juventud. El exjugador se hace fotos con los niños, visita las atracciones más *kitsch* de Corea, come, bebe y... –digamos– disfruta de lo lindo. "Cuando llegamos al estadio donde iba a tener el evento –recuerda en una reciente entrevista–, 22.000 coreanos se pusieron de pie y comenzaron a aplaudir. Yo alcé la mano para saludarles, pero el intérprete me dijo: 'No es por usted, señor Rodman, es por él', y señaló a Kim Jong-Un. Ahí empecé a entender de qué iba la cosa".

Tras la cena de gala, hubo un poco de "karaoke y vodka" y el asunto se fue un poco de las manos. "Estábamos completamente borrachos, cantando, y yo no tenía ni idea de qué demonios me decía aquel tipo al oído –continúa explicando–. De pronto, salió una banda de chicas hermosas, debían de ser dieciocho por lo menos y empezaron a tocar. Eran geniales, pero el único tema que conocía de todos los que sonaron era la sintonía de la serie *Dallas*. El día que nos despedimos, Kim Jong-Un me invitó a regresar a Corea del Norte en otra ocasión y yo le dije: 'Vale, pero con una condición. Que la banda esa de las chicas se aprendan alguna canción de los Rolling Stones o de Pearl Jam [el grupo preferido de Rodman]'. Y, ¿sabes qué?, aquel hombre cumplió su palabra. La siguiente vez que fui, tocaron como siete temas de ellos".

Tan bien se lo pasa que encadena hasta cuatro viajes más en los siguientes meses, convirtiéndose en un íntimo del "tirano comunista", calificativo con el suelen referirse a él en los informativos de Fox News, el conservador canal de noticias del polémico ejecutivo y consultor de medios Roger Ailes (el hombre que aupara a Trump hasta la presidencia del país).

La prensa, el gobierno federal, la CIA y todos los servicios secretos en general no dan crédito. ¿Pero que demonios hace este tío en Corea del Norte? Ningún ciudadano americano ha conseguido jamás alcanzar tal grado de intimidad con Kim Jong-Un. Ni falta que hace. Son muchos (demasiados) los que le tachan de antipatriota y reniegan de él, pero Rodman sigue insistiendo en su buena fe.

"Es mi amigo y se porta muy bien conmigo –le defiende (no muy consciente de que tales declaraciones no ayudan, precisamente, a mejorar su popularidad)–. Me da igual lo que digáis de él. Yo le aprecio".

En otro de sus viajes, coincidiendo con el cumpleaños del Líder Supremo, *El Gusano* se lleva a un equipo entero de veteranos a jugar un partidillo de confraternización (también le regala un ejemplar de *El arte de la negociación*, uno de los libros escritos por Donald Trump). Allí mismo, en medio de la cancha, le canta el cumpleaños feliz y lo felicita cariñosamente. Luego, en la cena posterior, se toma unas copas de más y monta un buen escándalo. Al regresar a EE UU, no le queda más remedio que ingresar en un centro de desintoxicación, acogotado por todo tipo de presiones.

El 12 de junio de 2018, sin embargo, Dennis Rodman vuela hasta Singapur para prestar apoyo moral e intelectual –si así lo consideran oportuno– a los miembros de la cumbre. "Estoy emocionado –declara con los ojos acuosos ante las cámaras–. Siempre soñé con formar parte de algo así". Suena delirante, pero algunos analistas no tienen reparos en reconocerlo. "Ya sé que parece surrealista lo que voy a decir –afirma uno de ellos en el canal CNN–, pero sin la aportación diplomática de Dennis Rodman quizá Kim Jong-Un no hubiera aceptado jamás reunirse con nuestro presidente".

La historia es tan deliciosamente absurda que el comediante Seth Rogen y el guaperas James Franco se inspiran en ella para construir una sátira política titulada *The Interview*, filme que el régimen de Pyongyang desaprobará de forma contundente, llegando incluso a amenazar a Columbia Pictures –la distribuidora de la cinta– con "acciones sin piedad" si se atreven a estrenarla.

La vida de Dennis Rodman parece sacada también de una película de Hollywood, aunque seguramente los productores jamás hubieran aceptado un guión tan disparatado. "Demasiado rocambolesco para ser cierto", dirían. Una mezcla de Ed Wood, David Lynch y Todd Solondz. "Raro, muy raro".

Un niño solitario, afeminado y sin talento conocido

A diferencia de otras estrellas precoces de la NBA, Dennis Rodman nunca goza de un genio prematuro en su niñez, una luz interior que deslumbre entre la gris mediocridad de la multitud. Más bien todo lo contrario, su irrupción en el baloncesto profesional será realmente tardía.

A los veinte años (cuando muchos de sus futuros rivales empiezan a firmar ya contratos millonarios), él duerme en la calle como un vulgar vagabundo (su madre lo ha echado de casa por vago). No estudia, no trabaja, y ni siquiera ha destacado con la pelota en el equipo aficionado de su instituto. Nadie podría augurar entonces que seis veranos más tarde, con 26 años a cuestas, debutará en la mejor liga del planeta tras sufrir un sinuoso tránsito por el lado más bacheado de la adolescencia, la cual no le ha pasado la mano por el lomo más que para darle humillantes collejas.

Dennis Rodman nace en Trenton, Nueva Jersey, en mayo de 1961, pero se cría en Oak Cliff, una de las peores áreas urbanas de todo Dallas, Texas. Su padre, Philander (piloto de las Fuerzas Aéreas y, posteriormente, veterano de la guerra del Vietnam) le abandona a él y toda su familia cuando apenas suma tres años de edad. La ausencia de un referente paterno provoca que el niño Dennis se apegue demasiado a las faldas de sus dos hermanas, Debra y Kim, con quien comparte confidencias y juegos infantiles. "De pequeño –explica él mismo en su biografía–, yo era muy tímido y siempre me escondía del resto de la gente. Iba a todos sitios con mis dos hermanas, siempre juntos. Eran ellas las que me defendían del resto de niños del barrio, ya que por entonces no tenía ningún modelo masculino a mi alrededor. Debra y Kim solían disfrazarme de niña y los tres jugábamos a las casitas. Me pintaban los labios y me ponían las pelucas de mi madre. Yo me dejaba hacer y me miraba en el espejo; de hecho, incluso me gustaba. Mucha gente del colegio pensaba que era afeminado y sufrí por ello acoso escolar. Me pegaban a la salida y yo me sentía incapaz de devolverles los golpes".

A los 17 años, en plena explosión hormonal, se gradúa en el *high school* de South Oak Cliff, el típico instituto americano que aparece reflejado en tantas comedias estadounidenses (un poco al estilo de *Dazed and confused: Movida del 76*, el filme de culto de Richard Linklater). Un microcosmos urbano, regido por sus propias leyes naturales, dividido en pequeñas tribus perfectamente estratificadas (los *fumetas*, los deportistas, los empollones, los *broncas*) dentro de las cuales el joven Dennis no logra encontrar su hueco.

Su físico no ha conseguido aún salir del cascarón. Es bajito (por aquel entonces no alcanza los 170 centímetros de altura), tiene orejas de soplillo, los dientes salidos hacia fuera y no exhibe ninguna destreza atlética (intenta entrar en el equipo de baloncesto del instituto, pero lo mandan con los suplentes).

Se pasa el día solo y acomplejado, jugando a las máquinas recreativas. Es allí donde empiezan a conocerle como *El Gusano*, por su forma de cimbrearse delante de los pulsadores del *pinball*. Es un apodo claramente despectivo, pero al menos es un apodo (mucho mejor que ser invisible), así que lo adopta de modo gustoso. En cierto modo, Rodman acepta e interioriza su condición de bicho raro sin problemas, ya que esa es exactamente la imagen que todo el mundo tiene de él. "Era un tío de lo más marciano", admite sin rubor.

Al no lograr ninguna beca deportiva (sus hermanas sí que la obtienen destacando en el baloncesto), renuncia a ir a la universidad y solo consigue un deprimente y mal pagado empleo de limpiador nocturno en el aeropuerto de Dallas. "Básicamente, fregaba el suelo y limpiaba las ventanas con un trapo, eso es a lo que me dedicaba entonces", recuerda. Una noche, agarra la escoba y destroza el escaparate de una tienda de relojes del *duty free*, sin darse cuenta de que las cámaras de seguridad lo están grabando, un hurto a la altura del Woody Allen de *Toma el dinero y corre*. "En realidad, ni siquiera llegué a vender los modelos que robé –explica–. Los regalé por ahí, con la esperanza de hacerme algún colega. Mi obsesión por entonces era esa, gustar a la gente".

Tras pasar la noche en el calabozo ("lloré mucho", asegura), retiran los cargos, pero es fichado policialmente, lo que le dificulta aún más encontrar cualquier trabajo, por poco cualificado que sea. Pasa los dos siguientes años con su madre, vegetando en su cuarto como una planta de interior, haciendo absolutamente nada. Ella se harta de él y amenaza con echarle de casa si no se pone en movimiento. O trabaja, o estudia, o se alista al ejército. Al final, ella cumple su palabra y le pone de patitas en la calle.

Durante los siguientes meses, malvive –literalmente– como un *homeless*. Por las noches, duerme sobre un banco de madera del parque; luego pasa las mañanas en el aparcamiento del supermercado, come algo en casa de un amigo y desgasta las tardes deambulando por ahí, acarreando de aquí para allá sus escasas pertenencias –algo de ropa y poco más– en una bolsa de deporte. Lógicamente, la relación con su madre queda muy deteriorada tras la experiencia. Rodman se siente abandonado por ella y desarrolla en su interior un sentimiento de rabia que nunca logrará restañar del todo.

Pero un día, de repente, como si sus huesos hubieran recibido un encargo atrasado del ADN de sus células, su cuerpo experimenta un ensanchamiento asombroso. En lo que la primavera tarda en llegar a ser otoño, su cuerpo crece hasta treinta y siete centímetros de golpe, llegando a alcanzar los 207 centímetros de altura. Con su nueva envergadura, la canasta vuelve a llamar su atención y comienza a dejarse ver por el centro deportivo del barrio, el Cummings Recreatin Center, donde mata el tiempo libre botando una pelota entre las manos (ha vuelto temporalmente a casa de su madre, en una especie de tregua temporal).

Tiene 20 años y no ha competido prácticamente nunca (ni a nivel simplemente *amateur*). El sueño de dedicarse profesionalmente al baloncesto ni siquiera se pasea de puntillas por la azotea de su desamueblada cabeza.

Corre el año 1982 cuando, sin saber muy por qué, se apunta a un curso estudiantil de verano en el Cooke County Collage de Gainesville, una especie de campamento para chavales de todas las edades. Rodman consume allí todo el largo y tórrido estío tejano, jugando al baloncesto.

Es entonces cuando llama la atención de Lonn Reisman, entrenador asistente del equipo de la universidad estatal de Oklahoma Southeastern (una especie de patito feo de la prestigiosa OU, la Oklahoma University, institución académica mucho más grande y reconocida en EE UU), quien se queda impresionado de sus condiciones físicas y su desaforada entrega.

A pesar de ello, sea por una razón o por otra, no llega a hablar con él y *El Gusano* regresa a su solitario agujero cuando el curso concluye y septiembre alcanza una nueva página en el calendario.

Unos meses más tarde, sin embargo, Reisman se presenta en casa de su madre y le explica sus intenciones; luego, sube por las escaleras, llama a la habitación del chico y le propone jugar con ellos, becado, en Oklahoma. Rodman –que está medio dormido– no llega siquiera a abrirle la puerta. Reisman insiste durante veinte minutos, hasta que aquel chico desgarbado y testarudo que vio jugar el pasado verano sale de su cuarto y acepta la oferta. "La verdad es que no tenía nada mejor que hacer con mi vida", recuerda, sin darle mayor importancia.

Mi mejor amigo tiene trece años y su familia odia a los negros

Casi por pura inercia, se traslada a Durant, la capital de Oklahoma, estado famoso por sus magnolias, el musical que lleva su nombre y su inveterada tradición racista. "La gente me llamaba *negrata* por la calle –rememora–. Todos los días y en todos en los sitios. No se cortaban un pelo". Pero Rodman prefiere no tomárselo como algo personal. Necesita adaptarse a su nuevo destino y quiere caer bien a la gente (le insulten o no). Por suerte, el básquet le ayudará a integrarse dentro de una comunidad cerrada e integrista.

En su primer partido con los Oklahoma Southeastern mete 24 puntos y atrapa 19 rebotes –su especialidad a partir de entonces–, dejando en muy buen lugar a Lonn Reisman, el ojeador que recomendó su fichaje. Rodman se destapa como un talento bruto. Nadie le ha enseñado nunca las más mínimas nociones de fundamentos. Su estilo es puramente instintivo, pero le funciona.

El deporte le va a proporcionar al fin una identidad propia, un don que mejorará su autoestima y confianza. Por primera vez en toda su vida, es consciente de que hay algo que sabe hacer por encima de los demás.

Además, para acrecentar aún más su estado de ánimo, ha hecho un nuevo amigo, el mejor que haya tenido hasta ahora. Coincidió con él en el campamento estudiantil de Gainesville, el verano anterior, se intercambiaron las direcciones y resultó que Bryne Rich –que así se llama el chico– vive en un pueblecito cercano a Durant. Rodman le llama por teléfono para quedar, salen a jugar por ahí, se caen bien e intiman. Desde entonces, van juntos a todos lados, casi siempre en bici. Se siente fenomenal al poder compartir sus ratos libres con un verdadero colega. De cara al resto de la gente, sin embargo, hay un pequeño problema. Bryne Rich tiene solo 13 años.

El chico le pregunta a su madre si, por favor, puede invitar a su nuevo mejor amigo a dormir en casa. Ella le dice, "por supuesto, cariño, claro que sí", pero cuando sale al porche a recibirle, casi le da un infarto al comprobar su aspecto. En realidad, la señora Rich está a punto de sufrir hasta tres ataques al corazón seguidos. El primero, al comprobar que el "mejor amiguito" de su hijo es negro como la noche y más alto y robusto que la alacena de su cocina; el segundo, porque –calcula– debe tener casi diez años más que su retoño; y el tercero, al ver que ese hombre enorme y oscuro lleva un saco de dormir en la mano y que, efectivamente, pretende pasar la noche en su casa.

Aunque parezca increíble (acostúmbrense a escuchar esta expresión adversativa en cualquier narración sobre Rodman), su amistad resistirá las miradas más inquisitivas de todo Oklahoma (un chico blanquito, canijo y púber, de tan solo 13 años, y un adulto negro de más de dos metros de altura, yendo juntos por ahí en bicicleta en uno de los estados más racistas de todo EE UU, ¿qué puede salir mal?) y seguirán adelante con su insólita relación mientras Rodman siga jugando en la universidad.

No solo eso, la familia Rich llegará a anteponer la felicidad de su hijo a su ideología supremacista blanca y en un gesto que romperá barreras sociales y culturales le propondrá a Rodman que se vaya a vivir con ellos a su casa de Bockchito, a las afueras de la capital, una pedanía de 702 habitantes (todos ellos blancos, republicanos y con aspecto de guardar en el desván, junto al rifle automático, el uniforme verde camuflaje de una milicia patriótica paramilitar). El jugador, por su parte, conseguirá que su entrenador acepté a Bryne como ayudante y recogepelotas del equipo, con lo que su colega podrá compartir con él entrenamientos, partidos y viajes con la plantilla.

Rodman permanecerá en Oklahoma tres años en total, hasta 1986, y se sentirá tan a gusto con la familia Rich que llegará a pedirles que lo adopten de forma legal, un hecho que no le hará –por cierto– ninguna gracia a su madre, con quien aún sigue resentido.

Nunca es tarde si los 'Bad Boys' son buenos (los años con los Detroit Pistons)

Dennis Rodman es elegido por los Detroit Pistons en el puesto número 27 del *draft* de 1986 (un puesto más que discreto). Lo ha recomendado Bill Robinson, un ojeador semiretirado de casi 80 años. "Gran reboteador", escribe en su informe. Cuando ven en su ficha que ha cumplido ya los 26, los técnicos de los Pistons tuercen el gesto. "Un poco tarde para llegar a la NBA, ¿no crees?", dialogan entre ellos. "Por lo menos, con esa edad, será alguien maduro y formado, nos podría venir bien incorporar un perfil así la plantilla".

Mala deducción (de hecho, más bien, será justo al revés). No tardarán demasiado en darse cuenta de que es un tipo tremendamente introvertido. Retraído, silente y huidizo de un modo casi doloroso. Sus compañeros se sienten incómodos al tener que compartir con él asiento en el autobús o mesa en el restaurante. El psicólogo del equipo le hace unas pruebas y dictamina que, debido a su complicada infancia y adolescencia, el chico posee cierto retraso emocional.

En muchos sentidos, es como un niño pequeño encerrado en el cuerpo de un hombre adulto (un poco al estilo del Tom Hanks de la película *Big*). Hay que ayudarle a sacar sus cuernos de caracol del interior de la concha; eso sí, poco a poco, con inteligencia, tacto y mucha camaradería.

"Captabas su miedo –recuerda Isiah Thomas, la gran estrella de aquel equipo–. Era dulce e inocente, como rodeado de un halo tierno y amable. Te desarmaba con su encanto, sobre todo al verlo tan desamparado. La primera vez que lo llevamos a una discoteca de juerga, después de ganar un partido, el hombre se pidió un vaso de leche".

"No estaba preparado para un mundo tan jodidamente cruel y competitivo como este –comenta John Salley, otra leyenda de aquellos Pistons–. No tenía ni idea de lo que la NBA es en el fondo, un frío e inmenso negocio".

El hombre que decide acogerlo en su regazo, casi como a un cachorro mojado por la lluvia, es Chuck Daly, el entrenador y alma del equipo. Cree que, con paciencia y buenas manos, podría sacar magia de ese trozo de arcilla.

"Cuido de mí desde el primer día –rememora Rodman–, como a un hijo. Estaba tan verde entonces que debió pensar que si no lo hacía, me comerían crudo. Fue algo más allá de lo puramente profesional. Me invitaba a pasar el día de Navidad o Acción de Gracias con su familia. Llegué a venerarle".

Sin embargo, en el fragor de la batalla, sobre el parquet de la cancha, el novato no se arruga. Brega, pelea y cumple las órdenes que se le encomiendan como el mejor soldado del batallón. Siempre mirando por el bien común de la misión, anteponiendo al conjunto por encima de cualquier egoísmo –o egotismo– personal, un jugador solidario y valiente, el típico recluta generoso que siempre se presenta voluntario a la voz de su sargento.

"No era de esos que te piden la pelota a gritos y la tiran a canasta sin mirar, solo para intentar mejorar sus estadísticas. Él tenía su propio estilo, uno inclasificable, el estilo Dennis Rodman". Quien habla de este modo es Bill Laimbeer, un pívot blanco y grande como un iceberg, aunque ágil, rápido y con buena muñeca, quizá el jugador más representativo del carácter agresivo, combativo, pendenciero y belicoso que caracterizaría a aquellos Detroit Pistons de finales de los ochenta, un conjunto amado por sus *fans*, pero odiado por los rivales, que pasaría a la historia del baloncesto con el calificativo de *Bad Boys* (los chicos malos).

Con su equívoco aspecto bonachón y su flequillo de oficinista (por su físico, podrías imaginártelo bebiendo apaciblemente como un parroquiano más en la barra del bar de la serie de televisión *Cheers*, una de las más populares por aquel tiempo), Bill Laimbeer era capaz de sacar de quicio al témpano más impasible de la NBA. Codazos, insultos, provocaciones y un ritmo de tensión tan agotador que llevaba las malas artes hasta los bordes mismos del reglamento (José Mourinho hubiese estado orgulloso de él si hubiera militado en su equipo). "Nuestra táctica principal –admite Isiah Thomas– era destruir a nuestro rival mentalmente".

Cada eliminatoria frente a Los Ángeles Lakers o los Boston Celtics, las franquicias que han dominado la primera parte de la década, se convierten en despiadadas batallas emocionales, físicas y psicológicas. Una emboscada a traición en la que no se hacen prisioneros

Todo ese espíritu *Bad Boy* acabará por poseer la esencia misma de Dennis Rodman, no tanto en su malicia como en su entrega. *El Gusano* (de manera incomprensible, mantendrá su gomoso apodo incluso al llegar a la NBA) lucha cada rebote y tapón como si fuera la última cerveza fría del desierto. Inagotable en la defensa y en la presión, su estrés es tan contagioso que hasta sus propios compañeros parecen querer tranquilizarle con sus miradas. "¡Relájate, tío, que esto es solo baloncesto!".

Es como una locomotora sin frenos, desbocada montaña abajo. Una de sus jugadas más repetidas y representativas se produce cuando el balón parece perderse ya por la línea de fuera del campo. Entonces, Rodman salta en plancha por el aire e intenta recuperar impetuosamente la bola de un modo desesperado, aterrizando en su vuelo sobre la segunda o tercera fila de asientos del pabellón.

Casi nunca logra su objetivo, pero el público enloquece. Aunque apenas anota canastas, es uno de los jugadores más populares entre los hinchas de los Pistons gracias a su carisma y voluntad de trabajo. Da lo mejor de sí mismo en cada instante. No solo es que haya abrazado la filosofía *Bad Boy*, es que la ha asimilado como un asunto personal.

Incapaz de separar al baloncestista de la persona, su psique reacciona al acoso que sufrió en la infancia y –con varias décadas de retraso– se venga de su pasado inconsciente de niño humillado. Al fin se siente bajo la piel de un tío duro (y le encanta la sensación). Reta y se encara con cualquiera que ose meterse con él o con sus amados compañeros de armas (algo bastante frecuente, ya que los de Detroit son la plantilla más impopular de toda la liga). "El mundo entero está contra los Pistons y los Pistons estamos contra todo el mundo", parece querer decir con su actitud.

Una especie de arquetipo antisocial que, lejos de molestarle, luce en el pecho como una condecoración púrpura lograda en la primera línea del frente.

Un lugar en el mundo y dos anillos de campeón

En su primera temporada, juegan la final de la Conferencia Este (caen contra los Celtics, tras un robo de balón decisivo de Larry Bird); y en la segunda, ya alcanzan la gran final de la NBA, siendo derrotados por los Lakers –en una eliminatoria a siete partidos– por un ajustado 3-4. El sistema defensivo e intimidatorio de los *Bad Boys* se va ajustando cada vez más a las debilidades del rival, alcanzando la perfección en el entorchado de 1989, cuando machacan a sus verdugos del año anterior –los presuntuosos Lakers– por un contundente 4-0, el primer campeonato en toda la historia de los Detroit Pistons.

El suyo es un equipo en el sentido más amplio del término, un enjambre de abejas obreras que ataca y defiende la colmena como un único espécimen, pero en el que cada aguijón clava e inocula su propio veneno específico en el enemigo, en pos de un objetivo común. Isiah Thomas, Joe Dumars, John Salley, Bill Laimbeer, Vinnie Jonson, Mark Aguirre, James Edwards, Rick Mahorn y –por supuesto– Dennis Rodman, quien aporta al bloque una media de casi diez rebotes por partido (además de su indomable personalidad).

"Estaba tan emocionado con aquella victoria –evoca Isiah Thomas– que durante el desfile y las celebraciones posteriores llevó puesta la camiseta de la final tres días seguidos, con todo aquel sudor y champán seco impregnado, como una segunda piel. Dormía, comía y se duchaba con ella encima. Si por él fuera, no se la hubiera quitado jamás".

Rodman es elegido Mejor Defensor de la NBA 1989. Durante la entrega oficial del trofeo –una ceremonia sencilla en el mismo estadio de los Pistons, apenas una rueda de prensa–, El *Gusano* se emociona tanto que rompe a llorar como un colegial (algo que llama la atención en un coriáceo *Bad Boy*). Después de toda una vida siendo poco menos que un don nadie, sin apenas obtener un elogio o una palmadita reconfortante en la espalda, recibir un premio de esta dimensión hace que se le forme un nudo en la garganta, la congoja que siente al liberar tantos traumas y pulsiones reprimidas desde su infancia.

En lo personal, empieza a salir con Annie Bakes, una aspirante a modelo de piel clara como la nata y mechas rubias –teñidas– de *cheerleader* de instituto, el opuesto físico a Rodman, quien, a lo largo de toda su vida, solo mantendrá relaciones duraderas (novias o esposas) con mujeres de raza blanca.

En 1988, Annie se queda embarazada y da a luz a Alexis Rodman, la primera hija del jugador. La paternidad –y, sobre todo, la responsabilidad que trae implícita– le supera por completo. No sabe muy bien cómo gestionar tales afectos y acaba manteniendo una extraña relación distante tanto con la madre de su hija como con su primogénita.

En realidad, su familia más inmediata son los Pistons. Tras casi treinta años dando tumbos, al fin ha encontrado un nido cálido y confortable en el que posarse, asentarse y permanecer. Por muy alto que llegue a saltar frente a la canasta, ahora sabe que, al caer, sentirá cimientos firmes, y no arenas movedizas, bajo las suelas de sus zapatillas.

El momento clímax llega en la temporada 1990, la siguiente, cuando repiten triunfo –esta vez, contra los Portland Trail Blazers– y Rodman se coloca en el dedo anular su segundo anillo consecutivo de campeón de la NBA. El espíritu de pertenencia a un grupo de hombres –que bien podría asemejarse al de un fiel pelotón de reclutas en tiempo de guerra– le abraza y reconforta como una suave brisa, una estabilidad emocional desconocida por él hasta entonces.

Pero las guerras, aunque se luchen y se ganen, acaban terminando alguna vez. Los viejos camaradas se separan, enfilan su propio camino y dejan atrás todo su pasado común (salvo las batallitas, claro, que siempre podrán rememorarse si vuelven a encontrarse en el camino). Pero Rodman ni siquiera acepta concebir tal posibilidad. Se niega a pensar que algo así pueda llegar a pasar. Está viviendo en un estado mental llamado "felicidad plena" y no desea abandonar tal paraíso bajo ningún concepto. "Quería que todo siguiera igual por siempre –explica Laimbeer–. Pero eso no es realista. La vida, nos guste o no, tiene cambios".

Para que algo nuevo nazca, algo viejo debe morir

El pico de la curva ascendente de los Pistons va tocando techo y una rampa uniforme –que desciende pendiente abajo– asoma ya por el horizonte. El proyecto *Bad Boy* colisiona de bruces contra los Chicago Bulls de Michael Jordan, el nuevo equipo de moda en la NBA. El ciclo ganador de la *Motor Town* (o Ciudad del Motor, como es conocida Detroit) parece haberse agotado y las planchas de acero de sus factorías empiezan a laminarse.

Algunos jugadores son traspasados y el ambiente del vestuario se enrarece. Pero no es hasta el final del curso siguiente, en 1992, cuando el estacazo definitivo atraviesa el corazón de Rodman. El entrenador Chuck Daly renuncia a su cargo y abandona la franquicia. Como un submarino con el periscopio obturado, su sentido de la orientación se nubla y desmorona.

"Estoy muy molesto con él –espeta Rodman a los micrófonos que lo rodean, visiblemente enfadado, a la salida de un entrenamiento–. No debería haberse ido. Perder un título no es tan importante como dejar tirado a las personas que te quieren. Eso está mal".

No puede entender qué es lo que ha pasado. Simple y llanamente, se siente abandonado y traicionado. "Aquella era mi casa, mi verdadero hogar –dejará escrito años después–. Sentía un amor incondicional por aquel equipo y pensé que nuestra relación iba a durar para siempre. Pero no fue así".

La nueva situación le genera una gran ansiedad e inseguridad. Para colmo de males, en una especie de huida hacia delante, decide contraer matrimonio con su novia –y madre de su hija– Annie, quizá esperando exorcizar de ese modo su angustia. Pero el experimento se emponzoña y su esposa le solicita el divorcio ochenta y dos días después de haberle dado el "sí, quiero". Rodman entra en depresión y se desliza por una espiral de negación continúa. "¡A la mierda, iros todos al diablo!", maldice.

Su reacción ante la adversidad no puede ser más imprevisible e infantil. A pesar de acreditar una alucinante estadística de 18 rebotes por partido, su comportamiento sobre la cancha comienza a ser caótico e ingobernable. Quisquilloso, maleducado, áspero, impertinente y enfadado con el mundo. No sabe cómo gestionar su frustración y pierde cualquier motivación. "Dejé de encontrarle sentido a jugar en la NBA", recuerda.

Se encierra en casa y deja de ir a entrenar. Es multado y suspendido, pero ya todo le da igual. Ante la reincidencia, los Pistons deciden colocarle un lacito y ponerlo, bien visible, en el escaparate de los traspasos. Hasta los aficionados –incondicionales de su loca intensidad en el pasado– se cansan de sus bobadas y le dan la espalda. Está totalmente abatido, algunos se atreven a dudar de su salud mental y otros, incluso, temen que pueda llegar a hacerse daño.

El 11 de febrero de 1993, Dennis Rodman cruza su Cabo de Hornos particular, el punto de no retorno. En plena noche, se mete en su camioneta, conduce hasta el aparcamiento del Palace de Aubur Hills (el estadio de los Pistons) y apaga el motor. Luego se quita el zapato y el calcetín derecho del pie, lo coloca sobre el gatillo de un rifle que ha llevado consigo y se encañona el arma contra la barbilla.

Las siguientes horas las pasa debatiendo en su interior si apretar o no el percutor. "Recuerdo que puse la radio y me quedé escuchando la música que sonaba, mientras miraba en silencio la fachada del pabellón en el que había sido tan feliz", contará mucho tiempo después, cuando haya ya asimilado lo que fuera que pasase aquella noche por su cabeza. "De repente, empezó a sonar el *Even flow* de Pearl Jam, me atrapó su melodía y, de algún modo extraño, gracias a Dios, me quedé dormido. Fue una suerte porque estaba totalmente sobrepasado por las circunstancias. No me importaba nada. Había llegado al punto de pensar: '¡Qué cojones, que os jodan a todos!".

La policía de Detroit lo encuentra a las 6:40 de la mañana, dentro de su camioneta, confuso y adormilado. La noticia del incidente aparece en todos los diarios del país bajo un título interrogativo: "¿Ha tratado Dennis Rodman de suicidarse?".

Varias décadas después, el jugador desglosa su propia teoría de lo sucedido, una que penetra y abunda en el poder simbólico del subconsciente: "Creo que aquella noche maté metafóricamente al viejo Dennis Rodman y dejé que naciera uno nuevo, el Yo que realmente quería ser".

A los 32 años, de un modo alegórico pero poderoso, Rodman muere y resucita para convertirse en esa celebridad histriónica, estrafalaria y excéntrica que tanta popularidad le dará a partir de entonces. "Yo no soy como los demás –se repite–. Soy un bicho raro. Pero ahora acepto mi condición y la asumo con todas sus consecuencias".

La metamorfosis de 'El Gusano' (o cómo pasar de persona a personaje)

Tras cerrar de sonoro portazo su etapa en Detroit, Rodman regresa de nuevo a Texas –el territorio de su infancia– y ficha por los San Antonio Spurs, en la esquina suroeste del segundo estado más inmenso del país (solo superado por Alaska), un lugar fronterizo de noches frías y veranos pegajosos con una larga tradición militar en su suelo (es la sede de distintas bases aéreas y diversos campos de entrenamiento del Ejército de EE UU). No en vano, la estrella del equipo, David Robinson –alias *El Almirante*–, se licenció como oficial (y caballero) de la Marina antes siquiera de comenzar a jugar en la NBA.

A pesar del ambiente castrense que se respira y del *total black* riguroso que preside el atuendo de los Spurs, Dennis Rodman parece más preocupado por reinventar su parafernalia ornamental –y radicalizar su estilo de vida– que por jugar al básquet.

El mismo día de su presentación oficial, se va al peluquero y le pide que replique de forma exacta el *look* que el actor Wesley Snipes luce en *Demolition Man*, una cinta de ciencia-ficción, recién estrenada en los cines, en la que el personaje de Simon (el malo de la peli, quien se enfrenta en pantalla a Sylvester Stallone) lleva una cresta futurista de color amarillo oro.

Por culpa del tinte, que necesita tiempo para asentarse, Rodman llega media hora tarde al estadio, mientras sus propios compañeros y miles de *fans* le esperan ansiosos. Aparece con una gorra en la cabeza, ocultando bajo la tela la sorpresa que quiere dar a todo el mundo. Tras ser presentado y recibir una salva de aplausos, sale al medio de la cancha y empieza a hablar a la multitud. "Os puedo gustar o me podéis odiar, pero os diré una cosa –anuncia–. Cuando pise este maldito suelo, me pondré firme".

Y ya está. Ese es todo. Deja caer el micrófono al suelo, como hace el rapero Eminem (uno de los iconos de la época) al concluir sus famosas *peleas de gallos* –o duelos de fraseo–, arroja su gorra al aire, descubriendo su nuevo aspecto capilar, y –como él mismo lo describe– deja "que la peña flipe".

"Esta ciudad se va a volver del revés conmigo", asegura.

Los San Antonio están intentando edificar un equipo campeón en la Conferencia Oeste –tras muchos años de malos resultados– sobre la piedra angular de David Robinson, su jugador franquicia. Les sobra calidad, pero les falta mala leche (tienen fama de blanditos dentro de la NBA). Por eso han fichado a Rodman, para añadir algo de tabasco picante al burrito *fast food* que son. Lo que no saben es que El *Gusano* se lo va a tomar al pie de la letra.

El chico taciturno y apocado de Detroit rompe la crisálida y se convierte en una mezcla de mariposa exhibicionista y avispa cabreada. Cada semana se colorea el pelo con un pigmento distinto (y ninguno de ellos discreto): azul cobalto, verde periquito, naranja caléndula, rosa amaranto... Los combina con una chamarilería completa de *piercings*; aros y perforaciones en orejas, labios y nariz –acumula más metal encima que una ferretería–, para comenzar luego a tatuarse el cuerpo entero de cabo a rabo (y no va con segundas).

En una metamorfosis completa –física y espiritual–, desgarra, tizna y abrillanta toda la carne de su anatomía como si fuera la carrocería de un Chevrolet, intentando al mismo tiempo trucar los caballos de potencia de su motor interno. Su personalidad se acelera, volviéndose explosiva, salvaje y contracultural. Corre, sin embargo, el año 1994 y lo *underground* no es precisamente la corriente más popular entre la sociedad *old fashioned* (chapada a la antigua, que diríamos en castellano) del sur de Texas, acostumbrada a los sombreros blancos de *cowboy*, las barbacoas de los domingos y los cogotes rapados con maquinilla, al estilo recluta de cuartel. "Aquel era mi nuevo yo –recuerda Rodman–. El tipo que siempre había querido ser. Al fin, empecé a quererme y gustarme como persona".

En un giro aún más espectacular del nuevo universo Rodman (en el sentido más puro del término 'espectáculo', según la cosmovisión americana que explica el mundo), *El Gusano* inicia un tonteo romántico –o más bien sexual– con la superestrella Madonna, lo que eleva las acciones de su popularidad hasta unos dividendos jamás vistos antes.

La 'Ambición Rubia' acaba de cerrar sus etapas *True blue* y *Like a prayer*, poniendo punto final a su estética tardo ochentera. Ahora se encuentra en plena fase de pansexualización de su figura, una apariencia artística y personal que desarrollará en la primera parte de la década de los noventa con sus espectáculos *Erotica*, *Sex* o *Bedtime stories*.

–Madonna ha declarado en una entrevista que le gustaría tener sexo contigo –le pregunta un periodista en la tele–. ¿Qué opinas de eso, Dennis?

–Bueno, a mí no me importaría ser su *material boy* –contesta con gracia.

Ambos inician un explosivo noviazgo, generando una expectación inusitada allá por donde circula la aparatosa caravana de limusinas en la que suelen trasladarse. Los dos protagonizan una histórica sesión de fotos para la portada de *Vibe* (revista musical creada por el compositor Quincy Jones como competencia juvenil de la más veterana *Rolling Stone*), publicación considerada entonces como la biblia del moderneo. Son la jodida pareja de moda.

Ella acude a verle jugando en directo durante la disputa de los *playoffs*, lo que supone toda una conmoción para la –poco acostumbrada a la farándula– escena de San Antonio. Luego, él la conduce de la mano hasta los vestuarios del equipo local y le presenta a sus compañeros, algunos de ellos en cueros, recién salidos de las duchas. Madonna sonríe y se baja un poco las gafas de sol por el puente de su maquillada nariz.

La relación termina de golpe, igual que empezó. Las ascensiones profesionales de ambos son demasiado escarpadas y exigentes como para soportar distracciones de corte sentimental. Bastantes años más tarde, en unas polémicas declaraciones, Dennis Rodman asegura que Madonna llegó a ofrecerle 20 millones de dólares a cambio de dejarla embarazada (la cantante, como resulta lógico, siempre lo ha negado).

"Aquella relación no tenía sentido –detalla el jugador–. Si hubiera seguido con ella, yo siempre habría sido 'el novio de'. ¡Era Madonna, tío! Una puñetera diva. Tendría que haberme acostumbrado a vivir bajo su sombra. Y yo no estaba dispuesto a eso".

Tacones, plumas y bares de ambiente

Durante su segunda y última temporada en San Antonio, en 1995, la revista *Sport Illustrated* le propone realizar un amplio reportaje de portada con la idea de que pueda mostrar ante los lectores su faz menos conocida. Rodman no solo acepta el desafío, sino que lo lleva al terreno personal. De forma valiente y generosa, se abre en canal y desembucha sus interioridades al autor del artículo como si estuviera tumbado en el diván de un psiquiatra.

El periodista –que se llama Michael Silver– convive con él una semana entera y apenas puede creer el modo tan descarnado con el que Rodman le vuelca sus tripas encima (de hecho, acabará reutilizando todo el material para escribir un libro completo sobre él, *Walking on the wild side*). No filtra sus confesiones por ningún tipo de matriz colador. Todos los titulares que fluyen por su boca manan en bruto, sin refinar, aún cargados de densos grumos.

El número sale a la calle en el mes de mayo y lleva en la *cover* una foto bastante impactante y provocadora. Rodman va vestido con un mono de cuero ajustado que parece sacado de un catálogo erótico de prendas BDSM; un cinturón de pinchos estilo *punk* rodea su cuello y se ha pintado el pelo (quizá, lo más recatado del conjunto) de un ácido tono cereza. Está recostado –de lado– sobre una silla de estampado *print* y sujeta, en su antebrazo derecho, una especie de loro azul tropical. "Rare bird", describe el título, "un pájaro raro", locución que –traducida al español– bien podría equivaler a nuestra expresión, "más raro que un perro verde".

Pero lo más desasosegante de todo se desmenuza en la letra menuda del texto, ya que la entrevista es una bomba de relojería. En ella, habla sin tapujos de sus más íntimas perversiones sexuales. Asegura haber tenido numerosas fantasías homosexuales ("aunque nunca las he llevado a cabo", puntualiza) y afirma que le encanta travestirse de mujer (influido, quizá, por aquellos juegos infantiles en los que sus hermanas lo disfrazaban con la ropa de su madre).

También explica que visita con frecuencia los bares y discotecas *gais* del barrio arcoiris de San Antonio y que se siente uno más entre ellos. "La comunidad *gay* es muy cariñosa y eso me atrae mucho –razona–. Ellos te aceptan tal y como eres, los considero casi como gente de mi familia".

No tiene problemas en explicar que en diversas ocasiones acude hasta allí caracterizado de *drag-queen*, aunque –insiste nuevamente– se considera completamente hetero ("me acuesto solo con chicas"). En cierto modo, siente que durante toda su vida ha sido tratado como un paria por la sociedad y, desde ese punto de vista, empatiza y conecta con el sentimiento de orfandad que caracteriza a gran parte del colectivo LGTB.

–Esto es dinamita, Dennis –le advierte Michael Silver, el tipo que le ha hecho la entrevista–. Hay mucha gente en Texas que no va a saber cómo procesar todo este volumen de información. Te aviso que será un escándalo.

–Ya lo sé –asiente Rodman con serenidad–. Al menos, a cambio, ganaré un montón de pasta.

El reportaje perturba profundamente al estadounidense medio de los años noventa, quien no concibe que nadie se atreva a coquetear con secretos y confidencias tan escabrosas ni siquiera con la jocosa intención de provocar.

–Además, y eso es muy importante –afirma *El Gusano* para rematar–, los *gais* saben cómo divertirse. Sus fiestas son las mejores.

Ese es el problema, la facilidad espantosa que posee para caer a menudo en el estereotipo fácil y la parodia, no dejando ver –tras sus uñas pintadas de rosa o sus ridículos modelitos– el mensaje profundo que pretende transmitir. Ha creado un personaje tan llamativo que el negocio del deporte profesional no sabe qué hacer con él, en qué lineal del supermercado (al final, en América, todo se reduce a eso) colocar su producto.

Al mismo tiempo que proclama su pasión por el universo *gay*, se deleita en contar –poco cortésmente– el número infinito de mujeres (todas ellas blancas) con las que se acuesta a diario, como si fuera una competición de virilidad. El epítome masculino del macho alfa hetero se disfraza por las noches con plumas y tacones de reinona.

La falta de coherencia en sus ideas, la contradicción constante que rige su comportamiento, es quizá su seña de identidad más representativa durante estos años. ¿Un tímido radical que se ha encerrado dentro de un búnker antinuclear para evitar salir herido de nuevo o un simple bufón adicto a la necesidad de ser el constante centro de atención? ¿Quién es él en realidad?

Y entre fiesta y fiesta, algo de baloncesto

Los Spurs lo ficharon para ponerle algo de salsa de guindillas al guiso de su juego, pero tanta capsaicina (el compuesto químico que hace que la lengua arda como lava cuando uno se mete un chile Carolina Reaper en la boca) puede acabar provocando ardores estomagantes.

"No veo a ninguno de mis compañeros golpear a nadie en la cancha –se queja amargamente Rodman, tras perder otro partido de *playoffs*–. Me resulta molesto jugar en un equipo tan jodidamente agradable. ¡Salir ahí fuera y patear algunos culos, joder! En eso también consiste jugar al puto baloncesto".

No es nada inusual verle encararse y discutir cada partido con árbitros, contrarios o aficionados (hasta el chico de la mopa que sale a limpiar de sudor el parquet del suelo se lleva alguna bronca de su parte). Se le ve enloquecido y desquiciado, aunque algo impostado en sus exageradas reacciones, con cierto ramalazo teatral de soprano del *drama queen*.

Nadie dentro del club sabe muy bien cómo lograr atemperar su fuego. Tres suspensiones, ocho expulsiones, 40 faltas técnicas y 54.000 dólares en multas en apenas dieciocho meses. Ese es el récord más memorable que dejará en los anales de los Spurs. "En San Antonio, encontré una nueva identidad –reconoce–. Pero en lo relativo al baloncesto fue un experimento fallido. No funcionó".

Caen derrotados en la final de la Conferencia Oeste contra los Houston Rockets de Hakeem Olajuwon, Clyde Drexler y Robert Horry. El conjunto que comanda David Robinson (quien suele tocar al piano sonatas de Chopin para relajarse) ha vuelto a tropezar en los mismos defectos de siempre, demasiado flácidos en defensa y tiernos de carácter como un bistec de ternera. Rodman, como ya es costumbre, vuelve a acreditar las mejores estadísticas en captura de rebotes de toda la NBA, pero eso no es suficiente. El equipo no acompaña. Ya no hay nada que le retenga en el sur de Texas.

Acaba de cumplir 34 años (una edad próxima a la retirada, dentro de los parámetros habituales del deporte profesional) y sus índices de conflictividad están disparados. ¿Quién estaría tan loco como para quererlo en su equipo? Quizá, el mejor jugador del mundo esté dispuesto a ello.

Como cantaba el viejo Tony Bennett (resucitado por entonces con su *Mtv Unplugged*): "Wait till you see that sunshine day / I'm gonna teach you to fly / The best is yet to come" (Espera a ver ese día soleado / Voy a enseñarte a volar / Lo mejor está aún por llegar).

Cuando Dios llama a tu puerta (disfrazado de Michael Jordan)

"I'm back!" (¡He vuelto!). El 18 de marzo de 1995, los rascacielos de Chicago, cuna de la arquitectura moderna, iluminan la noche de Illinois con este críptico mensaje luminoso, trazado por decenas de bombillas incandescentes. Al día siguiente, en una multitudinaria rueda de prensa, tras 17 meses de un extrañísimo paréntesis en las Grandes Ligas del béisbol (el deporte que su padre –asesinado unos meses antes en terribles circunstancias– le enseñó a amar), Michael Jordan, para muchos el mejor jugador de la historia de la NBA (también descrito en una ocasión por Larry Bird como "Dios, disfrazado de jugador de baloncesto"), anuncia su regreso a la máxima competición de la canasta con el mismo equipo de toda su vida.

Durante su ausencia, los Bulls de Chicago han deambulado por la liga como una cola de lagartija desprendida, inofensivos e irreconocibles. Aunque Jordan llega a tiempo para disputar los *playoffs* de ese año, caen derrotados en segunda ronda contra los Orlando Magics. Parece evidente que el equipo necesita tirar algunos tabiques, cambiar la pintura de las paredes y colocar muebles nuevos en el salón.

Ahora que su capitán ha vuelto a tomar el timón del navío, hacen falta más marineros –y unos ya acostumbrados a las tormentas– en cubierta. Los directivos de la franquicia, por su parte, están dispuestos a airear la chequera y rehacer la plantilla al antojo del hijo pródigo.

Phil Jackson, el entrenador de los Bulls, convoca a Michael Jordan y Scottie Pippen –los dos peces gordos del estanque– a una reunión privada. Los tres saben que hay que reestructurar la plantilla y añadir más músculo y fisicidad a las rotaciones. Para ganar de nuevo, hace falta una pieza diferente en el puzzle y Jackson cree haberla encontrado en el mercado. "Tenemos la oportunidad de traer a Rodman –les dice–. Quiero saber qué pensáis de él".

Pippen niega con la cabeza y pone cara de mocasín arrugado. Unos años atrás, en una eliminatoria contra los *chicos malos* de Detroit, Rodman le había hecho –deliberadamente– una falta muy fea por la espalda en una entrada limpia a canasta. Una acción sucia y antideportiva que le hizo estamparse como un fardo contra la primera fila del público. Desde entonces, ni siquiera se saludan. El cromo de *El Gusano* no es, precisamente, la estampilla más deseada de su colección.

Jordan es más frío y racional. Ha chocado contra el cuerpo tatuado de Rodman, uno de los mejores defensores de la competición, muchas veces en el pasado, y sabe que es fuerte y astuto como un toro bravo. Prefiere tenerlo en su lado del corral, apuntando con sus malhumoradas astas hacia el vientre del rival, pero tiene dudas sobre su volubilidad emocional.

–¿Podrás tenerlo bajo control? –le pregunta a su entrenador.

–Estoy dispuesto a asumir ese riesgo –afirma Jackson.

Con la convicción inflexible de un fanático converso, Rodman abraza la fe de los Chicago Bulls y se convierte en el más fiel practicante de su nueva religión. Lo primero que hace es teñirse la cabeza de rojo sangre y grabarse el escudo del club en el cogote, a modo de reliquia sagrada.

Lleva nueve temporadas jugando para los mejores equipos de la NBA, pero el saldo de su cuenta del banco parece sugerir que se ha pasado todo ese tiempo trabajando de cajero en un McDonald's. No tiene un puñetero dólar en la cartera. Se lo ha gastado todo en juergas y no puede dejar pasar este tren –quizá el último que pare en su estación– alegremente, un convoy de primera clase que conduce sin paradas hacia el éxito.

Habrá, a pesar de todo, algún capítulo atolondrado *made in Rodman*, como un cabezazo a un árbitro (que le acarrea una suspensión de seis partidos) y algún que otro apagón momentáneo de fusibles en su cabeza, pero en general encaja como una tuerca dentada en el engranaje, haciendo rotar el movimiento del mecanismo con precisión y eficacia. Ganan el anillo de campeón de 1996 y el jugador recupera las viejas sensaciones.

A cambio de su entrega incondicional, Phil Jackson tendrá que otorgarle ciertas concesiones, mirar hacia otro lado en lo referente a su vida privada. Todo el mundo en la ciudad sabe que Rodman cierra las discotecas nocturnas casi todas las madrugadas y que es capaz de beberse la superficie del lago Michigan en vasos de chupito. Sin embargo, a la mañana siguiente, acude a entrenar como un depredador hambriento y lo entrega todo sobre el parquet. Mientras los Bulls sigan ganando, todo le será perdonado.

Jamás cuestionará el liderazgo monoteísta de Michael Jordan, ni sentirá celos de que este haya elegido a Scottie Pippen como inseparable escudero de armas. Rodman entiende y asume perfectamente su papel secundario en la función. Y no le importa. Ficha por las mañanas como un currante más –uno muy bien pagado–, cumple escrupulosamente su horario, alcanza los objetivos, cobra el cheque y se va a gastarlo al bar de enfrente. "Jordan era Batman –explica–. Pippen su pequeño Robin. Y yo el tío que sacaba la basura cuando empezaba a oler mal".

Una filosofía práctica y sencilla que les conducirá hasta la cima, tres campeonatos consecutivos, enlazando una de las genealogías más gloriosas de la historia reciente de la NBA.

La novia era él (un jodido genio del marketing)

En 1996, Rodman anuncia que va a lanzar al mercado su propia autobiografía, *Bad as I wanna be* (Tan malo como quiera ser), un volumen de 500 páginas en el que, como es su costumbre, salpimienta la prosa con todo tipo de anécdotas groseras, pasajes indecentes y escenas sórdidas, con las dosis exactas de sexo, alcohol y escándalos que caracteriza su inconfundible pulso.

La fotografía de la portada es ya toda una declaración de intenciones. El jugador posa desnudo encima de una motocicleta de gran cilindrada, junto a varios balones de baloncesto, colocados estratégicamente en el ángulo exacto para tapar sus partes íntimas. De cara a la campaña de promoción, Rodman anuncia que va a casarse en una librería de la cadena Barnes&Noble –ubicada en plena Quinta Avenida de Nueva York– durante el acto de presentación del libro a la prensa.

En medio de una gran expectación, y subido al típico coche de caballos que los turistas alquilan para recorrer el cercano Central Park, Dennis Rodman hace acto de presencia embutido dentro de un largo vestido de satén color marfil brillante, con velo, guantes y ramo de flores a juego. Lleva espesas pestañas postizas apostadas en los párpados, maquillaje de ojos y carmín en los labios. Parece una princesa de Disney. "La novia era él", titula la prensa. La imagen da la vuelta al planeta. Una puñetera obra maestra del *marketing*.

Su biografía se convierte casi inmediatamente en el número 1 de la lista de libros más vendidos en el famoso e influyente *top ten* del suplemento literario del *The New York Times*. Inicia entonces un carrusel de entrevistas por los *late night* con mayor audiencia de la televisión estadounidense; portada de la revista *Rolling Stone*, estrella invitada en conciertos de rock, habitual de la alfombra roja en los grandes estrenos de Hollywood, intensa vida nocturna... Un cronista deportivo llega a escribir. "Ha conseguido ser el jugador más popular de la NBA, incluso por encima de Michael Jordan. Es inaudito, como si un obispo lograra eclipsar al mismísimo Papa en mitad del Vaticano".

De forma paralela al incremento de su fama, su ritmo festivo se dispara. Desafiando la cronología que marca su partida de nacimiento y el más mínimo respeto a la resistencia biológica humana, sale todas las noches de borrachera hasta la cinco de la madrugada. Luego, pega una cabezadita y se va a entrenar como si nada.

Es un portento físico, capaz de beberse una botella de Jägermeister de un solo trago –jaleado por sus colegas de correrías al estilo de una comedia universitaria de la saga *American Pie*– y atrapar al día siguiente veinte rebotes salvajes, adelantándose o escurriéndose entre pívots gigantes de espaldas como hormigoneras, los cuales le aventajan en envergadura, peso y altura.

Tiene un don natural para esa misteriosa suerte del juego. Ni la entrena ni la estudia. Simplemente, lleva incorporado de serie una especie de radar de murciélago que le dice hacia dónde va a salir escupido el balón del aro. "Si hago bien mi trabajo –se justifica–, luego puedo permitirme salir a divertirme en mis ratos libres".

Normalmente, en los bares y discotecas, se hace acompañar de un grupo de ganapanes sin oficio especializados en el imperecedero arte de chupar del bote. "Si tienes que pagarle a alguien para que sea tu amigo, entonces es que no lo es –le salmodia un viejo conocido–. Se están aprovechando de ti, no les importas ni un zurullo". Rodman se le queda mirando atónico durante unos segundos antes de contestarle: "¿De verdad os creéis todos que soy tan tonto como para no darme cuenta de lo que pasa?".

Los Bulls siguen dominando la NBA y él continúa reliando la madeja de nudos de vez en cuando. En enero de 1997 le pega una patada a una cámara de televisión, tras caer a sus pies cerca de la canasta durante un partido (el tipo le denunciará por agresión), se encara frenéticamente con esa montaña de músculos que es Shaquille O'Neal o lanza despreciativamente su camiseta al público tras quedarse desnudo de cintura para arriba.

En su última temporada en Chicago, en 1998, cierra un trienio perfecto en lo deportivo levantando su quinto campeonato de la NBA. A pesar de haber llegado tan tarde al profesionalismo, a pesar de todas sus locuras y excentricidades, *El Gusano* ha logrado acumular un palmarés impresionante.

Cinco anillos de campeón. ¡Cinco! (los dedos de una mano extendida). El mismo número que acumulan leyendas inmortales como Magic Jonhson, Kobe Bryant o Tim Duncan; un título más que Shaquille O'Neal, Tony Parker o Manu Ginobili; y tan solo un peldaño por debajo de los seis de Michael Jordan, Bob Cousy o Kareem Abdul-Jabbar. No está nada (pero que nada mal) para un chico que, dos décadas antes, dormía bajo las estrellas en un banco del parque, junto a un grupo de vagabundos sin techo.

Me casé con una vigilante

Poco después de poner fin a su idilio con los Chicago Bulls, Rodman reactiva otro flirteo, aunque esta vez no es con un equipo de baloncesto, sino con la explosiva Carmen Electra (no es un nombre de ascendencia latina, sino un apelativo artístico, sugerencia de su amigo Prince), cantante, modelo, chica *Playboy* y, sobre todo, una de las esculturales anatomías parlantes que aparece en la icónica serie *kitsch* de los años noventa *Los vigilantes de la playa*.

Para todos los que no hayan vivido aquella época televisiva, resulta difícil entender el grado de popularidad planetaria que alcanzaron aquellos abultados cuerpos, moldeados bajo horas de gimnasio y bisturí, corriendo por la orilla del océano a cámara lenta, ceñidos a un bañador rojo como una salchicha a su piel de tripa, mientras la voz de Peter Cetera cantaba el estribillo (*I'll be ready / don't you fear*) de la sintonía de cabecera, humectando de hormonas los sueños eróticos de millones de adolescentes de todo el mundo (en cierto modo, todo aquel universo –producido y protagonizado por el peculiar David Hasselhoff– simboliza y encarna el espíritu e imaginería pop de toda una época).

El jugador se convierte en objetivo prioritario de los *paparazzi*, así como en la envidia de gran parte del género masculino (aficionado o no a la NBA). La mediática pareja llega incluso a casarse en 1998, en Las Vegas, aunque el matrimonio apenas dura cinco meses. El propio Dennis Rodman solicita la anulación tan solo nueve días después de la ceremonia, alegando que aquel día iba completamente borracho y que, por tanto, no recuerda haber dado su consentimiento al enlace.

En realidad, ambos llevan saliendo desde su última época en los Bulls (en la miniserie de Netflix *The last dance*, emitida en 2020, Michael Jordan llega a desvelar que los sorprendió en la cama –en plena acción– cuando fue a buscar a Rodman a un hotel de Las Vegas). Aunque es la propia Carmen Electra la que más se explaya, acerca de sus ronroneos sexuales, en una reciente entrevista concedida al diario *Los Angeles Times* en la primavera de 2020: "Una vez, cuando los Bulls tenían el día libre, Dennis me dijo que tenía una sorpresa para mí. Me vendó los ojos, me montó en su moto y me llevó al estadio donde solían entrenar, que esa mañana estaba completamente vacío. Fue una locura, éramos como dos niños encerrados en una tienda de caramelos. Comimos el helado que guardaban en la nevera e hicimos el amor en prácticamente todos los sitios: en el gimnasio, en la camilla de fisioterapia, en la sala de pesas y, por supuesto, en mitad de la cancha, sobre el parqué".

La vigilante de la playa asegura no arrepentirse en absoluto de haber mantenido una relación con él. "Tenía un lado dulce y romántico; y otro más excéntrico, una parte de él adoraba salir de juerga, beber y ponerse boas de plumas. Me llevaba mucho a clubs de *striptease*. Lo pasábamos muy bien".

Tras romper su relación, Carmen Electra buscará consuelo en los brazos de Tommy Lee, antiguo miembro de la banda de rock Mötley Crüe y expareja de la no menos exuberante Pamela Anderson (otra componente del equipo original de *Los vigilantes de la playa*).

Él, por su parte, en un intento de aproximarse geográficamente a la industria del entretenimiento (El *Gusano* ha participado el año anterior, junto a Jean-Claude Van Damme, en *Double team*, una cinta realmente pésima de artes marciales, multipremiada en los Razzies, los anti-Oscar de Hollywood, con el galardón, entre otros, de Peor Película del Año), se traslada a la ciudad de Los Ángeles y ficha por los Lakers, una de las franquicias más *cool* de toda la NBA, aunque apenas llega a disputar 23 partidos con su camiseta.

En un postrero esfuerzo por alargar un poco más la última prórroga de su carrera, su historial deportivo incluirá también un efímero paso por Dallas Mavericks (el equipo de su ciudad). Sin embargo, la harina de su juego ya no espesa las salsas como antes y se ve obligado a abandonar la aventura tras un mes de rendimiento desastroso.

Al fin, asume que el momento de la retirada definitiva le ha alcanzado. Tiene 39 años y ya no es capaz de competir al nivel del viejo Rodman. Sin embargo, hay un gran problema en el horizonte: no tiene plan B. Salvo beber, salir de fiesta y divertirse, no sabe qué más hacer con su vida. "Solo quería pasarlo bien, ser amado y llamar la atención –recuerda–. Mi día a día de entonces era muy parecido a un *reality-show* de los de ahora, en eso fui un pionero, solo que el mío no pasaba dentro de la televisión, sino en la vida real. Si hubieran existido las redes sociales en aquel tiempo, mi cuenta de Instagram o mi canal de YouTube habrían reventado las audiencias".

Se instala en California (playa por la mañana y fiesta por la noche) e inicia una bacanal continua de excesos. En una especie de rutina orgiástica, sale de lunes a viernes hasta que se hace de día; luego descansa el fin de semana (raro hasta para eso) y vuelta a empezar.

El alcoholismo empieza a tomar forma en el reflejo del espejo del baño, cuando mira, resacoso, su rostro por las mañanas. El sexo es poco más que una repetición monótona, algo así como una tabla de gimnasia de mantenimiento que practica a diario (en una aparición televisiva, llega a describir –con pelos y señales– las tres ocasiones en que se "parte el pene" por excederse en el número y frecuencia de relaciones).

Quizá asustado de su propia promiscuidad, intenta bajar revoluciones y se casa por tercera vez, en 2003, con Michelle Moyer, una fotocopia de su tipo preferido de mujer, tez blanca y melena rubio platino.

En realidad, antes de formalizar su relación, Michelle ya se ha quedado embarazada de Rodman en un par de ocasiones, por lo que la exestrella de la NBA tiene ahora dos hijos más, un varón llamado DJ (no se trata de una abreviatura o de un apodo, ese es el nombre completo que aparece en su partida de nacimiento) y una chica, Trinity.

Los dos niños y su mujer viven en el edificio principal de la mansión, haciendo una vida familiar convencional (así lo han acordado), mientras que él está instalado al otro lado del jardín, en la casita de invitados, la cual tiene salida directa a la playa. Es la guarida de El *Gusano*, el refugio donde celebra todas las noches fiestas salvajes hasta el amanecer. Los archivos de la policía de Los Ángeles llegan a almacenar hasta cincuenta expedientes de denuncia, en tan solo un año, por las quejas de los vecinos.

Bebe mucho, no guarda las apariencias y pierde por ello los pocos contratos que le salen de vez en cuando. Acuciado por las deudas, intenta regresar a la máxima competición.

Los Denver Nuggets parecen interesados y le proponen hacerle una prueba. En vez de entrenar y mejorar su forma física, prefiere irse a festejarlo a Las Vegas, donde sufre un aparatoso accidente de tráfico –completamente ebrio– en el que se destroza las rodillas. Harta ya de todo, su esposa Michelle lo deja. "En realidad, aún no entiendo cómo sigo vivo –explica Rodman en una entrevista reciente–. Estuve de fiesta algo así como siete años seguidos. Me lo bebí todo. ¿Que por qué? Supongo que estaba muy aburrido. ¿Me arrepiento? No, en absoluto. Digamos que me limito a vivir con ello".

La delgada línea roja que separa el éxito del fracaso

El por entonces presidente de EE UU, Bill Clinton, durante un discurso pronunciado en el año 1993, definió el sueño americano –uno de los grandes mitos fundacionales del país– del siguiente modo: "Es una idea sencilla, pero poderosa, y a todos nos han educado con ella. Si trabajas duro y respetas las reglas, tendrás la oportunidad de llegar tan lejos como lo permitan los talentos que Dios te haya dado".

¿Mojó los labios Dennis Rodman en la copa del sueño americano y se embriagó demasiado con su sabor o comprendió que el deleite que otorga no comporta necesariamente la conquista de la felicidad? ¿Qué significa ser un triunfador en la vida exactamente? ¿Dónde empieza y termina la delgada línea roja que separa el éxito del fracaso?

El palmarés deportivo de *El Gusano* es incuestionable. Cinco anillos de campeón, máximo reboteador de la liga siete años seguidos (para muchos, el mejor especialista en esa suerte en toda la historia de la NBA), un campeón hecho a sí mismo, forjado a contracorriente, sin necesidad de ayudas externas, empujoncitos o golpes de fortuna.

En lo mundano, amante de algunas de las mujeres más deseadas del planeta, excesos de todo tipo y montañas de dólares despilfarrados en miles de horas de fiesta, asentadas sobre sus espaldas de pívot como grandes capas de sedimentos geológicos. Como profesional, rebelde antisistema y precursor de un nuevo modo de relacionarse con la fama. Adelantado a su época, sacudió la cultura popular del deporte introduciendo un estilo *marketiniano* que otros muchos han querido copiar tras su estela.

Y sin embargo, a pesar de todo, solo hace falta mirarle a los ojos un instante para percibir en su centelleo un halo melancólico de insatisfacción perpetua. Suena a psiquiatría barata, pero parece como si jamás hubiese logrado superar la falta de cariño que padeció en su infancia. Algo tan simple y triste como eso.

En agosto de 2011, Dennis Rodman es incluido en el Salón de la Fama del Baloncesto (el *Basketball Hall of Fame*), uno de los mayores honores que se puede recibir en ese deporte. Durante la ceremonia, solemne y emotiva, toda su familia (incluyendo su anciana madre, con quien mantiene aún una relación compleja) está presente en la primera fila del anfiteatro.

Delante de ellos, enfundado en una elegante americana negra con ribetes rojos –y sus iniciales, D.R., bordadas en tachuelas y purpurina–, Rodman va desgranando, con la mirada húmeda, un discurso cruelmente sincero: "Mi madre rara vez me abrazaba cuando era niño. No sabía cómo hacerlo. He estado resentido con ella mucho tiempo. No he sido un buen hijo en los últimos años. Mamá, espero que en el futuro llegue a ser una buena persona y pueda llegar a quererte como lo hacía cuando nací".

Las caras de los invitados denotan la tensión trágica del momento, más próxima a una sesión de terapia psicoemocional que a un acto honorífico. "Me arrepiento mucho de no haber sido mejor padre –afirma El *Gusano* visiblemente conmovido–. Apenas he mantenido una relación cercana con mis hijos. Nunca hc sabido cómo quererlos. Es una lástima, pero nunca he sabido cómo ser padre".

El efecto Rodman (o la maldición que pasa de padres a hijos)

Lo más irónico de todo es que, en un retorcido guiño del destino, el jugador ha terminado salpicado por la misma maldición paterna que puso en marcha su progenitor, Philander Rodman, al desentenderse de él, su madre y sus hermanas al poco tiempo de nacer.

Durante sus mejores años en Chicago, después de no saber nada de él en décadas, el hombre que lo concibió (aunque solo sea desde un punto de vista biológico) apareció por sorpresa en medio de un partido de los Bulls. Se dejó fotografiar por la prensa, firmó unos cuantos autógrafos a algunos aficionados y aseguró a los micrófonos que se le pusieron delante que deseaba recuperar la relación con su hijo.

Al parecer, después de servir en las Fuerza Aéreas de EE UU y haber participado en la guerra del Vietnam, Philander Rodman se había retirado a Filipinas, donde había dejado embarazadas a más de media docena de mujeres en hasta (de casta le viene al galgo) veinticinco ocasiones.

¿Por qué volver ahora? Estaba claro que lo único que buscaba en la ciudad, después de tanto tiempo sin dar señales de vida, era aprovecharse de la fama y los millones de su retoño más exitoso. Sin embargo, y a pesar de todo, no dejaba de ser su padre y ahora estaba allí mismo, a tan solo unos pocos metros de distancia. Muchos sentían curiosidad por ver cómo reaccionaría. Rodman no se ablandó ni un centímetro y ni siquiera quiso acercarse a saludarlo. No significaba absolutamente nada para él. El hijo podría haber aprendido de todas aquellas equivocaciones y no haber cometido los mismos errores que aquél, pero, por desgracia, repitió exactamente los pasos errados de su progenitor y se desentendió totalmente de su responsabilidad paterna, su gran fracaso personal.

Actualmente, parece estar intentando revertir un poco la situación –su hija mayor, Alexis, ya le ha hecho abuelo; y su hijo DJ ha firmado como jugador de la NCAA, la liga universitaria, con los Cougar de Washington–, pero todavía es demasiado pronto para saber si las viejas heridas cauterizarán.

Dennis Rodman, el perro verde más raro de la NBA, se está haciendo mayor y la vida, como a todos, le va pasando deprisa por el costado. Hace tiempo que ya no juega al baloncesto, pero aún le quedan fuerzas para pelear un último rebote, una de esas pelotas imposibles que solía atrapar sin esfuerzo en medio de una nube de adversarios.

Agarra el balón, lo esconde entre sus brazos y pide tiempo muerto. Mira el reloj y comprueba que todavía quedan algunos segundos en el cronómetro de la vida, los suficientes como para completar una jugada postrera.

Quién sabe, quizá aún no sea tan tarde después de todo. Tal vez aún consiga, definitivamente, hacer las paces con su pasado.

4

'MÁGICO' GONZÁLEZ
Y el goce del 'dolce far niente'

La leyenda del tiempo

–"¿Habéis visto a *Mágico*?".

Lleva casi una semana sin aparecer por el campo de entrenamiento y nadie sabe de él en los sitios habituales que frecuenta. Lo han buscado primero en su apartamento y luego en la barra de Las Pérgolas –su segunda casa–, el bar de copas del paseo marítimo que suele cerrar cada madrugada; no anda el *Mágico* por los alrededores de Casa Manteca –la taberna del gaditano barrio de la Viña donde, entre antiguas fotografías de toreros y chicharrones servidos en papel de estraza, acostumbra a juntarse con un compadre gitano al que llaman *El Bohíga*–, ni para tampoco últimamente por el bingo de la Avenida, donde se ha echado de medio novia a una camarera morena muy guapa; ni siquiera –y eso es ya muy raro– se ha dejado ver por el patio comunal que cae allá por Loreto, en el que se pasa la hora del aperitivo jugando unas *pachanguitas* callejeras con un grupo de chavales que hacen novillos.

Pero es que hoy es domingo y, según el calendario oficial, esta tarde a las cinco se disputa un encuentro de primera división en el estadio Ramón de Carranza, el Cádiz contra el Hércules de Alicante, un rival directo en la lucha por la permanencia. El concurso del resto de compañeros podría antojarse contingente, pero la presencia del *Mágico* sobre el césped, la gran estrella del equipo, resulta sin duda necesaria. "Apenas faltan unas pocas horas para que empiece el partido y el cabrón sigue sin dar señales de vida –se lamenta Paquito, el entrenador del conjunto gaditano, desesperado–. Este tío nos va a matar a disgustos".

La directiva llama a Juan y le suplica que lo encuentre antes de que el árbitro solicite al delegado del club las fichas del once inicial, la hora límite. Juan es Juan Muñoz, aunque todo el mundo en la ciudad lo conoce por su apodo, *El Mayordomo*. Era un empleado de Paco Rubio, el representante del *Mágico*, pero harto de la indisciplina del futbolista, le encomendó una nueva responsabilidad. A cambio de un aumento de sueldo irrechazable, debía dejar el papeleo de la oficina para pasar a convertirse en la sombra del *Mágico*, su único cometido a partir de entonces. Tendría que convivir con él, pegarse a su culo –cuidarlo, seguirlo y vigilarlo– y conocer en todo momento su paradero exacto. Una especie de GPS de carne y hueso, a pesar de que tal tecnología ni siquiera existiese en los años ochenta. Nadie sospechaba que tal encargo fuera casi peor que una misión del *Equipo A*.

Siempre que le apetece –y le apetece a menudo– el *Mágico* le da esquinazo como si fuera uno de esos defensas rivales a los que regatea con desgana insolente, le hace un requiebro y se va de jarana. "Al ratón, le gusta el queso", se justifica después, cuando el pobre Juan le pregunta por qué le hace quedar tan malamente. Hace tres noches, sin ir más lejos, aprovechando un pequeño descuido, lo dejó encerrado en el cuarto de baño de una freiduría, con la llave girada por fuera. Cuando consiguió desatrancar el cerrojo, el *Mágico* ya se había volatilizado entre las callejuelas húmedas del Pópulo. Y así sigue hasta hoy, perdido y sin rastro.

Preguntando por aquí y por allá, *El Mayordomo* acaba al fin recibiendo un soplo de fiar. Dicen que lo han visto de fiesta flamenca con un grupo de gitanos, amigos de Camarón, yendo de tablao en tablao, y que ahora andan descansando todos en un piso por la barriada de La Paz. Tras comprobar la dirección, *El Mayordomo* sube las escaleras –no hay ascensor en el inmueble– y golpea en la puerta con los nudillos. Alguien abre, lo mira y le deja pasar sin preguntar qué quiere. Recorre un pasillo largo hasta un salón estrecho y entonces lo ve. *El Mágico* está sentado en el suelo, encima de unas mantas y cojines, acomodado en plan moruno. Hay unos cubatas a medio terminar en una esquina y la habitación está repleta de un humo tupido que no huele a tabaco precisamente.

Junto a él, colocando un vinilo en un tocadiscos portátil, se adivina la figura de Camarón de la Isla, el gran santón del cante jondo. Desliza este la aguja sobre el elepé y el altavoz comienza a escupir un coro de palmas sobre el rasgar de la guitarra, mientras un bajo eléctrico introduce un *riff* de entrada muy agudo. "El sueño va sobre el tiempo / flotando como un velero / flotando como un velero / Nadie puede abrir semillas / en el corazón del sueño / en el corazón del sueño", canturrea Camarón, acompañando la primera estrofa de la canción. "¿Te gusta el disco, *Mágico*?", le pregunta, aunque este se limita a asentir levemente con la cabeza. "Pues se llama *La leyenda del tiempo* y no vendí de él ni 5.000 copias, ya ves tú qué cosas". Juan *El Mayordomo* se queda quieto en el quicio de la puerta y contempla embobado la escena. El destino ha querido hoy cruzar sus líneas para juntar en el espacio y el tiempo a dos figuras de semejante calibre.

Actualmente, por desgracia, el término genio se regala con demasiada prodigalidad, aunque con ellos no hay derroche alguno que escatimar. Uno, gran genio del flamenco; el otro, del fútbol. Dos talentos puros, capaces de iluminar con su garganta y sus pies las sombras de la mediocridad. Ambos son muy parecidos, mucho más de lo que parece. Exhiben rasgos raciales en el rostro y una espesa melena ensortijada, color azabache, en la frente; los dos bendecidos por la diosa naturaleza, dueños de una inteligencia aguda y perspicaz en lo suyo, aunque orillada por un antojadizo comportamiento infantil en el resto de las cosas.

Toda la facilidad insultante que demuestran a la hora de cantar o marcar goles se torna en torpeza y candidez cuando se ven obligados a enfrentarse a las obligaciones corrientes de lo cotidiano. Se mueren en una ensaladilla rusa, que diría un campero. Los dos son incapaces de desenvolverse con soltura en los usos y costumbres de la edad adulta, perdidos en el juego de espejos de los convencionalismos sociales, ajenos a cualquier formalismo o código impuesto. Incapaces de cumplir con un horario, o de abrir siquiera una cartilla de ahorro en el banco, cualquier simple obligación se les hace cuesta arriba. Todo lo que les aburre o no les interesa les provoca una insalvable pereza, incluida la pura acumulación de fama o dinero. Tampoco es que se cuiden demasiado en lo que a la salud respecta, ni el uno ni el otro. Viven de noche y duermen de día, como dos niños grandes que se limitan a hacer a cada rato solo aquello que les apetece, sin pensar en el mañana ni en qué dirá el vecino. La felicidad es para ellos el bien supremo. Solo rinden obediencia a su santa gana. Dos mendrugos de pan en el trato humano, sin maldad ni malicia alguna, flotando en medio del proceloso océano de las pasiones.

–¿Por qué llevas las uñas tan largas? –le pregunta *Mágico* a Camarón.

–Para tocar la guitarra, primo –le contesta él.

Sus conversaciones no son épicas o trascendentales ni rebosan sentido profundo, eso ya va implícito en su arte, al alcance de unos pocos elegidos. Todo lo que les envuelve emana una luz de misteriosa sencillez.

El *Mágico* levanta la mirada y descubre al *Mayordomo*, en una esquina, observándolo. "¿Qué tal, Juan?", le saluda con una sonrisa, ni siquiera parece sorprendido por su presencia, ni mucho menos contrariado. "¡Vámonos, Jorge, que tienes que jugar un partido en un par de horas, venga, que te anda buscando todo el mundo!", le achucha.

Mientras El *Mágico* se levanta y se despide tranquilamente, los acordes de *La leyenda del tiempo* no cesan de retumbar en el aire.

Los evangelios apócrifos de 'Mágico' González

Jorge Alberto González –alias El *Mago* en su país de origen, El Salvador– aterriza en el aeropuerto de Jerez una madrugada de finales del mes de julio del año 1982. Allí lo recibe una comitiva del Cádiz Club de Fútbol encabezada por su presidente, Manuel Irigoyen, el cual no ha dudado en pagar siete millones de pesetas por su traspaso al Club Deportivo FAS, el equipo para el que juega al otro lado del charco. Aún somnoliento por el viaje, se lo llevan a desayunar a la Venta de Vargas –en San Fernando– donde van a intentar convencerle para que firme un contrato de larga duración. "Don *Manué*, ¿quién es el greñudo ese que está tan canijo?", le pregunta el encargado de la venta al presidente Irigoyen, sorprendido por la delgadez del invitado. "Un pedazo de futbolista que viene de El Salvador", le responde. "A ver si con un poco de suerte lo podemos fichar". El encargado desaparece por la cocina y regresa con una fuente enorme de berzas en potaje. "Ya verá como le convencemos con esto", le susurra al oído. El primer flechazo de un idilio eterno. Jorge González jugará las siguientes ocho temporadas y media en el Cádiz (más otra media cedido en el Valladolid), completando así una década prodigiosa repleta de regates imposibles, goles asombrosos y leyendas fundacionales. Comienza a edificarse el mito de *Mágico* González.

Si durante un tiempo se contaron por docenas los taxistas madrileños que aseguraban haberse beneficiado a Ava Gardner en las noches *yeyé* de la capital, allá por los años sesenta, cuando la diva de Hollywood abandonaba el bar Chicote de la Gran Vía tras una velada interminable y con el cuerpo aún rebosante de ganas de juerga, no son menos los gaditanos que juran haberse tomado una o dos cervezas con *Mágico* González de madrugada –siempre invitaba él– por los rincones más canallas de la ciudad, testigos oculares de algún suceso divertido o anécdota imborrable. Las fabulosas narraciones que se cuentan sobre su vida y milagros forman ya parte del folclore popular, en ocasiones adornado, exagerado y embellecido por el paso del tiempo, recubierto por gruesas capas de cebolla, a caballo entre la crónica y la fantasía. Puro realismo *Mágico*, que diríamos –plagiando a García Márquez– trasladando el mapa del Cádiz verdadero hasta una península añadida del Macondo imaginado. Gestas mundanas y gestas deportivas que se han ido transmitiendo de forma oral durante generaciones, mutando y floreciendo con los años, en un cantar de devotos fanáticos –que no de ciegos– que ha llegado incluso a situar al profeta mágico del balón en partidos que nunca jamás existieron.

Muchos lo jurarían con la mano puesta sobre el escudo de la camiseta. Ocurrió en una final del Trofeo Carranza. El Cádiz jugaba contra el Barcelona y El *Mágico* andaba de fiesta. Para cuando lo encontraron, ya iban perdiendo por tres goles a cero. En el descanso, sin embargo, El *Mágico* saltó al campo, aún con las legañas de la noche anterior pegadas a las pestañas, y revolucionó la partida. El Cádiz acabó ganando aquella final por 4 a 3 gracias a dos goles y dos asistencias del salvadoreño. Hay quien asegura que lo vio con sus propios ojos –"Que me caiga muerto aquí mismo si miento"–, pero aquella victoria nunca tuvo lugar (al menos fuera del imaginario colectivo). No es raro oír hablar de esta hazaña en testimonios de todo tipo –incluso en documentales o reportajes sobre su figura–, pero basta repasar la hemeroteca de cualquier periódico de la época para comprobar que no existe ningún artículo, ficha o estadística que corrobore encuentro alguno con semejantes características (sí hubo un partido de consolación del Trofeo Carranza el 27 de agosto de 1984, entre el Cádiz y el Barça, con victoria de los amarillos por 3-1, pero aquella noche la estrella gaditana no marcó ningún gol y, además, fue sustituido en la segunda parte, así que nada de lo anterior dicho encaja). Se trataría, por tanto, de otro versículo más de los evangelios apócrifos de *Mágico* González, tan ricos y profusos como fascinantes.

La mistificación seguramente provenga de uno de sus goles más recordados, el que le metió al Barcelona –esta vez sí– en un partido de Liga, el 28 de noviembre de 1983. El *Mágico* agarra la pelota dentro de su propio campo y se va escorando hacia la izquierda en una carrera endiablada, dejando atrás por el camino a tres defensores azulgranas, Sánchez, Víctor y Alexanco; mientras el balón camina a su lado pegado y obediente, como si fuera un dócil cachorrillo al que está sacando de paseo, hasta que al fin alcanza la meta rival y se la cuela a Urruti, el portero, por el palo contrario. Un gol *maradoniano* que hoy bien podría haberlo firmado el propio Messi.

Si los evangelios apócrifos de El *Mágico* nos hablan de sus correrías y milagros por las callejuelas de Cádiz –también de sus pecados–, los canónicos nos relatan sus prodigios sobre un campo del fútbol; y esos –por fortuna– nunca mienten ni exageran, ya que permanecen grabados, no ya en la memoria de los aficionados, sino en cintas de vídeo.

Los resúmenes de las mejores jugadas, que cada domingo emitía el programa de TVE *Estudio Estadio*, nos muestran a un futbolista sobrado de recursos, muy por encima del resto en casi todos los aspectos. "Técnicamente era un diez o un once", afirma David Vidal, quien le vio entrenar –"cuando iba, claro"– durante ocho temporadas largas y tormentosas (seis como segundo preparador del Cádiz y dos como primer técnico del equipo). "No tenía ningún defecto con el balón en los pies –explica–. Disparo, regate, control, faltas. Todo perfecto. Nunca vi a nadie con esa técnica espectacular. Superior a la de cualquiera. Tácticamente también era un portento, con un físico natural no trabajado de velocidad y fuerza. Lo único que le fallaba era la disciplina, en eso era un desastre".

Los testimonios de aquellos que mejor le conocieron –compañeros de vestuario, entrenadores o periodistas que sí lo trataron de cerca– coinciden al destacar sus grandes virtudes y defectos (evangelistas sinópticos, por tanto), aunque algunos pequeños detalles se mezclan y confunden, incluso se contradicen, dependiendo de quien los recuerde o añore, pudiendo ubicarle, según las circunstancias, en varios lugares al mismo tiempo (quizá *El Mágico* poseyera también el don de la bilocación). Por no quitarle picante al asunto, el propio futbolista jamás ha confirmado ni desmentido ninguna de las leyendas que sobre él se cuentan. "Es respetable que cada cual tenga su creatividad, que se inspiren y que, incluso, inventen", señalará en una entrevista, muchos años después, apuntalando de este modo –todavía más– la celebración del mito.

"No hay verdades, solo versiones –asegura un aforismo del movimiento rastafari–. Y así, eligiendo entre varias de ellas, es como cada cual debe crear su propia historia". Esa parece ser la única vía factible para conocer la verdadera realidad de *El Mágico*. Procedamos entonces.

'El Mágico' nació en Cádiz

Diez años antes de acoger los Juegos Olímpicos de Barcelona 92, evento que tanto transformaría el deporte, las infraestructuras y, en general, toda la sociedad española de la década de los noventa (una época que pasaría a estar marcada por lo que más tarde se llamó cultura del *pelotazo*), nuestro país vivió primero la fiebre *kitsch* del Mundial 82, un acontecimiento planetario que no nos dejaría, sin embargo, recuerdos tan gratos en las alforjas, más allá de los llaveros del Naranjito, un puñado de partidos maravillosos y el paso por aquellos toscos estadios de hormigón armado –preñados de aluminosis– de las estrellas más rutilantes de la época.

La selección de El Salvador, una nación con cero tradición futbolística y el tamaño aproximado de la provincia de Ciudad Real, se había clasificado para la fase final –por segunda y última vez en toda su historia– tras derrotar sorprendentemente en las eliminatorias previas a la poderosa México del *manito* Hugo Sánchez. En el humilde país centroamericano, subdesarrollado y envuelto en una cruenta guerra civil entre fuerzas gubernamentales y la guerrilla insurgente (el conflicto se prolongaría por doce años y provocaría un balance de 100.000 víctimas, entre muertos y desaparecidos), la calificación se vivió como una proeza nacional de fuertes resonancias patrióticas. Los dos bandos, enfrentados a muerte, llegaron a declarar una tregua deportiva (como en la antigua Grecia de Olimpia) para poder ver los partidos del Mundial hermanados y animar así todos juntos a su amada selección. Tuvieron, eso sí, que organizar una gran colecta popular para recaudar el dinero suficiente con el que comprar a los jugadores los carísimos billetes de avión con rumbo a España, ya que la federación carecía del presupuesto necesario. En aquel inusual equipo –menesteroso, pero indómito– jugaba un delantero alto y desgarbado de 24 años llamado Jorge González, a quien un locutor deportivo local, Rosalío Hernández Colorado, había bautizado como El *Mago*.

El Salvador es enclavado en el grupo 3, ubicado en las sedes de Alicante y Elche, junto a otros tres rivales temibles: Argentina, Bélgica y Hungría. Su primer partido, frente al combinado magiar, se disputa el 15 de junio de 1982 en el Nuevo Estadio (el actual Martínez Valero) de la capital ilicitana. Los centroamericanos, entre la inocencia y la osadía, salen a atacar de tú a tú a los húngaros, sin tomar apenas previsiones defensivas, inconscientes del peldaño futbolístico real que ocupan dentro la cadena trófica del balompié global. El resultado final es sonrojante y demoledor: 10 a 1 en contra, la mayor goleada de la historia de los Mundiales hasta el momento. "No éramos tan malos como Hungría nos hizo parecer", declarará años después un desconsolado *Mágico* González. Lo más irónico de todo es que ese único gol que anotan (el 5-1 en el orden cronológico del marcador, obra de El *Pelé* Zapata, en el minuto 64, tras una gran jugada del propio *Mágico* por la banda izquierda) sigue suponiendo –a día de hoy– la mayor gesta del fútbol salvadoreño a nivel internacional. Es decir, su mayor instante de gloria está enmarcado, al mismo tiempo, dentro de la peor de sus derrotas, una rocambolesca paradoja que, aunque rara y dolorosa, encaja como un guante dentro de la peculiar biografía de El *Mágico*, tan distinta en todo respecto a cualquier otra (existe un documental, titulado *Uno: la historia de un gol*, dirigido por Gerardo Muyshondt y Carlos Moreno, que analiza desde diversas perspectivas la intrahistoria de este solitario tanto, el más heroico y trágico, en cierto modo, que se haya marcado jamás en un Mundial de fútbol).

Ya más contenidos en defensa, la selección de El Salvador cae derrotada en las dos siguientes fechas de forma mucho más digna: 1-0 frente a Bélgica y 2-0 contra la Argentina –campeona del mundo– del fenómeno Maradona. A pesar de tan deprimentes resultados, uno de sus futbolistas, Jorge El *Mago* González, consigue atraer la atención de los ojeadores europeos gracias a las escasas acciones individuales –apenas destellos, esporádicos, pero cegadores– en las que el balón le cae en los pies. Bruscas arrancadas en seco y recortes eléctricos que dejan adivinar la presencia de un talento bruto todavía por descubrir. Son varios los clubs que intentan llamar a su puerta, pero el jugador –distraído– no parece demasiado interesado en concretar el asunto. El París Saint Germain llega incluso a un acuerdo con él y le cita en un hotel de la capital francesa para rubricar el acuerdo, pero El *Mágico* no aparece y el contrato se queda sin firma. Se habla del Atlético de Madrid, del Betis, lo cierto es que es el Cádiz, por recomendación del gerente del equipo, Camilo Liz, el único que consigue meterlo en un avión y llevarlo al extremo sur de España.

Cuando aterriza allí, sin embargo, el futbolista salvadoreño no despierta al principio especial interés entre la prensa. El equipo se encuentra descendido en Segunda División y él no deja de ser un simple desconocido para la mayoría de los aficionados de la Liga, aún en conmoción por el alborotado fichaje, ese mismo verano, de Diego Armando Maradona por el FC Barcelona a cambio de unos mil millones de pesetas, una cifra disparatadamente escandalosa para la época.

Debuta el 5 de septiembre de 1982 en un Cádiz-Real Murcia, pero su primer partido con la camiseta amarilla se celebra en Trebujena, un pueblo gaditano de apenas 7.000 habitantes, ubicado en plenas marismas del Guadalquivir y famoso por sus viñas. Su equipo milita en la regional andaluza, pero posee uno de los pocos campos con césped natural de toda la provincia, por lo que el Cádiz suele disputar allí un amistoso veraniego. El encargado de marcarlo ese día será un lateral derecho espigado y membrudo llamado Rafael Domínguez, que tendrá el honor de convertirse en el primer defensor español en sufrir al *Mágico* y a sus regates. "Era un canijo de pelo azabache –recuerda el damnificado en una entrevista–. Jugaba arriba, escorado a la izquierda, aunque era diestro. No olí la pelota en todo el partido. Lo único que hice fue correr detrás de él. ¿Pero quién coño es este tío y qué hace jugando en Segunda con el Cádiz? Años después, cuando lo vi por televisión, haciéndoles pasar la misma fatiga a los centrales del Real Madrid, me quedé más tranquilo. No es que yo fuera tan malo, es que él era muy bueno. Muy muy bueno".

Tras el partido, los dos clubs celebran una comida de confraternización y ambos futbolistas se sientan juntos en la misma mesa, ante la atenta mirada del ayudante del entrenador, un gallego con bigote y fama de sargento de hierro que se llama David Vidal. "¿Qué vas a pedirte para beber, Rafael?", le pregunta El *Mágico* al hombre al que acaba de volver loco con sus fintas y recortes. "Yo, Coca-Cola", le responde. "No, tú vas a pedir vino tinto", le corrige El *Mágico*. "Pero si a mí no me gusta el vino", exclama el trebujenero. "Ya, pero a mí sí", le explica el salvadoreño, "y a ti no te vigila el tipo ese del bigote. Tú pide vino tinto y yo Coca-Cola y nos intercambiamos los vasos al beber, ¿vale?".

El desparpajo de *Mágico* González no tardará demasiado en darse a conocer en toda la ciudad.

El periodista deportivo Carlos Medina, del *Diario de Cádiz*, ha explicado en varias ocasiones cómo nació el apodo, fruto de un simple error. Era verano y alguien se confundió al transcribir una crónica. En vez de poner *El Mago*, como lo llamaban en su país de origen, tecleó *El Mágico*. Carlos Medina estaba de vacaciones y nadie se dio cuenta del gazapo. Y así se quedó para siempre. *El Mágico* González, como tal, nació en Cádiz, por tanto, fruto de la casualidad y del equívoco, como estaba escrito en las estrellas. Algún tiempo después, sus ideólogos llegaron incluso a pergeñar una teoría filosófica que atribuía mayor sentido al concepto trastocado de *Mágico* que al original de *Mago*, aunque quizá fuera una teoría demasiado embrollada, ya que ni el propio protagonista de la historia supo aclararla correctamente. "Una vez me explicaron por qué debía llamarme *Mágico* y no *Mago*, que era en realidad mi apodo auténtico", intenta exponer el jugador –sin mucho éxito– al popular presentador Ángel Casas en su *late-night* televisivo *Un día es un día*: "Un mago hace trucos, pero el mágico tiene magia, no sé, algo así, parecido. Me contaron una vez la diferencia, pero la verdad es que ya no me acuerdo".

Cádiz, ciudad fundada por los fenicios hace más de tres mil años, la cuna del parlamentarismo español, incólume a la invasión napoleónica, liberal como su Constitución de 1812, la tierra del carnaval y de las ortiguillas fritas. De todos los destinos posibles de esta Tierra, redonda como un balón, *Mágico* fue a caer justo en el único que iba a saber entender –y aguantar– su genio e idiosincrasia. También es casualidad.

Los estilos de vida del jugador y la ciudad se licuaron como dos gotas de mercurio, fundidas en una sola. La ciudad conectó con su temperamento veleidoso e inconstante y el futbolista se enamoró de la personalidad libertaria y algo *hippie* de la urbe. La afición cadista elevó a los altares sus arranques de fantasía y supo perdonarle, a cambio, sus vicios e imperfecciones; como a los toreros buenos, dígase Curro Romero o Rafael de Paula, capaces de compensar con una tarde de gloria, quince *espantás* del coso con lanzamiento de almohadillas.

Por eso, tantos años después de su retirada, el recuerdo de El *Mágico* sigue presente hoy en Cádiz. Su foto, ya descolorida por el sol, sigue colgando de bares y tabernas, los kioscos aún venden su camiseta, con el número 11 detrás; un gran mural o graffiti –un poco al estilo Banksy– lo homenajea en una de las paredes del estadio Ramón de Carranza –junto a la puerta 6, la que lleva su nombre– bajo un rótulo que recuerda una de sus declaraciones de amor más sinceras: "Mi corazón está con el cadismo". Incluso es posible escuchar, al compás del mirlitón, la chirigota que una comparsa le compuso en su honor: "Loco porque pudo ser pelotero / de glamour y de cuché / y no quiso / y cuando le dio gana / a golpe de filigrana / a la afición más pagana / convirtió a la religión / la de los cadistas buenos / el greñudo del balón".

El *Mágico* se bebió Cádiz de noche y durmió de día en su orilla, entre gol y gol, que también metió unos cuantos. Pronto comprendería aquello que cantaba Carlos Cano: "La Habana es Cádiz con más negritos y Cádiz es La Habana con más salero".

Noches de bohemia y días de sueño en 'La Habana andaluza'

En su primera temporada en España, la 82-83, marca 15 goles en 33 partidos y el equipo asciende a Primera. Su rendimiento dentro del campo es excelente, aunque fuera del césped empieza a dejar ya, como miguitas de pan, el rastro visible de su indocilidad. Por costumbre, suele llegar media hora tarde –o más– al entrenamiento y en ocasiones ni siquiera aparece. Tampoco es fácil quedar con él, ya que olvida las citas con pasmosa facilidad (da igual que le haya convocado el técnico de la plantilla o el mismo presidente del club). "Me está costando aclimatarme a la diferencia horaria con mi país. Son diez horas de desfase respecto a El Salvador [en realidad, solo siete] y es normal que me suela demorar uno o dos minutitos cuando me desplazo, aunque ya voy corrigiéndolo poco a poco" , se justifica. Lo cierto es que, a pesar de que los meses van pasando, su reloj interno no acaba de sincronizarse con el huso horario español, el caso más prologando de *jet lag* que se recuerde. ¿Pero qué es lo que le pasa en realidad? ¿Por qué ese aspecto constante de recién levantado? Uno de sus compañeros de vestuario, el

Chico Linares, resume en una sola frase el problema: "El *Mágico* duerme lo mismo que cualquiera de nosotros, pero a destiempo".

La directiva no tarda demasiado en descubrir que la verdadera causa de tanto sueño atrasado no es otra que su agitada vida noctámbula. Además de fumar y beber, El *Mágico* sale de noche. Y mucho. Aunque casi nunca lo hace de forma planificada (del mismo modo que quiebra a las defensas rivales, le gusta explorar la madrugada improvisando por el camino), su centro de operaciones se ubica en el bar-discoteca Las Pérgolas, a la altura del número 11 –como el dorsal de su camiseta– del paseo marítimo. Hasta allí acude casi todos los atardeceres, cuando el sol se cae por el horizonte del mar, y ya no regresa a casa hasta las cuatro o cinco de la mañana. No es el típico bebedor apremiante, con predisposición al alcoholismo; en realidad, raramente se emborracha y jamás se pelea; tampoco se cae al suelo intoxicado, inconsciente por el abuso, lo suyo responde más a una forma de ver pasar la vida. Le gusta charlar con la gente, vagabundear de aquí para allá, estar tranquilo. Por norma, se pide un whisky con hielo, mezclado con refresco de naranja, pero apenas le da un par de sorbitos; luego, se encuentra con alguien, se pone a hablar y se pide otro, dejando el anterior, a medio derretir, olvidado en una mesa (si ni siquiera es fiel a sus cubatas, cómo va a serlo con los horarios).

Cada vez llega más tarde a sus obligaciones –cuando llega– y el club decide encargarle al capitán del equipo, Pepe Mejías, que intente enderezarlo. Le entregan las llaves de su casa, así que antes de ir a entrenar –como le pilla de camino– sube cada mañana hasta el apartamento del *Mágico* e intenta despertarlo. Igual que una madre saca a su hijo dormilón de las sábanas para lograr que vaya al colegio, Pepe Mejías tiene que darle en las plantas de los pies con la suela del zapato para que se espabile, mientras el susodicho le grita e insulta –"¡Déjame, perro, que quiero dormir!"–; luego le restriega la cara con agua fría en el lavabo, lo peina, lo viste y lo mete en el coche. Y a pesar de todo ello, ni con esas, consigue que llegue al campo: "No sé cómo lo hacía –rememora Mejías– pero muchas veces se me perdía por el camino".

Son muchas las leyendas que circulan sobre su facilidad para quedarse frito en los lugares más insospechados, historias algo inexactas según algunos. "No es cierto que se quedara una vez dormido en el

banquillo del Vicente Calderón durante el descanso –corrige el periodista Carlos Medina en un artículo–. Ocurrió en el estadio de Castalia y fue más bien como un acceso de somnolencia". Del *Mágico* también se cuenta que solía roncar encima de la camilla del vestuario durante las sesiones de baño y masaje. "¿Pero quién no cierra los ojos un ratito, cuando está tumbado, para meditar y reflexionar?", se pregunta retóricamente el aludido al ser interrogado sobre la cuestión. Uno de sus entrenadores, el argentino Héctor *Bambino* Veira, entre el cansancio y la guasa, alquila un cuadro de flamenco y lo manda de buena mañana a tocar al rellano de su casa. Al compás de las palmas, empiezan a cantarle a pleno pulmón: "¡En pie, que ya es muy tarde, en pie!". La puerta se entreabre poco a poco y asoma el somnoliento rostro del *Mágico*. "Está bien, ya me levanto –susurra–, pero que conste que es porque este tipo de música me gusta".

Cerca del estadio se encuentra el bar *Isamar*, donde la plantilla acostumbra a reunirse tras los entrenamientos para jugar a las cartas o tomarse una cerveza. Él suele desayunar allí casi a diario, un café *manchao* con mucha leche y unas cuantas magdalenas. El camarero le advierte constantemente: "*Mágico*, anda date prisa, que tus compañeros llevan ya una hora dando vueltas al campo, vas muy *retrasao*". Pero el salvadoreño se encoge de hombros y sigue mojando en el café, con toda la parsimonia del mundo, aquellas mismas magdalenas que describiera Proust en su infinita novela, esas que con un simple bocado activan nuestro poder de evocación y nos hacen ir en busca del tiempo perdido –o quizá ganado– durante la noche anterior.

La siguiente temporada, la 83-84, consigue su mejor registro goleador, 14 tantos, en Primera División, pero ni aún así puede evitar que el Cádiz vuelva a perder la categoría. El descenso genera una ola de desilusión en el club, lo que no ayuda precisamente a suavizar las críticas que el *Mágico* recibe por su desordenada vida, cada vez más indisimulada. "No soy ningún santo, me gusta divertirme –afirma impasible ante las cámaras de la televisión–. Es algo muy importante para mí porque me ayuda luego a desenvolverme en mis responsabilidades".

La ciudad entera se acostumbra a verlo pasear por la alameda Apodaca, a la sombra de los dragos milenarios, camino de la playa de

La Caleta, enfundado en americanas arrugadas de tonos pastel, con hombreras anchas y las mangas remangadas hasta los codos, imitando un poco al agente Sonny Crockett de *Corrupción en Miami*, la serie de moda por entonces (aunque al contrario que Don Johnson en la ficción televisiva, *Mágico* no conduce en sus paseos exclusivos descapotables italianos, sino un modesto Ford Escort color cereza).

David Vidal y otros miembros del equipo técnico del Cádiz intentan cazarlo *in fraganti* y aparecen por sorpresa, a altas horas de la madrugada, en los bares que frecuenta con la intención de pillarlo con las manos, no ya en la masa, sino en el whisky y el cigarrillo. Pero, del mismo modo que los trileros gritan "¡agua, agua!" cuando ven rondar a la secreta, él ha desarrollado un sistema de informadores que le advierten de la presencia de algún sospechoso, con pinta de pertenecer al club, merodeando por los alrededores.

Al escuchar la voz de alarma, *El Mágico* emprende la fuga y se escapa por la trampilla trasera de la cocina, se escabulle entre las cajas del almacén o huye por la portezuela del garaje. En Las Pérgolas, los camareros han diseñado un plan de camuflaje *ad hoc* y –al detectar la llegada de algún curioso incómodo– ocultan al jugador bajo una manta, la misma que se utiliza para tapar el equipo de música, en el interior de la cabina del *disc-jockey*. Él se tumba boca abajo en el suelo, le echan el trapo encima y se queda muy quieto hasta que quien le busca se harta de buscarlo –y no encontrarlo– y se marcha.

En alguna ocasión, sobre todo si ha tenido que pasar un buen rato ahí escondido, al destaparlo, lejos de mostrarse alterado o nervioso por la batida, lo encuentran durmiendo, plácido y sosegado como un recién nacido, sin importar que los altavoces del garito hayan estado, todo el rato y a toda pastilla, expeliendo música de la nueva ola.

En el campo de juego, sobre el césped del Carranza, es de los defensas rivales de quien huye, con idéntica facilidad para desesperación del contrario. Su regate favorito se llama la *culebrita macheteada* y suele ponerlo en práctica junto al banderín del córner. Toda la afición lo sabe y por eso, cuando le llega la pelota junto a la raya de cal y encara al marcador, el estadio entero se paraliza, guardando un silencio expectante. *Mágico* conduce con el empeine, finta hacia un lado, dobla el tobillo en un quiebro áspero –describiendo un movimiento en forma de mango de paraguas– y se va por el otro con el balón pegado a la bota. Es un serpenteo ligero y fugaz, de ahí su nombre de ofidio, y siempre que lo ejecuta el público estalla alborozado.

Al tener que recuperar las horas perdidas de sueño, entrena lo justo, ni siquiera la mitad de tiempo que sus compañeros de equipo y, aun así, no necesita mucho más para rendir cada domingo. Es un portento, la magia le exuda por los poros de la piel a borbotones. No necesita matarse a correr por la arena de la playa para estar en forma ni hacer pesas en el gimnasio o cuidar su alimentación para destacar sobre los demás. Sin apenas esforzarse, es casi siempre el mejor del equipo, al menos el único capaz de realizar jugadas imposibles. "Por eso la gente se lo perdonaba todo –explica Pepe Mejías–. Porque, al final, llegaba el día del partido y te resolvía la papeleta".

Una noche, regresando de juerga a las cinco de la mañana, toca el timbre del vecino para pedirle que despierte al dueño de una pollería que hay –por supuesto, cerrada a esas horas– en los bajos del edificio. "Tengo hambre", explica lacónicamente. El pobre hombre, después de varios telefonazos, no tiene más remedio que levantarse de la cama y darle un pollo asado al futbolista. Se lo entrega frío, sin calentarlo ni nada, pero *El Mágico* se lo come enterito, sin poner ninguna pega.

Es un vividor compulsivo, todo trámite que le surge en su camino lo realiza solo si le apetece, y siempre cómo y cuándo él quiere, a su gusto, lo cual no deja de provocar múltiples quebraderos de cabeza a los demás. Sin embargo, su comportamiento está lejos de ser despótico, insolente o manipulador. Más bien justo lo contrario. Todo aquel que lo conoció lo rememora con afecto sincero. Hasta aquellos a los que más hizo sufrir con su carácter irresponsable hablan bien de él. Y eso no es fácil de conseguir.

Un chico tímido, exótico y anárquico

El argentino Hugo Vaca, otro de los futbolistas con los que compartió vestuario, siempre recuerda al salvadoreño con una sonrisa en los labios: "Un tipo súper cariñoso en el trato. Era muy fácil congeniar con él, se adaptó al grupo rápido. Nos dejaba embobados, se ponía a hacer malabares con una venda enrollada mientras caminaba hacia la ducha, con la toalla sujeta a la cintura. Luego, terminaba el partido y todos nos íbamos para casa, pero él se quedaba a jugar con los niños en un parque". Onésimo Sánchez, extremo de endiablado regate, quien lo conoció en su última época en el Cádiz lo define como "un tipo distinto hasta en la forma de vestirse. Bastaba verlo caminar para comprender que tenía algo especial. Él y yo solíamos quedarnos después de entrenar y apostábamos a ver quién hacía más virguerías con el balón. Siempre ganaba él. Me decía: 'Voy a meter diez goles seguidos de córner directo'. Y los metía, diez de diez. Una locura".

Algunos prefieren considerarlo como un gran tímido. "Tenía tan poco afán de protagonismo –explica *Chico* Linares–, que a veces se negaba a tirar las faltas porque le daba vergüenza meterlas, no quería poner en compromiso a los rivales, hacerlos quedar mal" (una anécdota casi calcada al monólogo del humorista Gila sobre un delantero que se acuerda de la pobre madre del portero, justo antes de lanzarle un penalti, el cual yerra a propósito para evitarle un disgusto a la mujer). "¡Pero qué gran partido ha hecho usted hoy *Mágico*!", le halaga un reportero, con las cámaras de televisión delante. El salvadoreño lo mira extrañado y, muy suavecito, le responde: "Si tú lo dices".

Pero, sin duda, una de las personas que más y mejor le trató fue David Vidal, quien lo gozó y padeció durante seis largas temporadas como ayudante principal de los muchos entrenadores que fueron pasando por el banquillo amarillo (Milosevic, Paquito, Víctor Espárrago o Manolo Cardo) y otras dos más como primer técnico de la plantilla.

"Nos queríamos mucho y por eso él abusaba de mi confianza", afirma Vidal: "Tuve que soportarle muchas cosas. Era muy introvertido y muy pacífico, una buenísima persona, nunca alzaba la voz ni presumía. También fumaba y bebía, no se cuidaba nada, pero no podías meterte en sus cosas. Era un incauto con el dinero, sin ninguna malicia. Lo único malo era que de treinta fechas que tiene el mes, venía a entrenarse entre diez y quince. De repente, podía desaparecer durante ochos días seguidos y no sabíamos nada de él. Yo le iba a buscar a los bares, pero él se escondía y huía por los balcones. Cuando regresaba, como los gatos después de una escapada, le preguntaba que dónde demonios había estado y me decía que haciendo cosas por ahí, que estaba muy ocupado y que no tenía tiempo para entrenar".

Con el paso de las décadas, Vidal se ha ido convirtiendo en una especie de biógrafo no oficial de El *Mágico*. Desde hace años, cada vez que concede alguna entrevista, la conversación acaba siempre derivando hacia las locuras y excentricidades del salvadoreño, una mina de oro que parece no agotarse nunca. Él revive los momentos con una mirada pícara y el bigote arqueado por la risa contenida, gustándose en los detalles e, incluso, utilizando fórmulas y recursos estilísticos del gozoso arte de saber contar historias. "Cuando digo que *Mágico* no entrenaba –suele enfatizar con ironía–, me refiero a que no desplazaba físicamente su cuerpo hasta el campo de entrenamiento, no movía su anatomía de la cama". Hoy se ríe y disfruta de los recuerdos, pero llegó a pasarlo muy mal en aquellos días, tanto por él como por su pupilo.

En una entrevista concedida a *El País* en octubre de 1989, David Vidal se confiesa desesperado y a punto de tirar la toalla. "He mantenido doscientas mil conversaciones con él, y mañana tendré las doscientos mil una, pero no hay manera –expone con cierto fatalismo–. Es un talento puro, con una técnica depurada, pero el fútbol no es solo genialidad, también requiere disciplina, colaboración, generosidad, un equipo lo forman once jugadores. Él solo quiere jugar al ataque, regatearse a medio equipo contrario y meter gol. Y eso cuando le apetece, porque si lo desea hace lo que le da la gana con el rival. Las cosas que le he visto a *Mágico* con el balón no se las veré a nadie. Yo le aprecio mucho, de verdad, pero es difícil de aceptar ver a alguien echar todo a perder con su comportamiento. Tiene cualidades naturales para llegar a ser el mejor del mundo y, sin embargo, no ha pasado de jugar conmigo en el Cádiz".

Ya en fecha tan temprana como 1984, el propio futbolista –en una de sus escasísimas declaraciones a un medio público– reconoce sus debilidades en una recordada entrevista con *Diario de Cádiz*, muchas veces reproducida, que ha quedado para la posteridad casi como el epítome de su filosofía vital: "Sé que soy un irresponsable y un mal profesional y puede que esté desaprovechando la oportunidad de mi vida. Lo sé. Pero tengo una tontería en el coco y no me gusta tomarme el fútbol como un trabajo. Si lo hiciera, no sería yo. Juego solo por diversión". Palabra de El *Mágico*.

Desde un punto psicológico, muchos apuntan a la soledad como su gran obstáculo mental, otros simplemente consideran que carece de la más mínima fuerza de voluntad, lo que parece claro es que –a pesar de haber intimado con el hálito cálido y calmo de Cádiz, su hogar de adopción– siempre echó mucho de menos su tierra natal, El Salvador. "Su rendimiento es mayor las semanas que sus padres pasan periódicamente con él –reseña David Vidal en la entrevista anteriormente referida–. Su novia salvadoreña también le visitó hace poco y le vino muy bien, todo lo que le hace sentirse como en casa le ayuda".

Para intentar combatir la añoranza, Pepe Mejías, el capitán del equipo, acostumbra a invitarle a comer con su familia, recetas gaditanas en un entorno hogareño. Un día, El *Mágico* quiere devolverle el favor y lo convida a la suya. Cuando llegan a su apartamento, el salvadoreño se pone a rebuscar por la nevera y en los cajones de la cocina, pero lo único que encuentra es un sobre de sopa con fideos. "Ponlo a calentar, Pepe, que voy abajo a comprar algo de picar". Pepe Mejías se queda dando vueltas a la cuchara mientras el tiempo se va cociendo lentamente en el puchero: media hora, una hora, tres horas... Cuando ya está a punto de irse, aburrido, se escucha el sonido de la puerta abrirse y aparece El *Mágico* con las manos en los bolsillos, tan tranquilo. "¿Pero adónde has ido, *pisha*?". Al verlo, pone cara de sorpresa y se lleva las manos a la cabeza: "¡Anda, Pepe, si se me había olvidado que estabas aquí!". "Así era El *Mago* –repite Pepe Mejías con una gran sonrisa pintada en la cara–. Había que quererle igual, aunque tuviera la cabeza en la misma luna".

Hartos ya de su falta de formalidad, el club decide ponerle una especie de escolta personal, ayudante doméstico y vigilante, todo en uno, Juan Muñoz, alias El *Mayordomo* (personaje ya presentado en las primeras páginas de este capítulo). Nadie conoce de primera mano tantas intimidades sobre *Mágico* González como él. En un documental de la serie *Informe Robinson*, el excelente programa televisivo que versa sobre diversos aspectos del mundo del deporte en general, Juan Muñoz

El *Mayordomo* apunta algunas breves pinceladas sobre su pintoresca convivencia, propia de una *sitcom* americana.

"Era una persona muy exótica –comenta–. Algunas veces, se acostaba completamente vestido, con todo lo que llevaba puesto encima, zapatos, vaqueros, abrigo, hasta un paraguas, si llovía, podía aparecer bajo las sábanas. Tal y como llegaba de noche, se caía sobre la cama. La vida en él era una pura anarquía. Su obsesión principal por entonces era escaparse de mí. Me encerraba con llave en los baños de los restaurantes, en la oficina, en la agencia de representación, en la discoteca. Le gustaba vivir al día. Recuerdo que una vez le expliqué que debía contenerse un poco con el dinero y me dijo: 'Loco, los años que esté aquí en Europa tengo que fundirlo todo, cuando me muera me lo llevo todo puesto".

El periodista José María García, en alguna ocasión, se ha referido a una situación surrealista (quizá leyenda apócrifa, tal vez realidad) que vivió David Vidal al ir un día a ver al *Mágico* a su casa. Cuando llegó, se encontró la puerta del apartamento abierta y una voz conocida –que salía del baño– le pidió que entrase. El futbolista se encontraba de pie en el plato de la ducha, desnudo, y a su lado El *Mayordomo* le estaba enjabonando con una esponja. Como si fuera un patricio romano –o la cosa más natural del mundo–, *Mágico* atendió, impasible, sus asuntos con el entrenador tal y como vino al mundo, mientras su ayudante no dejaba de restregarle por todo el cuerpo. En cierto modo, había convertido el cuarto de baño en su propia oficina.

Sin embargo, la madre de todas las anécdotas, la definitiva, esa que define en un gesto todo su genio indómito de artista la revela el propio David Vidal en varias entrevistas radiofónicas, narrándola entre la admiración y la autodefensa. "Llevaría cerca de veinte días desaparecido, cuando un jueves se deja caer por el estadio para ver la lista de convocados del partido siguiente, en la que lógicamente no aparece. '*Míster*, ¿cómo es que no voy concentrado el domingo?', me pregunta; 'Pero Jorge, si no has venido en toda la semana, no te puedo poner', le contesto; 'Mira, te voy a decir una cosa, pero no te molestes, no tienes ni puñetera idea de fútbol', me suelta; '¡Hombre, un respeto, Jorge, que soy tu entrenador!', intento frenarle. Y entonces él, se echa la mano atrás y saca del bolsillo del pantalón una cajetilla de Winston y me dice: 'Mira lo que hago yo con esto'; y se pone a darle toques con el empeine a ese paquete de forma rectangular, uno, dos, tres... así hasta siete, delante de mí; y en el último toque, lo amortigua con el pie, se guarda el tabaco en el bolsillo y me dice: '¡Ahí te quedas!'. Y se fue. Lo que hizo aquel hombre ese día delante de mí fue espectacular, eso no lo hace nadie. Ni Cristiano Ronaldo, ni Neymar, ni Messi. ¡Nadie! Solo *Mágico* González. Hoy en día, si le hubieran tirado un teléfono móvil, también lo hubiera parado y controlado. Por supuesto, no le convoqué para aquel partido. ¿Qué podía hacer yo? No le habíamos visto el pelo en mucho tiempo y ya tenía el equipo hecho. Alguna vez, le llegué a poner habiendo entrenado solamente un día a la semana, pero aquello era ya demasiado, una falta de respeto total a su profesión. Luego, el domingo, tuve que soportar a los 25.000 aficionados del estadio Ramón de Carranza gritándome e insultándome por no poder ver a su ídolo. Lo pasé muy mal con él, sufrí mucho por todo aquello. Salía todas las noches, no dormía nada, pero aquello no le influía para nada en su rendimiento. Sin embargo, yo tenía que ejercer mi autoridad de algún modo y lo mandaba al banquillo. La grada quería matarme. A él, sin embargo, como lo adoraban, se lo perdonaban todo".

"Jorge es como es –resume Hugo Vaca–. Hace su vida a su propio aire, pero tratando de hacer no daño a nadie, sin perjudicar a los demás". Aunque su irresponsabilidad horaria sí que generaría bastantes trastornos a su alrededor, su obsesión fue siempre la de pasarlo bien. "Quise ser feliz sin pisotear a nadie", dejaría dicho el propio *Mágico* en una ocasión.

Un pelotero con cero formalidad que en vez de ser el que los otros querían que fuera, acabó siendo lo que a él dio la gana ser. Porque en la vida, como cantaba Andrés Calamaro, hay que intentar también convencer al tilín del corazón.

Cuando Don Dinero no es tan poderoso caballero

Queda menos de un cuarto de hora para que acabe el partido, el último de esta temporada, y *Mágico* sigue sentado en el banquillo, sin jugar. Si saltase al césped ahora mismo, aunque fuesen solo un par de minutos, cumpliría con el número de encuentros estipulado en su contrato y tendría un plus económico añadido. "¡Prepárese! –le ordena David Vidal–. Voy a sacarle un rato ahí fuera para que pueda usted llevarse los cincuenta mil duros de la prima. ¡Alegre esa cara, hombre!". Pero El *Mágico* no se mueve de su sitio. "Déjelo, míster, casi mejor no salgo –le contesta desganado–. Es que estoy muy cansadito". Y el salvadoreño se queda así sin doscientas mil pesetas de la época, una fortuna.

Son múltiples las historias que se cuentan sobre su inexplicable ausencia de afán por el dinero. Para él, el vil metal no es más que un medio inevitable con el que cubrir ciertas necesidades, nunca un fin en sí mismo. "Siempre llevaba mucho efectivo encima, un buen fajo –recuerda David Vidal–. Llegaba un crío, le pedía algo y él le regalaba un billete de quinientas. Así, sin más. Invitaba también en los bares, a todo el mundo. Yo le decía. 'Deberías cuidar más de tu dinero, *Mágico*, que bien que te lo has ganado, y pensar en el día de mañana, en tu futuro'. Él me respondía que no me preocupara tanto por eso, que ya lo tenía todo pensado y que sabía perfectamente qué iba a hacer para ganarse la vida cuando se retirase del fútbol. Quería ser conductor de autobuses de línea en su país. ¿Y sabe qué? Lo decía muy en serio".

Jorge Alberto González Barillas nació en San Salvador el 13 de marzo de 1958. Hijo menor de ocho hermanos, sus padres se llamaban Óscar Ernesto y Victoria. Como no tenían con qué dar de comer a tantos retoños, a él lo mandaron a vivir con su abuela. El niño Jorge creció con ella en una cabaña rural de madera y suelo de tierra, jugando a la pelota junto a los gallos que picaban grano entre los desperdicios, en un entorno no muy distinto al de las barriadas chabolistas, con paredes de chapa y techos de uralita, que –ya como futbolista profesional– contemplaría en las zonas más pobres de la bahía de San Fernando.

En vez de rebelarse contra aquel entorno de su niñez, menesteroso pero feliz, El *Mágico* lo integra en su personalidad y se adueña de él. Siempre se sentirá a gusto con lo que disponga, sea poco o mucho. Frente al deseo y la ambición de ganar más plata o de tener mejor posición que el vecino, se conformará con el placer sencillo de la calma. No deseará nada más que sentirse cómodo y pasear tranquilo, viendo pasar la vida sin agobios ni presiones, disfrutando de la ociosidad simple y profunda, el goce de eso que algunos han denominado como el *dolce far niente*.

Sandokán Juan José, aquel lateral derecho racial y barbudo que llegó a jugar en el Real Madrid y en la selección española antes de regresar a Cádiz, su ciudad natal, coincidiría varias temporadas con El *Mágico* en el vestuario amarillo, dos temperamentos bohemios que se compenetrarían a la perfección tanto de día, dentro del césped, como de noche, en la barra de los bares. "Cuando le daban la nómina –explica Juan José–, yo le acompañaba a la sucursal del banco a cobrar el cheque, porque a él no se le daban bien esas cosas. Después, ya montados en mi coche, él me hacía un gesto como de tirar el sobre por la ventanilla y me decía: '¡Pero qué asco me da el dinero, Juan!'. El *Mágico* era capaz de gastarse, de repente, una fortuna en media docena de trajes chillones que luego olvidaba en el armario y acababa regalando sin haberlos siquiera estrenado. Lo mismo podía darle su chaquetón a uno que viera desabrigado por la calle o ponerse a hacer *mandaos* a una abuela que se encontrase en un portal. Así era él".

Un exmasajista del equipo asegura que un día lo vio llegar en calcetines al vestuario. "¿Te has olvidado ponerte hoy las zapatillas, Jorge? –le preguntó bromeando–. No, es que viniendo para acá he visto a un chaval descalzo y le he dado las mías". Pepe Mejías recuerda que solía prestarle prendas de abrigo cuando llegaba el invierno porque nunca tenía y sentía mucho el frío. "Luego, iba por la calle paseando con mi señora y veíamos pasar a uno con la misma cazadora que yo le había dejado. '¡Mira!', me reñía mi mujer, 'ya le ha vuelto a regalar tu ropa a otro".

Cuentan que el Atalanta italiano le hizo una prueba para ficharle y que jugó mal aquel día a propósito para no tener que emigrar tan lejos. "¿Y qué demonios voy a hacer yo en Milán?", le dijo a su representante encogiéndose de hombros (ni siquiera sabía El *Mágico* que el Atalanta es un equipo de Bérgamo y no de Milán).

La posibilidad de ganar mucho más no le importaba demasiado, pero la amenaza de ganar mucho menos tampoco le afectaba en lo más mínimo. El caos continuo que desencadenan sus retrasos y ausencias injustificadas provoca que el club le aplique un sistema de multas leves y graves –un tanto abusivo, casi confiscatorio– que en ciertos momentos llega a suponerle tener que dedicar casi la totalidad de su sueldo al pago de dicho gravamen. Pero él sigue durmiéndose y llegando tarde a todas partes, mientras las faltas (agravadas por la reincidencia) se duplican y cuadruplican en su expediente sancionador. En cierto modo, denuncian algunos, los directivos se aprovechan de su falta absoluta de respeto por el dinero para ahorrarse unos cuantos millones de su ficha.

El presidente Irigoyen es como un segundo padre para él. Y como suele ocurrir en este tipo de relaciones paterno-filiales, marcadas por la rebeldía del vástago, su vínculo emocional alterna intensos episodios de cariño con pasionales arrebatos de hartura. En la temporada 84-85, El *Mágico* sufre un bajón de rendimiento muy profundo, agravado por una indisciplina casi ingobernable e Irigoyen, con el equipo descendido a Segunda, decide traspasar a su estrella –aunque solo sea por seis meses– al Real Valladolid. El romance de *Mágico* con Cádiz sufre entonces una trágica separación, aunque ambos lo entienden como una especie de tregua temporal, un modo de descansar un ratito de sí mismos, poner tierra de por medio y alejarse físicamente de un trabazón tan intenso como tóxico en ocasiones.

El destierro a gélidas tierras castellanas le genera un ataque irreprimible de nostalgia y tristeza. El viento de Pucela congela el tuétano de sus huesos caribeños y El *Mágico* solo puede sentir añoranza de la luz del sur. El club vallisoletano le llega a poner un psicólogo y hasta un acupuntor para dulcificar tanta morriña, pero todo resulta inútil. Solo piensa en regresar, como el hijo pródigo, a su amada Cádiz. Comparte esos seis meses de invierno geográfico y sentimental con su ayudante, Juan, El *Mayordomo*, quien sintetiza a modo de resumen: “Solo sé que pasamos un frío del carajo”. Eso es, más o menos, todo lo que ambos recuerdan de aquella travesía por la meseta norte.

El *Mágico* nunca ha tenido grandes inquietudes intelectuales. Resulta complicado creer que alguna vez en su vida haya leído a Paul Lafargue, pionero del socialismo y yerno de Karl Marx, quien en su obra *El derecho a la pereza*, publicada en 1880, atacaba la ideología del trabajo capitalista y escribía: “Holgazaneemos en todo momento, excepto en el amar y en el beber, excepto en el haraganear”; ni tampoco a Guy Debord, el teórico político que criticó, durante el mayo francés del 68, la sociedad de consumo occidental y su huera cultura del espectáculo, a la que catalogaría como despiadada y ausente de alma humana. Seguramente, jamás haya oído hablar de Bartleby, el personaje literario creado por Herman Melville, representante del poder oculto de la pasividad, quien, ante las constantes demandas de sus jefes, siempre respondía con idéntica frase, tan cortés como desconcertante: "Preferiría no hacerlo" (unas palabras que ya han quedado como símbolo de la resistencia –pacífica pero inflexible– del ciudadano al pragmatismo moderno). Tampoco es muy probable que el futbolista salvadoreño prestase nunca demasiada atención a las enseñanzas del gurú hindú Maharishi Yogi, defensor de los ejercicios de meditación como vía de acceso al proceso individual de desapego progresivo de los bienes materiales.

Y a pesar de todo ello, sin embargo, dentro de su ignorancia y simpleza, desde una opción de vida personal e intuitiva, nada artificial ni impostada, es casi seguro que su comportamiento haya estado mucho más cerca de tales ideologías y utopías (quién sabe si incluso capaz de alcanzar el tan cacareado nirvana) que el de cientos de sabios y sesudos universitarios que tanto estudiaron y se esforzaron por hallarle una pizca de sentido a la vida.

En el año 2001, en el transcurso de una entrevista radiofónica, el famoso locutor José María García se interesa por su situación económica: "*Mágico*, no sabemos nada de ti. Algunos dicen que eres taxista en El Salvador. Permíteme la curiosidad. ¿De qué vives en la actualidad si no es indiscreción?". Y *Mágico*, de un modo maravillosamente discreto, le contesta: "La verdad es que yo muchas veces también me planteo la misma pregunta, José María, porque no hago nada de nada en realidad. Aunque no me quejo de ello. Vivo en una casa humilde, muy sencillamente, pero soy tan feliz como no tienes idea".

Mujeres en mi vida hubo que me quisieron

"¿Usted prefiere dormir solo o acompañado, señor González?", le pregunta el periodista Ángel Casas en su programa de televisión *Un día es un día*, sobre un telón sonoro de risas pícaras procedente del público. "Pues, depende", responde el aludido con total naturalidad: "Acompañado se está muy bien, que duda cabe, pero también del otro modo, porque cuando duermo solo tengo toda la cama para mí y así me relajo y me despatarro".

Cuentan que fue el poderoso FC Barcelona el equipo que estuvo más cerca de cerrar el fichaje de El *Mágico*. Y es verdad. Incluso llegó a vestir la zamarra azulgrana el verano de 1984, durante una gira veraniega que el equipo catalán completó por los Estados Unidos. En aquella plantilla reinaba Maradona, el mejor futbolista del planeta por entonces, aunque fue el entrenador, César Luis Menotti, quien pidió expresamente la cesión del salvadoreño para poder verle jugar y ejercitarse en persona. Durante ese breve sueño americano, llegó a disputar dos partidos con el once del Barça, goleando, gambeteando y entendiéndose a las mil maravillas –como dos niños persiguiendo un balón por los charcos de un descampado– con el *Pelusa* Maradona. Se dice, incluso, que este último quedó impresionado por el exquisito golpeo de su compañero y que llegó a proclamar: "Este *pibe* me supera técnicamente, porque puede hacer con las dos piernas lo mismo que yo con la zurda". El contrato estaba ya redactado, las cifras de traspaso con el Cádiz acordadas y, sin embargo, todo se quebró a última hora. ¿Qué es lo que pasó? Volvamos por un momento a repasar los evangelios apócrifos de *Mágico* González.

Están concentrados en un hotel de California y la expedición al completo se encuentra descansando en sus habitaciones. De pronto, suena la alarma de incendios y, en unos minutos, todos aparecen en el hall de entrada, algunos adormilados y otros asustados, hay quien ha bajado corriendo por las escaleras directamente en pijama. Al parecer, todo ha sido una simple broma, alguien ha accionado la palanca por diversión (dicen que fue el propio Maradona quien lo hizo), aunque un miembro del equipo no ha acudido a la llamada. "¿Habéis visto a *Mágico*?", se preguntan. Personal del cuadro técnico sube a buscarle. Todos los cuartos están vacíos, todos menos uno. Allí se encuentran al desaparecido con una chica entre las sábanas de la cama, en plena acción. Ni siquiera parece prestar demasiada atención al alboroto generado por las sirenas del hotel, concentrado como está en otros quehaceres.

Todos ríen y comparten la anécdota. Nadie en el club azulgrana discute su calidad, no ha desentonado con el resto de estrellas (incluso, quizá, las haya eclipsado), pero los informes que redacta la directiva *culé* sobre su agitada vida privada desaconsejan su fichaje. Verle junto a Maradona en el tapiz verde del Camp Nou podría ser una delicia, pero presenciar cómo ambos acaban goleando de noche –a los porteros sí, pero de las discotecas de la Ciudad Condal– podría convertirse en una auténtica pesadilla.

Sin aquella inoportuna alarma de incendio –¿quién puede saberlo?– su trayectoria deportiva tal vez hubiera alcanzado cotas mucho más elevadas, aunque entonces, seguramente, no sería tan divertida.

Los problemas de El *Mágico* con las mujeres forman parte también de la sal gorda que salpica a brochazos su biografía, repleta de líos de faldas e hijos ilegítimos. Como algunas reses en los ruedos, tenía querencia a tablas (las de los burladeros de la vida nocturna, en concreto) y amores –decenas de ellos– de una sola noche. Cuando salía de fiesta y se sentía chisposo, solía repetirse una frase, a modo de mantra: "Hoy vamos a querer". Dicen que eran ellas quienes le buscaban, que a pesar de ser más bien poca cosa físicamente, tenía mucho tirón entre las hembras y que acostumbraba a ser de esos de "aquí te pillo, aquí te mato", sin pensar demasiado en las consecuencias de la calentura o en las complicaciones del día siguiente. Se dejaba llevar por la ocasión y no solía decir nunca no a la tentación, si esta se ponía por delante.

Cuando aterrizó por primera vez en España, El *Mágico* ya era padre de un crío en su país, aunque ya no mantenía contacto con la madre. En Cádiz, en apenas año y medio, dejó embarazadas a dos mujeres distintas que le dieron sendos retoños con apenas unos meses de diferencia. La primera fue María José, una andaluza muy guapa, de pelo rizado y moreno, que trabajaba como camarera en un bingo. Mantuvieron varios encuentros y de ellos surgiría un varón (el niño nació en octubre de 1983) al que ella bautizaría con el nombre de Jorge, en honor a su padre. No mucho después, otra de sus conquistas daría a luz a una niña llamada Ingrid. Tres hijos, de tres madres diferentes, con apenas 25 años. Si apenas era capaz de levantarse de la cama para ir a entrenar todos los días, ¿cómo iba a afrontar las responsabilidades correspondientes a una paternidad tan fecunda? No reconocería a ninguno de estos hijos hasta varios años después.

En 1991, casi una década después de su llegada, con 33 primaveras encima y un montón de madrugadas a cuestas, El *Mágico* decide poner punto final a su etapa como jugador del Cádiz Club de Fútbol. Tendrá algo que ver en ese adiós definitivo un capítulo feo y oscuro que acelera todo el proceso. Una mujer lo denuncia por supuesta agresión sexual. El turbio asunto ocupa las portadas de los periódicos y el talante del jugador, siempre despreocupado, comienza a ensombrecerse. El juicio se resuelve con una pena de seis meses de cárcel (que no cumple por no tener antecedentes) y el pago de una multa a la denunciante de 4.000 pesetas. Ha llegado la hora de volver a casa.

El salvadoreño regresa a su país, donde continúa jugando hasta cumplir los cuarenta, aunque en una liga de nivel casi *amateur*, muy lejos de la dura exigencia del fútbol europeo. Se va igual que llegó, discreta y silenciosamente, evaporándose del microcosmos de la ciudad de golpe y porrazo, tras tantas temporadas de constante protagonismo. El recuerdo de su presencia, larvado durante los primeros años, se irá agigantando con el lento paso del tiempo, como lluvia fina, empapando poco a poco la memoria, transmitiéndose de forma oral de padres a hijos, convirtiéndose en leyenda y parte del folclor gaditano. El *Mágico* jubilado se convertirá en un simple ciudadano más, anónimo y discreto, desapareciendo de la primera línea de la fama y de la tinta impresa de las rotativas. Nadie sabrá nada de él durante lustros, un fantasma sigiloso, hasta que a algunos periodistas españoles les pique el aguijón de la curiosidad y, revisando vídeos de sus viejas jugadas, se pregunten, esbozando como siempre una sonrisa. "¿Pero dónde coño andará El *Mágico*?".

Aunque, para que eso ocurra, tendrá que pasar mucho tiempo.

Pequeña digresión a modo de paréntesis: el caso 'Trinche' Carlovich

Es difícil encontrar en el fútbol moderno –de esta o de cualquier otra época– un expediente X similar al de *Mágico* González. Por supuesto, genios talentosos y holgazanes ha habido toda la vida, legiones de ellos; también noctámbulos, mujeriegos y manirrotos, cientos y cientos; pero no tantos que renunciasen voluntariamente al brillo de la fama y el dinero por el simple hecho de mantener vivo su flirteo con la pelota. Tipos como ausentes, desenfocados, fieles a una poesía vital del juego, envueltos siempre en una esfera nebulosa de cierto solipsismo bohemio.

Figuras tan especiales como El *Mágico*, en tantos y tan diversos sentidos, ha habido muy pocos ciertamente. Algunos lo han comparado, lejanamente, con Matthew Le Tissier, un futbolista inglés de la década de los noventa –de calidad incuestionable– que optó por permanecer toda su carrera en el modesto Southampton FC, un equipo de media tabla para abajo, y obviar los cantos de sirena que le llegaban desde los grandes equipos de la Premier League. Le Tissier mostró siempre su preferencia por divertirse y ser feliz en un club pequeño y confortable, a buscar triunfos y millones en otros prados, quizá más verdes, sí, pero mucho más exigentes y asfixiantes.

Sin embargo, el único personaje, en puridad, que puede considerarse a la altura del salvadoreño en rareza, extravagancia e inspiración es un astro argentino casi desconocido para la mayoría de los aficionados europeos, un tipo larguirucho y desgarbado de zurda prodigiosa al que los hinchas más veteranos –y entendidos– veneran como a un dios: el *Trinche* Carlovich.

Tomás Felipe Carlovich (apellido de origen yugoslavo), alias El *Trinche*, nació el 19 de abril de 1949 en la ciudad de Rosario, Argentina, capital de enorme tradición futbolera y cuna de un estilo (a diferencia del de Buenos Aires, mucho más *canchero* y vertiginoso) lento y algo amanerado, en el cual importa casi más –antes incluso que la victoria final– el arte estético de la gambeta, el caño o el malabarismo técnico. Una escuela de estética fútil, pero hermosa, que antepone el juego bello y engolado al recurso directo y fácil, aunque efectivo. Como dijo una vez Jorge Valdano: "Rosario es una forma exagerada de ser argentino".

El *Trinche* atesoraba todas las características del artista típicamente rosarino, pero siendo al mismo tiempo diferente a los demás. Dueño de una pierna izquierda prodigiosa –"la pelota se volvía inteligente en su pie", explica César Luis Menotti, "un jugador lírico"–, ha acabado convirtiéndose para los más puristas en el símbolo de una forma romántica de entender el fútbol, anterior a la era del *marketing*, los tatuajes e Instagram, una doctrina que hoy nos resulta casi anacrónica. Una fábula soterrada al margen del sistema, como una banda maldita de la escena rock alternativa o una película independiente de bajo presupuesto, candidata a triunfar solo en el festival de Sundance, su nombre nunca aparecerá en las listas oficiales de los grandes *cracks* del fútbol mundial, ni siquiera en las del balompié argentino, aunque quizá –por eso mismo– forme parte de la iconografía sagrada de Rosario y su provincia, donde aún su imagen puebla los muros y pintadas de los barrios populares y su eco resuena en las discusiones de los boliches.

Una de las grandes singularidades de su leyenda es la ausencia casi total de documentación gráfica o fílmica sobre sus maravillas con la pelota. Apenas se conservan veinte o treinta fotografías de él vestido de futbolista –siempre con el pelo largo y greñudo, a veces acompañado de barba o bigote– y no existe filmación alguna registrada del *Trinche* con el balón en movimiento (bueno, tan solo una, de la que hablaremos al final de estas líneas). Tampoco son frecuentes las referencias a su persona en la prensa deportiva de la época, notas sueltas aquí o allá, destacando su brillante actuación en este u otro partido, párrafos que hay que rescatar del fondo de la hemeroteca como perlas encerradas en su caparazón de nácar. Como esos libros y tratados grecolatinos que se perdieron en los devastadores incendios de la antigüedad, esos que muchas fuentes indirectas consideran tesoros de la humanidad, pero que nadie ha podido releer por desgracia desde entonces. Convertidos en ceniza, sus goles y regates solo pertenecen a la memoria flexible de la tradición oral, un malditismo melancólico que ha ayudado, lógicamente, a acrecentar más y más su alargada sombra.

Quiso el destino, bromista y caprichoso, que el *Trinche* tan solo pudiera llegar a disputar dos partidos en la Primera División, con Rosario Central (la gran institución de la ciudad junto al equipo de Newell's Boys, su gran rival y archienemigo), y al principio de su carrera además, siendo apenas un pibe. Casi la totalidad de su extensa trayectoria deportiva, por el contrario, la desarrolló en Central Córdoba, el tercer club en importancia de Rosario, en la segunda categoría del fútbol nacional. Por eso no existen grabaciones de sus partidos, porque en aquella época los equipos de la televisión solo acudían con sus cámaras a los grandes estadios de la liga. ¿Y por qué tendría que jugar un fenómeno así, si todos coinciden en que era tan bueno, en Segunda?

El *Trinche* fue siempre, como dicen allá, jugador de potrero; esto es, bien de barrio, con la grava molida de los descampados acumulada en los bolsillos, el típico niño pobre que aprende a domar la pelota, hecha de trapo, en la universidad del partidillo callejero, entre charcas de agua sucia y papeleras desbordadas de basura. Ya de adolescente, mostraría una elegancia y habilidad con el balón deslumbrante, nadie sería capaz de arrebatársela de los pies. Poseía el *Trinche* un físico poderoso que le permitía utilizar el cuerpo como un muro de carga, rotaba y se colocaba de tal modo que ocupaba un enorme espacio en el centro del campo, todo giraba a su alrededor, una ventosa de talento que absorbía, además del cuero, la atención del público.

Los años setenta serán, sin embargo, una década fea para tales gustos. Los entrenadores de la época ponen de moda un fútbol físico y táctico, en el que los jugadores deben ser más atletas que artistas, piezas de un puzzle estratégico y ordenado, lo colectivo por encima del individuo. El *Trinche* es justamente todo lo contrario, pura improvisación, inspiración y desplante, cero en rigor o sometimiento a un plan preconcebido. Siendo muy joven, lo ficha el primer plantel de Rosario Central y comienza con ellos su primera temporada como profesional. Muy pronto, sin embargo, ambos se dan cuenta de que no encaja en ese ambiente de obediencia ciega y disciplina. No le gusta entrenar, se desconcentra con facilidad y se aburre en las charlas de estrategia, cuando el entrenador emborrona la pizarra con cruces y flechas. Es un tipo solitario, muy introvertido, aunque también le gusta *tomar* y salir de joda. Solo llega a jugar dos partidos y decide marcharse. Así, sin más. Un día, abre la puerta del vestuario y se va. Nadie del club hace nada por impedirlo.

Central Córdoba le busca un hueco en su plantilla y allí encuentra el hábitat necesario para relajarse y florecer. Sin apenas presión ni compromisos, explota todo su talento ante una grada asombrada que lo adora y venera (también ante un puñado de aficionados neutrales que no entiende qué carajo hace semejante fenómeno jugando en una cancha tan chica y destartalada). El club, agradecido, le permite campar a sus anchas y desarrollar –paralelo a su talento– todas sus pequeñas manías y caprichos. Muchos días desaparece o se baja del autobús del equipo, en pleno viaje, por razones desconocidas. Luego alguien lo ve pescando en el río, a su aire, o tomándose una cerveza en un local de mala muerte. Siempre llega el último, siempre hay que esperarlo. En una ocasión, el equipo se harta de aguardar por él y se larga. Cuando están a punto de saltar al campo aparece en el vestuario. "¿Pero cómo llegaste, loco?", le preguntan. "Me trajeron unos hinchas en su auto particular".

"Esta noche juega el *Trinche*". Esa es la frase que corre de boca en boca y todo el mundo quiere oír. Tiene un público fiel que le sigue allá donde va, no necesariamente aficionado a su equipo. A veces, llega incluso gente desde Buenos Aires que viaja solo por verle. Como no televisan sus partidos y no siempre aparece a tiempo, la gente pregunta antes en la puerta del estadio: "¿Está usted seguro de que hoy juega el *Trinche*? *Mirá* que si no, no compro el boleto, ¿eh?". Revienta las taquillas. En una ocasión, el equipo rival le permite saltar a la cancha aunque no dispone de la ficha federativa en regla. "Con el *Trinche* la entrada vale un precio; sin él, cuesta otro –argumenta un directivo–. Si ahora impugnamos y no juega, habría que devolver un montón de plata". Hasta un árbitro le perdona la expulsión por evitar disturbios. "Me sacó la tarjeta roja –cuenta el propio futbolista–, pero cuando ya me iba de la cancha, vino corriendo y me suplicó: '¡*Volvé*, por favor, *Trinche*, que el público me caga a trompadas si te vas!".

Su partido más memorable es también raro y extraño, como él mismo. Ocurre a principios del verano, en 1974. La selección de fútbol argentina prepara el Mundial y, antes de partir hacia Alemania, la federación propone disputar un partido amistoso de preparación contra un combinado de estrellas de Rosario. Todos los convocados son de Newell's Boys o Rosario Central, los dos grandes equipos de la ciudad, excepto el *Trinche*, claro, que defiende los colores del Central Córdoba, de Segunda. Ante treinta mil espectadores, el combinado rosarino baila a la selección nacional albiceleste con el *Trinche* como gran estrella. Muchos de los periodistas o técnicos que acompañan la expedición no saben quién es por no formar parte de ningún plantel de Primera. "¿Pero de dónde salió ese tipo?", se preguntan los unos a los otros. No entienden que un desconocido pueda ridiculizar con sus gambetas a los mejores talentos del país. Ya en el descanso, van ganado por tres goles a cero. Un tipo de la federación –asegura la leyenda– entra en el vestuario y pide clemencia al entrenador rival: "¡Aflojen un poco muchachos, que somos todos argentinos, y díganle al 5 de ustedes [el *Trinche*] que pare de joder, que nos está haciendo quedar en ridículo". Han pasado más de cuarenta años desde entonces y no hay un domingo de asado en Rosario que no se rememore tal anécdota mientras la carne se va tostando en la barbacoa.

César Luis Menotti lo convoca una vez para la selección del 78, la que misma que ganaría el Mundial, pero él nunca aparece por la concentración. "Había llovido mucho y no pude agarrar el barco para llegar", se justifica en un argumento sin ningún sentido. Un equipo de Mendoza le ofrece un coche muy caro como prima de fichaje. El *Trinche* va hasta allá, agarra las llaves del auto, arranca el motor y se vuelve con él a su casa de Rosario. Visto y no visto. "¿Pero no firmaste el contrato antes, *Trinche*?", le preguntan. "¡Carajo, se me olvidó!". Seguirá jugando en Rosario, pero no devolverá el coche.

Nunca nadie lo describió de modo tan certero como un periodista de la revista *El Gráfico*, la biblia del balompié argentino, que escribió sobre él: "De costumbres sencillas y alma casi infantil, prefería reunirse con sus amigos en la diaria tertulia de su barrio antes que entregarse a la exigencias y disciplinas de un entrenamiento. Y así, en un paseo sentimental por las cosas simples de la vida, desperdició cuantas oportunidades se le presentaron en aras de un lirismo incomprensible para algunos que él mantuvo inalterable, teniendo clara conciencia de que se iba alejando de la deslumbrante pasarela reservada al desfile de los triunfadores".

Decíamos que sí existe un pequeño fragmento filmado del *Trinche*, apenas un breve suspiro. Se trata de una película argentina del año 1983, una comedia intrascendente dirigida por Carlos Galetinni titulada

Se acabó el curro. Según se lee en el guión, en un momento de la trama, los protagonistas acuden a ver un encuentro del fútbol. Para conseguir imágenes de recurso, el director de la cinta graba algunas escenas de un partido real. Quiso el destino, otra vez bromista y caprichoso, que en una de ellas aparezca de espaldas –y durante un breve segundo– un *Trinche* ya veterano, de casi 34 años, con el balón en los pies, ejecutando con su zurda portentosa un regate limpio a su marcador: la única gambeta que se conserva en imágenes del que algunos consideran el mejor futbolista argentino de todos los tiempos.

Apenas fue el resplandor de un fósforo en mitad dc la noche eterna, pero de un brillo tan intenso que aún pervive en la memoria.

'Mágico' González, volumen II: el regreso

El 13 de enero de 2001, poco más allá de las once y media de la mañana, un terrible terremoto remueve las entrañas de El Salvador. La sacudida, con una fuerza equivalente a 160 millones de toneladas de dinamita, provoca además un devastador alud de barro que arrasa como una lengua de destrucción diversas provincias de la república centroamericana. Apenas un mes más tarde, en febrero, *Mágico* González regresa de improviso a Cádiz para participar en un partido benéfico que pretende recaudar fondos para las víctimas del seísmo. Es la primera vez desde su precipitada marcha, diez años atrás, que el futbolista pisa de nuevo el césped del estadio que lo idolatró. Vestido de corto, con los colores de su equipo como segunda piel, besa la hierba del Carranza y disputa –con cincuenta y tantos *tacos* y junto a las nuevas generaciones (en la alineación, por ejemplo, está el famoso exfutbolista Kiko Narváez)– un puñado de nostálgicos minutos.

Durante todo el paréntesis anterior, una década entera, El *Mágico* ha estado desaparecido de cualquier atisbo de vida pública con una discreción casi obsesiva. Nadie ha sabido de él ni de sus idas y venidas. Algunos periodistas españoles, como aquellos exploradores coloniales que anhelaban hallar las fuentes originales del Nilo, parten hacía El Salvador en su busca, pero no consiguen localizar su rastro. El caos ordenado de la capital, con su tráfico constante y sus mercados ambulantes, parece haberlo devorado en su remolino. "Si él no quiere que lo encuentren, ustedes no van a dar con él –les advierten quienes le conocen bien–. Y aunque queden con él, puede que luego no aparezca. Les hará un requiebro, su famosa *culebrita macheteada*, igual que hacía antaño con los defensas en el área".

Al terminar el encuentro y recibir los aplausos de su afición, la vieja plantilla del Cádiz se va a cenar a la venta Los Tarantos, en San Fernando. Entre los curiosos que se acercan hasta allí, en busca de un autógrafo o una foto con su ídolo (aún no se llaman *selfies*), está su hijo Jorge, el niño gaditano que tuvo con aquella camarera tan guapa del bingo, que ya está hecho un mocetón. Su excompañero Hugo Vaca le pregunta al *Mágico* si le incomoda conocerlo y este, conmovido, se acerca sin dudarlo: "Pues claro que quiero". Padre e hijo se abrazan con el pasado, se reconcilian y brindan por el futuro. Para recuperar el tiempo perdido, incluso, Jorge junior se va a vivir junto a su padre biológico al Salvador durante dos años, con la idea de conocer de primera mano sus raíces americanas y estrechar lazos con su nueva familia, la del otro lado del charco. Gracias, precisamente, al testimonio de Jorge junior podemos conocer hoy algunas de las intimidades de la estrella retirada.

El *Mágico* se pasa casi todo el día tumbado en su casa de San Salvador, devorando polos de limón desde la hamaca, viendo televisión. Es una vivienda unifamiliar muy modesta, de dos plantas, ubicada a unas pocas cuadras del coliseo Nacional, el cual ahora se llama estadio Jorge *Mágico* González. En la nevera, como se aprecia en uno de los retratos que su hijo conserva, hay un imán de la ciudad de Cádiz, el típico souvenir que se vende en las tiendas de los aeropuertos. Convive con su actual pareja, con la que ha sumado a su cuenta íntima dos hijos más. Quizá por la tarde, con el reloj interno siempre averiado, se levante y eche una *pachanguita* con los niños del vecindario, para luego tomarse una cerveza viendo el sol incendiarse de naranja, dejando pasar indolentemente los días, sin arrepentirse jamás de no haber cogido, cuando este pasó, el tren expreso que lo podía haber llevado hasta lo más alto de la cima (tal vez se quedó dormido en el anden una vez más). ¿Y el dinero? En su país sigue siendo un mito y colabora como imagen comercial de una firma de calzado deportivo, lo que le aporta unos royalties que le dan para ir tirando.

Otro mes de febrero, del año 2003, en un viaje relámpago, vuelve de nuevo a la bahía y participa en un partido amistoso entre el Barça y su querido Cádiz (que ahora milita en el pozo de 2ª B). En ese plantel azulgrana –dirigido por el técnico Radomir Antic– destacan futbolistas internacionales como Ronaldinho, Luis Enrique, Overmars o Cocú, además de un ramillete de jóvenes canteranos formado por Víctor Valdés, Puyol o Xavi. Este último se le acerca durante el calentamiento y le dice: "Tú eres *Mágico*, te conozco, he visto tus jugadas en vídeo y son alucinantes". A pesar de la edad que los distancia, el salvadoreño se atreve –durante una disputa– a elevar la pelota por encima de la cabeza de un aún imberbe Andrés Iniesta, que contempla absorto cómo un señor mayor de pelo largo y cano le sobrepasa delante de sus propias narices.

Igual que vino se irá y desaparecerá de nuevo –esta vez durante quince largos años– de cualquier ojo curioso que desee encontrarlo o entrevistarlo. No será hasta 2018, coincidiendo con su sesenta cumpleaños, cuando la ciudad de Cádiz lo homenajee por todo lo alto, durante una serie de actos y celebraciones que durarán cinco días. El *Mágico*, fiel a su mitología, llegará siempre tarde a todos los eventos organizados en su honor (a veces hasta con dos horas de retraso), sobre todo si en ellos hay pompa y boato alrededor de su figura, o largos y aburridos discursos previos del político de turno. La afición local, fiel y bullanguera, se lo perdonará todo –una vez más– y hasta celebrará con cierto cachondeo su falta de respeto a las formalidades.

Muchos de los hinchas cadistas que lo besan y encumbran durante esos días, o incluso los reporteros más jóvenes que cubren la noticia, nunca lo han visto en directo. Pertenecen a una nueva generación, una que nació cuando El *Mágico* ya se había ido, aunque a pesar de ello han escuchado muchas veces a sus mayores hablar con emoción, respeto y mucho sentimiento de un tipo desgarbado que hacía caer de culo a los rivales con sus fintas imposibles, para luego –ya vestido de calle– quemar las noches calientes de aquel Cádiz de los años ochenta. Al menos, la inmensa mayoría sí ha podido disfrutar de sus goles por

YouTube, además de reír y fantasear con las decenas de chismes que corren sobre sus andanzas.

La expedición al completo que aterriza en la vieja Gades consta de cincuenta y tres salvadoreños, un clan extenso que lo acompaña, entretiene y protege. Juega un partidillo en el que mete un gol de penalti e inaugura la puerta del estadio que ahora lleva su nombre. Duerme mucho, en un hotel que hay enfrente del colegio de San Felipe Neri, y se le ve poco. Concede escasas y muy breves entrevistas en las que confiesa sentirse desbordado de emoción por tanto halago. Todos le preguntan por lo que pudo ser y no fue, por sus aventuras apócrifas, por su fama merecida de tarambana, pero él ni confirma ni desmiente: "Ni me he cuidado ni me he descuidado –concede–. He llevado una vida muy normal, al menos desde mi punto de vista".

Nadie puede saber a ciencia cierta si habría alcanzado el nivel de un Messi o de un Maradona a nada que se hubiera cuidado un poco. En otras circunstancias, la historia quizá lo conociera como uno de los mejores de todos los tiempos, otro nombre a añadir a la lista más excelsa (Di Stéfano, Pelé, Cruyff...), pero entonces sería solo uno más de ellos y no El *Mágico*.

"El estadio entero se callaba cuando paraba la pelota y encaraba al defensa –rememora su excompañero Hugo Vaca con la mirada licuada–. Era algo sobrecogedor. Yo no sé si fue el mejor de siempre, pero sí te diré una cosa sobre él...".

Hugo Vaca se toma un segundo de pausa y asegura rotundo: "Jamás vi a nadie hacer tanto con tan poco esfuerzo".

5

JOHN DALY
O cómo ganar un British Open completamente sobrio

Saint Andrews (Escocia), Abierto Británico, julio de 1995

Es el último domingo del mes de julio y, como casi siempre, el cielo está encapotado en el vetusto Old Course de Saint Andrews, uno de los campos de golf más antiguos del mundo. John Daly y sus ciento y pico kilos de volumen caminan hacia el *tee* de salida del último hoyo entre los vítores y aplausos de un público entregado que no cesa de ovacionarle. Aprovechando una pequeña pausa, su *caddie* y ayudante le acerca un gran vaso de cartón relleno hasta el borde con medio litro de Coca-Cola Light.

John Daly retira la tapa transparente de plástico que cubre el recipiente y se bebe el contenido de un prolongado trago. Enseguida siente como las burbujas corren chispeantes por sus venas, explosionando en lo más profundo de su organismo, proporcionándole un agradable subidón de cafeína y glucosa. Ha debido meterse entre pecho y espalda unos quince refrescos como este en lo que va de día, uno de los más importantes de toda su carrera.

Para un profesional de este deporte, jugar un Abierto Británico en el Old Course de Saint Andrews debe ser algo parecido a lo que significaría para un músico interpretar una canción himno de los Beatles en lo más alto del escenario del The Cavern Club de Liverpool (John Daly, por cierto, ha hecho ambas cosas), un acto íntimo –mucho más allá del mero hecho de golpear una bola con un palo– que transita de puntillas entre la mística, la ofrenda, el tributo y la historia. "Bienvenidos a Saint Andrews, el hogar del golf, el deporte que amo", reza una inscripción a la entrada de la Casa Club.

En un viejo edicto del siglo XV, cuyo pergamino original se conserva en el museo, puede aún leerse perfectamente cómo –por orden del rey escocés Jacobo II– se prohibía practicar golf en esas mismas campas a ciertas horas del día para evitar que el ir y venir de pelotas, cientos de ellas surcando las nubes, distrajera los ejercicios de puntería de los arqueros reales. Así de antiguo y popular es este deporte en Gran Bretaña, tan arcaico y moderno a la vez como la catedral de Saint Andrews, derruida ayer por el paso del tiempo y convertida hoy en un bucólico esqueleto de piedra –casi una escultura– que puede divisarse en lontananza sobre la línea de horizonte del mar del Norte.

Desde allí, el recorrido del campo se extiende, en medio de una salvaje belleza, hasta el extenso arenal, abrazado al estuario del río Edén, formando una hermosa playa de un grano tan blanco y fino que parece una alfombra de sal molida. En la gélida espuma de su orilla, se rodó la famosa escena inicial de *Carros de fuego* (con música de Vangelis de fondo), la película que rendía homenaje a los atletas británicos que participaron en los Juegos Olímpicos de París 1924.

El British Open lleva celebrándose de manera ininterrumpida (salvo por los paréntesis de las dos grandes guerras mundiales) desde fecha tan lejana como 1860, un arco de tiempo realmente impresionante. Ganar este torneo supone para el vencedor incorporar su nombre a una larga lista sagrada de campeones, una nómina de héroes extendida por la memoria de tres siglos de competición, una hazaña que confiere a quien lo logra un aura imborrable de admiración y respeto entre los aficionados. Una vez que uno está dentro de este mágico palmarés, nada ni nadie puede apartarle ya de la posteridad, su recuerdo vivirá para siempre en los pastos eternos de Saint Andrews. Quizá por eso mismo John Daly siente este domingo nublado de julio el dedo de la inmortalidad tocándole suavemente el hombro. Y casi no puede creerlo.

A sus 29 años, con esa sudadera verde de la marca Reebok, algo abultada por el sobrepeso, y ese peinado *kitsch* de obrero de la construcción, típico de algunos estados sureños de EE UU, no parecía precisamente el prototipo de jugador llamado a tocar las puertas del cielo del golf este año. Quizá fuera porque lleva varias temporadas flirteando con el desastre, luchando contra sus demonios interiores, demasiado cerca del precipicio. Antes de arrancar el torneo, nadie habría apostado ni un billete arrugado por él. "Hubiera sido más productivo tirar el dinero directamente al retrete", bromea un comentarista.

Sin embargo, John Daly ha jugado todo este fin de semana con la perfección de los elegidos, liberando ese genio asombroso que solo asoma de muy vez en cuando entre el brillo acuoso de sus ojos azules. Muchos pensaban que no aguantaría este ritmo aplastante durante todo el torneo, que –a la hora de la verdad– la presión de los últimos hoyos le haría tambalearse.

Pero no. Daly ha conseguido derrotar no solo a sus adversarios –en un electrizante *playoff* de desempate– sino también a su propio destino fatalista. "¡Silencio, por favor!", reclama un espectador. El líder de la clasificación está a un solo golpe de hacer historia. El americano imprime a la bola un efecto delicado, emboca su último *putt* y eleva los brazos hacia el cielo encapotado de Saint Andrews. "¡Acabas de ganar el British Open! –repite para sí mismo en un susurro–. ¡Joder, tío, acabas de ganar el puñetero British Open!"

Pero lo más increíble de todo –piensa– no es tanto lo que ha conseguido, sino cómo lo ha hecho. Ha conseguido vencer en la catedral del golf manteniéndose completamente sobrio durante todos los días que ha durado el torneo. Es la primera vez que logra algo así en toda su vida.

Un chico de pueblo

Para la gran mayoría de los entendidos, el mejor golfista de todos los tiempos ha sido y será Jack Nicklaus, *El Oso Dorado*, ganador de 18 *majors* en su carrera como profesional y dos más como aficionado. A mediados de los años sesenta, Jack Nicklaus lanzó al mercado una especie de guía para principiantes –en formato cómic– titulada *Lecciones prácticas de Golf*. Con ilustraciones de Jim McQueen y textos del propio Nicklaus y Ken Borden, el libro se convirtió en un pequeño clásico de ventas, un éxito de largo recorrido –o *long seller*– presente en millones de hogares de todo el mundo (yo mismo recuerdo haberlo visto en casa de mis tíos, en una gastada edición de la editorial Planeta con tapas amarillas).

En los viejos días, cuando no existían las cintas de video ni los tutoriales de internet, muchos aficionados –sin recursos o ganas para pagarse un profesor– aprendieron a jugar al golf mirando aquellas viñetas, intentando imitar delante del espejo la postura que el gran Nicklaus recortaba en el éter al golpear la bola. Con apenas cuatro años de edad, John Daly encontró ese mismo libro en el garaje de su casa y, antes incluso de aprender a leer, empezó a reproducir –como en un juego infantil– las posiciones que veía en cada ilustración. John prestó especial atención a las seis lecciones que conformaban la primera parte de la guía, aquellas en las que se explican los fundamentos del *swing*, empezando por el *grip* (o cómo sujetar correctamente el palo) hasta desarrollar la mecánica completa del golpe.

El *swing* es el movimiento de rotación que permite al jugador golpear la pelota. Tras una colocación adecuada del cuerpo respecto al eje, se inicia un leve balanceo de calentamiento; luego hay que girar el palo hacia atrás (el *backswing*), detenerse un segundo en lo alto –dibujando una estampa en el aire– y, finalmente, golpear la bola hacia delante (el *downswing*) en un acto casi reflejo. Es lo primero que se aprende, aunque el proceso de mejora y perfección puede extenderse a lo largo de toda una vida. Es como el revés en el tenis o el golpeo con el interior del pie en el fútbol. Hay que practicarlo y pulirlo durante horas y horas cada día, siguiendo unas reglas o patrones generales. Al final, sin embargo, cada cual acaba desarrollando su propio estilo. No existen dos *swings* iguales. Es como la firma del jugador, su huella dactilar o tarjeta de presentación. Los hay de todo tipo: más o menos elegantes, efectivos frente a efectistas, suaves y violentos, lentos o rápidos; en general, un *swing* dice mucho sobre la personalidad de su dueño.

A John Daly, le regalaron los palos de golf siendo apenas un niño. Sus padres no sabían que existían versiones infantiles de menor tamaño, así que le compraron un juego de adultos. Para alguien de su edad, cuatro años, los palos le resultaban tan grandes y pesados que se le hundían hacia atrás, en el aire, cuando hacía el movimiento de *backswing*, consiguiendo de este modo, sin pretenderlo, un recorrido de giro mucho más amplio. Acabó desarrollando con el tiempo un golpeo característico, poco ortodoxo pero muy potente, casi como una catapulta boca abajo, imprimiendo a la bola una velocidad y fuerza descomunal, muy superior a la del resto de jugadores del circuito.

Aunque nació en Carmichael, California, el 28 de abril de 1966, John Daly creció y se crió en Dardanelle, Arkansas, un pequeño pueblo de apenas 5.000 habitantes, la típica población rural del sur de EE UU compuesta por apenas una calle principal, la iglesia, unas cuantas tiendas y un par de bares. Su padre, Jim, era operario en una fábrica y muchas veces se encargaba del turno de noche, por lo que no veía demasiado a sus hijos; su madre, Lou, era ama de casa. Constituían la característica familia blanca trabajadora de clase media-baja y orígenes humildes.

Todos sus compañeros del colegio jugaban al fútbol americano, el béisbol o el baloncesto, solo John le daba al golf, un deporte tradicionalmente vinculado a las clases acomodadas. Mientras la mayoría de sus amigos pasaban el fin de semana pescando, cazando o yendo de acampada, actividades muy populares en Arkansas, él se acercaba hasta el Bay Bridge Bont & Golf, un modesto campo de nueve hoyos que había a las afueras del pueblo.

Allí buscaba pelotas perdidas entre los matorrales y luego las revendía en un puesto callejero. En realidad, Daly no aprendió a jugar al golf en ese campo sino en una agostada pradera de béisbol que había justo detrás de su casa. Como siempre se ha definido a sí mismo, sin ningún tipo de complejo, él nunca fue el producto de un *country club* (en referencia a los ambientes pijos y refinados de los clubs de campo) sino –más bien– un simple y genuino *country boy*, un auténtico chico de pueblo.

Jugar bien al golf le sirvió al menos para obtener una beca al terminar el instituto. Recibió ofertas importantes de las universidades de Oklahoma y Missouri, pero prefirió quedarse cerca de sus raíces y completar sus estudios en la universidad de Arkansas. Entró a formar parte del equipo de golf del *college*, siendo su primer entrenador Steve Loy, un personaje peculiar con fama de tipo duro. Por aquel entonces, Daly –que tenía 19 años– estaba bastante fuera de forma en lo físico (el clásico adolescente americano víctima de una dieta rica en hamburguesas con queso, patatas fritas y perritos calientes), por lo que Loy le exigió que perdiera peso si quería seguir formando parte del equipo. Daly se obsesionó tanto con el tema que llegó a adelgazar casi 30 kilos en apenas seis meses. Lo que hizo para lograrlo, básicamente, fue dejar de comer. Se alimentaba exclusivamente de palomitas de maíz. Alguien le explicó que la nicotina le ayudaría a rebajar su apetito, así que comenzó a fumar de forma compulsiva, un vicio que jamás ha conseguido atemperar (uno de los gestos más característicos de John Daly es su forma de protegerse del viento, con ambas manos, al encenderse cada cigarrillo, uno detrás de otro). Por entonces, también empezó a beber de forma habitual, sobre todo Jack Daniel's, marca de bourbon de la que se hizo adicto.

En 1987, ya graduado, decidió probar suerte y hacerse profesional. Su madre le prestó 300 dólares y comenzó a viajar por todo el país, participando en torneos menores. Su vida estaba a punto de experimentar un giro tan radical como inesperado. Y todo por culpa de una tonta casualidad.

El cuento de Cenicienta

Agosto de 1991. Es un miércoles anodino y sofocante de verano cuando John Daly recibe una llamada por sorpresa desde el torneo de la Asociación de Golfistas Americanos, la PGA. El sudafricano Nick Price ha renunciado a participar en la competición porque su esposa está a punto de dar a la luz. Para cubrir su hueco, han buscado en la lista de espera y han encontrado su nombre junto a un número de teléfono. Daly es el noveno suplente y Price el octavo en fallar. Una auténtica carambola. Si se presenta antes de las ocho de la mañana del día siguiente en el hoyo 1 del campo de Crooked Stick de Carmel, en Indiana, habrá una plaza disponible para él en el campeonato de la PGA, uno de los *major* de la temporada (una categoría similar a la de *Grand Slam* en tenis, los cuatro torneos más grandes y prestigiosos del golf: Masters de Augusta, Campeonato de la PGA, Abierto de los Estados Unidos y British Open, los cuales se disputan en este orden a lo largo del año).

Daly está en Memphis, a unos ochocientos kilómetros de distancia. Mete su equipo de palos en el maletero del coche, fija el limitador de velocidad a 110 km. por hora –la máxima permitida– y conduce durante toda la noche. Llega con el tiempo justo para firmar en el registro de inscripción y empezar a jugar. Ni siquiera ha podido entrenar. Tiene 25 años y este es su primer torneo *de verdad* en el circuito americano (hasta ahora, solo ha disputado pequeños certámenes estatales). Como golfista profesional, es un completo extraño para el resto de jugadores, un novato sin experiencia, nadie conoce su nombre.

Desde el primer día de competición, Daly llama la atención de periodistas y aficionados por su salvaje *drive* de salida. Golpea la bola con tanta potencia que alcanza los 270 metros de media sin apenas esfuerzo. Cada vez que lo hace, el estruendo metálico del impacto –seguido del murmullo del público– resuena en el aire. "¿Quién es ese tío con pinta de pueblerino que pega semejantes estacazos? –se preguntan muchos–. ¿De dónde ha salido?".

Lo más alucinante de todo es que, después de dos días de torneo, Daly alcanza el primer puesto de la clasificación. Las televisiones, ávidas de caras nuevas, pronto se hacen eco de su presencia. Su rostro comienza a salir en las noticias nacionales. "Un debutante anónimo del que nadie ha oído hablar antes va en la cabeza del campeonato de la PGA. ¿Se lo pueden creer?", anuncia el presentador del canal ESPN con una gran sonrisa en la cara. Chico de pueblo, orígenes humildes, el suplente que condujo toda la noche para alcanzar su sueño. Los ingredientes de su historia son tan perfectos que los reporteros de los principales canales deportivos se frotan las manos. Los cuentos de hadas siempre han funcionado muy bien entre la audiencia.

Daly, mientras tanto, se mantiene en lo alto de la tabla durante la jornada del sábado y sigue dándole fuerte a la bola de ese modo tan poco académico como contundente. "Alguien con un *swing* así tiene que ser un tipo muy especial –explica un experto en golf–, porque, seguramente, cuando estaba aprendiendo a jugar, alguien debió decirle: 'Hijo, no puedes pegarle de ese modo'; y él debió contestarle: 'Claro que puedo, tío, ¿no lo ves?'".

De repente, empiezan a correr por las redacciones todo tipo de rumores y leyendas sobre su colosal golpeo. "Una vez reventó el interior de una bola de tan fuerte que le dio –asegura alguien–. He oído que el metal de sus palos lleva una aleación de balas fundidas en su composición", fantasea otro.

Cada vez que atiza a la pelota en el *tee* de salida, su *caddie* –Jeff *Squeaky* Medlen– le grita al oído para motivarle: "¡Mátala, John, mátala". Para alguien que lleva apenas unas pocas horas siendo famoso, el número de apodos con el que la prensa le ha bautizado es bastante amplio: *Long* John (por lo lejos que manda la bola), *Macho Man* o *The Killer*, el asesino. "Ahora ya sabemos por qué hay un agujero en la capa de ozono", bromea un comentarista.

El domingo es el día decisivo. O César o nada. Daly, que posee una ventaja de tres golpes respecto al segundo, llega al campo con pantalones de color crema, polo blanco holgado y un cigarrillo bailando sobre la comisura de los labios. Se abre paso a zancadas entre una salva de aplausos, rodeado de un público enloquecido. Todo el mundo quiere que gane. Desean que el desenlace de esta versión moderna de Cenicienta tenga un final feliz. Debe ser duro soportar toda esa presión sobre las espaldas, pero Daly mantiene el pulso firme y llega al último hoyo, el dieciocho, sabiéndose ya ganador. Va agitando los brazos por el camino, inflamando el ánimo de los aficionados, algo nada habitual en un deporte –el golf– poco dado a la expresividad. Hace apenas unos días, era un don nadie, menos que eso tal vez, pero hoy va a ganar uno de los torneos más importantes de la temporada –un *major*, nada menos– en su primera participación dentro del circuito. "¿No es una jodida locura?", le pregunta Daly a su *caddie* antes de completar el último golpe.

La primera que corre a abrazarle es su prometida Betty, con sus mechas californianas al viento, teñidas un poco al estilo Morgan Fairchild, intentando esconder su timidez tras unas gafas de sol. Daly, tras dedicarle la victoria a sus padres, anuncia ante las cámaras que se casará con ella el próximo octubre. Esa misma noche, los dos alquilan una limusina enorme y se van a celebrar el triunfo a un restaurante cercano, un McDonald's para más señas.

Ha nacido una estrella (mediática)

La vida de John Daly pasa entonces, en un abrir y cerrar de ojos, de patito feo a cisne. Entrevistas con *Larry King* en su celebérrimo *talk show* de la CNN, saques de honor en partidos de béisbol y fútbol americano, cazadores de autógrafos esperándole a la puerta del hotel y primeras admiradoras que se le arriman, bien pegadas a su cintura, para sacarse una foto con él. Los patrocinadores se pelean por conseguir un contrato en exclusividad y el dinero comienza a lloverle del cielo de repente –refrescando el ambiente de penuria– como una agradable tormenta de verano. Automóviles, ropa deportiva, refrescos y, por supuesto, marcas relacionadas con el equipamiento de golf. La firma Wilson le asegura un fijo de varios millones al año solo por utilizar sus productos durante los torneos. Graba todo tipo de anuncios. En uno de ellos, reproduce su famoso *swing* en mitad de una pista de aterrizaje del aeropuerto. "¡Aquí torre de control, la pelota de John Daly está punto de despegar", dice la *voz en off*. Luego mira a cámara y levanta el pulgar en señal de aprobación.

La gente lo adora, es un héroe del pueblo. De la pobreza a la riqueza, ahuyentando las dificultades a bastonazos. Daly crea su propio eslogan, una frase que resume su filosofía de vida: "Grip it and rip it". Agarra bien el palo y golpea tan fuerte como puedas. Una sentencia nada zen que parece más bien sacada de alguno de los disparatados personajes de *Caddyshack: el club de los chalados*, la loca y muy taquillera comedia de los años ochenta, ambientada en un club de golf, que protagonizaran en su día Chevy Chase y Bill Murray.

De forma muy especial, Daly se convierte en un ídolo entre la clase blanca trabajadora, la cual –gracias a él– conecta con un deporte elitista que ha sido habitualmente percibido como un club privado para niños ricos; por fin, los currantes tienen un héroe de la calle con quien sentirse identificados. La revista masculina *GQ* suele incluir siempre en su lista de los 50 deportistas más *cool* (o con más estilo) de todos los tiempos a Arnold Palmer, el elegante y sofisticado golfista que dominara el circuito a finales de los años 50 y principios de los 60. Palmer también se dejaba retratar en ocasiones –dentro del campo– con un cigarrillo en la boca, aunque él sabía lucirlo con una chulería propia de James Dean. Los hombres observaban a Palmer y veían en él al campeón a quien les gustaría parecerse en sueños. Cuando aparecía John Daly en la pantalla de la televisión, sin embargo, contemplaban a un tipo extrañamente parecido a ellos. Alguien del montón, corriente y moliente, incluso vulgar en cierto modo, el típico parroquiano que se toma una cerveza en la barra del bar de la esquina tras un duro día de trabajo; y eso les hacía sentirse cómodos en su presencia, casi como si fuera alguien de la familia.

Daly siempre ha tenido tendencia al sobrepeso, jamás ha cuidado su dieta. Nunca le ha importado reconocer que se alimenta básicamente de comida basura, algo muy americano. Tampoco tiene buen gusto al vestir y su peinado es cualquier cosa menos distinguido. Su pelo es rubio como el maíz, tan lacio como el flequillo del Nick Nolte en *El príncipe de las mareas*, aunque a veces adquiere ciertas tonalidades ámbar (podría usar el mismo tinte *natural* que Donald Trump o Boris Johnson).

Su corte preferido es el *mullet*, lo que en las peluquerías suele resumirse como corto por arriba y largo por detrás. Según los expertos en moda, el *mullet* se popularizó en los setenta gracias a la influencia del *glam* rock, sobre todo por culpa de David Bowie y su creación de *Ziggy Stardust*. Sin embargo, a partir de los ochenta, este tipo de peinado se hizo muy habitual entre las bandas de *heavy metal*, más o menos azucaradas, como Bon Jovi o Deff Leppard, poblando sus *videoclips* (bastante horteras en general) de tías buenas, mechas con reflejos y mallas ajustadas.

Algunos famosos de la época con este característico corte son: el protagonista de la serie MacGyver, el Mel Gibson de *Arma letal*, el cantante country Billy Ray Cyrus (bailando con sus botas camperas el *Achy breaky heart*) o el empalagoso vocalista Michael Bolton. John Daly ha sido fiel al estilo *mullet* durante casi toda su vida, acompañándolo de joven con un bigotito rubio, recortado a juego, muy similar al que llevara en su día la estrella de la NBA Larry Bird, otro deportista de inconfundible estética rural.

En un capítulo de *Los Simpsons*, después de pronunciar un discurso ultra conservador y patriótico, alguien le pregunta al personaje de Ned Flanders que de dónde ha salido alguien como él, tan genuinamente tradicional. Y Flanders contesta: "Procedo de esa enorme franja de tierra virgen, situada entre Nueva York y Los Ángeles, a la que algunos denominan América".

Sin duda, Daly se sentiría muy a gusto en la ficticia ciudad de Springfield, casi como en casa. Por su apariencia y aspecto físico, en vez de un *buggy* de golf, a nadie le extrañaría verlo bajarse de una camioneta repleta de sacos de cemento, con su cinturón de herramientas ajustado al torso, dispuesto a arreglar el tejado del vecino o a levantar una zanja en mitad de la calle.

Humano, demasiado humano

En una entrevista de principios de los años noventa, John Daly asegura: "Elegí el deporte del golf porque en esta disciplina no tienes que preocuparte por lo que hace la otra persona. Solo dependes de ti. Si algo sale mal, no puedes culpar al rival o a tus compañeros de equipo, solo a ti mismo. El golf me permite hacer las cosas tal y como me gustan, a mi manera". Pero esa *manera* de la que hablaba entonces Daly (como en el *My way* de Sinatra) incluía un estilo de vida muy personal al que no estaba dispuesto a renunciar. Por aquella época, sentía –en cierto modo– que ya se había esforzado demasiado desde niño para llegar a lo más alto. Ahora que el dinero entraba a espuertas en su cuenta del banco, deseaba tumbarse en el mullido césped de la cima, relajarse un rato y disfrutar del paisaje.

En vez de entrenar y preocuparse por pulir un poco más su *swing*, Daly comienza a salir por la noche y beber con demasiada frecuencia. Se vuelve perezoso. Además, empieza a darse cuenta del verdadero precio que uno debe pagar por la fama. Demasiadas responsabilidades y una presión constante por parte de la prensa. Se siente sobrepasado, nadie le ha enseñado a gestionar el éxito. "Soy un sencillo chico de campo, joder, no sé nada de esa mierda", se justifica. Su *manera* de enfrentarse a los problemas es la misma que aprendió de niño, en su casa de Arkansas, cuando su padre se peleaba con su madre. "Cuando las cosas se ponen feas y no aguanto más, suelo decirme a mí mismo 'que se jodan' y lo mando todo a tomar por saco– afirma sin rubor–. Me voy a un bar a emborracharme y me olvido de las puñeteras preocupaciones. Ya lo pensaré mañana, esa es mi forma favorita de solucionar los problemas".

Daly se muestra tremendamente sincero ante los demás y no le importa reconocer sus debilidades delante de las cámaras, lo que le hace más humano aún entre sus fans. "Cuando tenía 23 años– confiesa–, solía beberme a diario una botella de Jack Daniel's entera, de esas de 750 mililitros. Todos los días, durante meses. Sí, creo que tengo un problema serio con el alcohol, aunque por ahora lo tengo controlado". Pronto se descubrirá que no es así.

Cuando ganó, y de forma tan brillante, el campeonato de la PGA, las expectativas que los otros le colgaron encima fueron exageradas. Y ahora pesan como un ancla. "Puede ganar seis o siete torneos al año sin esforzarse demasiado– auguraban los especialistas–. Está al mismo nivel que Jack Nicklaus o Lee Treviño".

La verdad es que los meses van pasando poco a poco y Daly apenas consigue terminar entre los veinte primeros de la clasificación. En los campos, el público sigue recibiéndole como a una estrella, deseosos de ver en directo su aclamado *swing*, el más salvaje de todo el circuito. Los aficionados corean su apodo cuando le ven –"¡*Long* John, *Long* John!– y le piden que golpee siempre con la madera 1, el *driver*, el palo con el que se obtiene más distancia en el golf. Y cuanto más fuerte lo hace, más le jalean; aunque no siempre sea ese el golpe más adecuado para las características del hoyo que está jugando. "¡Mátala, *Long* John!", le gritan. A Daly le gusta contentar a la gente, así que golpea la bola con el brío de un bisonte y la manda directamente al fondo del lago. Hoy tampoco estará dentro del grupo de cabeza.

Hay un pequeño refrán en el golf que advierte: *You drive for show, but putt for dough*; y otro muy parecido que afirma: *Drive it's funny, but the putt it's money*. Lo que vienen a decir ambos es que mandar la bola muy lejos puede resultar muy espectacular de cara a los espectadores, pero donde realmente se deciden los torneos –el dinero, *the dough*, la pasta gansa– es en el juego corto (el *putt*), en el interior del *green* (la zona de césped cuidado y esponjoso donde está el hoyo, marcado con una bandera). El problema es que Daly no siempre llega hasta allí, el verdadero objetivo del juego.

Daly puede dejar boquiabiertos a colegas y comentaristas con su forma de pegar duro, la contrapartida es que, con tanta potencia, resulta más difícil ajustar la puntería. Nadie sabe adónde pueden ir a parar sus desmesurados saques, solo que muy lejos. Golpes terroríficos, pero impredecibles. "Necesita añadir precisión a su fuerza bruta y saber utilizar mejor los palos dependiendo de cada situación –analiza un experto–. Está en fase de aprendizaje".

Atrapado en la arena (movediza) del 'bunker'

Ha pasado ya un año desde su fulgurante irrupción en la escena y la sensación generalizada es que su juego se ha estancado. Las primeras críticas comienzan a llegar. "Hemos visto muchos John Daly en la historia del golf –escribe un periodista deportivo–. Estrellas rutilantes que iluminan la noche de un modo tan luminoso como pasajero, desapareciendo para siempre, después de un breve brillo, en la negrura del horizonte". Otros le defienden: "Uno puede embocar un hoyo por pura suerte, quizá tener un día de chiripa, pero ganar un campeonato de la PGA... ¡Buff! Eso son palabras mayores, no puedes conseguir algo tan grande y complicado por simple casualidad".

Al sector más conservador del golf, el fenómeno Daly solo les ha hecho gracia durante un rato. Es un tipo simpático y divertido, se suele llevar bien con todo el mundo dentro del circuito, pero no procede de su mismo planeta. Un perro verde que va por libre. "Sus seguidores son legión –afirman los puristas–, pero no entienden de golf, solo se fijan en el *show* que le rodea. Valores como la tradición o el esfuerzo son pilares de nuestro amado deporte, no puedes despreciarlos de ese modo".

Y no les falta razón. Encenderse un cigarrillo o beberse una cerveza en mitad de un partidillo informal, puede arrancar una sonrisa entre la grada, incluso tener un punto *cool*, a lo *Mad Men*, lo malo es que si luego no das una con el *driver* entre las manos la gente puede acabar pensando que lo único que eres en realidad es un simple borracho.

De forma cada vez más frecuente, cuando falla un golpe y manda la bola al agua, a un *bunker* de arena o esta se pierde entre los matorrales del bosque, John Daly comienza a experimentar unos explosivos e irrefrenables ataques de ira. Lanza los palos por el aire, masculla y maldice, y –lo peor de todo– le da por abandonar los torneos en mitad de la competición. Directo del campo de golf al bar más cercano, sin firmar su tarjeta y sin dar explicaciones, su forma de ahogar la frustración. "Mi reacción natural a jugar mal era emborracharme –admitirá muchos años después–. Lo convertí en mi refugio, mi rutina. Creo que llegó un momento, con el tiempo, en que hasta me apetecía jugar mal solo para poder irme a beber después". La prensa comienza a cuestionar su comportamiento y publica historias sonrojantes sobre sus salidas nocturnas. "Es mi vida –contesta él con su habitual transparencia, como en aquella canción de Billy Joel–. Esto es lo que soy, no esperéis otra cosa de mí".

Navidades de 1992. Domingo por la mañana. Daly está jugando al billar en su mansión de Aspen, Colorado (uno de los destinos invernales preferidos entre clases adineradas), tomándose unas copas antes de empezar a comer, cuando de repente todo enloquece. Gritos, empujones y su hijo llorando en una esquina. La policía local recibe una llamada de aviso de su mujer, que ha escapado de allí corriendo espantada.

Cuando los agentes entran en la casa, se encuentran la vivienda destrozada: cristales rotos, la televisión reventada, botellas vacías tiradas por el suelo, manchas de sangre en el lavabo y agujeros de puñetazos en la pared. Un balance de daños que parece sacado de una gira de los Rolling Stones. Todavía a día de hoy, muchos años después, Daly niega haber tocado a su esposa más allá de un simple forcejeo y define aquel día como el más bochornoso que recuerda. El escándalo es mayúsculo y la PGA, la asociación de golfistas profesionales, le exige poner orden en su vida si no quiere perder su licencia y ser expulsado.

Tiene solo 26 años y debe abandonar temporalmente el circuito para ingresar en un centro de desintoxicación de Tucson, Arizona. Como cantaría Amy Winehouse, mucho tiempo después, Daly debe entrar en rehabilitación, aunque a diferencia de ella (*They tried to make me go to rehab...*), él sí estará de acuerdo en hacerlo y dirá: *¡Yes, yes, yes!* Al menos, por el momento.

Me llamo John Daly y soy alcohólico

En los centros de desintoxicación, es habitual que los pacientes novatos reciban la visita de antiguos alcohólicos –ya curados– los cuales, mediante vibrantes discursos de motivación, intentan hacen ver a los nuevos el callejón sin salida en el que se han metido. El padrino o *coach* que aleccionará a Daly se llama Thomas *Hollywood* Henderson y es una exestrella negra del fútbol americano, una montaña de músculos y huesos –con cierto parecido a Bubba Smith, el agente Hightower de *Loca academia de policía*–, que jugó de defensa en la NFL para equipos como los Dallas Cowboys o San Francisco 49ers. "He perdido el fútbol, he perdido el dinero, he perdido mi casa; el prestigio, las joyas y mi anillo de la *Super Bowl*; lo he perdido todo –comienza a recitar Henderson a la audiencia con un micrófono en la mano y su cabeza, brillante como un espejo, afeitada al cero–. ¿Y sabéis quién me arrebató todo eso? La cocaína y el alcohol. Mi locura. Si veía a alguien meterse un ácido, yo me tomaba tres. Las drogas me lo quitaron todo, absolutamente todo, pero os diré algo: no he vuelto a probarlas desde el 8 de noviembre de 1983". La sala entera estalla en un gran aplauso de aprobación.

"Y sé muy bien lo que pasará si vuelvo a hacerlo –continúa–, el mundo se convertirá en un lugar más inseguro. ¿Os da miedo la guerra nuclear? Pues imaginaros al jodido Thomas *Hollywood* Henderson fumando *crack* otra vez. Os juro que eso sí acojona de verdad". Y entonces la gente se pone en pie para ovacionarlo.

Su estilo directo toca la fibra de John Daly, que se siente identificado con otra estrella del deporte en problemas. Él sí puede entender lo que siente. "Seguramente, lleves el alcoholismo en la sangre", le asegura Henderson. "Quizá, incluso, desde niño". Los terapeutas empiezan a explicarle lo que supone crecer en una familia disfuncional, transmitiendo las adicciones de generación en generación. "¿Su padre bebía, señor Daly?", le preguntan. John hace memoria y bucea en dolorosos recuerdos que creía tener olvidados. "El *viejo* se ponía agresivo cuando se emborrachaba y nos amenazaba a mi madre, a mí y a mis hermanos cuando lo hacía –rememora–. Una vez, incluso, iba tan ciego que llegó a apuntarme directamente a la cabeza con el cañón de su arma. Yo era apenas un crío, pero él ni siquiera me reconocía de lo bebido que estaba". Poco a poco, empieza a lamer sus heridas.

Tras varios meses de rehabilitación, regresa tímidamente al circuito. "¿Cómo se declara respecto a su recuperación?", le pregunta un periodista. Daly mira a cámara y, como siempre, responde con absoluta sinceridad. "Digamos que me siento moderadamente optimista", contesta muy serio.

Su vida inicia una época soleada, lo que incluye un nuevo amor. Se llama Paulette y es una preciosa azafata de solo 19 años, la típica belleza sureña que entrega en los torneos esos grandes cheques de cartón a los ganadores, mientras luce el nombre del patrocinador junto al escote de la camiseta. Se da un aire a la actriz Heather Locklear, la *sex symbol* rubia de *Dinastía* y *Melrose Place*, aunque en su sonrisa aún sigue brillando la inocencia. Daly es un tipo campechano, no muy guapo, aunque encantador a su modo, además de rico y famoso. No le importa gastar cuando se trata de contentar a los demás. En su primera cita, la lleva a cenar a Londres volando en el Concorde. Ella se siente como una princesa.

Durante un tiempo le ayuda a concentrarse, a focalizar su energía. Él continúa asistiendo a las reuniones de alcohólicos anónimos, aunque parece una simple cuestión de tiempo que vuelva a tropezar. "Jugaba mucho mejor cuando bebía –le escucha decir un día–. Quizá debería volver a hacerlo".

Daly es un tipo demasiado sociable, todo el mundo quiere invitarle a una cerveza allá donde va. Las tentaciones son enormes. Además, se siente juzgado por el universo a cada rato. Le piden que sea una estrella del golf y un padre de familia modelo al mismo tiempo. Demasiada presión.

En verano de 1994, viaja a Escocia para participar en el prestigioso y conocido British Open. Encadena varios *birdies* consecutivos en los primeros ocho hoyos y se coloca líder con un -5 global. Sin embargo, en los siguientes ocho, manda la bola a lo más profundo del follaje, ni siquiera los jueces son capaces de encontrarla, y su línea ascendente se quiebra. Siete golpes en un par cuatro, otro doble *bogey* en el hoyo once y adiós al torneo. "Me duele la espalda –declara–. Solo quiero volver a casa y arrancarme este cuchillo del corazón".

Antes de regresar a EE UU, concede una incendiaria entrevista al tabloide sensacionalista británico *The Sun*. El reportero sabe exprimir al voluble Daly todo el jugo de limón que sus declaraciones pueden llegar a contener. "Soy un alcohólico en recuperación. Yo no me escondo – afirma–. En el circuito hay muchos jugadores que abusan de la cocaína y otras muchas locuras, pero nadie dice nada de ello".

Los titulares son dinamita y no sientan nada bien en los enmoquetados salones de los grandes clubs de campo. Curtis Strange, uno de los campeones más representativos del ala veterana del golf, reacciona a sus indirectas como una doncella ofendida. "John Daly debería irse arrastrando de nuevo hasta debajo de la piedra de la que saliese un día", escupe.

La prensa corre de nuevo hacia Daly para obtener un puñetazo de vuelta, pero este está ya demasiado agotado como para contestar: "¡Dejadme en paz, por favor! Bastantes problemas tengo con mantenerme sobrio cada día".

Resurrección con (mucho) chocolate

Pasan los meses, casi en un suspiro, y las cosas no parecen mejorar demasiado. No es que no logre ganar un torneo (cosa que no ha vuelto a suceder desde su irrupción luminosa en aquel PGA memorable de hace cuatro años), es que le cuesta una barbaridad simplemente acabarlos. Abandona los partidos a la mínima contrariedad, nada parece importarle. Ha perdido el contacto de los pies con el suelo, así que decide parar y tomar aire.

Necesita un nuevo enfoque. Saca el calendario y marca un círculo en rojo sobre una fecha. Julio de 1995, última semana. Abierto Británico, Old Course de Saint Andrews, Escocia. Siempre le ha fascinado ese campo y ese torneo, tan diferente a él en todos los aspectos. Toma una determinación. Volcará durante unos días toda su atención y obstinación en el golf y apartará la mirada del alcohol. Por primera vez en su vida, tiene un plan.

John Daly ordena que vacíen el minibar de la habitación de su hotel para rellenarlo hasta los topes de Coca-Cola Light, lo único que va a beber –en cantidades industriales, eso sí– mientras esté en Escocia. Está acostumbrado a automedicarse con alcohol, así que no le cuesta encontrar un sustitutivo adecuado –inofensivo además– para engañar a su enorme ansia adictiva: el chocolate. Va a intentar sustituir un vicio por otro. Al menos, durante un par de semanas. Y cree que funcionará. Helado de chocolate, chocolatinas, batido de chocolate, chocolate caliente a la taza, barritas de chocolate, magdalenas con trocitos de chocolate por encima, tarta de chocolate y sobres, muchos sobres de caramelos M&M's (recubiertos de chocolate, por supuesto). Se llena los bolsillos de ellos y los va devorando compulsivamente a cada rato. Complementa su dieta antichoque con litros y litros de cafeína (a través de la Coca-Cola Light) y su habitual dosis de humo y nicotina, unos tres paquetes de Marlboro al día. Ya está listo para ganar.

Aunque conserva aún cierto brillo de campeón entre sus seguidores, la mayoría de los especialistas lo consideran un jugador demasiado caótico e irregular como para volver a levantar un *major*. Su hándicap (no el del golf, sino el de las casas de apuestas deportivas) es ridículo, nadie pondría en juego por él ni la propina del té. Por eso, cuando arranca el campeonato como una centella y se coloca entre los primeros, son muchos los que agitan la cabeza aturdidos. Daly vuelve a tener un cañón entre las manos cuando saca, pero esta vez, en lugar de acabar sepultadas entre la hojarasca, sus pelotas sí van al centro de la calle. Incluso ha recuperado su magia con el *putt*. El juego brillante y sensible de su primer y segundo día le da la confianza suficiente como para animarse y no cometer ninguna estupidez. Muchos se preguntan si aguantará tan fresco de cabeza hasta el final.

Tiene tanto mono de azúcar en las venas que necesita beberse medio litro de Coca-Cola Light entre hoyo y hoyo. Junto al *green* del nueve y el *tee* del diez ha encontrado un puesto callejero de deliciosos *muffins* caseros. Cada vez que pasa por ahí, hace cola junto al resto de espectadores y se devora un par de ellos allí mismo, recién horneados, de chocolate por supuesto. La prensa británica ha encontrado un nuevo apodo para él (otro que sumar a la lista): *The Wild Thing* (El Salvaje).

El público escocés, tan tradicional como entendido, empieza a caer en su hechizo. Disfrutan con su juego y se ríen con sus excentricidades. El mundo del golf se sacude el estupor y empieza a emocionarse. "¿De verdad pensáis que puede ganar el Abierto Británico? –se preguntan incrédulos unos a otros–. ¿Es posible que el milagro vuelva a ocurrir de nuevo? ¿Otra vez? ¿Aquí en Saint Andrews? No me lo creo". Daly, mientras tanto, sigue a lo suyo, embocando y embocando, pelotas increíbles en el hoyo y cigarrillos humeantes en sus labios. No puede parar de fumar.

El domingo, en la vuelta definitiva, comienza cuarto en la clasificación, pero remonta posiciones a lo largo del día y firma su tarjeta final como líder solitario del torneo. Todavía quedan algunos rivales por terminar su partido, aunque el único que puede alcanzarle ya es el italiano Constantino Rocca, que le persigue de cerca, a un solo golpe de distancia. Daly, que ya ha guardado los palos en su taquilla, espera inquieto el desenlace definitivo bajo una carpa, de pie, abrazado a Paulette, observando los últimos hoyos de su oponente por televisión. Siente tanta tensión que ni siquiera puede moverse. En la calle del dieciocho, Rocca falla un golpe fácil y todo parece decidido. Daly y Paulette se besan, puede sentir la gloria envolviéndole, pero el italiano acierta un *putt* imposible de unos quince metros de longitud y se deja caer sobre la hierba de pura emoción. Acaba de igualar con Daly en el último segundo. Para decidir el ganador, habrá que jugar a continuación un *play-off* de desempate, entre Rocca y Daly, a cuatro hoyos.

Estaba a punto de tocarlo y el sueño se ha desvanecido en un segundo. La decepción es tal que, en condiciones normales, Daly tiraría los palos por el aire y se iría directamente al bar más cercano. Pero hoy no está dispuesto a rendirse. "¡Vamos allá!", se encorajina. Despide a su mujer con una carantoña y regresa al campo. De nuevo. Solo. En apenas cuatro hoyos, consigue sacar a su rival cinco golpes de ventaja. Todos pensaban que se desmoronaría con la presión, pero ha sucedido justo lo contrario. Se ha sobrepuesto a lo gran campeón.

La estampa de su caminata por el último *tee* recuerda a la de un general victorioso, recorriendo el horizonte tras la batalla. El público, como fieles tropas, le va abriendo paso entre gritos y aplausos, hasta un rayo de sol naranja parece apuntarle a la cabeza, descendiendo como una llamarada entre el cielo encapotado de Saint Andrews. Lleva pantalones negros, polo rojo y un jersey abultado de color verde menta con el logo de Reebok –uno de sus patrocinadores– en el pecho, una vestimenta bastante discreta para lo que será, en el futuro, su aspecto habitual. El viento frío que llega desde el mar del Norte despeina su melena lisa de color rubio oro, peinada a lo *mullet*. Lo que ha ocurrido hoy aquí forma parte ya de la historia del golf. Para siempre.

Para celebrarlo, Daly no llena la copa del British Open con champán sino con helado de chocolate. Saca una cuchara del bolsillo y se lo zampa. Es el trofeo de verdad, el que todos deben devolver al torneo tras los doce meses de reinado, no la reproducción que entregan a los campeones como recuerdo. Si alguna vez tienes la suerte de contemplar la centenaria copa de plata original del Abierto Británico, tras el cristal de alguna vitrina, piensa que John Daly la usó una vez como recipiente para helado, un enorme helado de chocolate.

Tiene 29 años y apenas ha ganado dos títulos en toda su carrera, pero son dos de las victorias más importantes que se pueden conseguir en golf. La mayoría no consigue nada parecido ni en toda una vida. Daly ha vencido a sus demonios personales y también la edición número 124 del torneo más antiguo de este deporte. Nunca volverá a estar en lo más alto. Los próximos veinte o veinticinco años no serán más que una larga y prolongada cuesta hacia abajo.

Siete manos al blackjack (no hay nada más excitante)

Su victoria en el British Open le proporciona a Daly, entre contratos y patrocinios, unas ganancias descomunales. Decenas de millones. Y él pronto encuentra un nuevo lugar donde fundir toda esa cantidad de pasta: el casino. Desde siempre, se ha sentido a gusto jugando a las máquinas tragaperras, se puede pasar horas sentado ahí con su cerveza, entre luces y pitidos estridentes, viendo iconos de frutas –con el símbolo del dólar grabado dentro– girar y girar delante de sus pupilas, casi como el péndulo de un hipnotizador, inundándolo de paz y tranquilidad por dentro. Sin embargo, Daly va a entrar en una dimensión superior, siguiente pantalla, nivel maestro. A su alcoholismo galopante añade ahora otra adicción, tan grave como la anterior: el juego.

Un teletipo de la agencia EFE, fechado en Melbourne en noviembre de 1995, apenas cuatro meses después de vencer en Escocia, resume en cuatro líneas su nueva afición: "John Daly, ganador este año del British Open, dio ayer un recital en Australia. No en el abierto de este país, donde firmó una tarjeta desastrosa, sino en el casino de Melbourne. Tras fracasar en el campo, Daly acudió a jugar al *blackjack* y ganó 185.000 dólares".

"Cuando juegas al golf –describe él mismo–, notas una gran descarga de adrenalina, pero eso no es nada comparado con lo que experimentas en la mesa de un casino, apostando 140.000 o 400.000 dólares de golpe. Eso sí que es un subidón de verdad. Creo que es la sensación que más me gusta del mundo".

Su padrino en el centro de rehabilitación, Thomas *Hollywood* Henderson, le recomendó en su día que se buscara un *hobby* alternativo con el que apaciguar su dependencia de la bebida, algo que le apasionara de verdad. Su familia esperaba que ese *algo* fuera la música (Daly canta, toca la guitarra y tiene una banda *country*) o cualquier otra actividad inofensiva –jardinería, conducir deportivos o, por qué no, jugar más al golf... lo que fuera–, pero Daly es Daly y se decantó por los naipes, las apuestas y el azar.

Llega a gastarse cantidades escandalosas. Cien de los grandes de una tacada solo en máquinas tragaperras (sus preferidas son las que funcionan con fichas de 5.000 dólares). Su diversión favorita es cerrar la mesa de *blackjack*, ocupar las siete manos al mismo tiempo y apostar unos 15.000 dólares en cada una de ellas, a la vez, él solo contra la banca, una práctica que actualmente ha sido prohibida en la mayoría de casinos del planeta. "Es como tener siete oportunidades en una –explica–. Te aseguro que se puede ganar mucho, mucho dinero, con ese sistema. Aunque, bueno, también puedes perderlo, claro".

En 2006, preparando su biografía, que se titulará *John Daly: mi vida dentro y fuera del rough* (en el juego del golf, el *rough* es la hierba alta que se sitúa a ambos lados de la calle, el lugar adonde nadie quiere ir a parar), Daly coge lápiz y papel, hace números y llega a una conclusión asombrosa: "A lo largo de estos años, he cifrado mis pérdidas en el juego en unos 95 o 98 millones de dólares; también he ganado unos 40 o 45, así que el balance negativo final debe andar por los 53 o 55 millones. Eso es, más o menos, lo que he calculado –afirma con pasmosa frialdad (así de preciso puede llegar a ser Daly cuando se pone)–. "Sé que parece un disparate, la gente me pregunta a menudo que cómo se puede despilfarrar tal fortuna apostando. No sé qué contestar. Simplemente, ocurrió. Eso es todo. ¿Que si me arrepiento de ello? La verdad es que disfruté un montón haciéndolo".

Una vez, en San Francisco, se embolsa un cheque de 750.000 dólares tras quedar segundo en un torneo (pierde el desempate con Tiger Woods). Esa misma noche, se monta en su coche y no frena hasta llegar al hotel Wynn de Las Vegas (a unos 900 kilómetros de distancia), donde en apenas cinco horas se gasta el doble (un millón y medio) de lo que se había embolsado. "No me levanté de la mesa de *blackjack* más que para ir al baño. El tiempo pasa muy deprisa en esos sitios. Sobre todo cuando estás en racha".

Un hombre de extremos, Daly. El más potente del circuito desde el *tee* de salida, deportista de élite con gran barriga cervecera; bebedor, compulsivo fumador, agresivo en ocasiones (sobre todo, cuando se emborracha), habitual de los clubs de *striptease*, mujeriego (es evacuado de un avión de la British Airways por hostigar a una de las azafatas) y –como guinda del bizcocho– jugador manirroto.

Al montón de facturas domésticas e hipotecas diversas que acumula, añade ahora unas imponentes deudas de juego. "Si no controlo mi adicción, acabaré totalmente arruinado", le confiesa a su mujer

Paulette, quien ya ha amenazado varias veces con dejarle (no tardará demasiado en hacerlo). Por el momento, va enjuagando los números rojos gracias a los ingresos que sigue obteniendo de sus contratos publicitarios (aunque sus patrocinadores también empiezan a cansarse de sus continuos escándalos). Todo el dinero que entra por un lado, se va directo por el otro para saldar compromisos y pagarés. Pronto comenzará a tener que vender parte de sus coches y mansiones.

Los problemas crecen

"Uno no cambia de vida porque alguien te diga que lo hagas. No funciona así. Tiene que salir de ti –reconoce en una entrevista–. Cuando tienes tantos malos hábitos adquiridos, es difícil no caer en la tentación, una y otra vez. Sabes adónde te conduce ese mal camino, quieres detenerte, pero no puedes. Hay personas que no maduran nunca y yo debo ser uno de ellos".

Pasa los siguientes años entrando y saliendo constantemente de centros de rehabilitación (se hace un habitual de la clínica Betty Ford, a las afueras de Los Ángeles, el establecimiento para adictos más popular entre las estrellas de Hollywood). Bebe casi todas las noches, hasta las cinco o seis de la mañana, luego se acuesta un par de horas y se presenta –de empalmada– en el campo de golf, disputando los torneos con una gran resaca revoloteando en su sesera.

No es raro verle montar numeritos entre hoyo y hoyo, rompiendo sus palos contra un árbol, descargando así su frustración por un mal golpe, maldiciendo a gritos su suerte entre patéticos arrebatos de ira. En agosto de 1998, en medio de un partido televisado, comienza a sufrir un ataque incontrolado de temblores por culpa de la abstinencia. Las imágenes que emite la pantalla son terribles. Los violentos espasmos que hacen tiritar todo su cuerpo no le permiten siquiera sujetar la empuñadura del palo. Daly se bebe de un trago una lata entera de Coca-Cola Light –entre escalofríos– para intentar recuperar el pulso. Es verano y el sol pega fuerte, debe hacer más de treinta grados de temperatura ahí fuera, pero él termina de patear la pelota embutido en una gruesa chaqueta, con la cremallera abrochada hasta el cuello, aterido por el sudor frío, con un par de enormes lagrimones cayéndole por las mejillas. El comentarista apenas puede hablar de la impresión.

Puede sorprender a todos de repente y regalar a la vista una actuación magistral, como en el campeonato de la PGA de 1997, el cual llega a liderar durante los primeros días. Luego, sin embargo, cuando un hoyo se le tuerce, se ofusca de una manera suicida y lo echa todo a perder. Picos ascendentes a los que prosiguen recaídas catastróficas. Siempre caminando en el alambre, al borde de la grandeza o del desastre.

Su vida personal se desmorona poco a poco. Paulette le pide el divorcio (más gastos que sumar a su maltrecha economía), lo que le lleva a padecer episodios de depresión. Peleas con otros borrachos en los bares, incidentes con la policía. En un hotel de Florida, tras destrozar la habitación, sufre un aparatoso *shock* etílico y debe ser trasladado urgentemente en ambulancia. En el trayecto hasta el hospital, su corazón deja de latir durante algunos segundos, no son muchos, pero parecen eternos. Al final, los enfermeros consiguen, por fortuna, reanimarle.

Las firmas deportivas que lo patrocinan, Wilson y Reebok, se hartan definitivamente de su carácter rebelde y marginal –a veces, violento; otras, infantil– y deciden no renovar sus contratos millonarios. El pozo del dinero amenaza con secarse. Viaja de aquí para allá inscribiéndose en todo tipo de torneos menores, en busca de un buen fajo de billetes. A veces le llaman desde ciudades extranjeras que ni siquiera es capaz de ubicar en el mapa, como Knokke, la pequeña localidad balneario donde se disputa el –no demasiado conocido– Abierto de Bélgica, competición que le garantiza un caché de 100.000 dólares solo por participar (la presencia de Daly asegura el éxito de prensa y público). Ganar, ya es otra cosa. En su peor momento de juego y resultados, llega a descender hasta el puesto 507 del *ranking* mundial.

Ely Callaway, propietario de la marca de accesorios de golf del mismo nombre, se apiada de Daly y le ofrece un trueque. Pagará todas sus deudas y le firmará un jugoso contrato publicitario, a cambio de que le prometa una única cosa: entrará de nuevo en un centro de rehabilitación y, esta vez sí, pondrá punto final a su alcoholismo para siempre. Daly acepta el trato, pero de modo tan inesperado como repentino, abandona la clínica tan solo cinco días después de haber ingresado en ella. Le da igual que Callaway, un octogenario chapado a la antigua, rompa indignado el cheque de siete cifras con el que iba a obsequiarle. Una promesa es una promesa, pero la adicción de Daly es aún más fuerte. "Es inútil luchar contra ella, la llevo en los huesos", afirma.

En 2001, vuelve a casarse por tercera vez. Tiene ya cuatro hijos. Entre las pensiones de sus ex y la manutención de sus vástagos debe hacer frente (solo por este concepto) a un gasto mensual de unos 40.000 euros. Su nueva familia política resulta ser un filón de titulares para la prensa sensacionalista. En 2003, parte de ella –suegros y algún cuñado– es detenida por tráfico de drogas. Su mujer tampoco se queda rezagada (consumo de marihuana y cocaína). Daly se presenta a un torneo con la cara llena de arañazos. "Ha sido mi esposa, con un cuchillo, estaba furiosa y me ha atacado con lo primero que ha pillado a mano", explica sin darle demasiada importancia. "¿Pero qué más puede sucederle a Daly?", se preguntan los tabloides de manera algo retórica.

Según narrará años después el golfista norteamericano Fuzzy Zoeller, compañero del circuito profesional y uno de los pocos amigos que Daly mantiene dentro de la profesión (algo extraño, porque él siempre se llevó mejor con los jugadores europeos antes que con sus propios compatriotas), en una ocasión, un John completamente loco y desesperado llegaría a suplicarle entre sollozos: "Hazme un favor, ¿quieres? Coge una de esas armas que guardas en el armario y pégame un tiro en la cabeza". "¿Es eso cierto, señor Daly?", le interroga un periodista tiempo después. "La verdad es que iba tan borracho esa noche que no me acuerdo –responde–. Pero si Fuzzy afirma que fue así, seguramente ocurriría de ese modo".

Durmiendo en un remolque aparcado junto al campo más pijo de Georgia (abril de 2010)

El Augusta National es el campo de golf más legendario, hermoso y mitificado de todo EE UU. Allí se disputa el Master de Augusta, el torneo que entrega a su ganador –además de mucho dinero y prestigio– una

chaqueta verde (un icono del deporte mundial), prenda que le acredita no solo como vencedor sino también como nuevo socio de este exclusivo y selecto club privado. Y eso no es poca cosa. En sus crepitantes pastos de hierba verde acuarela, juegan los presidentes de los consejos de administración más poderosos del país, millonarios de piel tersa y lechosa que se protegen del sol a la sombra de las terrazas mientras beben limonada y degustan un sándwich de ensalada de huevo.

En Augusta impera el viejo estilo, las normas de etiqueta son estrictas con el uso del teléfono móvil y algunos opinan que el trato que se dispensa a las mujeres respecto a los varones, en ciertas normas de indumentaria o acceso al club, es retrógrado y claramente discriminatorio (ellos prefieren llamarlo tradición). Muchos de sus socios llegan hasta aquí a bordo de su propio avión privado. Para ser exactos, quizá no sea verde acuarela el color más ajustado para describir su césped de postal sino, más bien, un suave verde dólar.

A un par de kilómetros de allí hay un restaurante de la cadena *Hooters*, un local de aros de cebolla rebozados en manteca, patatas fritas y alitas de pollo fritas empapuzadas en grasa y harina, muy polémico y famoso debido a la política de imagen que la empresa mantiene respecto a sus trabajadoras (las camareras, normalmente seleccionadas por su vistoso físico, sirven la comida a los clientes incrustadas en una diminuta y ajustada camiseta corporativa de escote generoso). En su aparcamiento hay dos remolques de feriante estacionados allí desde hace varios días: la nueva residencia con ruedas del siempre imprevisible John Daly. En vez de pernoctar en un hotel de Augusta (los hay de gran categoría), el jugador prefiere moverse en su caravana por todo EE UU, dormir acunado sobre el asfalto de la carretera e ir a disputar sus partidos del día siguiente andando.

En uno de los dos remolques, Daly vive, viaja y pernocta junto a su nueva prometida, la cuarta, Anna Cladakis, una morena (ya no le atraen tanto las rubias) de carácter apacible y tranquilo. El otro remolque puede abrirse a modo de tenderete y está repleto de cajas de cartón, cumpliendo la función de almacén. Al atardecer, después de haber participado en el Master, Daly y Anna montan una especie de mercadillo junto a su caravana, con mesas plegables y una gran sombrilla de

Dr Pepper; y allí, sobre unas tablas de conglomerado, venden todo su catálogo de *merchandising*. Gorras, camisetas y demás material fungible. Una forma, como cualquier otra, de sacarse un dinero extra.

A su alrededor revolotea un pequeño hormiguero de *fans* y curiosos. La mayoría solo quiere hacerse una foto con Daly, estrecharle la mano o verle encenderse un cigarrillo con ese gesto de manos tan característico en él. "¡Te queremos, John!", le grita una señora mayor con grandes rulos canosos en la cabeza. ¡Te apoyaremos siempre, John, pase lo que pase!", insiste (y eso que verdaderamente son muchas cosas las que han pasado). "El público siempre me ha adorado –explica Daly–. Nunca he sido deshonesto con ellos, siempre les he dicho la verdad sobre mí, buena o mala. Me ven tal y como un soy, alguien como ellos, un ser humano repleto de defectos".

Hay una cola de unas cincuenta personas esperando su autógrafo. A cambio, deben comprar una fotografía suya por 20 dólares. Las hay de todo tipo. De sus triunfos y de sus derrotas. Las que más se venden son las que muestran al Daly más pendenciero, bebiendo cerveza junto a sus palos o ejecutando un precioso *swing* con un cigarro humeante en la boca. Alguien ha traído consigo una foto ampliada del retrato oficial que la policía de Carolina del Norte le hizo en 2008, vestido con la típica camisa naranja de presidiario, cuando lo detuvieron y ficharon por resistencia a la autoridad. Una patrulla lo encontró borracho en mitad de la calle y Daly se puso agresivo. "Sujeto totalmente intoxicado y poco cooperativo", dictaba el informe de los agentes. Daly tuvo que pasar la noche en comisaría. El retrato de su ficha de ingreso, como ha ocurrido con tantos actores díscolos o estrellas del rock, salió en las portadas de todos los tabloides. "¿Te importa firmármela?", le pregunta el chico. "Claro, no hay problema", responde.

En una nevera portátil, de esas de plástico que la gente lleva a la playa, enterradas bajo una montaña de hielo picado, hay varias latas de John Daly, su bebida oficial registrada. Desde hace bastante tiempo, existe en Norteamérica un cóctel no alcohólico –una suave mezcla de té helado con limón– al que todo el mundo se refiere popularmente como "ponme un Arnold Palmer", en homenaje al extraordinario golfista de los años sesenta. Algunos avispados decidieron darle un toque extra, así que le añadieron a la receta original un chorrito de vodka y pasaron a bautizar el brebaje como "un John Daly" (sin pedirle permiso, claro). Al principio, al jugador no le hizo ninguna gracia la asociación de ideas y persiguió legalmente a los bares que incluían el John Daly en su carta de bebidas. Sin embargo, al ver que el chiste funcionaba entre la gente, decidió comercializarla él mismo y ahora la distribuye a través de su propia embotelladora en tres sabores distintos –tradicional, frambuesa y melocotón– bajo el eslogan *Grip it and sip it* (en lugar de su lema vital *Grip it and rip it*), algo así como "agárrala y sórbela". Existe además la versión *southern style*, más cercana al gusto de su paladar, que lleva bourbon en lugar de vodka.

Un tipo con bermudas florales y un polo estridente le pide ahora sacarse una instantánea juntos. "¿Por favor, John, podrías ponerte el cigarrillo en los labios mientras posamos? –le pide–. Así quedará mucho más chula". Él acepta y el tipo, a cambio, le compra un par de CDs de música por diez dólares cada uno. Daly acaba de sacar su segundo álbum al mercado junto a su grupo, una pequeña banda de *country* en la que él canta y toca la guitarra. En uno de los temas, participa el legendario Willie Nelson quien lo acompaña en los coros.

Con su primer disco, realizó una breve gira por Europa y llegó a actuar en el histórico *The Cavern* de Liverpool, allí donde nacieran –hace ya demasiado tiempo– unos imberbes melenudos llamados The Beatles. En sus conciertos, por motivos biográficos y sentimentales, a Daly le gusta hacer una versión del *Knockin' On Heaven's Door* de Bob Dylan (pocos deportistas han llamado con tanta insistencia prematura a las puertas del cielo como él) pero su gran éxito se titula *Hit it hard* y dice así: "He ganado y he perdido contra los mejores / esta vieja carretera me ha puesto a prueba / sigo conduciendo por ella y no voy a frenar, colega / le he pegado duro, tío / le he pegado duro" .

Un hombre devorado por su propio personaje

Durante las siguientes décadas, con la llegada del nuevo siglo, las noticias sobre él rara vez tendrán que ver con lo estrictamente deportivo. Su carácter estrambótico y pintoresco se irá aguzando de tal modo que el personaje acabará engullendo a la persona, a dentelladas, llegando casi a la pura parodia; cada vez más esclavo de su propia leyenda, esa alargada sombra que él mismo ha ido construyendo golpe a golpe, trago a trago. Su forma de vestir en los torneos, por ejemplo, acabará convirtiéndose en otra nueva faceta de su show personal, una pista más del gran circo Daly.

Jamás ha sido un dechado de elegancia y su indumentaria ha caminado paralela a unos dudosos gustos culinarios (hamburguesa con queso y burritos picantes). Sin embargo, en los últimos tiempos sus pantalones se vuelven cada vez más estrafalarios –tan peculiares como su *swing*–, pudiendo rivalizar con la opción más chillona de un desfile de Ágatha Ruiz de la Prada o un escaparate marbellí de Custo Dalmau. Motivos florales, hawaianos, tribales, psicodélicos o incluso dibujos de Bob Esponja y todos ellos con una gama de colores más amplia que la bandera de Sudáfrica. También le encantan los diseños excesivos creados a partir de las barras y estrellas de la enseña norteamericana, siempre en tamaño maximalista, todo muy patriótico y abigarrado, como si estuviera participando en una convención republicana de Donald Trump en vez de en una competición deportiva.

En el universo social del golf, la etiqueta es algo muy importante y cada club suele redactar su propia reglamentación en lo relativo a la vestimenta. Los más severos pueden prohibir a sus socios jugar con pantalones vaqueros (algunos ni siquiera permiten llevarlos dentro de sus instalaciones). En el campo profesional, también bastante estricto, la única licencia que se concede a los jugadores –y no todo el circuito está a favor– consiste en permitir usar bermudas cuando el calor aprieta, aunque solo durante las jornadas de entrenamiento. Por fortuna para Daly, la reglamentación nunca ha querido entrar en cuestiones antiestéticas o de simple mal gusto.

La proliferación de cámaras de vídeo en los teléfonos móviles, por otra parte, ha ido permitiendo que muchas de sus salidas de tono –que en los años noventa solo podían recogerse en teletipos– hayan sido inmortalizadas ahora en grabaciones espontáneas de aficionados e incorporadas luego al proceloso océano de YouTube. Buceando por la red, uno puede ver a Daly utilizando una lata de cerveza –en lugar del tradicional *tee* de plástico– en un golpe de salida, ante el regocijo de los espectadores. Ha concedido entrevistas con el torso al aire, mostrando unos pectorales y abdominales muy poco trabajados; ha firmado autógrafos a aficionadas en su ropa interior (algo por lo que fue amonestado por la PGA) y posado con jovencitas dentro del campo que se levantaban la camiseta –en el momento del disparo– para salir junto a su ídolo con los pechos al aire. En un curioso vídeo, grabado en el campeonato de Wisconsin, vemos a un Daly muy enojado, tras errar diversos golpes, lanzar su hierro siete por un barranco, directo al lago Michigan. Lo más gracioso de todo es que, apenas unos segundos después, una pequeña embarcación surge de entre las aguas y un niño avispado recupera el palo de Daly antes de que se hunda (seguramente para ponerlo más tarde a subasta en eBay).

Entre sus muchos récords, ostenta el de mayor número de golpes en un solo hoyo dentro del circuito americano: dieciocho. En realidad, lo que hizo, ante el asombro de los presentes, fue lanzar seis bolas consecutivas al agua –a propósito– con el objetivo de quedarse sin ellas y poder así retirarse del torneo de forma reglamentaria. Aunque no todo son malas marcas. A pesar de que la llegada de los palos de titanio al golf haya disparado los registros de distancia en el golpeo, de momento nadie ha conseguido todavía superar el explosivo *drive* de John Daly en términos de tiempo de vuelo y altura.

Su salud también se ha ido deteriorando progresivamente, aunque de una manera asombrosamente leve, teniendo en cuenta los terribles excesos a los que ha ido sometiendo a su cuerpo, cada vez más voluminoso y sobrecargado. En 2010, tuvo que pasar por el quirófano para reducirse el estómago, consiguiendo así adelgazar casi treinta kilos gracias a esta intervención. Tras un accidente de coche, desarrolló una osteoartritis en la rodilla, dificultándole el movimiento al caminar, lo que motivó que solicitase a la PGA la posibilidad de utilizar un carrito o *buggy* para trasladarse de un hoyo a otro en los torneos, una petición que levantó un fuerte debate entre los especialistas ya que estos opinaron que, a pesar de las razones médicas que Daly alegaba, la medida podría darle ventaja respecto a sus oponentes.

Un documental de la ESPN lo muestra en un supermercado, junto a su familia, haciendo las compras previas a una agradable jornada de barbacoa. "¿Has comprado agua?", le pregunta su mujer, esperando en la fila de la caja registradora, mientras curiosea el contenido del carrito. "Sabes que la odio –le replica Daly–. No la soporto, la única agua que necesito es la que lleva el hielo de mi Coca Light".

Ataviado con unos pantalones negros de deporte y una camiseta gris jaspeada de la universidad de Arkansas, la cámara lo enfoca colocando unos descomunales filetes de vaca en las brasas. Mientras la carne se hace, Daly azuza el fuego y combina los tragos de una lata de cerveza con los de un vaso de refresco, mientras apura la pava del penúltimo cigarrillo.

El periodista deportivo Graham Bensinger le invita a su programa de televisión *In Depth With* para una entrevista a tumba abierta. "Es cierto que he participado en torneos sin apenas dormir, tras pasar toda la noche de fiesta –confiesa Daly con una pícara sonrisa–. Es posible que tuviera resaca o que siguiera aún un poco borracho del día anterior, pero jamás he bebido alcohol durante una competición oficial. Al menos, que yo recuerde". "¿Nunca, John? ¿De verdad?", insiste el reportero. "Bueno, puede que una vez –concede Daly–. Fue en el Open de Los Ángeles. El turno de delante iba muy lento, así que me fui al vestuario y me tomé unas cervezas, cuatro o cinco, no muchas. Ten en cuenta que yo, normalmente, puedo beberme fácilmente entre treinta y cuarenta al día. Nada más regresar al *tee*, hice una salida alucinante de 320 metros y acabé varios golpes bajo par. Creo que el alcohol aporta a mi juego, en el buen sentido de la palabra, cierta dosis de agresividad. Me ayuda a tener confianza. Esa es la única vez que recuerdo beber durante un partido y, ¿sabes qué?, jugué muy bien todo ese fin de semana. Acabé muy fuerte".

Saint Andrews (Escocia), Abierto Británico, julio de 2015 (veinte años después)

Han pasado ya dos décadas completas desde que John Daly ganará aquel British Open de 1995, con golpes de belleza cegadora y los bolsillos repletos de chocolatinas. Veinte años desde que lograra vencer en el templo sagrado de Saint Andrews, completamente sobrio, por única vez en su carrera. Es julio de 2015 y se disputa la 144ª edición del torneo. Los organizadores han invitado a muchos excampeones para una especie de reunión de leyendas, un homenaje a los grandes nombres del pasado y presente. Por supuesto, John Daly está entre los nombres invitados. Acostumbra a venir siempre que puede, incluso participa en la competición oficial (aunque ya casi nunca pasa el corte), pero este año es especial para él.

Es la jornada de prácticas y Daly pisotea la hierba húmeda del campo con pasos delicados y respetuosos. Muchos aficionados le paran solo para estrecharle la mano. "¡Tío, ¿lo has visto?, es John Daly! –exclama un chaval pelirrojo lleno de pecas–. ¡Y llevaba un cigarro humeante en la boca! Hasta he visto cómo lo encendía, ya me puedo ir tranquilo a casa". El campeón de 1995 lleva unos pantalones de camuflaje militar con al menos siete tonos diferentes de caqui en sus rayas. Antes de irse, le lanza una pelota a un tipo que se la pide. "Gracias, señor Daly, es usted muy amable". El cielo sigue encapotado. De repente, por el horizonte, empiezan a aparecer las siluetas de algunos de los mejores golfistas de todos los tiempos, incluido Arnold Palmer, que se para unos segundos a hablar con él.

–¿Cómo estás John? –se interesa.

–Pues la verdad, *Arnie*, estoy cansado de humillarme. Tengo la espalda torcida y quizá tenga que operarme de la cadera. El año que viene cumplo cincuenta *tacos* y quizá haya llegado la hora de retirarme.

Arnold Palmer, que ya ha sobrepasado los ochenta y camina un poco encorvado, asiente. "Es una buena edad para dejarlo, estoy de acuerdo". Daly sigue siendo un perro verde dentro del circuito, pero todos los amantes del golf respetan su juego, inconstante sí, pero mágico.

Unos treinta campeones del Abierto Británico se colocan en dos filas, sobre la hierba de Saint Andrews, para hacerse una foto conmemorativa. Muchos de ellos peinan ya canas y las arrugas de expresión de sus ojos revelan una vida repleta de vivencias. Casi todos llevan americana y corbata, menos Daly, por supuesto, el único que parece distorsionar el apelmazado conjunto. Flequillo teñido de rubio platino y una especie de chaqueta arlequinada a cuadros, rojos y blancos. La prenda podría servir como bandera de Croacia o incluso mantel de comida de alguna pizzería del *Little Italy* neoyorquino. Jamás dejará de llamar la atención. Pasarán otras dos décadas y la gente seguirá queriendo tocarle. Por algo es un pedazo de historia popular americana.

Parece que últimamente se ha relajado un poco. Lo que más le gusta ahora es ver jugar a su hijo, *Little John*, quien ha heredado, para bien, el talento de su padre con los palos. Aunque a nadie le extrañaría ver su nombre asaltar los titulares de internet cualquier día con alguna nueva extravagancia o disparate. Él es John Daly y nunca dejará de serlo del todo. La bestia dormida –*The Wild Thing*– puede despertar de su letargo en cualquier momento.

–¿Y qué harás mañana, John, cuando todo esto acabe? –le pregunta alguien.

–Lo de siempre –contesta él antes de irse–. Agarraré el palo, golpearé la bola bien fuerte y luego, seguramente, me tome una cerveza.

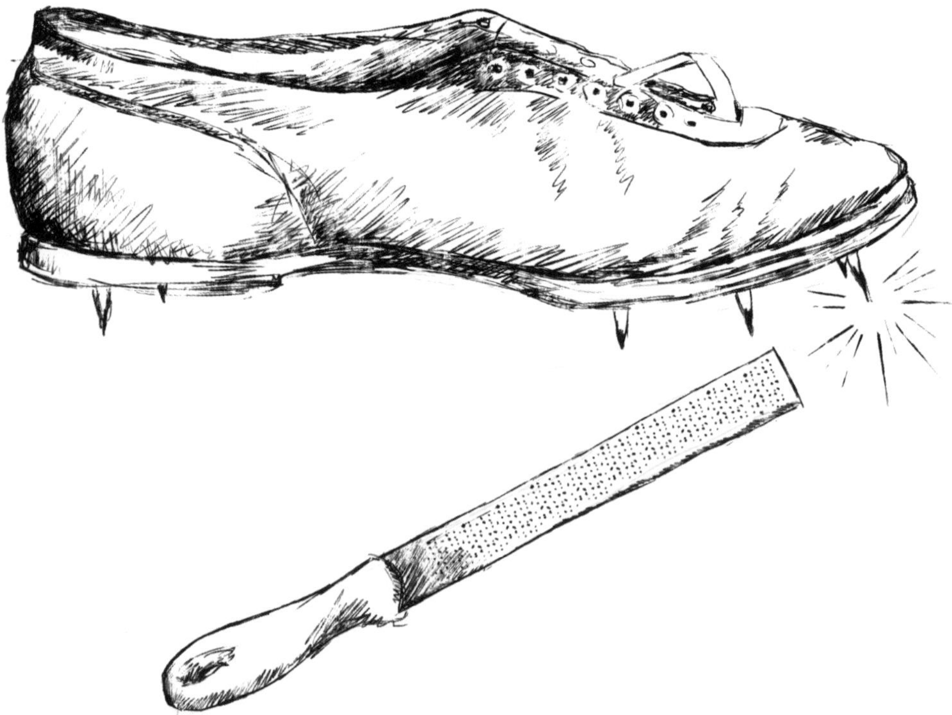

6

TY COBB
¿Puede un héroe nacional del béisbol ser también un cabrón malnacido?

Cuando el valor de la estética no conjuga con el de la ética

Un ejército de hombres a caballo, embutido en sábanas blancas, cabalga sobre la pantalla mientras el público se despelleja las manos aplaudiendo. Los jinetes llevan unos escudos iniciáticos en el pecho y ocultan su rostro bajo una capucha puntiaguda. Uno de ellos, el que comanda el grupo, porta una siniestra cruz de madera envuelta en llamas. Son los *buenos* de la película –el Ku Klux Klan– y van en busca y captura de los *malos*, una caterva de esclavos libres que intenta asesinar y violar a un grupo de respetables ciudadanos sureños. Por fortuna, el valeroso Klan llega justo a tiempo para evitarlo y pone fin de este modo a los desmanes de los malhechores negros, inflamando de frenesí el corazón de los espectadores, completamente azorados –desde la impotencia de sus butacas– por las fechorías que las imágenes muestran. La justicia (blanca) prevalece al fin. *Happy end.*

Es 8 de febrero de 1915 y el céntrico Auditorio Clune de Los Ángeles asiste al estreno de *El nacimiento de una nación*, uno de los largometrajes más revolucionarios y polémicos de la historia del cine. Su director se llama D. W. Griffith y ha batallado casi en solitario por conseguir sacar adelante este proyecto de dimensiones colosales. El presupuesto del rodaje se ha disparado hasta los 110.000 dólares –una cifra monstruosa– y el montaje posterior se ha prorrogado durante seis meses, engendrando una versión final de tres horas y pico de duración, una cinta demasiado larga y prolija para el gusto de los productores. Ante la negativa de estos a gastarse un céntimo más en proyectar semejante ladrillo, D. W. Griffith ha tenido que crear su propio circuito de exhibición a lo largo de toda la vasta geografía norteamericana, una apuesta personal de enorme coste y riesgo. El esfuerzo, sin embargo, obtendrá una recompensa a la altura del reto. El filme será un éxito sin precedentes y recaudará una taquilla inimaginable de 18 millones de dólares.

Desde un punto de vista puramente técnico, *El nacimiento de una nación* supone un salto gigantesco en la evolución de la narrativa cinematográfica. Aunque apenas han pasado algo más de diez años desde las rudimentarias primeras películas de Georges Méliès (como *Viaje a la Luna*), parece haber un abismo entre ambas propuestas artísticas, casi dos disciplinas distintas. D. W. Griffith ha conseguido romper amarras con el esquema estático y teatral de sus predecesores para establecer un canon contemporáneo que se perpetuará hasta la actualidad. Por primera vez en la historia, asistimos a movimientos de cámara, saltos de eje y alternancia de planos generales (los cuales permiten al espectador organizar mentalmente el espacio y la acción) con otros mucho más cortos (el conocido, a partir de entonces, como primer plano, un *invento* del propio D. W. Griffith); una novedosa y desconocida sintaxis visual que logrará –al enfocar de cerca el rostro de los actores– hacer aflorar las emociones internas de sus personajes. Todavía hoy, los manuales teóricos especializados siguen considerando este largometraje mudo de 1915 como un hito fundacional y decisivo, el impulso inercial que pondrá en movimiento la gramática moderna del cine (especialmente, la hollywoodiense) hasta llegar a las formas y maneras en que hoy lo vemos, entendemos y disfrutamos. Alguien tan poco sospechoso como Orson Welles escribiría, refiriéndose a D. W. Griffith: "Ninguna industria, oficio o forma de arte debe tanto a un solo hombre. Todos los que llegamos tras él no hicimos otra cosa que seguirle".

Y sin embargo, a pesar de ello, son muchos los críticos que aborrecen y abominan esta obra pionera, considerándola una creación detestable, insidiosa y reprobable. A pesar de las muchas innovaciones estéticas que aporta, su ideología –inadmisible desde cualquier punto de vista moral– ensombrece posibilidad alguna de alabanza. El argumento de *El nacimiento de una nación* promueve abiertamente la supremacía de la raza blanca, justifica la violencia ejercida históricamente contra los negros (a los que presenta como un hatajo de haraganes bobos, rijosos y borrachos sin remedio) y fomenta el *statu quo* implantado por las leyes segregacionistas de aquellos días. Para lograr mantener su creciente posición de liderazgo en el mundo, EE UU debe preservar la pureza de sus raíces anglosajonas y luchar contra el pernicioso mestizaje. Esa es, *grosso modo,* la principal tesis de la cinta. El maniqueísmo de las escenas es tan obvio y elemental que resulta imposible, en este sentido, sostener cualquier tipo de defensa, excusa o refutación al respecto.

En el momento de su estreno, el filme acabaría ocasionando graves disturbios en numerosas ciudades del país. Los espectadores blancos salían tan alterados de los cines –por lo que allí dentro habían visto– que muchos de ellos acababan insultando, agrediendo o incluso disparando al primer sujeto de piel negra con el que se cruzaban por la calle. En cierto modo, comenzaba a aflorar el peligroso, inmenso y a veces incontrolable poder agitador de este nuevo medio de masas, aún por desarrollar; el cine, un lenguaje hipnótico capaz de propagar bajo una aparentemente inocente sucesión de imágenes todo tipo de mensajes, doctrinas políticas o ideas, incluyendo las más nocivas. Un precedente de lo que ocurriría, justo dos décadas más tarde, con *El triunfo de la voluntad*, el panegírico documental que Leni Riefenstahl rodaría para mayor gloria del Tercer Reich y del postulado nazi (una obra también repleta en su metraje, por cierto, de meritorios hallazgos técnicos y narrativos).

El mismo año en que se estrenó *El nacimiento de una nación*, 1915, Tyrus Raymond Cobb, más conocido como Ty Cobb, llevaba ya una década jugando para los Tigres de Detroit en las Grandes Ligas del béisbol estadounidense, una disciplina joven que –como el cine– se encontraba entonces en plena fase de desarrollo, tanto en la noción y evolución del juego –reglamentación, tácticas, estrategia– como en su incipiente vertiente social (pronto se convertiría en un gran espectáculo de masas). Ty Cobb era posiblemente el deportista más famoso de EE UU (quizá, la primera celebridad atlética del siglo XX en el sentido contemporáneo del término), el mejor de todos ellos –sin duda– con estadísticas en la mano y el más influyente, también, a la hora de popularizar esta nueva práctica.

Y sin embargo, de nuevo, como ocurre con la película de D. W. Griffith, Ty Cobb ha acabado pasando a la posteridad como el gran villano del béisbol, un prodigio con el bate en sus manos (algunos de sus récords y registros aún hoy no han sido superados), pero alguien odioso en su forma de comportarse con propios y rivales, tanto dentro como fuera de la cancha. Mala persona y mal compañero, pendenciero, fullero, sucio, violento y racista. Un fenómeno de la pelota cosida, uno de los mejores de todos los tiempos, el gran muñidor del concepto moderno del deporte como espectáculo, el tipo que empezó a llenar los estadios y llevar el béisbol a la primera plana de los periódicos, pero alguien insoportable como ser humano. Un personaje tan perfecto en su felonía que, a veces, su biografía parece formar más parte de un arquetipo literario que de un viejo álbum de cromos deportivos. Un ídolo antipático y solitario que se ha ido erigiendo con el paso de las décadas en un mito oscuro de la iconografía popular americana. Un antihéroe malencarado, áspero y marrullero. El Darth Vader del béisbol.

Un caballero sureño con piel de tigre

Bautizado como Tyrus Raymond, Ty Cobb nace el 18 de diciembre de 1886 en una esquina perdida del estado de Georgia, Narrows, una diminuta pedanía rural de no más de 50 habitantes. Su padre era profesor de escuela, culto y de buenos modales, y acabaría contrayendo matrimonio con una de sus propias alumnas, su futura madre, de tan solo

15 años, a la cual llevaba cortejando desde los 12 (eran otros tiempos, sin duda). La pareja se trasladaría pronto a la localidad de Royston, un enclave genuinamente sureño con una población de unos 3.000 conciudadanos, donde su progenitor iniciará una exitosa carrera como político local. Quien desee justificar su temperamento bravucón achacando tales modos groseros a la existencia de un ambiente iletrado o arrabalero en su infancia, se quedará pronto sin argumentos. Ty Cobb, como varón primogénito de una respetada y distinguida familia, goza de una formación más que desahogada en el plano económico e intelectual. Su padre quiere que estudie derecho, pero él prefiere la medicina solo por incordiar. Las discusiones entre ambos son frecuentes y tormentosas, un poco al estilo de las futuras obras teatrales de Tennesse Williams. El típico hijo rebelde que se niega a seguir los dictados de sus mayores.

Con apenas 14 años ya despunta en el combinado juvenil de su pueblo, por lo que un equipo semiprofesional le ofrece incorporarse a su plantilla. Por aquel entonces juega al béisbol con un guante casero lleno de zurcidos y no dispone de dinero para comprarse uno de verdad (un capricho innecesario, según su familia), así que entra a hurtadillas en la biblioteca de su padre, coge varios de sus libros y los empeña a cambio de unos dólares. Cuando este se entera, le prohíbe volver a jugar y lo manda un año entero a recoger algodón al campo junto a un grupo de braceros. Ambos dejan de hablarse durante un tiempo, aunque acabarán haciendo las paces más tarde.

1905 forja su carácter como deportista y como hombre a martillazos, brutalmente, un año terriblemente doloroso en lo personal. Por un lado, firma por los Tigres de Detroit, equipo profesional de la Liga Americana, conjunto del que no se moverá en los siguientes 22 años. Sin embargo, poco antes de partir hacia territorio yanqui, sufre una desgracia familiar con tintes de tragedia griega. Su padre lleva algún tiempo sospechando que su mujer le es infiel, así que pone en marcha un plan descabellado. Finge salir de viaje por la mañana, temprano, aunque en realidad permanece escondido en su propia casa, esperando de este modo sorprender *in fraganti* al supuesto amante de su esposa. Es ella, sin embargo, quien escucha pisadas en el piso de arriba y se imagina que es un ladrón que se ha colado por la ventana.

Siguiendo el *modus operandi* que se estila en Georgia en estos casos, agarra la escopeta que guardan en la alacena, sube las escaleras y dispara sin previo aviso contra una sombra que se agazapa en el rellano. Sin pretenderlo (al menos, eso declarará en el posterior juicio), su madre acaba de matar a su padre a tiros, un macabro suceso que, lógicamente, sacudirá por dentro al joven Ty de una forma desmesurada. No será capaz de asistir al entierro de su progenitor y no querrá volver a ver a su parricida madre hasta muchas décadas después. Jamás podrá superar el recuerdo de tan desdichado infortunio. Una espina de tristeza se quedará alojada en su corazón por siempre.

Su primer año como profesional lo padece como una condena. La vida en la fría Detroit –la ciudad más poblada e industrial del estado de Michigan– tiene poco que ver con su Georgia natal, tan rústica, tradicional y acogedora a su manera. Se encuentra solo en medio de una gran metrópolis, apenas tiene 19 años y acaba de quedarse prácticamente huérfano. Sus compañeros de equipo, además, tal y como dicta la tradición, no cesan de inflingirle crueles novatadas.

Cada vez que llega a su taquilla, se encuentra su bate serrado, la equipación restregada en excrementos y los cordones de sus zapatillas reliados en embrollados nudos. Los jugadores más veteranos se burlan de su acento campestre y le tratan como a un paleto destripaterrones. El mundo entero parece estar en su contra y él se revuelve contra el mundo de forma gélida y salvaje. Como si se tratara de un duro adiestramiento militar, la travesía convierte a Ty Cobb en un soldado despiadado al servicio del béisbol, su única misión en la vida, un témpano de hielo carente de cualquier empatía con el resto de seres humanos. "Decidí olvidar mis costumbres de caballero sureño y me hice aún más rudo y soez que ellos –recordará en sus memorias–. Con sus malditas bromas, aquellos tipos me convirtieron en un gato montés malhumorado".

La futura estrella de los Tigres de Detroit decide mudar de piel y transformarse a sí mismo –como reza el nombre de su equipo– en un depredador fiero y solitario, sin compasión, un conquistador brutal al estilo del caudillo huno Atila, dejando a su paso tierra quemada y ningún prisionero. El resentimiento le ha generado una sed de venganza insaciable y se jura a sí mismo que nadie volverá nunca más a sojuzgarlo.

Ya no solo aspira a vencer en la batalla, también ansía pisotear al contrario. Nada ni nadie se interpondrán en su camino para lograrlo; cualquier recurso o truco sucio será legítimo en su cosmovisión con tal de no engrosar el penoso bando de los perdedores. "El béisbol es una guerra –dejará escrito–. No solo se trata de ganar, también de humillar al otro. Le arrancaría el corazón sin dudar a mi mejor amigo si tratara de impedirme alcanzar una base".

La leyenda del demonio con bate

No existen demasiadas imágenes de Ty Cobb en acción (apenas unos breves noticiarios cinematográficos al estilo NO-DO), aunque sí un buen puñado de testimonios de la época que dan fe tanto de su furibundo comportamiento sobre la cancha como de su connatural predisposición a resolver cualquier discrepancia a puñetazo limpio, sin importarle demasiado si la persona que tiene delante es adversario, compañero, árbitro o un espectador despistado que pasaba por ahí. Nadie parece estar a salvo de sus arranques de ira.

Uno de sus primeros altercados graves tiene lugar en 1907, cuando se lía a golpes con uno de los cuidadores del campo, tras discutir con él por el mal estado de la hierba. Lo más escandaloso del suceso ocurre ya al final, cuando la mujer del jardinero aparece en escena para ayudar a su esposo y Cobb no duda ni un instante en atizarla a ella también. En otra ocasión, tras insultarse mutuamente en mitad de un juego, se cita a la salida con uno de los árbitros, llamado Billy Evans, el cual ha tomado un par de decisiones que no le han gustado nada. La pelea, con tintes de duelo, tiene lugar bajo las gradas del estadio, justo después de finalizar el partido, mientras miembros de ambos equipos asisten al improvisado combate con curiosidad y cierto morbo (en una especie de precuela de *El club de la lucha*). Según cuenta la leyenda, los presentes se ven obligados a separar –y con gran dificultad además– a un endemoniado Cobb del desventurado *referee* cuando, tras vapulearlo y dejarlo medio inconsciente en el suelo, el de Georgia –completamente fuera de sí– intente estrangularlo con sus propias manos.

Es habitual verlo encararse de forma bronca y desafiante, prácticamente en cada partido, con rivales o colegas tras alguna acción polémica. Su forma de jugar es muy agresiva, por no decir directamente belicosa. A la hora de alcanzar una base, suele lanzarse en plancha con los pies por delante, embistiendo como un búfalo contra el defensor. Es un tipo bastante fornido para la época (182 centímetros de altura y 75 kilos de puro nervio en su mejor estado de forma), por lo que chocar contra él no resulta una idea inteligente. En una de las viejas fotografías que se conservan (convertida ya en todo un símbolo del *estilo Cobb*), se le ve arremeter salvajemente –colgado en el aire, casi en una postura de kung-fu– contra el adversario que protege la base. En la imagen, detenida para siempre en el tiempo, se puede apreciar perfectamente cómo el tipo se encoge de dolor al sentir que Cobb –al tiempo que gana la posición– le hunde la bota justo en mitad de su entrepierna. Es tal su ferocidad, que empieza a circular el rumor de que le gusta limar, personalmente, los clavos metálicos de las suelas de sus zapatillas –a modo de pequeñas tachuelas afiladas– para dejar, literalmente, su firma personal en la epidermis de sus enemigos. "Tengo decenas de cicatrices en mi cuerpo, desde los tobillos hasta los muslos –declarará ya retirado–. Pero puedo asegurar que yo también he dejado muchas marcas en los demás a lo largo de toda mi carrera".

Los jugadores rivales le temen y le odian. Normal. Lo realmente insólito es que sus propios compañeros también albergan similares sentimientos. No se habla con ninguno de ellos –solo lo estrictamente necesario–, jamás comparte habitación de hotel en los desplazamientos y siempre come solo en un rincón de la cantina. Cuando lo ven vagabundear por el vestuario, la mayoría se aparta de su trayectoria por miedo a desatar su voluble e inopinada cólera. La tensión llega a ser tan insoportable que una delegación de ellos llega a solicitar formalmente a la presidencia del club (o suplicar, más bien) que, por favor, traspasen a Cobb a cualquier otra franquicia del campeonato; la que sea, con tal de que "ese bastardo se vaya bien lejos". Los directivos, por supuesto, se niegan en redondo. A pesar de sus locuras y excentricidades, es la estrella más determinante de toda la liga.

Con el palo entre las manos, Cobb posee una endiablada habilidad para impactar de lleno en la bola. Siempre lidera el promedio de bateo de la competición, un auténtico prodigio en este lance –tan decisivo– del juego. En 1910, la firma de automóviles Chalmers (ya extinta) ofrece un flamante vehículo nuevo al jugador que termine la liga con mejor cociente de aciertos. En la lucha por la primera posición, Cobb va por delante de Napoleón Lajoie, de los Cleveland Naps, por un estrecho margen. En la última jornada, Ty decide no jugar para mantener así sus guarismos intactos. Su rival por el título, por su parte, se enfrenta a los Browns de St Louis. Es tal la antipatía generalizada que despierta la figura de Cobb entre sus colegas de profesión que los jugadores de los Browns acuerdan ese día –con la connivencia de su entrenador– relajar un poco la tensión en defensa para favorecer el golpeo de Lajoie y facilitar así que sobrepase en la clasificación al apellido más odiado del béisbol.

Algunos compañeros del propio Cobb –como Sam Crawford, con quien mantiene una rivalidad asfixiante– se alegrarán tanto de su derrota que llegarán incluso a enviar telegramas de felicitación a Lajoie (a pesar de que este forme parte de un equipo rival) solo por echar vinagre en la herida. El amaño orquestado por los Browns de St Louis resulta, sin embargo, tan flagrante en su ejecución que acabará siendo investigado por una comisión de la liga, creando una gran controversia. La marca patrocinadora decidirá finalmente entregar un modelo de coche a cada uno y acabar así con el escándalo. Para evitar nuevos incidentes, el premio Chalmers se otorgará a partir de entonces al mejor jugador del campeonato, naciendo de este modo el concepto MVP (*Most Valuable Player*), siglas que hoy resultan tan habituales en el deporte americano (el primer trofeo de dicho galardón, por cierto, como no podría ser de otra manera, irá a parar a manos de Ty Cobb).

Cuando juega lejos de su estadio, la afición rival le recibe entre silbidos y abucheos, le insultan gravemente y le lanzan todo tipo de inmundicias. Cobb, lejos de amilanarse, no duda en hacerles frente uno a uno, sin ningún tipo de prevención, llegando incluso a utilizar las manos. Sabe que el individuo se convierte en alguien muy osado cuando se encuentra camuflado dentro de la masa, pero que suele perder parte de esa entereza cuando se le confronta personalmente. Disfruta como un abusón de patio de colegio con el conflicto y la intimidación, pero es que, además, sabe sacar ventaja de ello. Como él mismo explicará alguna vez, "la simple idea de infundir terror en la mente del rival te acaba otorgando cierta superioridad anímica en el combate".

En este sentido, Cobb es todo un pionero a la hora de aplicar técnicas psicológicas a la aún embrionaria estrategia deportiva. Le encanta sacar de sus casillas al lanzador (*pitcher*) y al receptor (*catcher*) oponentes pavoneándose delante de ellos, desafiante, con su bate bien aferrado entre las manos. Ralentiza el juego hasta el infinito, menta a sus familiares más cercanos y se mofa de sus defectos físicos. Cualquier cosa con tal de desconcentrarlos. A la hora de intentar robar bases, utiliza todo tipo de trucos y añagazas para confundir a los defensores. Simula atarse los cordones de la bota justo antes de salir corriendo, escupe ruidosamente, finge que cojea o les susurra en la oreja cualquier obscenidad. Tácticas desmoralizadoras que, hoy en día, han sido ya asumidas por todo el mundo, pero que en aquellos primeros años del siglo pasado resultaban de los más desconcertantes y perturbadoras.

Su inclinación a sembrar aversión, arrogancia y ojeriza a su paso, entre todos aquellos que le rodean, le atraerá severos problemas también fuera de los estadios. La gente de la calle no sabe separar muy bien la figura del jugador de la persona real –dónde empieza uno y dónde acaba el otro–, lo que provoca que algunos aficionados, envenenados de inquina, pretendan tomarse la justicia por su mano. Cobb siempre va armado, por si las moscas, aunque nunca rehúye ningún tipo de conflagración, sea esta contra un limpiabotas, un director de banco o un vendedor de *hot-dogs* callejero. Jamás se arruga. Recibe sacos enteros de cartas anónimas en las que lo amenazan de muerte. Cuando se hospeda en los hoteles, al no sentirse seguro del todo fuera de su mansión de Detroit, suele dormir con un revólver bajo la almohada.

La historia más alucinante al respecto ocurre en 1912. Cobb viaja junto a su esposa en automóvil: se dirige a Siracusa para jugar un partido, cuando tres tipos, junto a un coche averiado, le piden ayuda desde la cuneta. Ty frena el auto y se dispone a auxiliarles cuando los desconocidos sacan unas navajas del abrigo e intentan atracarle. Más que ladrones, hay quien sospecha que se trata en realidad de matones a sueldo, contratados por alguno de sus muchos enemigos para vengarse de él o, al menos, darle un buen susto. El jugador deja KO a dos de ellos con sus propios puños, mientras el tercero, aprovechando la confusión, le asesta una cuchillada por la espalda y se da a la fuga. Tras recuperarse del golpe, tambaleante, Cobb lo persigue y acorrala en un callejón. Según algunas fuentes (nunca confirmadas del todo), le destroza el cráneo a culatazos con su querida Luger, la pistola de la que nunca se separa, causándole la muerte. Al día siguiente, juega como si tal cosa el partido que tiene pendiente. Los reporteros se quedan petrificados al ver cómo una mancha espesa y oscura empieza a extenderse por el arco de su espalda mientras batea. Es la sangre que mana de su herida, aún no cicatrizada.

Ese mismo año, en el estadio de Hilltop Park, en Nueva York, sostiene una bronca verbal con un espectador, Claude Lueker, quien tiene por costumbre acudir a todos los partidos que Cobb juega en la *Gran Manzana* con el único objetivo de increparle y denostarlo. Ty soporta el aluvión de insultos durante una media hora hasta que, ya cansado, se acerca a las gradas, señala al tipo con el dedo y le dice algo irrespetuoso sobre su hermana. El espectador se revuelve en su asiento y le dirige un comentario que apenas se escucha entre el alboroto. Pero Cobb lo lee en sus labios y, prendido por una llama invisible, suelta de golpe su bate, rebasa la valla de un salto y comienza a propinarle una brutal paliza al hombre, sin percatarse siquiera de que al pobre desgraciado le faltan siete dedos de las manos –por culpa de un accidente laboral– y que apenas es capaz de defenderse. "¡Cobb está pegando a un lisiado!", comienzan a gritar a su alrededor. El tumulto se convierte en batalla campal y una multitud enfurecida lo rodea con intención de lincharle allí mismo. Ese día no se bastará por sí mismo para defenderse y necesitará protección policial para lograr salir vivo del recinto. Cuando todo termina, un reportero intenta descubrir cuál ha sido el terrible comentario que ha logrado enervar de tal manera a la ya de por sí irascible estrella de los Tigres. Uno de los testigos interrogados asegura que Cobb faltó gravemente a la familia del espectador y que este no tuvo más remedio que contestarle algo muy feo.

–¿Qué fue lo que le dijo? –le pregunta el periodista.

–Algo despectivo sobre Georgia y la gente del sur. Ya sabe, ese tipo de cosas.

–¿Pero qué exactamente?

–Le llamó medio negro –explica–. Eso fue lo que le volvió loco.

¿Era Ty Cobb un racista redomado?

De entre las muchas salpicaduras que emborronan la biografía de Ty Cobb, las que generan hoy en día mayor rechazo entre los aficionados son aquellas que tienen que ver con su talante racista. O al menos, probable, ya que son muchos los incidentes –varios de ellos, realmente bochornosos– que nos describen a una personalidad hostil hacia los negros. Se cuenta, por ejemplo, que un día, andando por Detroit, pisó sin darse cuenta el asfalto fresco de una acera que estaba pavimentando un operario municipal de origen afroamericano, el cual se lo reprendió a voz en grito. Cobb lo abofeteó y tiró al suelo de forma despectiva, siendo demandado y multado por ello con una sanción de 75 dólares. En otra ocasión, en Pittsburgh, durante la disputa de las Series Mundiales, mantuvo una fuerte discusión con el ascensorista de un hotel. El encargado del establecimiento, que también era de raza negra, se puso del lado de su empleado, lo que degeneró en una pelea entre los tres. En un momento de la disputa, apareció una navaja y Cobb se la clavó a uno de los hombres, provocándole heridas leves. Durante un tiempo, tuvo que huir a Canadá para evitar ser arrestado por intento de homicidio y no pudo regresar a EE UU hasta que el asunto quedó zanjado en los tribunales, previo pago de una generosa indemnización.

Aunque existen varios incidentes más que involucran a la estrella de los Tigres con ciudadanos de color (un automovilista que chocó contra su coche o un acomodador del estadio de Filadelfia que le obstaculizó el paso), no se conserva, sin embargo, declaración alguna –grabada, filmada o escrita– que denote en sus palabras, de un modo claro y explícito, tintes de carácter discriminatorio o supremacista. Tampoco se le conoce actividad pública relacionada con grupos, asociaciones o partidos políticos que simpatizaran con estas ideologías.

¿Era realmente Cobb un racista militante?

La polémica sobre este asunto continúa hoy vigente entre los estudiosos de su biografía, ya que resulta ser un tema extremadamente sensible dentro de la sociedad estadounidense. Conociendo su iracunda acometividad y su querencia a solventar cualquier asunto por las bravas, algunos historiadores del béisbol se preguntan si Cobb no se habría comportado de idéntico modo, en estos casos concretos, si sus oponentes –en vez de afroamericanos– hubieran sido anglosajones de tez blanca como la nata. Al demonio del bate, en general, le caía mal todo el mundo –no solamente los de una raza en concreto– y por eso no ponía impedimento alguno a la posibilidad de romperse los nudillos con cualquiera que se cruzara en su camino, sin importarle demasiado la cantidad de melanina que pigmentara su piel.

Porque, ¿qué significaba exactamente ser alguien "racista" entonces? ¿Tiene acaso sentido juzgar el comportamiento de una persona que vivió hace ya más de cien años adecuando sus acciones a nuestro actual sistema de valores? Puede resultar una pregunta incómoda de responder, pero parece razonable planteársela –al menos como hipótesis– dentro de una discusión de este tipo. Del mismo modo que la citada película *El nacimiento de una nación* refleja en su argumento un conjunto de creencias y *verdades* que hoy nos avergüenzan, pero que una gran parte de la sociedad dominante de entonces, la Norteamérica blanca de 1915, asumía como naturales e incontestables, la actitud de Cobb respecto a ciertas cuestiones solo puede ser entendida dentro de un contexto determinado. Quizá, por ello, merezca la pena repasar, aunque sea brevemente, el marco político-social del tiempo y el espacio en el que Ty naciera, se criase y desarrollara su exitosa carrera deportiva.

Iguales, pero separados: racismo y segregación en los tiempos de Ty Cobb

Tras la guerra contra España de 1898 (en las que adquieren el control de Cuba y Filipinas), sendas intervenciones militares en Venezuela y Colombia y la ocupación –a golpe de fusil– del Canal de Panamá, los

Estados Unidos de América se convierten en la potencia hegemónica de dicho continente. En los albores del nuevo siglo, bajo el mandato presidencial de Theodore Roosevelt (1901-1909), el país de las barras y estrellas comienza a desempeñar un enérgico liderazgo en el panorama internacional. Una postura firme y contundente frente al mundo exterior que, en palabras del propio Roosevelt, se sintetiza en la siguiente receta: "Hablar educadamente con todos, pero llevando siempre un buen garrote en la mano".

Dentro de sus fronteras interiores, el estado federal inicia un enorme proceso de transformación política, una profunda reforma burocrática que fortalece los tentáculos del poder central y redefine al liberalismo como la inequívoca doctrina económica y social de la nación. El capitalismo, la democracia directa y la participación popular se imponen como principales señas de identidad del moderno ideario nacional norteamericano. Sin embargo, no todos los habitantes de su territorio van a gozar de la misma consideración. La comunidad negra no solo es excluida de forma radical de la participación política, también se restringe su presencia en el espacio público ciudadano. En 1896, son sancionadas en todos los estados del sur (extensión geográfica donde se concentra la gran mayoría de la población afroamericana) las denominadas Leyes de Segregación del Ferrocarril, con el apoyo federal del Tribunal Supremo, el cual ampara esta reglamentación bajo un nuevo principio legal, casi una consigna: "Iguales, pero separados".

Su ideario acabará extendiéndose a todos los planos del ámbito cotidiano, sin distinción de sexo, edad, clase social, estatus o educación (solo racial). De los vagones de tren se pasa a las salas de espera, de las estaciones a los barcos de vapor; y de allí a hospitales, tranvías, oficinas, fábricas y centros de trabajo, hasta alcanzar finalmente los barrios residenciales de las ciudades. Cualquier resquicio de la vida ordinaria se segrega y divide en dos zonas separadas: una especial para los blancos y otra inferior para los negros.

De forma paralela, la ideología supremacista se propaga por toda la región meridional del país, justificando con su credo racista la supresión del voto negro, un colectivo "inferior" al que no se considera lo bastante adulto en su madurez intelectual como para poder ejercer libremente su derecho al sufragio. Una corriente de opinión que será secundada –alentada, incluso– desde las élites sin el menor disimulo.

Tom Watson, por ejemplo, senador por Georgia (el estado natal de Ty Cobb) y candidato a la Casa Blanca en 1906, apoyará –sin ningún tipo de cortapisa– la necesidad de eliminar a los negros del escenario político. Del mismo modo, el virginiano Woodrow Wilson, presidente de los Estados Unidos desde 1913 hasta 1921 y simpatizante confeso del KKK en su juventud, se postula abiertamente a favor de la segregación racial (algo que hoy puede antojarse tan escandaloso como llamativo). No deja de resultar significativo que la película *El nacimiento de una nación* se cierre, precisamente, con una cita del propio Wilson: "Los hombres blancos fueron despertados por un mero instinto de autoconservación (...) hasta que por fin surgió un gran Ku Klux Klan para proteger a la Nación del Sur".

Si estas son algunas de las opiniones que se pronuncian en los elegantes despachos de las más altas instancias, ¿qué no sucederá en la realidad diaria de las regiones más aisladas del profundo sur? En una nociva atmósfera de negrofobia, el odio se manifiesta tradicionalmente a través de dos fenómenos insoportables: el linchamiento y el disturbio racial. Hasta setenta personas de raza negra sufren durante el año 1915 el espeluznante ritual de ser capturados por una multitud de blancos –sin que la autoridad pertinente haga nada por evitarlo– para ser más tarde golpeados, torturados y ejecutados dentro de un entorno festivo y reivindicativo en el cual no resulta inusual encontrar mujeres y niños.

En ocasiones, la descontrolada turba no dirige su rabia ciega contra un individuo sino contra toda la comunidad en su conjunto. Los disturbios raciales arrasan barrios enteros, incendiando y asesinando con total impunidad hogares, iglesias y negocios de la colectividad afroamericana. Uno de los más violentos que se recuerda se desencadena en Atlanta (Georgia), en septiembre de 1906. Los saqueos se suceden durante cuatro días y el número de víctimas, imposible de precisar con exactitud, se contabiliza por decenas.

No resulta extraño, por tanto, que entre 1900 y 1920, casi medio millón de negros estadounidenses, huyendo de un clima racial irrespirable, emigren desde el sur hacia al norte, en busca de mejores salarios y condiciones de vida. Un masivo éxodo demográfico que no conseguirá integrarse con éxito en el tejido social de sus nuevos destinos (de aplastante mayoría blanca), generando en diversas ciudades del Medio Oeste (como la Detroit de Ty Cobb) bolsas urbanas de marginación y olas de prejuicio y resentimiento entre los vecinos, los cuales interpretarán su llegada como una invasión, un problema que, aún hoy, un siglo después, sigue sin resolverse satisfactoriamente del todo.

Este sería, en pocas pinceladas, el paisaje de fondo que enmarca la época y el lugar de las primeras décadas de existencia del béisbol como práctica profesional, un deporte que –como cualquier otro aspecto de aquella sociedad de principios de siglo– mantendrá la segregación y la discriminación racial, casi por costumbre o inercia, durante muchos, muchos años.

Antes de Malcolm X estuvo Jackie Robinson

En EE UU, existen dos campeonatos paralelos dentro del mundo del béisbol profesional: la Liga Nacional (fundada en 1876) y la Liga Americana (creada en 1901), cada cual con sus propios equipos y divisiones territoriales (este, central y oeste), aunque los aficionados suelen referirse a ellas como un todo unitario y denominarlas, de forma genérica, como las Grandes Ligas (o también Ligas Mayores, según la traducción). Tras la temporada regular, cada una de estas competiciones celebra sus *play-offs* o eliminatorias por separado, decidiendo así quién es el campeón de cada torneo. Más tarde, los vencedores de ambas ligas se enfrentan entre sí en las llamadas –de un modo algo pomposo y ridículo, teniendo en cuenta que solo participan en ellas equipos norteamericanos– Series Mundiales (¿y por qué no Series del Sistema Solar o Series Interplanetarias?, se preguntará alguno), un espectáculo deportivo de enorme impacto mediático, económico y social, capaz de congregar audiencias millonarias frente a la pantalla del televisor.

En sus titubeantes comienzos, cuando todo este inmenso negocio no era más que un pintoresco entretenimiento para un puñado de románticos, resultaba bastante habitual ver a jugadores de color correteando a su antojo por los primitivos campos de béisbol. En marzo de 1887, sin embargo, una de las figuras más influyentes de aquel tiempo, Adrian Anson, ideólogo, entrenador y estrella pionera de este deporte en ciernes, reunió en un hotel a todos los propietarios y los mánager de la Liga Nacional (la única existente por entonces) y les expuso la necesidad de mantener "puro" el espíritu del juego ante la preocupante avalancha de negros que estaban incorporándose en masa a lo que, para muchos, era ya el gran pasatiempo nacional americano. Aquel día se sellaría un acuerdo tácito por el cual los clubs se comprometían a no incorporar más afroamericanos a sus filas, además de despedir de inmediato a todos los que formaban parte de sus plantillas. Desde aquella sibilina conjura ("pacto de caballeros", prefirieron llamarlo ellos), ningún jugador negro volvería a sujetar un bate, en las Grandes Ligas, durante sesenta largos años.

Esa es la razón por la cual Ty Cobb –quien se mantuvo en activo desde 1905 hasta 1928– no pudo medirse jamás a ningún rival de color (como el resto de sus coetáneos), ya que estos se vieron obligados a formar parte de un campeonato segregado, las tristemente recordadas como Ligas Negras o *Negro League*, una competición marginal creada exclusivamente para ellos.

El ignominioso veto se prolongaría hasta 1947, más allá del fin de la Segunda Guerra Mundial, cuando el magnate Branch Rickey –dueño de unos Dodgers aún asentados, por entonces, en el neoyorquino barrio de Brooklyn– decidiera de manera unilateral y bastante arriesgada romper con el tenebroso acuerdo y contratar por su cuenta y riesgo –en un osado salto al vacío– a Jackie Robinson, uno de los talentos más prometedores de las Ligas Negras.

Nieto de esclavos e hijo de un campesino de Georgia (paisano por tanto de Ty Cobb), Robinson había crecido en la soleada y cosmopolita California, estado al que su familia había emigrado –siendo él apenas un niño– en busca de horizontes algo más luminosos. Atleta portentoso, durante su periplo universitario llegó a competir y destacar hasta en cuatro disciplinas distintas: baloncesto, fútbol americano, atletismo (su hermano mayor, Mack, se colgaría la medalla de plata en la prueba de 200 metros durante los Juegos Olímpicos de Berlín, en

1936, siendo únicamente superado por el legendario velocista, también de color, Jesse Owens) y, por supuesto, béisbol, deporte por el que se decantaría finalmente.

Además de acabar sus estudios superiores, obtuvo el grado de subteniente dentro del ejército, tras ser llamado a filas durante la guerra (nunca llegaría a entrar en combate). Como alguien ironizó en una ocasión, los negros de entonces no eran lo suficientemente buenos para jugar al béisbol con los blancos, pero sí lo bastante como para ser abatidos en un batallón mixto durante las mortíferas campañas de Okinawa o Guadalcanal.

El mundo del béisbol no recibirá a Jackie Robinson con una alfombra de pétalos de rosa, precisamente. "Tendrás que soportar muchas cosas –le advierten nada más ficharle–. Pero tu ejemplo abrirá la puerta a los demás". En casi todos los estadios en los que juega, además de un previsible nubarrón de insultos racistas, caen sobre él todo de tipo de vejaciones, amenazas y presiones. Los *pitcher* le lanzan la bola a la cabeza para amedrentarlo, los receptores riegan la punta de sus botas con salivazos despectivos y, desde la grada, arrojan a su paso gatos muertos de color negro. Soporta un conato de revuelta de sus propios compañeros de equipo y una amenaza de huelga por parte de la plantilla de los St Louis Cardinals, la cual se niega a pisar el mismo césped que él. Robinson responde a todas estas provocaciones con el arma más perturbadora que existe, la indiferencia. Aprieta los dientes, mantiene estoicamente el control de sus emociones y sigue compitiendo en silencio, una actitud que le ayudará a ganarse, poco a poco, el respeto de propios y ajenos.

El episodio más emocionante y recordado al respecto ocurre en mitad de un encuentro, contra los Reds de Cincinnati. Ante el alud ensordecedor de abucheos y gritos ofensivos que está recibiendo Robinson desde las gradas, Pee Wee –capitán de los Dodgers y sureño de pura cepa (natural de Kentucky)– corre hasta la posición donde se encuentra su compañero y, en un gesto de camaradería y reivindicación tan inesperado como sorprendente, desliza su brazo izquierdo por encima de él –sin dejar de mirar a la muchedumbre que lo insulta– y lo apoya suavemente sobre su hombro, abrazándolo delante de todo el mundo de forma amistosa.

La estampa de ambos, un blanco y un negro, miembros de un mismo equipo, unidos codo con codo, hace enmudecer al estadio, un hito que marcará el principio de una nueva era de integración en el deporte americano. Una estatua esculpida en bronce, que se levanta hoy junto al Salón de la Fama de Cooperstown, en Nueva York, inmortaliza este instante mágico de la historia del béisbol.

Con el tiempo, Robinson se convertirá en una de las grandes estrellas del campeonato y en todo un símbolo de la lucha por los derechos civiles dentro de la comunidad afroamericana (junto a otros pioneros de la época, como Duke Ellington, Rosa Parks o, algo más tarde, Muhammad Alí). Desde 2004, cada 15 de abril (la fecha de su debut con los Dodgers) se celebra en todos los estadios del país el denominado Día de Jackie Robinson, una cita festiva que pretende recordar y homenajear su legado. Los miembros de todos los clubs, incluyendo también a árbitros y entrenadores, lucen esa jornada en sus espaldas –en recuerdo del primer gran ídolo negro de las Grandes Ligas– el dorsal 42 (el mismo que llevaba Robinson), un número que ha sido retirado de la competición para siempre y que ya nadie volverá a lucir nunca más.

En enero de 1952, la agencia de noticias Associated Press difunde entre sus abonados una entrevista exclusiva con Ty Cobb, quien lleva varias décadas retirado. Interrogado sobre el espinoso asunto Robinson, la vieja leyenda de los Tigres de Detroit no duda en alabar sus habilidades técnicas, se muestra a favor de su desembarco en la élite del béisbol y proclama textualmente: "No veo ninguna razón por la que los jugadores de color no deban competir junto a los demás siempre que se comporten con la debida educación y respeto". Una afirmación un tanto chocante viniendo de un supuesto racista de la vieja escuela, aunque, claro, las personas, como las sociedades en las que viven, van cambiando y evolucionando con los años.

Lo que permanece por siempre son los hechos. Y los hechos, en el mundo del béisbol, siempre acaban fijados y objetivados en largas ristras de números. Porque en este extraño deporte hay algo que perdura mucho más allá que el paso del tiempo: las estadísticas.

¿Fue Ty Cobb el mejor bateador de todos los tiempos? (un poco de estadística)

En la película *Moneyball: rompiendo las reglas*, una historia basada en hechos reales con guión de Aaron Sorkin, Brad Pitt encarna a Billy Beane, mánager general de los Athletics de Oakland, quien en 2002 revolucionó el universo del béisbol al aplicar métodos estadísticos a la hora de seleccionar nuevos fichajes para su club, dejando a un lado las percepciones subjetivas de los clásicos ojeadores de toda la vida. Un sistema frío y científico, casi de laboratorio, que acabaría revelándose a la larga –a pesar de las reticencias iniciales de casi todos los estamentos– muy eficaz a nivel de resultados.

No existe un deporte en EE UU –ni siquiera el baloncesto NBA– que dé tanta importancia a los números como el béisbol. Dentro de las Grandes Ligas, cada acción individual queda computada en términos de porcentaje, una tradición que se remonta a los inicios de su historia. Sus prolijas estadísticas, detalladas y pormenorizadas, hacen referencia a cada entrada (*inning*), cada partido, cada serie y cada temporada; datos individuales y colectivos, por posición, edad, zurdos o diestros; índices de acierto en el bateo, eliminaciones, carreras o bases robadas. Absolutamente todo queda anotado y registrado. Filas y filas de cifras, decimales incluidos, que se contabilizan, compendian y almacenan para la posteridad (algunos fanáticos, con muy buena memoria, prefieren llevarlas grabadas dentro de su cabeza). Auténticas tablas de la ley de su deporte, un baremo matemático y objetivo que muchos consideran fiable a la hora de comparar y juzgar jugadores de muy distintas épocas.

De entre todas las facetas del juego, el arte de batear está considerado como la suerte máxima en el béisbol. El lanzador o *pitcher* imprime a la pelota la mayor velocidad –o efecto endiablado– del que es capaz, mientras que el bateador debe intentar adivinar su trayectoria y golpearla tan fuerte como pueda, con el fin de mandarla lo más lejos posible de sus adversarios. Dispone para ello de tres intentos o *strikes*. Si no, queda eliminado. Lo más habitual es fallar. O, al menos, no atinar de lleno a la hora del impacto, lo que suele provocar que la pelota se vaya más allá de las líneas reglamentarias o que sea interceptada fácilmente por un defensor.

Cuando el bateador golpea la bola y alcanza al menos una base, queda computado en las estadísticas como un *hit*. Cuando consigue, sin embargo, acertar en el punto exacto y mandarla fuera de los límites del campo, pudiendo así recorrer libremente todas las bases y anotar una carrera, se denomina *home-run* (lo máximo, el éxtasis total). A pesar de lo que Hollywood parezca sugerirnos en las películas ambientadas en el béisbol, la cotidianeidad de las Grandes Ligas resulta mucho menos excitante de lo que se muestra en pantalla. En realidad, no resulta nada fácil presenciar poco más de un *home-run*, como media, por partido.

Hasta ahora, hemos venido hablando, principalmente, de las malas artes de Ty Cobb dentro y fuera del terreno de juego, sus constantes problemas con el resto de jugadores y sus polémicos altercados públicos, fruto de un carácter tan eruptivo e inestable como un vaso de trinitrotolueno. Sin embargo, si nos comportásemos como el personaje real de Brad Pitt en *Moneyball* y nos limitásemos a introducir los guarismos de Cobb en el disco duro de su ordenador, el programa informático especializado –imparcial y asentimental en su inteligencia artificial– nos recomendaría de inmediato su fichaje y lo situaría, sin dudar, entre los mejores de todos los tiempos.

Los dígitos de Ty Cobb con el bate en la mano son, simplemente, impresionantes –y más, con la perspectiva que nos da el dilatado espacio de tiempo transcurrido desde que los lograra–, tanto por su cantidad como por su elevado promedio; sobre todo, si tenemos en cuenta la cantidad de temporadas, 23 en total, que estuvo en activo (lógicamente, cuantos más años juegue uno, más difícil le resultará mantener la media, especialmente si es muy alta).

Su número total de *hits* (4.189) permaneció seis décadas (¡seis!) en lo más alto del *ranking* y solo pudo ser superado por Pete Rose en septiembre de 1985 (Ty Cobb no se enfadó demasiado al perder dicha marca, ya que por aquel entonces llevaba 24 años muerto y enterrado). En lo relativo a su porcentaje de bateo (.366), su récord se mantiene aún hoy imbatido, a pesar de que ha pasado ya casi un siglo desde entonces (dicho promedio se obtiene dividiendo el número de *hits* por el de turnos de bateo; es decir –refrescando por un segundo las matemáticas del cole–, si por ejemplo alguien hace 70 *hits* en 200 turnos de bateo, su promedio será de 70 / 200; esto es, 0,350, o como se suele transcribir en el béisbol –con punto en vez de coma y sin el cero de delante– .350).

Lo que quiere decir este galimatías es que, a lo largo de toda su carrera (que, recordamos, duró 23 largos años), de cada 100 veces que le lanzaron la pelota a Ty Cobb (la mayoría de ellas, con muy mala uva, por cierto), este consiguió devolverla con éxito en 36,6 ocasiones; el porcentaje más alto en toda la historia de las Grandes Ligas, un promedio inalcanzable para los miles y miles de bateadores –algunos excelsos– que le han sucedido desde entonces. Hubo temporadas, incluso, que su índice de acierto alcanzó tasas del 42%, una auténtica bestialidad.

A pesar de todo ello, cuando se establecen listas históricas (los populares *best ever*, práctica muy habitual entre los aficionados) de los mejores bateadores de todos los tiempos, *El Melocotón de Georgia* –uno de los pocos apelativos amables con los que se refieren a Ty Cobb– nunca suele entrar en el podio. Este privilegio acostumbra a corresponder a estrellas más recientes, como Willie Mays (ídolo de los años cincuenta y sesenta), Barry Bonds (la gran estrella de las décadas de los ochenta y noventa) o –sobre todo– *Babe* Ruth, leyenda inmortal de este deporte.

Al valorar a Ty Cobb, se le suele penalizar por su pésima reputación, así como la época, demasiado lejana, en la que brilló. Para muchos, su era es considerada, en cierto modo, como la prehistoria del béisbol. Y no les falta razón. En aquellos viejos días, batear con fuerza y precisión era algo condenadamente difícil. Aunque a Cobb, todo eso le traía sin cuidado.

Ty Cobb y la era de la 'pelota muerta'

Si un aficionado actual pudiera fabricar una máquina del tiempo y viajar hasta la primera década del siglo XX para asistir a un partido de Ty Cobb, lo que vería dentro de aquellos enormes y vetustos estadios de hierro forjado no se parecería demasiado al béisbol moderno que hoy retransmite Fox Sports (canal por cable que suele tener los derechos televisivos de las Grandes Ligas). El hipotético crononáuta no solo encontraría diferencias en la pulcra forma de vestir de los espectadores (por entonces, era costumbre acudir a este tipo de espectáculos públicos con las mejores galas, como si fuera el elegante estreno de una obra de teatro), las tácticas de los equipos o las dimensiones del campo (más extensos que los actuales), ciertos comportamientos en el desarrollo del juego podrían también resultarle pintorescos, raros o incluso –si este fuera demasiado escrupuloso– un tanto repugnantes.

La era de la pelota muerta o *Dead Ball Era* fue un periodo de la historia del béisbol –comprendido, más o menos, entre 1900 y 1920– durante el cual su práctica deportiva y profesional se encontraba aún en una fase temprana de evolución y desarrollo. Una de las características principales de esta época (la misma en la que debutó, maduró y ascendió a gran estrella Ty Cobb) era la escasa cantidad de carreras –la forma de puntuar que tiene el béisbol, como los goles en el fútbol o las canastas en el baloncesto– que se anotaban en los partidos (apenas 3,4 por encuentro, la media más baja conocida nunca), debido sobre todo a la gran dificultad que presentaba por entonces acertar con el bate en la pelota a la hora de intentar golpearla.

Si no estuviera perfectamente documentado, podría parecer una leyenda sin fundamentos, pero es absolutamente real. El factor distorsionador más importante que ponía en desventaja al bateador frente al lanzador o *pitcher* era la *particular* densidad de la propia bola. El material de su núcleo estaba hecho de goma blanda y tendía a deformarse con los sucesivos golpes. Además, por razones económicas, se jugaba todo el partido con la misma pelota, la cual terminaba destrozada y llena de abolladuras, es decir –y de ahí viene la expresión–, totalmente *muerta*.

Para poner las cosas aún más difíciles, los *pitchers* utilizaban una treta de dudosa caballerosidad e higiene. Por entonces, era muy habitual que todos ellos consumiesen tabaco de mascar durante el juego, una picadura densa y grumosa que se masticaba y rumiaba lentamente bajo la lengua. Cuando la pelota llegaba a sus manos, antes de lanzar, era norma común –casi un ritual– empaparla bien de escupitajos oscuros, repletos de hebras licuadas de tabaco, hasta cubrir su superficie de una pátina húmeda y resbaladiza.

De este modo, la bola iba adquiriendo –con el transcurso del partido– no solo una textura cada vez más sucia, rígida y pesada, sino también una consistencia característica, viscosa y deslizante. Todo esto, unido a que los violentos golpes con el bate la iban deformando poco a poco, provocaba que –al lanzarla– adquiriese una trayectoria errática y que, al intentar golpearla, se escurriese entre el palo de madera con suma facilidad. Batear con éxito por aquel entonces era todo un desafío, un acto de fe.

Como mandar la pelota muy lejos era casi imposible, la cantidad de *home-run* que los espectadores presenciaban era residual (uno o dos cada diez partidos), tan esquivos de ver como un unicornio rosa. El béisbol no consistía tanto en pegarle fuerte a la bola como en saber sacar partido de cada *hit*, robar muchas bases (esto es, correr de una o otra sin ser eliminado, mientras tu compañero está bateando) y en extraer todo el zumo a cada oportunidad o resquicio que el juego ofrecía.

Fue en este entorno selvático y estratégico, sombrío y enmarañado, donde Ty Cobb –como buen Tigre que era– desarrolló su instinto asesino. Era el rey de esa jungla y no permitía que nadie ocupara su puesto cenital en la cadena alimenticia. Para mantener su supremacía, no le importaba intimidar a los contrarios con sus bravuconadas o sembrar cizaña entre los suyos, para evitar que destacasen por encima de él.

A pesar de las dificultades que ofrecía la *bola muerta*, Cobb demostró ser un bateador sensacional y el mejor de todos ellos robando bases (.808 de promedio, 897 logros conseguidos de 1.109 intentos, un 80,8% de éxito, unas estadísticas impresionantes). No tenía rival en ese ecosistema primigenio, su actividad diaria sobre el césped del estadio consistía básicamente en perseguir gacelas y tumbarse al sol, pero un drástico cambio climático se aproximaba por el horizonte. La era de la pelota muerta estaba a punto de terminar.

La sensación generalizada entre la afición y los medios periodísticos era que el juego del béisbol se encontraba estancado en su evolución y que necesitaba un impulso en otra dirección. La puntilla al sistema, tal y como estaba concebido, se asestó en 1919. Los White Sox de Chicago ("medias blancas") eran los claros favoritos en las apuestas para llevarse el título aquella temporada. Sin embargo, de forma muy sospechosa, cayeron derrotados en las finales. Pronto se descubrió que la mafia de Chicago había sobornado a media plantilla para que se dejara perder y el escándalo alcanzó una dimensión nacional. Fue una especie de trauma colectivo, casi como el Watergate del béisbol, la pérdida de la inocencia. La pureza virginal del juego, epítome del espíritu deportivo americano, había sido mancillada. ¿Cómo podrían recuperar ahora la ilusión de los aficionados tras semejante golpe a su reputación? El comisionado castigó y expulsó de forma severa a todos los implicados en el caso White Sox (equipo que, por cierto, empezó a ser denominado despectivamente por sus rivales como Black Sox o "medias negras", en alusión a la mancha de su trampa) y, aprovechando la ocasión, decidió también renovar su concepción.

Ordenaron diseñar y fabricar en serie una nueva pelota reglamentaria, una mucho más resistente, con el núcleo de corcho, la cual sería además remplazada –por otra sin estrenar– varias veces durante el partido. Pero, sobre todo, se aprobó una nueva reglamentación que prohibía a los lanzadores la fea y grosera táctica del escupitajo o *spitball*. Muchos de estos lanzadores de *pelota muerta* habían desarrollado una técnica tan especializada en este sentido que se quedaron desnudos y desarmados ante la nueva regulación. De la noche a la mañana, se convirtieron en obsoletas piezas de museo, torpes brontosaurios inadaptados condenados a la extinción.

La revolución fue total. El juego se volvió mucho más veloz, atractivo y dinámico y el número de *home-runs* creció exponencialmente. Los bateos eran limpios y las bolas se perdían en la lejanía. La estrategia táctica cambió y la fortaleza del juego comenzó a apoyarse más en la pura potencia. Ty Cobb sumaba ya quince intensas temporadas en las Grandes Ligas y muchos de sus enemigos deseaban verle retirarse con su rabo –de diablo malnacido– entre las piernas. Pero a él le encantaba llevar la contraria. Supo reinventarse a su manera y seguir copando los primeros puestos del *ranking*, aunque este nuevo tiempo iba a estar marcado por el ascenso del astro más brillante de la galaxia del béisbol, un tipo jovial, gordito y condenadamente bueno, Babe Ruth.

Ty Cobb vs. Babe Ruth: la rivalidad que cambió el béisbol

Para alguien ajeno al mundillo del béisbol (un deporte sin apenas repercusión fuera de EE UU, más allá de Japón y el área del Caribe), resulta complejo entender todo lo que representa la figura de *Babe* Ruth dentro de la cultura popular americana, tan proclive a la mitomanía. Durante los locos años 20, era más rico y famoso que cualquier otra figura –deportiva o no– del país (dicen que la única celebridad que podría competir en popularidad histórica con él sería Abraham Lincoln). Ganaba una fortuna jugando al béisbol y se gastaba hasta el último centavo de sus ganancias en fiestas multitudinarias, mujeres, ropa cara, caprichos extravagantes y alcohol (al más puro estilo Gran Gatsby). Un ídolo risueño y bonachón, con un físico muy alejado del estándar que tenemos hoy en mente de un atleta de élite. Le gustaba mucho beber cerveza y devorar *hot-dogs* y muy poco sudar la gota gorda entrenando, por lo que su silueta –dueña de una prominente barriga– se asemejaba más a la del clásico parroquiano de bar que ve un partido de béisbol por la tele –acodado en su banqueta preferida de la barra, junto a una jarra rebosante de espuma– que a la de la estrella del deporte que esprinta al otro lado de la pantalla.

Nacido bajo el nombre bautismal de George Herman Ruth, padeció una niñez problemática, dentro de una familia desestructurada. Prácticamente, se crió en la taberna que regentaba su padre, entre el humo del tabaco y los gritos de los borrachos. Antes de cumplir los ocho años, ya había sido ingresado en un reformatorio católico, donde pasaría toda su adolescencia. En cierto modo, nunca dejaría de comportarse como un niño desvalido –de ahí su apodo de *Babe*–, un personaje excesivo en todos los aspectos (caprichoso, divertido, vividor, irresponsable, inmaduro, caradura y encantador).

Sus andares lentos y cachazudos, al recorrer las bases, en contraste con el espectacular *swing* salvaje que exhibía al golpear la bola, sus balanceos suaves (casi caricaturescos) y ese aire sosegado de suficiencia que parecía retener el tiempo alrededor de sus hombros huesudos lo convirtieron en el rostro más carismático de la historia del béisbol.

Debutó en las Grandes Ligas en 1914, con 19 tiernas primaveras, aunque no empezó a jugar con regularidad hasta dos temporadas más tarde. Su posición inicial fue la de *pitcher* o lanzador (era zurdo), pero cuando la era de la *pelota muerta* llegó a su fin, decidió reconvertirse en bateador. El cambio de perspectiva le erigió en el gran dominador de esa especialidad, llegando a pulverizar el registro de *home-runs* existente hasta entonces. De acumular apenas 20 golpeos de este tipo, en el total de sus primeras cinco temporadas, pasaría a lograr, sucesivamente, ya con la nueva reglamentación, 54 y 59 *home-runs* al año, una cifra inconcebible en aquel tiempo, revolucionando así el concepto y la propia estrategia del juego (a lo largo de toda su carrera alcanzaría los 714 *home-runs*, un récord que tardaría 40 años en batirse y que aún hoy se mantiene como la mejor tercera marca de todos los tiempos).

Mientras *Babe* Ruth irrumpía como *prima donna* en el escenario de los medios, Ty Cobb transitaba ya por el otoño de su carrera. El gallo más duro del corral asistía a la irrupción de un rival magnético y encantador, capaz de engatusar con su hechizo la atención y el cariño de aficionados y periodistas. Los historiadores del deporte suelen asegurar que el fenómeno *Babe* Ruth salvó al béisbol de la decadencia y el descrédito en que lo habían enfangado diversos escándalos (como el comentado caso de soborno de los White Sox).

Por alguna extraña razón –y Ty Cobb no lograba entender cuál–, la gente adoraba y aplaudía todo lo que Ruth hacía en la cancha, lo que fuese, a la vez que le perdonaba todos sus excesos fuera de ella. Mujeriego, perezoso y bebedor, no parecía tomarse muy en serio sus responsabilidades de estrella del bate, lo que le generaba –paradójicamente– aún más simpatías a su alrededor. Legiones de fans, casi como devotos feligreses, lo seguían y adoraban allá por donde iba. El béisbol necesitaba un héroe sobre el que apoyarse y levantarse y Ruth se convirtió en la nueva deidad monoteísta del panteón.

Sin embargo, como todo buen arquetipo, las crónicas demandaban un villano a su altura, un antihéroe canónico con el que confrontar la eterna lucha entre el bien y el mal, y Cobb ejercía tal rol a la perfección. Su rivalidad desbordaría el mero aspecto deportivo (en 1924, llegaron incluso a las manos, en un conato de pelea dentro del campo), representando casi de modo metafórico la pugna entre el viejo y el nuevo béisbol. Los dos transformaron el juego, cada uno a su modo, y los dos dispusieron de su propio reinado cronológico, pero la historia ha optado por ascender a uno de ellos a los cielos y exiliar al otro a los infiernos.

Aunque muchos comenzaban a considerarlo como un anacronismo con visera, Cobb siguió compitiendo a muy buen nivel durante la década de los 20 (decenio en el que sobrepasó los 40, aún en activo), resistiéndose siempre –eso sí– a doblar la testuz y plegar su estilo montaraz a los novedosos dictados del juego. "No hago más *home-runs* no porque no pueda, sino porque no me da la gana", le respondió a un periodista, antes de un partido, quien le estaba acusando de no saber batear tan lejos como Babe Ruth. "Esta tarde te lo demostraré", le retó. De allí se fue directo al campo y conectó varios *home-runs* seguidos. Como si nada. En cierto modo, le fastidiaba el sometimiento de su amado deporte a esta nueva vertiente, entregada a lo espectacular y lo vistoso (una moda que consideraba, en cierto modo, poco menos que fuegos artificiales, una mera exhibición de cara a la galería).

Posiblemente, Cobb era menos intuitivo que Ruth con el bate en la mano, aunque mucho más analítico y asertivo. Estudiaba y memorizaba los defectos y tics de los lanzadores rivales, los amedrentaba con su presencia agresiva y fantasmeaba delante de ellos para desconcentrarlos (con voz hueca y amenazadora, presumía de que la madera de su bate estaba hecha de un material mágico y secreto que lo convertía en invencible).

De vez en cuando, a *Babe* Ruth también le gustaba retar a sus rivales con cierta bravuconería insolente. En 1932, disputando las Series Mundiales contra los Chicago Cubs, bateando en la quinta entrada y habiendo errado sus dos primeros intentos de golpeo, el *pitcher* rival intentó provocarlo de un modo que no le gustó demasiado. En un ademán bastante presuntuoso, Ruth respondió al desafío tomándose una larga pausa teatral, se puso erguido como un majestuoso Moisés de mármol y, con el dedo de su mano extendido en lo alto, señaló en dirección a las gradas, queriendo así indicar al público el punto exacto adónde pensaba mandar la jodida bola. Y *Babe* cumplió la promesa. El siguiente lanzamiento salió disparado, de un tremendo pelotazo, por el mismo sitio que él había predicho unos segundos antes, entre la locura de un público enfebrecido. Un gesto épico inolvidable –con aires de chulería *cool*– que ha pasado a formar parte de la memoria colectiva de América.

Babe Ruth comenzó jugando en los Red Sox de Boston, pero, de forma incomprensible, fue traspasado a los Yankees de Nueva York en 1919 en una de las operaciones más desastrosas de la historia del deporte mundial (algo así como si el FC Barcelona hubiera vendido a Messi al Real Madrid en su mejor momento de forma). La línea temporal de ambos equipos quedó alterada de forma drástica y antagónica para siempre, cambiando el signo y tendencia del béisbol. Los Yankees, que hasta entonces jamás habían ganado nada, se convirtieron a la larga en el equipo dominador de este deporte (actualmente suman 28 Series Mundiales), mientras que los Red Sox de Boston, que hasta la marcha de Babe Ruth llevaban 5 campeonatos, no volvieron a ganar el sexto hasta... ¡86 años más tarde! Casi un siglo de inexplicable mala suerte que fue achacada –durante décadas– a la denominada *Maldición del Bambino* (otro de los sobrenombres con el que se conoció a *Babe* Ruth). Tras muchos intentos fallidos, curiosamente, los Red Sox consiguieron romper el persistente gafe, en fecha tan lejana como 2004, al aplicar a su organigrama el revolucionario método científico-estadístico que Billy Beane (el personaje real, interpretado por Brad Pitt en *Moneyball*, del que antes hemos hablado) había popularizado en sus Athletics de Oakland, un par de temporadas antes. Su apuesta por las matemáticas como sistema de juego no resultó tan disparatado después de todo, el único capaz de terminar con aquel maldito conjuro.

El impacto de *Babe* Ruth en la cultura neoyorquina resulta imborrable, un símbolo eterno de la metrópolis más famosa del planeta. La expectación fue tal que la directiva de los Yankees se vio obligada a construir un estadio más amplio (antes compartían el añejo Polo Grounds con los Giants, el otro equipo de la ciudad) para dar cabida a la ingente muchedumbre que se acumulaba a las puertas de las taquillas los días de partido. Este nuevo templo del deporte, oficialmente designado como Yankee Stadium, pasó a ser conocido popularmente por la hinchada local como *The house that Ruth built* (la casa que Ruth construyó).

Con el paso de los años, la animadversión que Ty Cobb sentía por *Babe* Ruth –y lo que este representaba– se fue apagando poco a poco, como las brasas de una hoguera de *boy-scouts*, para acabar transformándose en sincera admiración mutua. Ya jubilados, era habitual verlos a ambos jugar juntos al golf por los ahuecados pastos de Augusta, en su Georgia natal, bebiendo limonada y paseando bajo el cobrizo sol del atardecer, mientras entre risas y recuerdos bromeaban sobre aquella enconada rivalidad de los viejos tiempos.

'Born in the USA' (béisbol y cultura popular en EE UU)

El béisbol es mucho más que un simple deporte para los estadounidenses. Es su pasatiempo nacional. Aunque los *play-offs* de la NBA o el fútbol americano obtengan mayor audiencia (la Super Bowl no encuentra rival en este sentido), ninguna otra actividad lúdica ha penetrado de forma tan profunda en el inconsciente colectivo del país de las barras y estrellas. Como el fútbol gaélico en Irlanda o la pelota vasca en Euskadi, su práctica va más allá de la pura disputa deportiva, adquiriendo una vinculación sentimental y patriótica que enlaza con el hecho mismo de sentirse miembro de una comunidad.

Lo mismo ocurre con el acto de acudir al estadio para ver un partido, un hábito que traspasa la mera idea de ver a unos tipos con uniforme lanzar, golpear y corretear detrás de una pelota cosida. Se trata más bien de un gran espectáculo *made in* USA que consigue albergar bajo un mismo espacio de entretenimiento la esencia primigenia de lo genuinamente americano. Durante las nueve entradas o *innings* de las que consta el juego hay tiempo para todo. *Fast food* y mucha cerveza (se puede beber alcohol en las gradas), rifas benéficas, cámaras que enfocan a una pareja entre el gentío –la cual debe besarse delante del objetivo–, bailes coreografiados, mascotas disfrazadas, banderas, himnos y música en directo. La gente compra todo tipo de *merchandising* (principalmente gorras y camisetas) y muy rara vez se presencian peleas grupales entre seguidores o hinchadas rivales. La antropología moderna podría englobar este ceremonial dentro de los rituales identitarios de las sociedades modernas, una celebración del *american way of life* al que asisten todo tipo de miembros de la colectividad (amigos, parejas, estudiantes, novios, solteros, compañeros de trabajo o incluso familias enteras; no existe una diferencia social apreciable entre los aficionados).

También se dice que el béisbol ha ejercido un papel integrador esencial dentro de los hogares americanos, el pegamento generacional que ha logrado unir a padres e hijos. Durante mucho tiempo, el primer regalo que los niños estadounidenses soñaron recibir por su cumpleaños fue siempre un guante de béisbol (muchos lo conservan de adultos, ya cuarteado y descolorido, como un verdadero fetiche de su infancia). Si no hubieran intercambiado, de vez en cuando, unas bolas en el patio trasero de la casa o no hubiesen acudido juntos a ver un partido de su equipo preferido, muchos progenitores de los años cincuenta, sesenta o setenta habrían tenido serias dificultades para romper el monótono silencio del hogar y establecer cierta comunicación afectiva con sus taciturnos y rebeldes retoños adolescentes. Raro es el norteamericano medio que no recuerda con cariño haber ido con su padre de niño –al menos una vez en la vida– a un estadio de béisbol. Oportunidades, desde luego, no faltan.

La temporada regular se celebra normalmente entre abril y septiembre y concentra un calendario más que saturado. Los equipos pueden llegar a jugar hasta cinco o seis encuentros por semana, alcanzando un total de 162 por temporada (sin incluir las finales de división, el campeonato de ambas Ligas y las esperadas Series Mundiales, que se disputan en octubre). Comparado con otros deportes de pelota (como el fútbol, el *basket* o el balonmano), el béisbol puede resultar desesperantemente lento a ojos de un espectador europeo. Se ha calculado que, durante las muchas horas que dura un partido, los minutos reales de juego (lanzar, batear e intentar alcanzar las bases) apenas superan los siete u ocho minutos en total. Esta concentración de episodios cortos pero muy intensos, espaciados entre largas pausas, condensa la emoción y favorece la estrategia. Hay mucho tiempo libre, entre acción y acción, para comentar la táctica, hablar de lo divino y lo humano con el vecino de asiento, tomarse un perrito caliente o incluso salir un rato a ver las atracciones paralelas que se montan junto al campo (todo eso forma parte también de la experiencia).

Existe toda una cultura propia en torno al béisbol que integra diversos elementos, como por ejemplo, el coleccionismo. Pelotas firmadas, bates o, sobre todo, cromos (una afición que se ha convertido casi en un negocio en sí mismo). En abril de 2019, los medios mundiales informaban de que un viejo cromo de Ty Cobb, original de 1915 y con un estado de conservación *mint* 9 (la clasificación que sirve para valorar la calidad), solo un escalón por debajo del máximo, el casi perfecto *gem mint* 10, había sido subastado por la casa Heritage Auctions (el Christie's del coleccionismo deportivo) por la suma de 504.000 dólares, más de medio millón, una cifra nada desdeñable teniendo en cuenta que su dueño lo había encontrado por casualidad en el desván, dentro de un sobre, entre las añejas pertenencias de su tatarabuelo (en aquella época, los cromos de béisbol solían venir dentro de los paquetes de tabaco para dar mayor rigidez a la cajetilla y evitar así que los cigarrillos se doblaran).

La mayoría de los grandes escritores nativos han sabido entrever muy bien toda esta imaginería sentimental que gravita alrededor del bate y la pelota, sedimentada ya en el acervo popular de la nación. Por eso, no han dudado en incluir el béisbol en sus novelas o relatos –como escenario real o metafórico– para reflejar el alma misma del carácter estadounidense. El eterno candidato al premio Nobel de Literatura Philip Roth, por ejemplo, en su obra *La gran novela americana* (toda una declaración de intenciones ya en su título) se inspira en un ficticio combinado de béisbol –los Ruppert Mundys de Nueva Jersey– para construir una sátira sobre racismo, conspiraciones y cazas de brujas. En la monumental *Submundo*, Don DeLillo sitúa el arranque de la acción argumental en un legendario partido de 1951 entre los Giants y los Dodgers; o Richard Ford, el cual –en *El día de la Independencia*– retrata a un hombre maduro, peleado con su hijo, que intenta restañar la relación invitándole a ir juntos, un cuatro de julio, a visitar el Salón de la Fama del Béisbol (por cierto, el primer miembro que ingresaría en esta institución, en 1939, por aplastante sufragio popular, fue –¡cómo no! – Ty Cobb, por delante incluso de Babe Ruth en el número de votos conseguidos). John Cheever, Robert Coover, John Updike, Michael Chabon o Bernard Malamud (autor de *El mejor*, la novela que sería llevaba al cine con éxito, en los años ochenta, con Robert Redford en su papel protagonista) son otros prestigiosos autores que han trasladado, en mayor o menor medida, el gran pasatiempo americano a las tramas de su prosa.

El cine de Hollywood también ha querido inspirarse en este deporte. Las citadas *El mejor* o *Moneyball*, *Los Búfalos de Durham*, 42 (un *biopic* sobre Jackie Robinson), *Entre el amor y el juego*, *Llévame a ver el partido* (un musical con Gene Kelly y Frank Sinatra) o la más reciente *Golpe de efecto* (con Clint Eastwood) son algunos ejemplos. En *Campo de sueños*, Kevin Costner interpreta a un granjero de Iowa que construye en medio de sus plantaciones de maíz (siguiendo el mandato de una voz misteriosa que le susurra entre el ulular del viento) un campo de béisbol mágico e interdimensional al que acaban yendo a pelotear los espíritus fallecidos de los mejores jugadores del pasado. Uno de ellos, encarnado por Ray Liotta, afirma en un momento del filme: "Ty Cobb también quería venir con nosotros, pero ese hijo de perra ya nos caía mal incluso cuando estaba vivo, así que le dijimos que se aguantase".

El orgullo de los Yankees, largometraje de 1942, rompió el corazón de los espectadores al retratar la trágica vida de Lou Gehrig (Gary Cooper en la pantalla), el prototipo soñado de héroe nacional, un intachable hombre de familia que peleó por sus sueños con una sonrisa en la cara a pesar de la cruel adversidad. Estrella del deporte, ídolo de Nueva York, tuvo que retirarse prematuramente del béisbol al serle diagnosticada una esclerosis lateral amiotrófica, el ELA, una dolencia que en EE UU todavía hoy se sigue denominando popularmente como "la enfermedad de Lou Gehrig". Antes de fallecer, a los 38 años, el jugador pudo ser homenajeado por la afición de los Yankees en un último partido. Tras concluir el mismo, en su parlamento final, Gehrig pronunció unas palabras que conmovieron al país entero. A pesar de su enfermedad y de verse obligado a abandonar el deporte que amaba, afirmó sentirse, al ver a toda aquella gente arropándolo en el estadio, "el hombre más afortunado del mundo".

Existe una película de 1994 dedicada en exclusiva a Ty Cobb (titulada precisamente así, *Cobb*) en la que el expresivo actor Tommy Lee Jones (habitual intérprete de personajes hoscos y malhumorados) se encarga de ponerle rostro en la pantalla. Una cinta polémica para muchos aficionados, ya que la vieja estrella de los Tigres de Detroit no sale demasiado bien parada en ella. Ambientada en los últimos años de su vida, recoge la extraña relación que el exjugador mantuvo con un periodista deportivo llamado John McCallum, autor de su biografía, a quien el propio Cobb iba dictando sus vivencias –ya gravemente enfermo– entre sorbos de *bourbon* e inopinados arrebatos de ira.

Publicado póstumamente en 1961, este libro de memorias –de tono decadente y oscuro– describe al mito del béisbol con renglones muy torcidos. De hecho, muchas de las historias superficiales que se leen sobre Cobb en internet (no siempre debidamente contrastadas) proceden de esta única fuente. ¿Fue John McCallum completamente honesto al fijar en negro sobre blanco todo lo que Cobb le confesó antes de morir? Hay quien piensa que no.

Ty Cobb y la Coca-Cola, la nueva sed consumista de América

Ty Cobb nace y crece en uno de los contextos más mudables de la historia de EE UU. En unas pocas décadas, el periodo que transita desde 1880 hasta 1920, Norteamérica percibe en su forma de vida una evolución mucho más veloz y profunda que la experimentada durante varias centurias. El país entero se da la vuelta a sí mismo como un calcetín que se echa a la colada y pasa de ser aquel estado eminentemente agrícola y rural que se había enfrentado a los desastres de la Guerra de Secesión (la típica ambientación que vemos en las películas del Lejano Oeste) a transformarse en una sociedad moderna, urbana, industrial y, por primera vez en su historia, abierta al consumo de masas.

El liberalismo económico se impone como doctrina oficial e introduce en la conquista política el derecho de los ciudadanos a percibir un salario digno (por encima del de mera subsistencia), una medida que favorece el acceso generalizado a los bienes de consumo y anticipa la democratización del capitalismo. La gente comienza a asomarse a los luminosos escaparates de los grandes almacenes y cadenas de tiendas que empiezan a surgir en el centro de las ciudades, generando un cambio radical en su forma de percibir el mundo. Los valores culturales de antaño, asentados hasta entonces en la frugalidad y la austeridad, van derivando –en un periodo muy corto de tiempo– hacia el irresistible impulso consumista que caracterizará todo el siglo XX. Gracias al sistema de venta a plazos, la floreciente clase media empieza a soñar con poder adquirir una máquina de coser eléctrica, una aspiradora, un fonógrafo o –por qué no– un relumbrante automóvil (para 1920 ya habrá nueve millones de ellos circulando por las carreteras, aún de tierra, del país).

No deja de ser una simple casualidad, aunque resulte cuando menos significativa, que el mismo año –1886– en que Ty Cobb llega a este mundo en Narrows, Georgia, no muy lejos de allí (a menos de cien millas de distancia), un farmacéutico sureño llamado John Pemberton elabora en su laboratorio casero de Atlanta una fórmula medicinal del color del alquitrán, extraño sabor y efectos reconfortantes. La receta original que dará origen al gran icono posmoderno del *american way of life:* la Coca-Cola, una bebida que tendrá gran influencia sobre la vida de Cobb.

En el sentido más actual del término, Ty Cobb puede ser considerado, sin lugar a dudas, la primera celebridad deportiva de la historia de EE UU. En todo este entorno de cambios sociales y económicos que caracteriza los primeros balbuceos del siglo XX, el béisbol se convierte en el espectáculo de masas preferido del país, junto a las carreras de caballos y los combates de boxeo, las únicas diversiones multitudinarias (el cine aún es por entonces poco menos que una pintoresca atracción de variedades) que pueden competir en atención con el deporte del bate, un emergente fenómeno social que empieza a ser apoyado y amplificado por la influyente prensa sensacionalista (cabe recordar que uno de los hombres más poderosos de esta época es el magnate William Randolph Hearst, creador del llamado periodismo amarillo).

No resulta extraño, por tanto, que Ty Cobb –dentro de unas primitivas técnicas de propaganda y *marketing*– se convierta en la primera estrella del deporte en realizar anuncios publicitarios para Coca-Cola (lo cual multiplica de forma exponencial tanto su fama como los fondos de su cuenta bancaria). La gente se arremolina a su alrededor cada vez que le reconoce por la calle, lo sigue allá por donde va y le espera a la salida de los hoteles o restaurantes que visita. En cierto modo, es también alguien pionero en tener que soportar las incomodidades de la popularidad, la pérdida del anonimato y la invasión –por parte de la masa– de la esfera privada. Dado su carácter irritable y susceptible, las molestias inherentes a lo que pronto pasará a conocerse como "el peso de la fama", no hacen germinar en su interior, precisamente, sentimientos fraternales hacia el prójimo. Gestionar toda esa carga social, ajena al puro desempeño del deporte, no convertirá a Ty Cobb en una mejor persona, aunque sí en alguien inmensamente rico.

Cuando cuelga definitivamente el bate y se retira del béisbol profesional, en 1926, coloca gran parte de sus ahorros en acciones y activos financieros. En vez de decantarse por las firmas tradicionales de Wall Street, Cobb se deja llevar por la intuición y decide invertir todo su dinero, con buen olfato, en dos compañías jóvenes con entusiastas perspectivas de futuro: la propia Coca-Cola –adquiere varias plantas embotelladoras del refresco– y una tal General Motors, la que será la gran factoría americana del motor (como si alguien, en el incierto año 2007, se hubiera dedicado a comprar participaciones de Google y Apple). Cobb esquivará el crac del 29 con una astuta finta de cadera y se convertirá en un hombre de negocios millonario. Jamás pasará problemas pecuniarios en su vida, aunque –como todo el mundo sabe– el dinero nunca garantiza la felicidad.

Vida familiar: esposas e hijos

Como podría suponerse, dados sus antecedentes misántropos y huidizos, sus relaciones familiares no resultan nada sencillas. Dentro del matrimonio, según narrarán sus dos esposas, se comporta de manera despótica y autoritaria, siendo una persona de difícil convivencia los días buenos y de imposible los malos. Fruto de sus primeras nupcias, que durarán 39 años, llega a concebir cinco hijos, tres varones y dos hembras. Ejerce la paternidad con pulso firme, siendo especialmente exigente y severo con su primogénito, Tyrus Junior, de quien espera que llegue a convertirse en un atleta excepcional, además de un cirujano de prestigio. Lo envía a estudiar Medicina a Princeton y Yale, pero su retoño –amargado por la presión– fracasa tanto en sus estudios universitarios como en su intento de convertirse en tenista profesional. Ty Cobb Jr. consigue finalizar la carrera con mediocres calificaciones y acabará ejerciendo la obstetricia, una ocupación más que decepcionante para la estricta forma de pensar de su padre. Nunca terminarán de reconciliarse ya que fallece prematuramente, víctima de un cáncer, a los 42 años.

Otros dos de sus hijos, en una especie de maldición bíblica, también mueren demasiado jóvenes, lo que termina por sumir a Cobb en una honda depresión, agravada con episodios de alcoholismo, una situación insostenible que desemboca en un inevitable y tumultuoso divorcio. En 1949, con 62 años de edad, se casa por segunda vez con una mujer tres décadas más joven. No tendrán hijos y el matrimonio apenas se sostendrá siete años.

Rodeado de unos pocos fieles, vive el último tramo de su vida de forma solitaria, bebiendo y fumando en exceso, constantemente malhumorado por culpa de una úlcera vitriólica que le perfora y tortura tanto las entrañas como sus cavilaciones. Acosado quizá por los remordimientos, comienza a donar grandes sumas de dinero a instituciones benéficas. Entrega 100.000 dólares al ayuntamiento de Royston –la localidad en la que creció– para la construcción de un hospital, el Cobb Memorial, institución que todavía hoy se erige como principal orgullo de esta pequeña comunidad sureña. También establece una fundación educativa que concede generosas becas universitarias a los estudiantes sin recursos de Georgia. Un corazón duro, pero desprendido.

Sus últimos años, un final 'shakesperiano' y unas memorias tan polémicas como misteriosas

Cobb presagia que está a punto de alcanzar la última base de su vida y decide volcar todas sus experiencias y enseñanzas en una biografía definitiva, una especie de legado vital que ansía donar a las nuevas generaciones de aficionados. Siente que el béisbol moderno ha perdido la esencia prístina que él conoció y amó y cree que es su deber –como antigua estrella del deporte que él mismo ayudó a forjar y desarrollarse– dejar constancia documental de toda esa sabiduría perdida. Para redactar dichas memorias, contrata a un periodista de trayectoria irrelevante, un tal John McCallum, por razones que nunca han sido discernidas del todo. Lo invita a su propia casa y, durante unas semanas, conviven juntos, prácticamente solos.

Lo que debería haber sido una sucesión de sesiones de trabajo, amistosas y productivas, durante las cuales Ty Cobb compartiría recuerdos, charlas e intimidades con su biógrafo, mientras este iba tomando apuntes, deriva en un desencuentro fallido (de eso trata, precisamente, la película *Cobb*, de la que hablamos en un epígrafe anterior), una relación extraña que se va tornando con el paso de las jornadas cada vez más tóxica y sombría. La antigua estrella de los Tigres de Detroit se emborracha cada noche, gritando y vociferando de forma teatral, entre la penumbra de los corredores de su mansión, destilando la amargura y rencor de un personaje *shakespeariano* (un poco al estilo trágico y demente de *El Rey Lear*). Cuando no lleva una botella de *bourbon* en la mano, incluso mientras conduce, sostiene un revólver cargado, el cual agita de forma amenazante delante de todo aquel que se cruza en su camino (al menos, eso es lo que contará posteriormente John McCallum, ya que no hay nadie más allí para corroborar o desmentir su testimonio).

Cuando Cobb lee la versión final de su propia autobiografía queda tan horrorizado con el reflejo que se perfila de sí mismo en sus páginas que retira su consentimiento y amenaza a la editorial con emprender acciones legales si el libro ve finalmente la luz. Al autor no le queda más remedio que rehacer completamente la obra, eliminando de ella los párrafos más comprometedores y salvajes. *My life in baseball: the true record* no tiene apenas recorrido comercial en las librerías y pasa sin pena ni gloria por las reseñas literarias de los periódicos de la época. La sensación que transmite su nulo impacto es que el mundo del béisbol ha olvidado quién es Ty Cobb, una pieza descatalogada del museo que va cogiendo polvo en una esquina del sótano.

Pero es entonces cuando, tras regresar de una cacería, siente un dolor insoportable en la zona baja del abdomen y acude al médico. Le diagnostican cáncer de próstata con metástasis en la columna vertebral. Cobb se encierra en su mansión del lago Tahoe con un cargamento de analgésicos y whisky e inicia un tratamiento a base de cobalto. Además del cáncer, sufre de diabetes, es hipertenso y se encuentra deprimido. Su cuerpo cansado y envejecido está a punto de claudicar. Es solo cuestión de meses.

A principios de julio de 1961 ingresa en el Emory University Hospital de Atlanta, ya desahuciado. Entre sus pertenencias personales, además de una pequeña maleta con ropa y material de aseo, lleva consigo una pistola y una bolsa de papel con un millón de dólares en efectivo dentro. El 17 de julio, Tyrus Raymond Cobb fallece a la edad de 74 años. A su servicio fúnebre asisten un centenar de amigos y parientes, pero solo tres exjugadores. Un funeral íntimo y discreto, correcto en sí mismo, pero muy alejado –por poner un ejemplo, cercano a su figura– del multitudinario y emocionante adiós que la ciudad de Nueva York y el mundo del béisbol brinda a *Babe* Ruth en 1948 (su féretro es acompañado hasta el cementerio por una gran multitud de devotos seguidores).

Durante unos días, la actualidad agita y remueve las historias añejas de la antigua gran estrella. Alguien piensa que ha llegado el momento adecuado de rebuscar en el fondo de los cajones y hacer negocio. Una editorial de corte sensacionalista ofrece al periodista John McCallum (el mismo a quien Cobb contratase meses atrás para escribir sus memorias) un adelanto de 4.000 dólares si redacta –en apenas unas semanas– una crónica áspera y desnuda de su breve convivencia con el gran cascarrabias del bate. McCallum recupera sus apuntes censurados, ciertas ansias de revancha y se sienta enfrente de la máquina de escribir.

El resultado se llama *The Tiger wore spikes* (*El Tigre llevaba clavos*, en referencia a la supuesta costumbre de Cobb de afilar los tacos de sus zapatillas para amedrentar a los defensas rivales), un libro que se convierte inmediatamente en un fenómeno de ventas, un pequeño clásico de la literatura deportiva americana, un *long-seller* que seguirá leyéndose y difundiéndose durante generaciones. La imagen que se ofrece de Cobb en él es despiadada, la representación de un auténtico diablo, la efigie oscura que –prácticamente– ha quedado para la posteridad como arquetipo del gran villano del béisbol.

Un enigma llamado Ty Cobb

Han pasado sesenta años desde la muerte de Ty Cobb y su biografía sigue desafiando a aquellos que pretenden acercarse a ella de un modo objetivo y serio, más allá de la retahíla de leyendas campanudas y anécdotas chocarreras que irrigan artículos de aliño y páginas anónimas de internet. Su reputación se ha instalado en la comodidad del maniqueísmo, adoptando una función muy útil dentro de las alegorías del béisbol. La poderosa y legendaria atracción que ejercen los grandes símbolos de este deporte –*Babe* Ruth, Joe Di Maggio, Mickey Mantle, Nolan Ryan, Willie Mays o el más reciente Álex Rodríguez (novio de la cantante y actriz Jennifer López, millonario, *influencer* y rey de Instagram, una especie de Cristiano Ronaldo del bate)– desde la orilla luminosa de la historia necesita como contrapeso un lado oscuro en la balanza que, como en los buenos guiones de Hollywood, equilibre las fuerzas y salpimiente de interés el conflicto. Ty Cobb encarna esta función de forma excelente, tan perfectamente a veces que algunos se han preguntado si su cenotafio no se habrá edificado de forma un tanto artificial, procurando que la cruda realidad no estropee la malvada belleza del mito.

Charles Leerhsen trabaja como periodista en la popular revista *Sports Illustrated*, todo un referente del deporte en EE UU. A lo largo de su carrera, ha firmado docenas de artículos en publicaciones como *Rolling Stone, Esquire, The New York Times Magazine* o *Newsweek*, además de publicar varios libros de investigación histórica sobre automovilismo, carreras de caballos o béisbol. Hace unos años, se embarcó en una profunda búsqueda documental acerca de la borrosa figura de Ty Cobb (aproximándose al principio con la tradicional mochila de prejuicios a cuestas).

Pronto se dio cuenta, sin embargo, de que, como en los mosaicos de la serpiente mitológica que se muerde la cola, la mayoría de las historias ominosas que se cuentan sobre él –al ir tirando del hilo– resultan proceder de apenas un puñado de fuentes circulares, las cuales se citan y refieren a sí mismas una y otra vez, de forma casi cíclica, sin un sustento original acreditado realmente sólido.

El libro, supuestamente biográfico, de John McCallum, *The Tiger wore spikes*, habría desempeñado en este sentido un foco de contaminación decisivo, ya que muchos lo consideran una especie de confesión, sincera y descarnada, del propio Ty Cobb, en el umbral ya de su muerte, en vez de interpretarlo en su contexto verdadero, un encargo sensacionalista –y algo vengativo– ejecutado sin piedad por el propio McCallum.

El resultado de toda esta labor de desbroce, por parte de Charles Leerhsen, concluye en 2016 con la publicación de *Ty Cobb: a terrible beauty*, una obra premiada y muy bien acogida por la crítica que intenta corregir la visión hipertrofiada que el mundo del béisbol ha construido en torno a la que fuese su primera gran estrella moderna.

Y es entonces cuando surge una pregunta inevitable: ¿acaso es mentira todo lo que hemos contado hasta ahora en estas páginas? Leerhsen reconoce en su libro que Ty Cobb debió ser una persona extraordinariamente difícil de tratar, hosco e irritable a flor de piel, pudiendo llegar a ser incluso muy agresivo –tanto verbal como físicamente– en sus comportamientos. Sin embargo, no cree en absoluto demostrado que fuera un racista militante, ni alguien capaz de asesinar a un hombre a sangre fría en un callejón desierto (por mucho que este le hubiera acuchillado antes); tampoco comulga con la idea de que el jugador no albergara sentimientos compasivos o solidarios a lo largo su vida, que sus registros deportivos deban ser puestos en paréntesis por su forma poco elegante de competir en la cancha o que nadie lo llorase el día de su entierro. Como el propio Leerhsen aseguró en una de sus conferencias, durante la gira de promoción de su libro, "todo lo que se dice y se repite sobre Ty Cobb debería ser revisado".

¿Fue realmente *El Melocotón de Georgia* un cabrón malnacido o su aureola no es más que un constructo colectivo nacional, un fulgor maligno proyectado sobre sus espaldas a través de tópicos y maledicencia? ¿Pudo el demonio con bate ser una persona tan antipática y desagradable como se dice y, al mismo tiempo, cambiar el signo del béisbol para siempre? ¿No debería haber una base real mínima en su mala fama para sostener semejante leyenda negra?

Alguien lo definió una vez como un gran enigma sellado, una caja fuerte de combinación indescifrable, imposible de abrir y mirar en su interior. Fue la primera gran estrella deportiva de Norteamérica, labró récords que aún hoy nadie ha conseguido batir, irradió odio y temor entre sus enemigos y demostró ser un sagaz hombre de negocios, capaz de multiplicar sus ahorros en inversiones pioneras; también fue un padre de familia desdichado, un mecenas para su Georgia natal y uno de los mejores jugadores de béisbol de todos los tiempos. ¿Cómo conjugar todas estas afirmaciones en una sola?

Quizá la paradoja sea la única explicación posible. La contradicción que constituye la esencia misma de la condición humana. Dicen que el Creador moldeó a los hombres a su imagen y semejanza, utilizando tierra reblandecida con agua. Pequeños ídolos erguidos sobre dos patas, héroes al fin y al cabo. Aunque para compensar tanta magnificencia y vanidad no olvidó incluir una pequeña sombra de debilidad en nuestra anatomía: nos hizo gigantes, sí, pero gigantes con pies de barro.

7

TIEMPO EXTRA (A MODO DE PRÓRROGA): TRES ESTAMPAS CRÁPULAS DEL DEPORTE IBÉRICO

7.1

GUILLERMO GOROSTIZA
Juguetes rotos y una pitillera de oro

La última película de 'Bala Roja'

Manolo Summers fue siempre un cineasta heterodoxo e indefinible. En los años ochenta, se hizo muy popular gracias a una trilogía de películas rodadas con cámara oculta (la saga *Tó er mundo e güeno*) en las que el propio público de la calle era el protagonista, anónimo e involuntario, siendo sometido a diversas y discutibles –en su buen gusto– bromas pesadas (algunas impensables hoy en día por su naturaleza incorrecta e inconveniente) mientras un equipo camuflado filmaba su reacción en directo (sin advertirles de ello, claro).

También es recordado por un par de cintas para quinceañeras –creadas a mayor gloria de Hombres G, la banda musical que lideraba su hijo, David Summers–, títulos ambos (*Sufre mamón* y *Suéltate el pelo*) que, además de explotar el tumultuoso movimiento fan generado por el cuarteto pop, se convirtieron en auténticos fenómenos sociales, muy representativos de aquel fin de década, amén de sendos taquillazos.

Sin embargo, antes de esta etapa eminentemente comercial, Summers alumbró en sus inicios unos insólitos y primerizos proyectos (casi *indies* para la época), de clara vocación sentimental y nostálgica, en los que mostraba una mirada ácida y nada complaciente sobre la España en blanco y negro de los años sesenta.

Uno de sus trabajos más a contracorriente de ese periodo es *Juguetes rotos*, de 1966, una cinta documental que recupera el ocaso crepuscular –casi siempre menesteroso y lúgubre, cuando no directamente patético– de antiguas figuras de la escena patria (actores, toreros, boxeadores o futbolistas), caídos en desgracia después de haber gozado de éxito, fama y dinero (un curioso antecedente de la premisa, ya convertida en género, *¿Qué pasó con...?*).

En una de esas estampas melancólicas –la película está dividida en varios episodios independientes–, la *voz en off* del narrador (habitual recurso estilístico del cine español clásico) se pone a buscar el paradero actual de Guillermo Gorostiza, alias *Bala Roja* (aunque, como se verá, sus andanzas fuera de la cancha serían más propias de un auténtico bala perdida). Extremo izquierda del Athletic de Bilbao y capitán de la selección nacional de fútbol durante más de una década, cinco veces campeón de Liga y cuatro de la Copa, fue famoso por su habilidoso regate y su potente disparo, además de ser uno de los rostros más reconocibles de la película *Campeones*, del año 1943, un gran éxito del cine de posguerra, en la que comparte pantalla con otros ídolos del balompié patrio pretérito, como Ricardo Zamora o Jacinto Quincoces.

Recupera entonces Manolo Summers una escena de aquel largometraje y contemplamos en todo su esplendor al Gorostiza resplandeciente de sus años dorados, enfundado en un elegante chaqué rematado con pajarita blanca, conduciendo un lujoso descapotable y entonando una coplilla –al compás del acordeón– que recuerda en su ritmo a las *bilbainadas* que todavía hoy se tararean, entre *pote* y *pote*, en las Siete Calles del *Botxo* (el sobrenombre con el que se conoce, entre los nativos, a la capital vizcaína). "La vida es más alegre vestida de etiqueta / Sonríe más la noche que alivia nuestras penas / y olvida los dolores y el cuello se te irrita /clavándote los cuellos de la pajarita", canta Gorostiza.

¿Pero dónde se ha metido el exdelantero hoy en día? ¿Qué ha pasado con el gran campeón del Athletic? El narrador pregunta por él en las calles de Bilbao, pero ya casi nadie lo recuerda. Acude incluso a un periódico y rebusca en su archivo en busca de alguna noticia reciente, pero lo único que halla en el interior de una carpeta rota y sin gomas son tres amarillentas fotografías de su época de jugador. "Las conservan aún solo para el día en que te mueras, Gorostiza –sentencia sin demasiada compasión la *voz en off*–, y tengan que publicar tu obituario en las páginas de deportes".

Por fin, en el muelle de Santurce, un grupo de ancianas pescadoras (aquellas que a principios de siglo iban "por toda la orilla" vendiendo cestas de sardinas –como cuenta la tonadilla tradicional– "con la falda remangada, luciendo la pantorrilla") saben aportarle una dirección fiable. Gorostiza, el fino extremo que encandilara a aficionados y rivales, malvive hoy en el asilo de Santa Marina, un hospital social de beneficencia, regentado por monjas, para jubilados y enfermos sin recursos, enclavado en la falda del monte Artxanda.

La cámara encuentra al fin la vieja estrella de la selección española echando una partidita de mus junto a un montón de ancianos de aspecto desaliñado, muchos de ellos sin afeitar, con las alpargatas rotas y las pupilas derrotadas. Él, sin embargo, quizá esperando visita, se ha puesto el único pañuelo de seda bueno que le queda, anudado al cuello, al estilo dandi, intentando aparentar cierta presencia aristocrática. Lleva además el rostro rasurado y se ha peinado su pelo ya canoso hacia atrás, pegado con gel fijador.

–¿Qué hace Gorostiza ahora? –le pregunta la *voz en off*.

–La verdad es que nada. El ridículo –responde irónico–. Me ha ido mal en la vida. He tenido problemas de salud. Me han dado la extremaunción hasta en cuatro ocasiones.

–¿Y de qué vive?

–De la caridad. No tengo nada. Del recuerdo no se come, ¿sabe? En esta vida hay que estar en la pura salsa para conseguir algo. ¿Me entiende? Hay que pasar la mano por el lomo hasta al lucero del alba y yo no sirvo para eso.

Al día siguiente, tras verlo sorber el rancho de sopa de arroz que le sirven en la cantina del hospicio las hermanas religiosas, junto a varios lisiados, cojos y mutilados (una de las grandes debilidades del cine, en ese sentido barroco, de Manolo Summers), la *voz en off* se lo lleva de paseo por el centro de Bilbao.

Como si fuera fiesta, Gorostiza se coloca un traje oscuro de domingo, ataviado con corbata y *txapela* en la testa (inclinada hacia la izquierda, como mandan los cánones), gabardina gris por los hombros y se lanza a la calle. Acompañado del equipo de rodaje, se da un largo paseo por el pasado, saluda a algunos viejos aficionados e incluso le lanza un penalti a unos chicos que juegan al fútbol en un descampado.

–¿Qué tal se lo pasó rodando la película *Campeones*? –le inquieren.

–Demasiado bien –sonríe–. Tardamos dos meses en terminarla y fue algo maravilloso. El día que me marché de los estudios Chamartín, los del bar pusieron la bandera a media asta. Los camareros todavía se acuerdan de mí con locura.

Al regreso al asilo, mientras las últimas luces del atardecer –reales y metafóricas– caen sobre su espalda, Gorostiza se despide de todo el mundo amablemente, para lanzar a la pantalla una última petición, casi un ruego, aunque solicitado con gran dignidad y honra.

–Yo creo que tengo motivos para pedir que me den alguna ayuda económica, ¿no cree usted que me la merezco?

Su desesperado mensaje ni siquiera llega a tiempo. Unas pocas semanas antes del estreno de *Juguetes rotos*, el 24 de agosto de 1966, Guillermo Gorostiza amanece muerto en su cama del hospicio. La monja que deshace su lecho encuentra, sorprendida, una valiosa pitillera de oro, con su nombre grabado, escondida bajo la almohada, la única pertenencia de valor que no ha empeñado en el Monte de Piedad. Tiene tan solo 57 años.

¿Y de dónde ha salido esa pitillera? Como dicen los abogados al juez en los filmes norteamericanos de juicios: "Señoría, volveremos a eso más tarde".

Nuestro George Best castizo

"La suya fue, desde luego, una vida de película –escribe Alfredo Relaño–, pero una con final triste". El periodista y exdirector del diario deportivo AS no duda en encabezar un artículo sobre el delantero vasco (publicado en 2012 en su *blog* sobre fútbol español *Memorias en blanco y negro*) bajo el título de *Gorostiza, el George Best español* (comparando su estilo balompédico y vital con el del genial norirlandés, a quien por cierto, ya hemos dedicado un episodio completo en este libro). "Era una rareza para su tiempo, un adelantado –continúa Relaño–. Diestro, jugaba por la izquierda y, en lugar de desbordar y centrar, creaba el pánico con su veloz llegada en diagonal y su violento disparo de derecha. Viendo ahora a Cristiano Ronaldo, me recuerda la descripción que me hacía mi padre de Gorostiza".

A pesar de la algazara y fortaleza que *Bala Roja* transmitía sobre el césped en aquellas arrancadas impetuosas, la última vez que el aficionado pudo ver su ya depauperada figura sería en aquellos cenicientos planos finales de *Juguetes rotos*, postrera despedida que le concediera piadosamente Manolo Summers, rescatándolo del olvido por unos minutos. "Tenía ya el rostro enjuto sobre un chasis endeble, reclamando un trabajo, una ayuda que le permitiese vivir sin dejar más jirones de dignidad en cada esquina", recuerda el investigador José Ignacio Corcuera, con evidente añoranza, en una extensa semblanza sobre el extremo, publicada en 2013 en la revista *Cuadernos de fútbol* (monografía editada por la CIHEFE, el Centro Español de Estadística e Historia del Fútbol). Un desenlace trágico y luctuoso, aunque nada inesperado por otra parte.

Repasando fuentes documentales como las antes citadas, descubrimos que Guillermo Gorostiza nació en la marinera villa de Santurce, junto a la Ría de Bilbao, en el año de 1909 (el mismo en que el gobierno conservador de Antonio Maura tuviera que lidiar con violentas revueltas obreras durante la Semana Trágica de Barcelona). Su padre era un prestigioso doctor –que llegó incluso a presidir el Colegio de Médicos de Vizcaya– por lo que el niño Guillermo se crió en un ambiente burgués y acomodado. En su casa nunca faltó dinero, sirvientes, juguetes o buenas viandas para llenar el estómago.

Desde muy pequeño, demostró poca valía para los estudios, por lo que ya desde sus días de colegio prefirió juntarse con el escuadrón de vagos y disipados de la clase, con los que hacía novillos a diario para irse a jugar al balón por las húmedas campas norteñas. Su padre intentó enderezarlo, metiéndolo primero en un internado de Miranda de Ebro y, más tarde, ya con 16 años, de aprendiz en los astilleros de La Naval, en Sestao.

Lejos de abandonar su afición por la pelota (o pelotón, como algunos lo llamaban entonces) fichó, a pesar de su juventud, por el Arenas de Guecho (a escondidas de su familia), un equipo, de gran categoría en aquellos tiempos, que había llegado incluso a ser campeón de la antigua Copa del Rey en 1919.

Hastiado de ver a su hijo calavera y tarambana hacer el ridículo en pos de una vejiga de cuero inflada, en calzoncillos largos, trotando como un jumento sobre un embarrado barbecho de labranza (descripción que algunos hacían entonces de aquella rudimentaria práctica deportiva, importada de Inglaterra, carente de cualquier utilidad en la vida), el doctor Gorostiza metió a su hijo en un barco mercante y lo mandó a ultramar, a vivir con un tío suyo que había hecho fortuna en Buenos Aires. El remedio, en este caso, fue peor que la enfermedad ya que el *gallego* Guillermo (como llaman en Argentina a todos los españoles) se aficionó a las noches de bandoneón y tango, acompañando el acento lunfardo de los boliches con largos tragos hasta el amanecer.

A su regreso a la Madre Patria (trayecto en barco que se costeó él mismo pintando la cubierta del navío), y al estar ya en edad militar, su padre lo enroló en la Marina, con destino a la base coruñesa de El Ferrol. Gorostiza, a quien nunca le faltó descaro y una simpática sinvergüencería, convenció a su teniente de que podía prestar mayor servicio de delantero goleador del equipo de la ciudad –el Rácing Club de El Ferrol– que de grumete *pelapatatas* en las cocinas del cuartel.

Su fama con el cuero en los pies comenzó a expandirse por la franja norte de la península hasta que –tras verlo en persona en un partido de Copa– el Athletic de sus amores decidió ficharlo por la nada despreciable suma de 4.000 duros de entonces (20.000 pesetas). Acababa de cumplir 20 años y al monarca Alfonso XIII apenas le quedaban dos otoños antes de tomar el camino del exilio, impelido por los aires revolucionarios de la IIª República.

Mr. Pentland, una delantera mítica y el último bar abierto

Gorostiza jugaría en uno de los mejores Athletic de todos los tiempos, desde 1929 hasta 1936, cuando la mecha de la Guerra Civil prendió como queroseno y dinamitó todo por los aires. Formó parte además de una delantera casi mitológica para los aficionados vizcaínos: Lafuente, Iraragorri, Unamuno (más tarde, Bata), Chirri y él mismo. Un equipo temible y avasallador (llegó a vencer 0-6 al Real Madrid en Chamartín y a endosarle un ignominioso 12-1 al Barça en San Mamés) que dominaría la década balompédica de los treinta. Con aquella camiseta rojiblanca (aún con botones en la pechera), Gorostiza ganaría cuatro Ligas –de las siete que disputó– y otros tantos títulos de Copa.

Dirigía aquella plantilla desde el banquillo –con su inseparable puro en la boca y su bombín de *gentleman* en la sesera– *míster* Pentland, el técnico inglés que modernizaría en varios lustros los sistemas de juego del conjunto vasco –y del balompié hispano por extensión– con su juego de pase corto y toque al pie. Fue él quien le enseñó a Gorostiza en la pizarra (como explicaba Alfredo Relaño en su columna, asemejándolo a los movimientos de CR7) a cortar el rectángulo del campo en diagonal, desde la banda izquierda, para explotar el cañón de su pierna diestra.

Pero no solo de goles se avituallaba la sed del extremo, Gorostiza también apagaba sus ansias con vasos de vino, copas de coñac y veladas de jarana. El jolgorio, la holganza y las ganas de francachela formaban parte de sus usanzas y rutinas, inherentes a una personalidad disipada y derrochadora. Por aquellos días, el profesionalismo no era aún esa especie de sacerdocio pagano que es hoy en día y las exigencias que se le requerían al futbolista eran mucho más modestas. Era habitual, por ejemplo, que cada cual durmiera en su casa (no existían las concentraciones) las noches anteriores a los partidos y que los jugadores acudieran al estadio por su propio pie –unos en tranvía, otros andando–, mezclándose en su caminar con los grupos de aficionados.

Gorostiza solía llegar al vestuario el último, apurado de tiempo, con el inconfundible hedor de las tascas impregnado en la ropa, incluso con síntomas de haber pasado la noche entera de parranda. Se lavaba entonces la cara con agua fría en el lavabo, se calzaba las botas y cumplía sobre el césped como el mejor. Ningún compañero o entrenador se atrevió nunca a echarle en cara el tiberio y batahola que acompañaba su vida privada.

"Gorostiza siempre hallaba una última luz encendida, un postrero bar o una casa de tolerancia [eufemismo de prostíbulo] con la puerta entreabierta", narra con expresividad José Ignacio Corcuera, y añade: "Aparecía de madrugada, alborotado el flequillo, asomándole a los ojos el vértigo en que volcó su vida. Daba igual amonestarle, en el césped siempre se hacía perdonar".

José Luis Ispizua, compañero de equipo, comentaba en una ocasión, recordando aquella época de "libertinaje" anterior a la guerra: "Cuando jugábamos fuera, el entrenador nos decía que el autobús partía a las siete de la mañana del día siguiente y que, si alguien faltaba, se iría sin él. Casi nadie dormía en la pensión y nos íbamos encontrando casi todos por los mismos sitios. No nos cuidábamos mucho, pero teníamos una afición tremenda".

A Gorostiza lo describe como un tipo encantador, aunque veleidoso, y muy dado a la intemperancia. "Se tropezaba con un conocido por la calle y le preguntaba que adónde iba. Si el otro le respondía que a misa, le acompañaba a comulgar tan tranquilo. Pero si le decía que a tomar una copa o a echar una canita al aire al burdel, pues se iba con él también. Le daba lo mismo una cosa que la contraria. Era un hombre bueno, pero sin ninguna fuerza de voluntad".

De gira por la Rusia de Stalin, deserción en París y boina roja con el requeté carlista

Del mismo modo que el hacha del *aizkolari* abre en cuña la madera del tronco con su filo, la Guerra Civil parte la vida –deportiva y personal– de Gorostiza (como la de otros miles de jóvenes españoles) justo en su mejor momento. Vizcaya se mantiene fiel a la República, aunque bajo el control del Partido Nacionalista Vasco. El lendakari José María Aguirre –que había sido jugador del Athletic en sus años mozos– decide enviar en misión propagandística, aunque también con intención de recaudar fondos para su gobierno, a un combinado de futbolistas vascos de gira por el extranjero.

En esta histórica y primera selección de Euskadi, junto a Gorostiza, aparecen estrellas como Luis Regueiro o Isidro Lángara, figuras de renombre internacional gracias a su brillante participación en el Mundial de 1934, celebrado, tan solo dos años antes, en la Italia fascista de Benito Mussolini.

La primera parada de la tournée los lleva hasta la Rusia comunista de Josef Stalin, estado aliado del gobierno de Madrid, donde llegan a disputar once partidos amistosos (ganando cómodamente nueve de ellos). Existe entre los forasteros del norte y los nativos eslavos una gran diferencia en calidad táctica y técnica –los moscovitas jamás han visto antes jugar a alguien de ese modo–, por lo que son aclamados por los hinchas como portadores de una nueva revelación balompédica (una especie de Globetrotters del cuero).

Es tal el impacto y la huella que la escuadra vascona deja en el país de los soviets que, prácticamente, marca y determina el inicio de la historia moderna del fútbol ruso y –muy especialmente– la del club Spartak de Moscú, el único conjunto que consigue derrotarlos (aunque con triquiñuelas), una auténtica novela de aventuras que se narra con más detenimiento en el breve pero muy interesante ensayo *Fútbol y poder en la URSS de Stalin*, del italiano M.A. Curletto.

Tras su periplo por la estepa, la selección de Euskadi regresa a París, desde donde piensa embarcar hacia Sudamérica, para continuar su peregrinaje. En la capital francesa, sin embargo, les alcanza la noticia de que las tropas nacionales acaban de romper las líneas defensivas del Cinturón de Hierro (el sistema de fortificaciones que protegía Vizcaya) y que el País Vasco va a caer en manos del enemigo. Gorostiza, que procede de familia bien y no simpatiza con los ideales revolucionarios, reniega y deserta de la expedición republicana (junto a su compañero de selección Roberto Echevarría y el masajista del equipo, Perico Birichinaga), con la idea de regresar a España y unirse al bando contrario, el del general Franco.

Cruza a pie la frontera por Irún y se enrola en el Tercio carlista Ortiz de Zárate como otro requeté más. Esta vez, su habilidad con la pelota no le salva de ser destinado como avanzadilla de vanguardia al epicentro del combate. En medio de uno de los inviernos más gélidos que se recuerdan, tendrá que soportar, en primera línea de fuego, el atroz frente de Teruel, con sus pies de artista ateridos bajo las botas, el fusil cargado al hombro y una boina roja sobre la testera como única protección contra las balas, los obuses y los copos de nieve –grandes como conejos– que caen desde la panza del cielo.

Tras dos años y medio de contienda, Gorostiza regresa a Bilbao en la primavera de 1939. Durante unas semanas, se reincorpora a la disciplina del Athletic, diezmada tras el paréntesis bélico (algunos han caído en combate y otros deben afrontar el exilio). Aún es la gran figura del equipo, pero entre su edad –acaba de cumplir los 30–, su mala fama, el recuerdo de su indisciplina, y el hecho de que existe un chaval en el juvenil que –consideran algunos– podría sustituirle con garantías (no andan desencaminados los presagios, ya que este suplente será el legendario Piru Gaínza), la directiva rojiblanca decide traspasarlo al Valencia CF, quien acaba de ofrecerles por telegrama una jugosa oferta de fichaje (120.000 pesetas de la época, una suma casi inconcebible en el marco de un país totalmente destrozado por la guerra).

Guillermo Gorostiza, veterano en mil y una batallas (casi literalmente), sustituye el *txirimiri* del Cantábrico por la luz *sorollesca* del Mediterráneo e inicia una segunda etapa en su vida. A pesar del contexto de penuria y decaimiento que impregna la atmósfera de un país en reconstrucción –estamos en plena posguerra de represión y hambre–, *Bala Roja* seguirá fiel a su estilo: como siempre, marcando goles y cerrando bares en la fértil ribera del Turia.

En este sentido, resulta especialmente llamativo que conserve su viejo alias en estas nuevas circunstancias, ya que el término *rojo* es considerado en el recién instaurado régimen franquista como un insulto lleno de oprobio, la letra escarlata que estigmatiza a todo aquel que la lleva. Aunque haya luchado en el bando victorioso, cualquier detalle puede generar dudas.

Pero él es Gorostiza –¡qué diantres!– y todo eso le resbala.

Perdonen, aquí fuera hay un pordiosero que dice que juega al fútbol con ustedes

En el Valencia FC, el extremo vasco completará seis temporadas mas –desde 1940 hasta 1946– al más alto nivel de exigencia, levantando con el equipo *che* dos títulos de Liga (de los seis que acapara en total, en sus más de cien años de historia) y una Copa del Generalísimo (como se llamaba entonces a la actual Copa del Rey), formando parte además de un quinteto de ataque inolvidable, la llamada *Delantera Eléctrica*, que los más inveterados aficionados de Mestalla, con la misma musicalidad que un colegial canta la tabla de multiplicar, recitan aún de memoria: Epi, Amadeo, Mundo, Asensi... y Gorostiza; una Edad de Oro imborrable para el club que luce el murciélago en su escudo.

Sin embargo, ya desde su primera temporada, lejos del césped comienza a dejar groseras pinceladas de sus maneras disolutas. Tras una eliminatoria de Copa en Sevilla, Gorostiza se va de juerga por las tascas de Triana y desaparece de la circulación durante varios días. A la expedición valencianista no le queda más remedio que irse sin él y tomar rumbo a Vigo, donde deben disputar un partido de Liga. Ya en el estadio del Celta, mientras se están cambiando en el vestuario, irrumpe uno de los bedeles del campo –el que se encarga de vigilar la puerta de entrada– y les explica: "Perdonen, hay aquí fuera un pordiosero que dice que juega al fútbol con ustedes. Insiste en que es Gorostiza y, la verdad, es que se le parece".

Después de hincarse de rodillas y pedir perdón al entrenador y a sus compañeros, *Bala Roja* suplica ser alineado. Luego, se refriega un poco la cara, se cambia de ropa, salta al campo y juega (muy bien además). Marca uno de los goles –aunque algunas crónicas afirman que los dos– y el Valencia FC gana esa tarde por 1-2. Lo que nadie llega a explicarse es cómo demonios ha conseguido Gorostiza trasladarse desde el corazón de Andalucía hasta un extremo de Galicia, por su propio pie y en semejantes condiciones. Ssemanas más tarde, eso sí, llegará a las oficinas de Mestalla una denuncia de un juzgado sevillano en la que se le reclama al futbolista varios miles de pesetas como indemnización por los gastos y destrozos provocados en un tablao flamenco.

Son los primeros años cuarenta, los más duros del franquismo, marcados por el pan negro, las cartillas de racionamiento y la falta de suministros fundamentales –como el petróleo– en la industria. Los autobuses de viajeros, de escasa autonomía, se mueven gracias a unos hipados motores de gasógeno (un combustible *cañí*, sustituto de la gasolina, elaborado a base de cáscaras de nuez y almendras), haciéndolo además sobre unas deplorables carreteras de arena molida, jaspeadas de socavones. No hay demasiadas alegrías ni en los bolsillos ni en el ambiente, fuertemente reprimido por la religión y la ideología, y desde luego muy pocas distracciones dignas de tal nombre, ni siquiera al alcance de aquellos afortunados que manejan sus buenos duros.

Por eso llama tanto la atención la innata capacidad de Gorostiza para localizar –en aquella España oscura, mísera y sin demasiados alicientes– la escena crápula y libertina de cada barrio o ciudad. La misma destreza e ingenio que demuestra para driblar defensas rivales, la emplea más tarde para beberse la noche entera. Unas correrías las suyas, por mesones y lupanares de mala muerte, que si alguien pudiera rescatar del pasado se parecerían mucho más, probablemente, al lado sórdido que se adivina en los escenarios de *Tiempo de silencio* –la novela de Luis Martín-Santos– que al decorado ñoño y almibarado de series de televisión como *Amar en tiempos revueltos*.

Gorostiza se había casado durante la Guerra Civil (su mujer se llamaba Virginia Alcaraz) y había sido, incluso, padre de dos hijos. Sin embargo, ni sus obligaciones familiares ni los esfuerzos de su entrenador, Eduardo Cubells, por atemperar sus impulsos más primarios consiguieron nunca doblegar ese ánimo golfo e incorregible que le quemaba por dentro.

A veces, cuesta echar la vista atrás e identificar en los rostros de aquellos hombretones serios y repeinados, que aparecen en las fotografías engoladas de los álbumes antiguos, las mismas ansias de diversión (y algo más) que mueven hoy las costumbres de los amantes de la fiesta. Pero no hay que dejarse confundir por la perspectiva engañosa del tiempo, todo el mundo fue joven alguna vez, y la naturaleza humana ha evolucionado muy poco en sus vicios y debilidades desde que el mundo es mundo.

Vicente Asensi, uno de sus inseparables compañeros sobre el césped (y miembro de aquella *Delantera Eléctrica* del Valencia CF), lo recordaba de este modo en una vieja entrevista: "Le pegaba al vino y al coñac. Era una especie de droga para él. No lo podía evitar. Más noble y mejor persona no podía ser, pero tenía que beber. Yo le he visto estar sobrio quince días y no ser capaz de mandar una pelota a quince metros. Sin embargo, en otras ocasiones, llegaba muy mal al campo, beodo, vamos, y hacía un partido enorme. En vez de *Bala Roja*, yo le llamaba *Bala Perdut* [*Bala Perdida*, en valenciano]".

La tarde que doblegó él solo a todo el Sevilla FC (borracho como una cuba)

Una de las anécdotas más representativas, respecto al carácter vehemente e irredento de Gorostiza, la cuenta José Ignacio Corcuera en la revista *Cuadernos de fútbol*. Sucedió de nuevo a orillas del Guadalquivir, en un partido contra el Sevilla FC. Hallábanse en un bar cercano al estadio varios futbolistas de la expedición valencianista, tomándose un café con leche, haciendo tiempo antes de comenzar el encuentro. Tras terminarse el suyo, se pidió Gorostiza una copa de coñac y, tras echársela al coleto de un trago, demandó una segunda.

–No deberías beber más, Guillermo –le aleccionó su compañero Epi, el más serio de todos, a modo de conciencia colectiva del grupo.

–Pues mira por dónde –le respondió Gorostiza desafiante– que ahora, en vez de una, me voy a tomar cuatro. ¡Camarero, sirvámelas!

Delante de los atónitos ojos de sus compañeros, alineó en fila los vidrios rebosantes de licor sobre el mostrador y, uno a uno, se los fue trasegando gaznate abajo. Como es lógico, las consecuencias de semejante testarudez e imprudencia no tardaron demasiado en aflorar.

Cuando llegaron al estadio, tuvieron que ayudarle entre varios a atarse los cordones de las botas –a escondidas del entrenador–, ya que sus trémulos dedos no acertaban a anudar una lazada. Luego, cuando saltara al rectángulo de juego, se le vería desorientado y mareado

–desplazándose a bandazos–, como si anduviera sobre la cubierta inclinada de un atunero, azotado en mitad de una galerna.

Pocos minutos después de comenzar el partido, quiso la casualidad que el árbitro señalara un penalti a favor del Valencia FC y, como era costumbre, Gorostiza se dispuso a ejecutarlo. Para entonces, sin embargo, el alcohol había nublado tanto su puntería que al chutar apenas acertó a rozar el balón de refilón, dejando a cambio un gran socavón en el círculo de cal del suelo como consecuencia de su patada errada. El desequilibrio resultante provocó además que se fuera inmediatamente después de bruces contra la hierba, en una caída nada decorosa, propia de una secuencia cómica de Charlot.

No tardaron los graderíos en poblarse de murmullos, silbidos y burlas, llegando a escucharse incluso un corifeo bufonesco que, desde las localidades más económicas del estadio, le cantaba: "¡Borracho, el vasco es un borracho!".

El escarnio y las carcajadas debieron despertar en su orgullo herido un lobo salvaje e iracundo porque –como si se le hubieran sumergido debajo de una ducha helada– se disolvió de sus venas cualquier rastro de embriaguez. Mientras lo ayudaban a levantarse del suelo, entre varios compañeros, ya iba maldiciendo obscenidades y jurando venganza. "Se van a enterar estos graciosos de quién es Guillermo Gorostiza", se le escuchó aullar.

Hora y media más tarde, el Valencia ganaba por cuatro tantos a cero y, en todos los goles, según cuentas las crónicas, había participado de forma decisiva el veterano delantero vasco, imprevisible, explosivo y genial.

Tanto exceso y caos en su vida, suponían todos, debería acabar por pasarle cargo, de algún modo, tarde o temprano. Sin embargo, en su caso, la factura no llegaría hasta bastante tiempo después. Algo ya pasado de kilos, con 37 años exprimidos hasta la última gota de la pulpa, Gorostiza se veía obligado a poner punto final a su carrera en Mestalla en 1946.

Tras un emotivo partido de homenaje y una sonora salva de aplausos por parte de los aficionados, el presidente del Valencia FC –el recordado Luis Casanova– le dio las gracias por todas aquellas tardes de gloria, lo abrazó como a un hermano y le entregó un regalo como recuerdo del club. Un par de lágrimas saladas corrieron por las mejillas de Gorostiza.

Por la acera del olvido

No sabía hacer el extremo vasco nada más en la vida que no fuera jugar al fútbol (o al menos, nada bueno), así que intentó prolongar todo lo que pudo el único *modus operandi* que conocía. Fichó por el Baracaldo, de la Segunda División, donde ya evidenció una decadencia alarmante. Cayó un escalón más de categoría al año siguiente, paseando su deterioro por el Real Juvencia de Trubia, una pequeña población cercana a Oviedo, para concluir su lenta agonía en el Logroñés, de la Tercera División, donde –como esas fieras famélicas y pulgosas que apenas se mueven ya en las jaulas de los circos ambulantes– colgaría finalmente las botas con 40 cruentos inviernos sobre sus castigadas espaldas.

No le sentó nada bien la jubilación futbolística al pobre Gorostiza. Incapaz de montar ningún negocio con los magros ahorros que aún no se había bebido y demasiado orgulloso para llamar a algunas puertas influyentes en busca de alguna cesantía o puesto honorífico con los que pagar las facturas, se retiró a su Bilbao natal, donde se fue perdiendo en las brumas del olvido del mismo modo que el personaje de Humphrey Bogart desaparece entre la niebla en la escena final de la película *Casablanca*. Aunque, a diferencia del personaje de ficción, sin nadie a su lado que le acompañará en su discreta huida hacia ninguna parte (su familia le había dejado tiempo atrás, cansada de su modos insensatos y errabundos).

Convertido en una mera sombra de lo que fue, cuentan que se le veía merodear como un espectro pasado de moda por los bares cercanos a San Mamés, con la esperanza de que algún aficionado nostálgico recordara su rostro y le invitara a un par de chatos de vino, mientras este le narraba alguna vívida anécdota de sus idas y venidas por el área rival. Vagaba como un expatriado por las pensiones oscuras del Casco Viejo bilbaíno, empeñando para sobrevivir los pocos objetos de valor que aún le quedaban o abusando de la generosidad de los viejos conocidos.

Si antes era él quien se deshacía de los marcadores rivales con gráciles golpes de cadera y quiebros en velocidad, ahora era el resto del mundo quien intentaba esquivarlo cuando lo veía aproximarse, convertido en todo un experto en el noble arte del sablazo. "¿No tendrás un par de duros para prestarme?".

Y en esa cuesta abajo, no demasiado pronunciada en su inclinación pero sí ineludible en su destino final, regresamos al principio de esta historia, cuando el 24 de agosto de 1966 –unas pocas semanas después de participar en el documental *Juguetes rotos* de Manolo Summers– amanece ya sin vida en su cama del hospicio de Santa Marina, y una de aquellas monjas que lo cuidan encuentra, bajo su almohada, su última y más preciada posesión, la única que no había llevado aún al Monte de Piedad.

Origen y significado de aquella pitillera de oro

No despierta gran conmoción en la prensa deportiva de la época la noticia de su deceso. Nuestro país se encuentra en un periodo de bonanza económica y relativa apertura moral, en las radios suena *La chica ye-yé* de Conchita Velasco y, para esos jóvenes melenudos que la bailan, el capitán de aquella selección española anterior a la guerra es poco menos que una reliquia de museo.

Solo *La Gaceta del Norte*, en un artículo firmado por el periodista *Joma*, le dedica un sentido artículo. "Gorostiza fue un anarquista en el vivir y en el jugar", deja escrito. "Su mejor virtud fue que no se pareció a nadie, ni antes ni después. 'Es absurdo driblar así', argumentaban. Y él driblaba así. 'Como corre y avanza no se puede chutar a gol y marcar'. Pero él avanzaba y corría a su modo, chutaba a puerta... y jamás dejó de anotar cientos de goles".

La hermana de la caridad que halló la pitillera de oro escondida bajo su almohada, preciosa en su factura y muy valiosa, encontró una inscripción grabada con buril en el dorso que decía, de forma muy cariñosa. "A Guillermo Gorostiza, el mejor extremo izquierdo del mundo de todos los tiempos. Suyo afectísimo, Luis Casanova".

Aquel era el regalo de recuerdo que le había entregado el presidente del Valencia FC, veinte años atrás, durante su partido de homenaje. El propio Casanova, emocionado, se enteraría días después a través de la prensa de este detalle, quedándose muy impresionado con el hecho. "Con todas las penalidades que pasó al final –declaró–, con lo mal que andaba de dinero y, ya ven, no pudo desprenderse de ella".

De algún modo, aquella pitillera simbolizaba mucho para Gorostiza. Era el último testimonio vivo que le quedaba al jugador, la única prueba palpable, de que todos aquellos partidos que había jugado –desde Moscú hasta Vigo–, todos aquellos goles que había marcado –en el Athletic, el Valencia CF y la selección nacional– y todos los vítores y aplausos que había recibido a lo largo de dos décadas eran de verdad, habían existido en la vida real a pesar de todo, y no formaban parte de un recuerdo inventado por su maltratada memoria.

Seguramente fue lo último a lo que se aferró, bajo la almohada, mientras dormía.

**Esta historia está especialmente dedicada a mi padre, Mauro Entrialgo, quien siempre me hablaba de niño de aquel extremo imparable del Athletic llamado Guillermo Gorostiza.*

SEGURIDAD
Camilo
Sesto

2

JOSÉ LUIS 'DUM DUM' PACHECO
El boxeador legionario

Todo era un 'fake', pero no sonaba tan descabellado

En julio de 2017, en una cruda entrevista grabada con audio e imágenes, el periódico *La Voz de Galicia* revelaba el paradero del antiguo campeón de España de los pesos welter, superwélter y medio –y *top ten* en el escalafón mundial en su día– *Dum Dum* Pacheco. "Ya ves, ahora malvivo en albergues y cajeros", desvelaba el titular. De delincuente juvenil a estrella del cuadrilátero, con fama y mucho dinero, para regresar de nuevo a la mugre de las aceras, subsistiendo con una pensión no contributiva de 482 euros.

El hombre de los puños explosivos decía estar acogido por Cáritas en un centro de Viveiro, en la provincia de Lugo, adonde había llegado desde Gijón –ciudad de la que había huido precipitadamente tras haberse malherido una pierna (posiblemente, en una riña callejera)–, en un peregrinaje errabundo por toda la piel de toro. "Me lo *pulí* todo en *golferismo* –declaraba *Dum Dum* al diario–, pero nunca robé. Yo no soy como Pujol o Bárcenas. Lo gané, lo derroché y ahora no pido limosna a cambio. Si tengo que darte un tortazo, pues te lo daré, pero no quiero malos rollos. No me meto con nadie y nadie se mete conmigo. Respeto y me respetan". En su último párrafo, desolador, afirmaba: "No me gusta que me ofendan. Si me pides hacerte una foto conmigo, hazla; pero no me vaciles dándome un euro, que no te lo he pedido y, además, con ese dinero no puedo ni pagarme un jodido cortado, que hoy ya te cuesta 1,20 en cualquier bar".

Al día siguiente, tras una pequeña polvareda de repercusiones, el mismo diario gallego se veía obligado a rectificar su información. El hombre al que habían entrevistado –y aseguraba ser el famoso púgil de los años setenta– no era más que un impostor (habían sido víctimas de un desafortunado *fake*, como se dice ahora). Con testimonios inventados, el suplantador iba dando una imagen falsa del verdadero campeón, quien residía dignamente en Madrid, según informaba la Asociación Española de Boxeo, la cual –alarmada por lo publicado (la noticia se había hecho eco en otras cabeceras nacionales)– se había puesto en contacto con el verdadero *Dum Dum* Pacheco, referente del boxeo patrio, quien les confirmaba (molesto por las difamaciones vertidas) que llevaba una vida retirada, normal y corriente, en un barrio humilde de la capital, siendo una persona muy querida por sus vecinos. "A pesar de los intentos de transmitir personalmente disculpas al auténtico José Luis Pacheco, no nos ha sido posible –refería el diario en su último párrafo–. Por eso, con estas líneas, desde *La Voz de Galicia*, queremos dejar constancia pública de nuestras más sinceras y sentidas disculpas".

A pesar del patinazo, lo cierto es que el artículo había provocado entre los nostálgicos cierta lástima y ternura, aunque no sorpresa. Por desgracia, son muy habituales las historias sobre viejos ídolos del cuadrilátero ibérico caídos en desgracia, casi un género bibliográfico en sí mismo.

Poli Díaz –El *Potro de Vallecas*– y la heroína; el tristísimo final de José Manuel Urtain –el *morrosko* de Cestona– quien se arrojara al vacío en el verano de 1992, cuatro días antes del inicio de los Juegos Olímpicos de Barcelona, arruinado y consumido (el grupo teatral Animalario llegaría a pergeñar una premiada obra con su azarosa vida en 2009); Pepe Legrá, con su dignísimo porte de galán mulato, quien todavía hoy afirma (so-bre)vivir gracias a la generosidad del periodista José María García; o el maño Perico Fernández, también con graves problemas económicos en sus últimos años, de quien algunos imitadores de los años ochenta –como Pedro Ruiz o Manolito Royo– solían hacer mofa (e incluso befa) aprovechando su gangosa tartamudez y su aspecto arquetípico de boxeador sonado. Sí, son muchas (quizá demasiadas), las crónicas desventuradas de este tipo, aderezadas –por desgracia– con unos guantes cuarteados de campeón apolillado como nexo narrativo de unión.

A pesar de su confuso desenlace, el artículo de *La Voz de Galicia* servía al menos para desempolvar los cajones atrancados de la última edad deoro del boxeo español, una efímera y postrera época de reflejos de purpurina y chicas en bikini (paseando por el *ring* en tacones de aguja y mostrando en un cartelón el número de asalto a disputar), antes de que la televisión pública y algunas cabeceras de gran tirada decidieran ponerle una cruz encima y vetar de sus contenidos todo lo relativo a este deporte (*La guía de estilo* de *El País*, de hecho, lo prohibía expresamente, al considerarlo violento y poco edificante).

Muchos de estos púgiles de pelo en pecho (por entonces, la depilación no se contemplaba ni como mera hipótesis) y testosterona a flor de piel fueron portada de revista, actores ocasionales en películas de éxito e invitados habituales a los *shows* que José María Iñigo emitía en directo desde la sala de fiestas *Florida Park*. Ganaban lo mismo que algunos futbolistas del Real Madrid de la época y alternaban en las noches sin fin del *Pasapoga* con toreros y empresarios de moda. Pero el crepúsculo de aquella época se ocultó hace ya tiempo tras las montañas del olvido (¿quién sabe si para siempre?) y hace falta forzar la vista para vislumbrar su recuerdo en el parabrisas de la memoria.

Todo era un *fake* al fin y al cabo, es cierto, pero la curiosidad continúa ahí, picajosa. ¿Qué habrá sido del auténtico *Dum Dum* Pacheco?

De pandillero de barrio a campeón de Europa (Hernán Cortés, Franco y Elvis Presley)

El chasquido de sus pasos resuena por las baldosas del barrio madrileño de Canillas, al noreste de la capital, no muy lejos del aeropuerto de

Barajas Adolfo Suárez, el político de la UCD que mandaba en aquella España novata (en su democracia) cuando él fue campeón. Se ayuda de un bastón al caminar, disimulando una ligera cojera, compañera inseparable desde que aquel desgraciado accidente sepultara sus ilusiones bajo las ruedas de un camión.

Lleva pantalón gris de franela y una americana de pana, de un tono bermellón atrevido y trasnochado (similar al color que lucía Tony Manero en *Fiebre del sábado noche*), camisa blanca y corbata azul turquesa. Limpio y aseado, con un punto de coquetería. A pesar de frisar los setenta, mantiene una envergadura erguida y decorosa, rematada por una cabellera aún abundante, aunque ya cana, y su idiosincrásico bigote –a lo Burt Reynolds en *Los caraduras*–, un mostacho espeso y cepillado que le ha acompañado siempre, desde que se le oscureciera de pelusa el bozo en su rebelde adolescencia.

A pesar de ello, ninguno de los tres –ni el primer presidente del gobierno de la transición, ni Travolta, ni el simpático *sex-symbol* setentero de *Los locos del Cannonball*– significan demasiado para él. Por algo tiene demasiado claro quiénes son sus verdaderos referentes personales.

"Soy José Luis Pacheco, alias *Dum Dum* –se presenta al espectador–. Y aún mantengo los mismos tres ídolos que tuve, he tenido y tendré siempre en la vida: Hernán Cortés, Franco y Elvis Presley". Las imágenes pertenecen a *Diario Vice*, un programa documental (ya desaparecido) que emitía Movistar a través de su canal #0. Producían, según sus propias palabras, "reportajes de actualidad sobre temas que los medios de comunicación tradicionales suelen pasar por alto, desde un enfoque honesto y sin filtros" (dos adjetivos que, como vemos, encajan como un guante –de boxeo, claro– en la personalidad del viejo campeón). El programa, algo antiguo, fue grabado en el verano de 2016, en fecha similar a la publicación del reportaje sobre *El Dum Dum* (de palo) de Viveiro.

Los objetivos de las cámaras lo siguen hasta el mercado de abastos del barrio, donde el frutero de uno de los puestos le regala una mandarina. "Para merendar vienen de lujo, Pacheco", le dice el tendero.

Dum Dum no vive en la calle, como su sosias impostor, pero tampoco goza de una buena disposición económica. "Un día me como un pollo y, al otro, las plumas –bromea–. Pero estoy bien". Confiesa al reportero, con franqueza, que lo poco que le ha gustado beber o fumar en exceso lo ha compensado siempre, sin embargo, con una atracción desmedida por las mujeres y el casino. "El juego ha sido mi desgracia –dice–. Por su culpa perdí a mi esposa y toda mi fortuna. Siempre me cautivó el dinero fácil. Yo creo que por eso me hice delincuente de chaval".

El gran tópico del boxeo asegura que los verdaderos golpes, los más terribles y dolorosos, no te los da nunca el rival –encima del *ring*–, sino la vida. Y este, como todo estereotipo (por muy repetido y común que sea), contiene gran sabiduría en sus ripios. "Las chicas me seguían por la calle –asegura–. Una vez, una rubia tremenda me pidió el número de teléfono mientras yo cruzaba un paso de peatones por la Gran Vía. Esas cosas no se olvidan".

Llegaron a ofrecerle 700.000 pesetas de la época por enfrentarse en la ciudad de Las Vegas a Roberto *Manos de Piedra* Durán, pero todo se esfumó. "A mí, eso que suele decirse de "que me quiten lo bailao", no me sirve, no me consuela nada –afirma–. Podía haber *bailao* lo mismo con más sentido común y más inteligencia. Pensando un poco en el futuro".

Como boxeador se asemejaba a un guerrero –sus peleas eran salvajes–, exudando garra y pundonor sobre el cuadrilátero. Su mejor virtud era la pegada, durísima y concluyente (solía noquear a sus rivales de un solo golpe), una eficacia que contrarrestaba con sus carencias técnicas de fino estilista.

Su apodo se lo puso el famoso periodista radiofónico –muy aficionado a las doce cuerdas– Julio César Iglesias. "Estaba de moda por entonces un efecto militar muy llamativo –recuerda el propio locutor–. Unos proyectiles explosivos llamados así, *Dum Dum*. Eran unas balas estriadas que penetraban en el cuerpo y estallaban al salir de él, rompiéndote por dentro. Me pareció una metáfora muy apropiada para sus directos, ya que la mayoría de sus adversarios caían desplomados sobre la lona al recibir su impacto".

Además, por su sonoridad, resultaba un sobrenombre muy apetecible de corear en las grandes veladas pugilísticas de la época, retumbando como un grito de guerra entre las gradas de un Palacio de los Deportes lleno a rebosar. "No he disfrutado de una vida sencilla –explica *Dum Dum*–. Desde mi niñez he tenido siempre muchos problemas. Me los buscaba yo, eso sí, que quede claro. No me juntaba con la gente que debiera".

Así lo recuerda Pablo Díez, expandillero y líder –junto a Pacheco– de la banda Los Ojos Negros, la más impetuosa y acongojante del cinturón obrero del sur de Madrid durante los primeros años setenta. "Nuestro *modus operandi* era sencillo –relata–. Llegábamos a las discotecas y, o hacían todos lo que nos daba la gana, o le destrozábamos el local al dueño. Nuestras peleas y hazañas nos hicieron terriblemente famosos en la capital".

"Jugaba al fútbol de niño, como todos –explica *Dum Dum*–, pero nadie iba a verme. Me metí un día en un bar y peleaba Fred Galiana en la tele. El pabellón estaba a rebosar. Al día siguiente, empecé a ir al gimnasio". Pacheco era apenas un crío por entonces, pero podía haber encajado perfectamente en el perfil delictivo de aquellos macarras –acostumbrados a *puentear* el primer Seat 1430 que veían aparcado o a atracar farmacias a punta de navaja– que poblaban el popular cine *quinqui* de la época, aquél dirigido por otros tantos talentos perdidos –estos, del celuloide– como Eloy de la Iglesia o José Antonio de la Loma. En aquellos recordados títulos (*Perros callejeros*, *Deprisa, deprisa*, *El pico...*), aparecían antihéroes urbanos como *El Torete* o *El Vaquilla*, carne de comisaría, presidio y cementerio, un futuro que *Dum Dum* supo y pudo esquivar gracias a su habilidad con los puños. "Él venía de la violencia callejera –explica Julio César Iglesias–. Pero encontró en el boxeo un cauce para dar a esa violencia un sentido y ponerla además dentro de los cauces de la ley".

A los 16 años ya estaba entre rejas, acusado de robo con intimidación. Por su precocidad, solo debería haber estado unos meses a la sombra, pero debido a la reincidencia y a su mal comportamiento dentro de la cárcel (agredió a varios funcionarios y hasta al cura de la prisión) se pasaría tres años completos enjaulado. Mucho tiempo. "A veces salía del penal esposado –recuerda Julio César Iglesias– conducido hasta las escaleras del *ring* por la fuerza pública. Subía, boxeaba, vencía y regresaba de nuevo esposado a su celda. Halló en los guantes un modo de liberarse, y un oficio también, ya que boxear se le daba muy bien".

Otro de los lugares imprescindibles de su trayecto, durante el paseo, es el bar de El Rincón de la Legión, adonde acude de vez en cuando a charlar con los viejos camaradas. José Bayón, caballero legionario de honor (el mismo título que ostenta *Dum Dum*), fue compañero suyo en la Cuarta Bandera de África. "Detrás de las compañías teníamos una especie de cuadrilátero –rememora Bayón–. Allí te podías desahogar si habías tenido alguna *peleílla* o enfado con alguno de tus compañeros. Los mandos te daban permiso para subir ahí arriba y arreglar los problemas a puñetazos".

Pacheco era de los mejores y empezó a boxear más en serio, casi de modo profesional, dentro de la Legión, durante el servicio militar. A veces, incluso, con la gorrilla del Tercio puesta. "El boxeador patriota", lo llamaban.

"No sé por qué –confiesa *Dum Dum*–, pero desde pequeñito me ha atraído la Legión. Es algo superior a mí. Será porque siempre me han gustado las cosas extraordinarias y difíciles".

'Mear sangre', el 'Necronomicón' del boxeo español

En 1976, solo un año después de la muerte del dictador, la ya desaparecida editorial Ediciones Sedmay publica *Mear sangre*, una de las *rara avis* más infrecuentes y alucinantes del panorama bibliográfico nacional. Se trata de una autobiografía –firmada por el propio *Dum Dum* Pacheco, que por entonces apenas cuenta con veintipocos años– cruda y sincera como pocas, narrada en primera persona, con una voz espontánea y carente de cualquier pretensión literaria; un estilo casi magnetofónico (como lo bautizara Sánchez Ferlosio al referirse a su novela *El Jarama*, obsesionado por intentar reflejar el hablar real de la calle) que hibrida la tradición picaresca de *El Buscón* de Quevedo con el tremendismo de *La familia de Pascual Duarte*, de Camilo José Cela (aunque, en este caso, sin una sola línea de ficción inventada en su contenido).

Leído con la mentalidad de hoy en día, el libro puede resultar ofensivo en muchos sentidos (racista, homófobo, machista, violento, algo fascista incluso), pero fascinante, al mismo tiempo, por la pureza ingenua y confiada que respiran sus ásperas páginas de basta celulosa amarillenta, tiernas y violentas al mismo tiempo. Es, por otro lado, un título maldito y difícil de encontrar por el bibliófago, un auténtico *Necronomicón* del boxeo español. Descatalogado desde hace décadas (en Iberlibro.com, tienda *online* especializada en volúmenes raros de segunda mano, solo existe un ejemplar disponible ahora mismo, al disparatado precio de 349 euros), son muchos los amantes del género *friki* que lo veneran y alaban en *blogs* y foros *bizarros* de internet, convirtiéndolo así en una especie de piedra de Rosetta de la arqueología de la Transición.

Escribiendo a martillazos, *Dum Dum* Pacheco va desgranando –a veces con inocencia y a veces muy bruscamente– sus primeras experiencias sexuales, su ira interna adolescente, sus desventuras carcelarias con apenas 17 años (peleas entre reclusos, cuchilladas en los baños, intentos de violación, celdas de castigo, palizas de funcionarios y varias costillas rotas, todo descrito con pelos y señales), así como su épico desfile –a paso ligero– por la Legión, orgulloso como un conquistador del Siglo de Oro, entrando con su casco refulgente y armadura plateada en la legendaria Tenochtitlan de Moctezuma.

"Conocí a dos chicas en una barra americana. Se llamaban Sol y Carmen –podemos leer en el capítulo VII–. Yo empecé a salir con Sol después de estar varios días yendo al club. Tenía 16 años y creía en esos momentos, por falta de experiencia, que había que tener un romance muy largo para echarla un polvete. Así que me ponía muy contento de poder tocarla tan pronto las tetas y el culo".

Tras esbozar sus iniciáticos escarceos sexuales en las últimas filas del cine Ave María, en el barrio de Lavapiés (de donde un acomodador lo acaba echando por guarro y gamberro), cuenta cómo se lleva a su chica al muro exterior del mismo penal de Carabanchel donde ha estado preso meses atrás, para que sus antiguos compañeros –cuyas cabezas comienzan a poblar los ventanucos de las celdas que dan a la calle– puedan presenciar sus magreos. "Se pusieron como locos –escribe

Dum Dum–, cuando ella se sacó el sujetador y las bragas y empezó a saludarles de lejos con ellos como si fueran un pañuelo".

Remata al fin este apartado con el relato de la perdida de su virginidad, con una tal Geli. "Me di cuenta de lo bueno que es encamarse con una mujer y una botella de licor, te viene ese sabor tan maravilloso", explica.

Respecto a su relación con el boxeo, *Dum Dum* elucida cómo llega a él desde la cólera primaria que le genera su entorno menesteroso y violento, no siendo más que un chico de barrio sin futuro ni posibles. "No aguantaba nada a nadie. Me molestaba hasta que me mirasen por casualidad. Pensaba siempre que era por maldad. Tenía un mosqueo muy grande. Pero ha pasado el tiempo y veo que no hay que hacer daño más que a quien te lo haga, no hay que pagarlo con gente inocente. Nunca pongo la otra mejilla. Eso es de poetas y yo de poesía sé menos que un ruso de catecismo", desmenuza en una cita que parece sacada de una novela negra de Vázquez Montalbán (solo que en *Mear sangre* no hay ni pizca de ironía, sino verdad en garrafa y a granel).

"A [Juan José] Pardo, no conseguí vencerle por KO –detalla–, como era mi propósito, pero le di una buena paliza y eso me dejó tremendamente tranquilo", y remata sobre su paso por el amateurismo: "Me di cuenta de que para mí el boxeo era una necesidad. Le quería romper la cara a todo el que me ponían por delante a toda costa".

Aunque también descubre los sinsabores y sufrimientos que conlleva el pugilismo (sobre todo, cuando es uno mismo el que recibe los golpes en plena cara), como en un combate de su época de legionario, cuando aún nadie le ha asesorado en cuestiones técnicas. "Acabé desfondado en el séptimo asalto, con las dos cejas abiertas y un pómulo rajado. No podía más, me faltaba el aire –recuerda–. Es algo terrible sentir cómo poco a poco te vas asfixiando. Cuando estoy en el *ring*, sufriendo y sintiendo los golpes, me arrepiento de no haberme preparado bien. Pasas un sufrimiento muy grande".

Ya en su carrera como profesional, es muy conocida su anécdota con Elio Guzmán, su entrenador de entonces, cuando –en medio de un combate– se acerca hasta el rincón y le pregunta: "¡Oye! ¿Estás seguro de que no le debemos dinero a ese tío? Es que me está pegando como si así fuera".

También desvela el origen del título del libro, cuando –junto al preparador José Buenaventura Rodríguez, más conocido como *Pampito*– se recupera de una tremenda tunda que acaban de darle sobre el cuadrilátero. "Me asusté mucho –deja escrito *Dum Dum*–, porque cuando fui al baño empecé a mear sangre", una experiencia impactante que le dejará marcado.

A pesar de todo, los episodios más descarnados y agresivos rememoran sus días de presidio ("aún sufro pesadillas cuando duermo y siento que estoy ahí dentro", relata), aunque también hay espacio para el chascarrillo carcelario más chabacano. "Si los funcionarios te pillan jugando a los dados –detalla– te vas a la celda de castigo, ya que el juego está prohibido. Si te sorprenden, lo normal es tragarse los dados, que son pequeños". Sin embargo, en una ocasión, uno de sus compañeros de galería engulle unos demasiado grandes y –en un párrafo escatológico– *Dum Dum* especifica al lector cómo lograron, entre todos, que los evacuara finalmente entre grandes esfuerzos y dolores.

El boxeador entró en el penal con 16 años y coincidió dentro con gente famosa, como Jesús Gil o Antonio Gades, el bailarín. A pesar de su corta edad, siempre fue un *echaopalante* ("o pasas por el aro o te enfrentas") y llegó a estar 16 semanas en una celda de castigo. Dos metros de largo por uno y medio de ancho, en un sótano incomunicado ("una mazmorra"). Según explica el propio Pacheco: "Solo había un catecismo y cucarachas, así que aprendí a rezar y a jugar al triángulo, con miguitas de pan, con los bichos. Era obligatorio estar de pie. Cuando entraban y me encontraban sentado, se liaban a palos con una porra hasta dejarme sin conocimiento. En verano, te dejaban un cubo de agua para todo el día. Caían dentro los chinches. Como no había luz, metías el hocico para beber agua y los sentías en la garganta al tragar".

Dedica gran parte de su relato a sus años de legionario, donde aprende lo que es la disciplina, el arrojo y la hombría del Tercio. Lo rapan al cero por destrozarle la cara a un mando ("el cabo Ruiz", especifica) que le hacía la vida imposible durante la instrucción ("nunca más se atrevió a tocarme", comenta). Luego, se ve envuelto en una reyerta "contra unos moros" en un barrio marginal de Ceuta, donde recibe dos cuchilladas en la espalda; y, finalmente, boxea "contra un negro", llamado *Kid* Dongo ("era lo más parecido al interior de un tubo de escape", describe), al que derrota salvajemente. "Tiró la toalla en el cuarto asalto y fui muy felicitado por mis superiores por ello".

Cuando uno concluye la lectura y cierra las tapas del libro, contemplando –meditabundo– de nuevo la turbadora portada de *Mear sangre* (con el título y el nombre del autor trazados con letras infantiles, entre chorretones de pintura, con una apariencia más propia de una película de terror de Paul Naschy que de una autobiografía de boxeo) se da cuenta de lo insólito de la propuesta, absolutamente imposible de concebir en el mundo políticamente correcto –e ideológicamente aséptico– en el que vivimos (y tuiteamos) hoy en día.

Nos puede resultar simpático y hasta algo cavernícola retrotraernos hasta aquellos días de lumpen y marginalidad, pero –si nos ponemos en su pellejo por unos segundos– comprendemos que la naturaleza de José Luis *Dum Dum* Pacheco ha sido ahormada y moldeada en la forja de la (jodida) vida con una pasta áspera y bien acementada, muy distinta a la de la afortunada mayoría.

Los amos de Usera (y el concierto de un aún desconocido Camilo Sesto)

Alumbrado en el caluroso verano de 1949, en una vieja corrala del madrileño barrio de Lavapiés, su humilde familia apenas dispone de los recursos básicos, por lo que, desde pequeñito, la cabeza de *Dum Dum* se llena de pájaros ruidosos, runrunes que le trinan los oídos con tentaciones e incitaciones prohibidas. Quiere tener justo lo que no puede y encuentra en el delito la forma más fácil y rápida de conseguir todo aquello que ansía.

Apenas pisando la pubertad, ingresa en Los Ojos Negros, la citada pandilla de maleantes –suburbial y estrafalaria– que campa por sus respetos por los descampados y arrabales –aún sin pavimentar– de la zona meridional de Madrid, una especie de versión castiza y proletaria de las rivalidades juveniles que se muestran, entre bailes y peleas coreografiadas, en *West Side Story*, la cinta musical (con Rita Moreno, George Chakiris y Natalie Wood) que un *Dum Dum* Pacheco de apenas

13 años –junto a sus colegas– contempla fascinado en una pantalla de sesión continua (el largometraje no se estrena en los cines españoles hasta 1963, bajo el título de *Historia del lado Oeste*).

"A raíz de esta película salieron muchas pandillas en Madrid. Los Látigos, en Carabanchel; los Gatos Negros, de San Blas; los Trompas, de Vallecas, que se llamaba así porque su líder tenía la nariz muy grande; y Los Ojos Negros, que veníamos de Legazpi. Éramos los más fuertes de todos. En aquella época, nada más se hablaba de *El Lute* y de nosotros".

El escritor, filósofo y doctor en antropología Iñaki Domínguez entrevista a *Dum Dum* Pacheco en su ensayo *Macarras interseculares: una historia de Madrid a través de sus mitos callejeros*, un libro que bucea en la mitología urbana de la capital (no por casualidad, una fotografía del boxeador, simulando dar un gran puñetazo al objetivo, ilustra su portada): "Nosotros fuimos los que empezamos a llevar el pantalón de campana, los botines y el pelo largo. Por ir así vestidos nos cogía la policía en el metro y nos metía tres días en la Dirección General de Seguridad de la Puerta del Sol. Y allí... ¡Vaya si te sacudían! Luego, había un grupo de chicas que venían con nosotros, iban vestidas con minifaldas y botas, igual que Nancy Sinatra. Una era *La Paleta*, otra la *Dos Duros*, y también estaba Dolores".

Bajo este barniz bailongo y jaranero, sin embargo, se esconde gente muy peligrosa. Los Ojos Negros dan palizas por encargo, toman prestada la primera moto Bultaco o Montesa que ven por la calle o extorsionan con un pago mensual (como servicio de protección) a los dueños de las discotecas y *boites*, de su zona de influencia, a cambio de poner orden en los reservados cuando al personal le patina el embrague tras varios güisquis *on the rocks*.

Para crearse un nombre de guerra se inspiran en su líder, Ángel Luis, un macarra de la zona alta de Carabanchel, que presume de tener los ojos más negros que el azabache. Pacheco se consolida como su mano derecha y la sala de fiestas Los Boys, en la zona de Usera, se convierte en su cuartel general.

Allí tendrá lugar (como explica el propio boxeador en el libro ya citado de Iñaki Domínguez) un singular y extraordinario encuentro entre la banda y un jovencísimo cantante, recién llegado de Alcoy, un pimpollo de flequillo lacio y voz portentosa a quien –unos años más tarde– todo el mundo conocerá por su seudónimo artístico: Camilo Sesto.

"Hicimos muchos favores a famosos. Sobre todo a Camilo Sesto, que entonces no se llamaba así. Él tenía un grupo que se llamaba Los Dayson, y estábamos un día en la discoteca más famosa de Madrid, en Los Boys de Usera, Ángel Luis y yo, y vienen dos chicos y nos dicen: 'Oye, nos han dicho que mandáis aquí y nosotros queremos trabajar –porque entonces había más conjuntos que discotecas–, y no nos dan trabajo'. Y nos cayeron bien y les contestamos: 'No os preocupéis'. Llamamos al camarero y le dijimos que trajese al jefe, que se llamaba Emilio y le dijimos: 'Dale trabajo a estos, anda, que son los Dayson y están empezando y no encuentran'. Emilio nos contestó: 'Joder, Pacheco, ya les he dicho que no'. Y dije yo: 'Pues, vamos a ser sinceros contigo, dales un mes de prueba o si no, ya sabes, te rompemos la discoteca', porque así funcionábamos nosotros. Y les dio un mes de prueba. Y tuvieron tanto éxito que, cada vez que íbamos a Los Boys, nos metía el jefe un puñado de billetes de mil pesetas en los bolsillos. Sería por 1965.

En sus memorias –tituladas simplemente *Camilo*– el cantante melódico aporta su versión de los hechos, algo distinta (como en *Rashomon*), pero sin ocultar nunca que su encuentro con Los Ojos Negros impulsaría de forma decisiva su carrera en sus inicios (así lo recoge también el periodista Servando Rocha, en un artículo de la revista *Madriz*, publicado en junio de 2015, bajo el título *Retratos del Madrid salvaje: cuando el barrio de Usera fue 'West Side Story'*): "Aquel local (Los Boys) era una especie de garaje enorme y horroroso, con las paredes sucias y húmedas. El dueño aceptó hacernos una prueba y nos contrató para el sábado siguiente. A mí me pareció como un The Cavern a la española. En medio de nuestra actuación, un tipo completamente vestido de cuero negro, adornado con cadenas y herrajes de todo tipo, pelo largo, muñequera y gafas oscuras, un tipo con aspecto terrible, empezó a hacerme muecas de burla mientras bailaba. Yo dejé la canción a la mitad, abandoné el micro en el suelo y me lancé a la pista. No era fácil ganarme bailando *el* rock and roll. Pronto nos hicieron corro y aparecieron dos chicas en la competición. Al terminar, el fulano me abrazó con fuerza y dijo: 'A partir de ahora seréis los líderes musicales de nuestra banda'. Iban armados con cadenas de moto, cuchillos y resultaban realmente peligrosos. Eran los verdaderos dueños de la toda de la zona. Sin embargo, gracias a su admiración por nosotros, se convirtieron enseguida en nuestros protectores".

Así es como va tejiendo el voluble destino sus hilos de azar. La próxima vez que suene en un bar *Vivir así es morir de amor* piensa –antes de ponerte a mover tus pies– que sin *Dum Dum* Pacheco quizá Camilo Sesto jamás hubiera llegado a tener tanto éxito.

"Recluta Pacheco, como pierda el combate lo mandamos al paredón"

Tras cumplir condena en el penal de Carabanchel, el aún jovencísimo –a pesar de tanto camino pedregoso andado– José Luis Pacheco decide rectificar sus huellas y se alista como voluntario en –según sus propias palabras– el más prestigioso y laureado cuerpo de élite de las Fuerzas Armadas. "Yo era un enamorado de la Legión. Siempre me había entusiasmado –confiesa–. De pequeño, veía en la televisión cuando salían desfilando y me emocionaba. En presidio, no dejaba de hablar de ella, alabándola siempre".

Firma su incorporación en el cuartel de Cádiz, donde está cumpliendo el servicio militar obligatorio. "Acudieron hasta allí los legionarios que suelen dedicarse a la captación y nadie quería apuntarse. Yo, sin embargo, nada más ver su gorro, sentí una exaltación enorme". Los siguientes años los pasará dentro del Tercio Duque de Alba, el 2º de la Legión, con sede en Ceuta, bajo la bandera protectora del Cristo de Lepanto, donde –como el mismo explica– aumentará sus valores de compañerismo, caballerosidad y valentía. "Desde entonces me encanta portar la bandera de España. Si por mi fuera, hasta el día de mi muerte. Soy patriota de los pies a la cabeza".

Al poco de llegar a África, se corre la voz en el cuartel de que ha ejercido de boxeador –y no de los malos– a la par que vestía de recluso, así que los mandos le dan permiso para seguir subiendo al *ring*. "Mi capitán me dijo, 'si pierdes, te mandamos al pelotón de fusilamiento, así que defiéndete como un león'. Supongo que lo diría en broma, pero yo me lo tomé muy en serio".

Los guantes reconducen su forma de pensar y de actuar, y le salvan de dar de nuevo con sus huesos a la sombra o, lo que es peor, de acabar en medio de una guerra poscolonial ("Estuve a punto de irme como mercenario, al Congo o a Mozambique, ya no me acuerdo") en algún rincón perdido del continente negro. "Empecé a sentir la responsabilidad, a preocuparme más por mis intereses, y a escuchar a las personas y comprenderlas, cosa que no había hecho antes en mi vida. Yo estaba acostumbrado a hacerlo todo por la fuerza, pero con el tiempo veía que ese no era el camino".

Ya de regreso al mundo civil –y de vuelta a la Península– hace amistad con Mando Ramos, exboxeador de origen mexicano, quien lo introduce en la escena pugilística nacional, comenzando a completar peleas de forma regular. "Poco a poco, me fui olvidando del pasado, cambiando de compañías, hasta comprender que, si se quiere vivir tranquilo, hay que estar al lado de la ley".

La prensa explota su condición de exconvicto para generar más morbo, interés y publicidad gratuita, destacando de él su tremenda pegada. Debuta como profesional en Torrejón de Ardoz, contra Felipe Prada, al que tumba en el segundo asalto. Serán muchos los combates que *Dum Dum* liquide por la vía rápida, aprovechando la goma-2 de sus nudillos.

"Yo siempre ganaba por KO, que al final es lo que la gente quiere ver –afirma–. Por eso me pagaban bien, incluso de amateur, porque daba muy duro. En Bilbao, no me tenían manía por llevar la bandera de España en el calzón, sino porque les regalaba a todos mis rivales unas palizas que los dejaba lisiados. Cincuenta boxeadores tuvieron que retirarse después de pelear conmigo. A Toni Ortiz lo tiré en el tercer asalto y le rompí la mandíbula por siete sitios. Le tuvieron que retirar la licencia para que no boxeara más".

Su forma asilvestrada de golpear embelesa a los buenos aficionados (el cómico Tony Leblanc, entre ellos), que acuden a verle allá donde intercambie guantazos; lugares como el Gran Price de Barcelona, donde interviene con gran éxito hasta en siete ocasiones. *Dum Dum* genera mucha expectación, nunca se arruga y siempre da espectáculo. Llega a ganar más dinero, por la bolsa de los combates que algunos campeones del mundo con sus triunfos. "Una vez me pagaron un millón y medio de pesetas por una pelea sin ningún título en juego. Los promotores decían: '¡Hay que darle lo que nos pida, que nos sale barato!'. Sabían que yo nunca me quejaba y que aceptaba pegarme con todo el mundo, fuera quien fuera".

Protagoniza una gran rivalidad con el marroquí Mimoun Mohatar –su particular Apollo Creed– y vuela hasta Italia para enfrentarse al campeón transalpino Damiano Lassandro: "Aquella buena racha fue mi perdición –admite arrepentido–, porque me creí un fuera de serie. Fui un imbécil. Apenas me entrenaba y no hacía más que irme de juerga con chicas. Empecé a tener amistades, no de corazón, sino de pacotilla. La clase de tipos que uno se encuentra cuando se va destacando en la vida. Acuden como moscas al azúcar para aprovecharse de alguien popular con sus falsedades".

Su historial definitivo no corresponde al de un superclase, pero sí al de un digno campeón patrio. 74 triunfos (52 de ellos por KO), 22 derrotas y 14 combates nulos, obteniendo el cinturón nacional de los pesos welter y superwelter en diversas ocasiones, número uno del *ranking* europeo y décimo del planeta, llegando a estar a punto de pelear por el campeonato mundial.

Sin ningún lugar a dudas, una figura querida, destacada, y sobre todo, tremendamente carismática dentro de la historia del pugilismo español.

'Yo hice a Roque III'
(Cameos, amistades variopintas y un aire a Charles Bronson)

En 1977, *Dum Dum* participa brevemente en la película *Juventud drogada*, otra cinta más sobre delincuencia y heroína asociada al fenómeno del cine *quinqui*. Aunque apenas aparece un minuto en escena (interpretando a un boxeador), la experiencia le resulta tan satisfactoria que comienza –de forma paralela a su carrera sobre el *ring*– una incursión dentro del mundo del cine.

Llega a entablar amistad con el director Manolo Summers (dibujante humorístico en el diario *ABC*, gran aficionado al pugilismo y nombre que, curiosamente, vuelve a surgir por segunda vez –la primera fue al hablar de Guillermo Gorostiza– en este capítulo dedicado a deportistas españoles), con quien mantendrá una colaboración dilatada en el tiempo. Pacheco aparece así en El *sexo ataca (1º jornada)*, otro extraño artefacto iconoclasta –pergeñado por la ocurrencia de Summers, en 1979–, protagonizado por el, muy popular entonces, dúo cómico Luis Sánchez Polack y José Luis Coll (Tip y Coll).

Pero, sin duda, sus apariciones más recordadas en la pantalla pueden contemplarse dentro de la llamada *Trilogía de la cámara oculta*, concretamente en *Toe er mundo e güeno* (1982) y *Toe er mundo e mejó* (1983), una sucesión de bromas pesadas ambientadas dentro de situaciones absurdas y equívocos varios (un género que gozaría de enorme popularidad y éxito de público por entonces).

En uno de los *sketches*, Pacheco simula ser un marido celoso y violento que sorprende en la playa a varios ciudadanos anónimos (los involuntarios inocentes) que están untándole protección solar a su descocada novia. En otro de ellos, ataviado de púgil sonado (calzón corto y guantes), recorre las calles de Madrid preguntando a los sorprendidos viandantes si han visto pasar por ahí a un boxeador negro que le ha dado una paliza: "Summers me decía a menudo que veía algo de actor en mí –afirma Pacheco–. Lo cierto es que yo sí tenía cierta presencia en pantalla, un buen físico. Me comparaban con Burt Reynolds y Charles Bronson".

También trabaja por el prolífico Mariano Ozores, otro de los directores más taquilleros de los primeros años ochenta, en dos ocasiones. Primero, en la muy citada y poco vista *Yo hice a Roque III* (1980), junto a Andrés Pajares y Fernando Esteso, encarnando a Kid Botija, el campeón que se enfrenta al personaje de Pajares en la escena final que cierra la película. Un poco más tarde, *Dum Dum* interviene en *El primer divorcio* (1982), donde coincidiría con Tita Cervera, por entonces otra actriz más del destape (aunque años después emparentaría con la nobleza y se convertiría en la baronesa Thyssen). "Fue muy amiga mía en su tiempo –recuerda Pacheco–, pero ahora igual me ve, agacha la cabeza y sale corriendo. Lo comprendería, porque ella no era entonces lo que es ahora".

En fecha tan tardía ya, como febrero de 2008, en una sabrosa entrevista concedida al periodista Javier Martínez para el diario *El Mundo*, José Luis *Dum Dum* Pacheco afirma estar a punto de empezar a rodar *Senderos de añoranza*, una serie para la televisión. Financiada con fondos culturales de la Unión Europea, la acción –de ambientación histórica– narraría la expulsión del pueblo sefardita en la España de 1492 y contaría con la presencia de Terele Pávez, Tony Isbert o Máximo Valverde como actores principales. El factótum de tan extraño proyecto sería el polifacético Joaquín Gómez Sainz de Rozas, también conocido en el negocio con el nombre artístico de Dan Barry, el *Conan español* (guionista, productor, intérprete, director y excampeón de halterofilia), otro estrafalario personaje de la serie B nacional (aunque esa sería ya otra historia).

A pesar de que el proyecto no llega a cuajar, la ocasión deja al menos un puñado de buenos titulares por parte de *Dum Dum* Pacheco, posiblemente una de las últimas apariciones del boxeador (por razones profesionales) en prensa.

"En el cine, casi siempre he hecho de malo", afirma. "Con la cara que tengo no voy a pasar por Blancanives. En *Yo hice a Roque III* me pagaron 200.000 pesetas, aunque no la rodé por dinero, sino por hacerme un nombre en la profesión. En 1982, tuve muchas y buenas ofertas, incluso para hacer teatro, una obra titulada *Esta noche gran velada*. Estuve tentado de dejar el boxeo y dedicarme en serio a ser actor. Pero entonces tuve aquel maldito accidente".

Toda la vida te puede cambiar en solo un segundo (por desgracia, casi siempre para mal)

En el verano de 1982, Pacheco regresa a Madrid en su coche desde la playa de Aguadulce, en Almería ("Por entonces estaba separado y venía de ver a mi hijo en la costa –explica–. Era joven, bebía y me gustaba correr al volante"). En una curva pronunciada, trazada a demasiada velocidad, el auto se le desliza hasta el carril contrario y se estrella contra un camión que viene de frente, quedándose atrapado entre los bajos del tráiler.

"Entré en coma nada más darme el golpe –recuerda–, y me dieron por muerto. Yo sentí que volaba entre pájaros por un valle, en un paisaje muy limpio. En medio de ese delirio, una mano me agarraba y me sacaba del coche. Lo mismo era un guardia civil o el soldador que se abrió paso con un soplete entre la chatarra. Muchas veces me he preguntado qué sería aquella sensación. Llegué a hablar del asunto con el doctor Jiménez del Oso".

Tras recuperar la consciencia y permanecer varias semanas en cuidados intensivos, en octubre de 1982 ("Me acuerdo de que el PSOE de Felipe González ganó sus primeras elecciones justo mientras yo estaba en el hospital", detalla), es intervenido en la clínica de San Francisco de Asís de Madrid. En una operación de más de cuatro horas de duración, le implantan por todo el cuerpo cinco placas y casi treinta clavos.

"Aquello me destrozó la vida –se lamenta–. Estuve cuatro años con muletas, hasta que pude volver a caminar. La amargura se apoderó de mí y empecé a ir al casino, mi verdadera perdición, donde me arruiné del todo. El accidente no solo me impidió competir por el campeonato del mundo contra Roberto *Manos de Piedra* Durán, sino que también echó a perder los contratos que ya tenía apalabrados para hacer más películas".

En 1986, tras un largo y doloroso paréntesis de casi un lustro de inactividad, intenta regresar de nuevo al cuadrilátero, pero su maltratado físico no aguanta las exigencias del boxeo de máximo nivel y se ve obligado a colgar los guantes el 15 de agosto del año siguiente, cuando disputa su último combate –el de su retirada– contra José María Cosano, en el pabellón de Collado Villalba.

"Después de casi 300 combates, no tenía la cabeza como para ponerme a estudiar Medicina –comenta con sorna–, así que estuve metido en cosas de seguridad. Luego, trabajé en una empresa de gestión que construía pisos y también en Ferrovial; tengo buena reputación allí, pregunta por mí si quieres. Durante un tiempo, fui escolta de un diplomático árabe, pero pasó una cosa tonta y no pude seguir". "¿El qué?", le pregunta el periodista. "Lo de siempre –responde *Dum Dum* con una sonrisa irónica en los labios–. Me echaron por liarme con una de las criadas".

Y al final, suena 'Suspicious minds'

En lo personal, José Luis Pacheco está divorciado y es padre de tres hijos, uno de ellos –el mayor– procede de su primer matrimonio, mientras que los otros dos –los mellizos– corresponden a una relación posterior. Un lío.

"Si no me he acostado con mil mujeres no me he acostado con ninguna –presume–. Conocidas, desconocidas, millonarias. Rara era la noche que no caía alguna. He sido muy vividor. Me cogía un millón de pesetas y me quedaba donde había peleado, en Roma o donde fuese, y hasta que no me lo gastaba todo no volvía. Cambiado de coche como de camisa. Ya podía haber invertido en pisos con todo aquel dineral. El más caro de la Castellana valía dos millones de pesetas por entonces y eso lo ganaba yo en dos combates".

Ya casi al final del reportaje de *Diario Vice*, el viejo expúgil se va a casa y se pone un traje oscuro en condiciones, con gemelos y alfiler de corbata. Esta noche, en el polideportivo de Alcobendas, antes del combate principal que encabeza el cartel, los organizadores van a brindarle un pequeño homenaje en señal de agradecimiento y recuerdo.

"En la vida hay que tener un poco de memoria –desgrana el *speaker* de la velada al público asistente, con el micrófono en la man–. Tenemos con nosotros a uno de los campeones más queridos del boxeo español. Por favor, recibamos como se merece a... ¡Joooosé Luuuuís *Dum Dum* Pa-che-cooo!"

Mientras sube y se introduce –con gran agilidad– entre las doce cuerdas que separan el cuadrilátero del resto del universo, comienzan a proyectar sobre una gran pantalla unas añejas imágenes de sus mejores años de competición. Se le ve insultantemente robusto y vigoroso, capaz de comerse al mundo entero, crudo y de un bocado.

We can't go on together / with suspicious minds / and we can't build our dreams / with suspicious minds.

La voz aterciopela de Elvis Presley, uno de los tres grandes ídolos de su particular panteón, comienza a entonar el estribillo de *Suspicious Minds*, la canción preferida del boxeador, y sus ojos se humedecen un poco.

"Yo odiaba a la sociedad, quería matar a mi rival. Pero luego estuve cerca de la cima –repite en su monólogo interior, para acabar resumiendo en una sola frase–. Mi vida está hecha de fuego y hielo".

POR SIEMPRE CHAVA

3

JOSÉ MARÍA 'EL CHAVA' JIMÉNEZ
Cuanto más empinadas se pongan las curvas (y la vida), mucho mejor

Y de repente, un rayo de luz entre la niebla asturiana

Nuestro destino se encuentra a poco más de 20 kilómetros del centro urbano de Oviedo, conduciendo en dirección sur por la nacional 630. Para alcanzarlo, primero hay que tomar la salida por la AS-231 (dirección La Foz), hasta llegar a La Vega, la capital del concejo de Riosa, donde una desviación se abre a mano derecha, dando paso a la sinuosa RI-2, la estrecha carretera que se va retorciendo hasta el pueblo de Grandiella. Es entonces cuando la espalda de la calzada se arquea hacia el cielo asturiano como una ola de asfalto arrugada, empinando su cresta rugosa sobre los muros verdes de pasto, desafiando en su escarpada vertical la propia ley de la gravedad.

Comienzan en ese punto unos doce kilómetros y medio de ascensión sin respiro, con un desnivel de 1.265 metros (la inclinación máxima se alcanza en la llamada Cueña les Cabres, donde las rampas se ladean sobre una exagerada pendiente del 23,5%), hasta alcanzar entre curvas y alabeos cimbreantes la solitaria cumbre –ubicada a 1.570 metros sobre el nivel del mar–, poblada tan solo en su meseta por silenciosos rumiantes que abrevan entre los hierbajos, un rincón tan hermoso como aislado, donde hasta el viento afilado no tiene nada mejor que hacer que dar la vuelta y regresar al valle.

Durante muchos años, el alto de El Angliru, que así se llama tal sitio, no fue conocido y frecuentado más que por pastores locales, montañistas de fin de semana y algún que otro aficionado suicida –a lomos de su *mountain-bike*–, dispuesto a apretar los dientes, doblar el espinazo sobre el manillar y llevar la escala del esfuerzo hasta los confines mismos de la resistencia humana.

En 1999, sin embargo, la organización de la Vuelta ciclista a España decidió incorporar este puerto de montaña al perfil de su trazado, como meta final de una de sus etapas. En muy poco tiempo, la inclemencia inmensa de su orografía, más la belleza del escenario natural que lo enmarca, convirtieron a este nombre de sonoridades ancestrales en uno de los nuevos templos de la bicicleta mundial. Un paraje de leyenda, capaz de rivalizar en dureza y exigencia con el Mortirolo italiano, un Shangri-La sagrado y perdido que consagra por siempre a quien consigue inscribir su nombre en la selecta lista de escaladores –tan solo se ha subido en siete ocasiones desde entonces– que han levantado los brazos, en señal de victoria, al traspasar su línea de llegada.

Encontramos, entre ellos, a excelsos campeones de la ronda española, como Roberto Heras o Alberto Contador (además de a Kenny Elissonde, Gilberto Simoni o Juanjo Cobo, El *Bisonte*); sin embargo, si alguien ha quedado vinculado para la posteridad a este mítico pico es su primer ganador, el hombre que dio cuerda a la leyenda en aquella edición inaugural de 1999.

–¡Mil metros finales para Pável Tonkov! –resuena la voz de Pedro González, el recordado comentarista de RTVE, en la retransmisión en directo de la etapa–. El ruso va a ser el primer ganador del Angliru.

–El *Chava* va a estar muy cerca –se lamenta el gran Perico Delgado, a su lado, habitual compañero del primero en estas labores informativas–. Pero ya el puerto se acaba para todos y con la distancia que queda... ¡Un momento! ¡Mira, está ya casi ahí, está ahí!

El clima cantábrico, irredento y antojadizo, ha acompañado toda la gris jornada de una incesante cortina de lluvia, escoltada por una impenetrable bolsa de niebla. Las unidades móviles apenas pueden enviar señal alguna a los satélites de comunicaciones. Los espectadores, sentados en el sofá de su casa, no pueden ver nada, salvo a los motoristas, intentando secar con un pañuelo las gotas que salpican la pantalla del objetivo. Tras un ascenso inhumano en su crudeza física y atmosférica, parece que Tonkov va a llegar arriba solo.

Pero la voz de Perico Delgado da la señal de alarma y, de entre la densa bruma, como esas figuras inesperadas que surgen de la nada en el momento decisivo de la película –justo en el clímax de la última escena–, la estampa de El *Chava* rasga la esponjosa pared de agua sucia y calima que emborrona todo el fondo de la pantalla y, entre las luces de los faros antiniebla, adelanta a su rival a la velocidad de un pura sangre, galopando desbocado en la recta final. "¿Le ha superado? –se pregunta Perico Delgado nervioso, que no acaba de vislumbrar bien lo que está pasando en el monitor–. ¡Sí, lo ha superado!"

Ese día, 12 de septiembre de 1999, José María Jiménez, alias El *Chava*, alcanza la eternidad, su más recordada y celebrada victoria, alzando la mirada hacia las nubes de color ceniza, cargadas de presagios, calado de arriba abajo de esa épica y epopeya que tanto embelesa a los aficionados al ciclismo.

Cincuenta y un meses más tarde, sin embargo, el 6 de diciembre de 2003, José María Jiménez fallece de un infarto fulminante en la clínica San Miguel de Madrid, una residencia psiquiátrica regentada por las hermanas hospitalarias del Sagrado Corazón, donde se ha refugiado de todos –y de él mismo– con la esperanza de poder recuperarse de la terrible depresión que lo atormenta (y mantiene alejado del ciclismo desde otoño de 2001), así como de otros excesos y adicciones que tanto lo angustian. Tiene tan solo 32 años.

El chico gordito y travieso que se subió a una bici

Eusebio Unzué, histórico gerente del equipo ciclista Banesto (la casa del *Chava* durante toda su vida deportiva), lo recuerda del siguiente modo. "Era un corredor imprevisible, un hombre espectáculo, capaz de las victorias más impresionantes, en sus días buenos, y de las cagadas más tremendas en los malos". El periodista radiofónico José María García –habitual en la Vuelta a España durante varias décadas– abunda en este sentido. "Era un producto bruto de la naturaleza, parido para ser un ciclista campeón. Pero él se empeñó en no llegar a la meta final adonde sus condiciones naturales lo podían haber llevado. Todo en él era un volcán, un torbellino".

José María Jiménez nace el 6 de febrero de 1971 en El Barraco, Ávila, a más de mil metros de altura, en plena comarca natural del Valle del Alberche, muy cerca de la Sierra de Gredos, entre montañas preñadas de pinares y ríos repletos de truchas arcoiris, un territorio idílico para el senderismo y la bici (de hecho, son varios los equipos ciclistas que vienen aquí a entrenar). Su madre Antonia regenta una casa de comidas, El Mesón del Pescador, donde (cuentan) se sirven unas deliciosas judías pintas con almejas y tostón asado, así que el niño *Chava* crece entre el borboteo de los pucheros y el ajetreo constante de los clientes.

Como en todos los pueblos castellanos, cada familia posee su propio mote desde varias generaciones atrás, apodos cuyo origen se pierde ya en el devenir del tiempo. A los de su linaje, en El Barraco, los conocieron siempre como *los Chabacanos*, un apelativo que José María mantendrá –en versión abreviada– durante toda su carrera, aunque sustituyendo la B por la V al fijarlo por escrito –*El Chava*–, sin motivo aparente alguno, tal vez solo por el mero hecho de diferenciarse del resto, algo que le caracterizará toda su vida.

"Tenía un punto de humor disparatado", rememora Eusebio Unzué: "Muy extrovertido, un personaje atractivo y carismático. Llenaba el ambiente con su carácter, siempre positivo. Por mal que fueran las cosas, él solía pensar que al día siguiente mejorarían". "Un tío alegre por naturaleza", añade su excompañero José Luis Arrieta (uno de los mejores gregarios que tuvo nunca el pelotón español): "Siempre le estaba quitando hierro a los problemas".

Con apenas once años, comienza a dar sus primeras pedaladas en la Peña Ciclista Ángel Arroyo, un club de aficionados creado poco después de que el propio Arroyo (paisano también de El Barraco) ganara la

Vuelta a España en 1982. Gracias a la popularidad de aquel triunfo (el barraqueño llegaría incluso a conseguir un meritorio segundo puesto en el Tour de 1983, solo por detrás del chovinista campeón galo, rubito y con gafas de intelectual, Laurent Fignon), la afición por la bicicleta se disparó en toda la comarca.

En la pubertad, El *Chava* era más bien corpulento ("gordito", traduce al román paladino Víctor Sastre, su entrenador y director en aquel tiempo), con mucha fuerza en la musculatura, tan inquieto y travieso encima el sillín como sobre el pupitre de la escuela. Por entonces, Víctor Sastre ejerce de ojeador del equipo profesional Banesto (aún llamado Reynolds, hasta 1989, por su patrocinio con la famosa empresa de papel de aluminio), el cual –desde su sede original de Pamplona– rastrea toda la geografía nacional en busca de jóvenes talentos. Es él quien les habla de una "mala bestia" de El Barraco que gana todas las carreras de infantiles, un chico diferente a los demás.

El *Chava* se incorpora a la disciplina del equipo navarro –primero, como aficionado, a las órdenes de José Luis Jaimerena– y, tras un periodo de aprendizaje y formación, dando el salto a profesionales a los 21 años, después de una brillante victoria en el Circuito Montañés, el certamen más prestigioso en categorías inferiores (la prueba del algodón para sus entrenadores, que ven en él un auténtico proyecto de ciclista de raza). Aún está sin hacer del todo, pero las trazas tienen muy buena pinta.

Estampa de rodador, raza de escalador

Existen pocas disciplinas deportivas que puedan ofrecer una imagen tan clara, poderosa y manifiesta de superioridad física, respecto a un rival, como el ciclismo. Normalmente, dicha exhibición suele tener lugar en medio de un puerto de montaña, inclinado hacia las nubes, cuando uno de los corredores decide demarrar (esto es, acelerar la marcha, normalmente aupándose sobre los pedales) y se va hacia delante en solitario, rompiendo esa especie de cuerda invisible que lo ata al resto del pelotón, comprobando en su huida, con el rabillo del ojo, como nadie tiene la suficiente gasolina en las piernas –y oxígeno en la cabeza– para poder seguir su estela.

"El verte por delante de los demás es lo más bonito que uno puede llegar a sentir encima de una bicicleta", afirma Federico Martín Bahamontes, el primer español en ganar un Tour de Francia, en 1959, y uno de los mejores escaladores de nuestra historia: "Escaparte, mirar hacia atrás y ver a todos tus seguidores desperdigados, rotos y descolgados por la fuerza de tu ataque. Eso es una maravilla".

Por su parte, el exciclista Santi Blanco, amigo íntimo de El *Chava*, cuenta por experiencia: "Cuando te notas bien subiendo, es la mayor de las alegrías, porque disfrutas un montón. Pero cuando vas mal, en cambio, y sientes que no puedes seguir la rueda del de delante, pasas la peor de las torturas. Para ser un buen escalador, hay que nacer con algo especial".

Un "algo especial" que, a pesar de su fisonomía adversa, El *Chava* exuda por los poros. 182 centímetros de esqueleto asentados sobre una complexión corpulenta –aunque esbelta y fibrada–, la clásica envergadura de un rodador, muy similar en su constitución a la del mismísimo Miguel Indurain, el líder indiscutible del equipo Banesto.

Tradicionalmente, los escaladores suelen presentar –por el contrario– un volumen mucho más pequeño. Bajitos y livianos como un jinete de carreras, de zancada corta, pata fina y cadencia eléctrica. Pero al *Chava* eso le da lo mismo. Él asciende las cumbres con vigor, poderío y largas pedaladas, dejando un sello de impetuosa elegancia. "Hay que tener en cuenta que, dada su estructura ósea –explica Eusebio Unzué–, él tenía que subir las cuestas con diez kilos de más, en su cuerpo, que el resto".

La genética es, en este sentido, fundamental. El *Chava* posee un don en las bielas de sus piernas del que no disfruta todo el mundo. "Cuando empiezas a subir un puerto, las pulsaciones se te disparan– explica Ángel Arroyo–. Pero no a todos por igual. Hay corazones que lo soportan mejor que otros. Ese es el verdadero secreto de un escalador".

Los gemelos y los muslos empiezan a hormiguear de dolor, de tantos pinchazos que padecen, los pulmones abrasan por dentro y el corazón se quiere salir de su cavidad. Pero algunos organismos son capaces de resistir ese esfuerzo insoportable –llegando, incluso, a ignorarlo de algún modo– para seguir atacando y atacando en cada rampa hasta desfondar al contrario. “El escalador nace”, sentencia Bahamontes: “No se hace. Es como el fuelle del motor de un coche. Tiene los caballos que tiene. Eso no se puede entrenar. Es como ser cantaor de flamenco. Por mucho que te pongas, o te sale o no te sale”.

Hay quien cree, sin embargo, que el lugar de procedencia y su entorno puede resultar también decisivo a la hora de adquirir ciertas condiciones. “Es muy importante la zona en la que uno vive y se entrena a diario”, asegura Santi Blanco. En el caso de *El Chava*, por ejemplo, él nunca ha salido de su comarca natal a la hora de montar en bicicleta –puerto arriba, puerto abajo–, un verdadero paraíso para la práctica ciclista.

Largas carreteras de montaña sin apenas tráfico, el viento serrano de cara (que curte la carne y el alma), un clima exigente y extremo –muy frío en invierno y asfixiante en verano–, la altitud constante, siempre por encima de los mil metros, una excelente gastronomía local –a la hora de recuperar fuerzas– y la forja del carácter sufridor castellano, que glosaba Miguel Delibes, una suma de factores que aporta al ADN una potencia y resistencia especial. A la teoría de la evolución de Darwin, basada en los genes, *El Chava* añade la adaptación al ambiente de las tesis de Lamarck; una combinación perfecta que, en su caso, acaba mutando en una raza de escalador casi pura. “Me gusta atacar –afirma *El Chava*–. Me hace saber que, al menos, estoy dentro de la carrera y que puedo intentar conseguir la victoria. Ir a rueda de los grandes y quedarte atrás, aguantando, no tiene ningún sentido para mí”.

Además de subir fácil, es un tío valiente y acostumbra a revolucionar las carreras con sus arremetidas, muchas de ellas a falta de demasiados kilómetros para alcanzar la meta, surgidas sin la suficiente estrategia o planificación previa, impulsos de genio motivados –tan solo– por el placer efímero de ver arrugas de preocupación en los rostros de sus rivales, provocar una escabechina en el grueso del pelotón o poner a los aficionados en pie. “Para mí, lo más importante es que los aficionados disfruten”, añade.

Cuando ataca, hace daño; y eso la gente lo agradece (hay quien compara sus hachazos a aquellos de Perico Delgado años atrás). Su forma explosiva y algo extravagante de correr, fuera de cualquier lógica, levanta del sofá a los adormilados espectadores, que contemplan el fin de las etapas en plena hora de la siesta. "Le gustaba saberse protagonista, aunque fuera durante media hora, rodeado de micrófonos y cámaras –afirma el periodista Javier Ares, amigo personal de El *Chava*–. Era una ciclista que corría por y para la afición".

"Consiguió que la gente se juntara en los bares para seguir los finales de montaña por la pantalla de la tele –afirma Carlos Sastre, campeón del Tour de Francia de 2008 y cuñado de Jiménez (está casado con su hermana Piedad)–. Por entonces entonces eso solo pasaba con el fútbol. Despertó muchos seguidores con su forma de ser, de montar en bici y de ganar".

Demarra de lejos, de forma algo alocada, y, en ocasiones, tanta efervescencia se evapora en un par de tragos de gaseosa. Pero da igual. Al menos lo ha intentado. Capaz de lo mejor y lo peor. Surgir de la niebla espesa del Angliru, como una aparición mariana, y vencer de modo heroico en su cima para, al día siguiente, perder quince minutos respecto a sus rivales en medio de la indolencia y la molicie. Su imprevisibilidad genera caos dentro del pelotón y, aunque no saque ningún beneficio de ello, estimula la carrera.

"Hay corredores que venden llegando descolgados y otros que no venden ni llevando el maillot de líder", afirma José María García: "Narrar por la radio que alguien como El *Chava* estaba atacando generaba mucha más expectación en antena que la aportada por cualquier otro".

Su dorsal no aparece en los listados de los que ganan más carreras, pero su nombre sí es el que se ve más escrito en las pancartas –y pintadas sobre el asfalto– que pueblan las atestadas cunetas los días grandes de montaña.

La ley del mínimo esfuerzo (o por qué no se puede ser un genio 24 horas al día)

Todos los héroes de la mitología deportiva esconden un punto débil, un talón de Aquiles que condensa toda su vulnerabilidad en un centímetro cuadrado. El gran hándicap de El *Chava* es su inconstancia e irregularidad, un vicio que le impide competir por objetivos mayores.

–Con lo bueno que tú eres –le pregunta un día Perico Delgado–, ¿por qué no te preparas en serio para ganar algo como un Tour de Francia, *Chava*?

–¡Buah! –le responde, medio en broma, pero muy en serio–. Para eso hay que entrenar mucho y pasar mucha hambre. Y yo no estoy dispuesto a eso. Tú, déjame a mí. Yo, con atacar y ganar un par de etapas ya he cumplido.

Para ser el primero en una carrera de tres semanas no hay que fallar ningún día, no se puede conceder ni un error. Pero él es el *Chava* y siempre deja escapar algún borrón de tinta al dejar su firma. Cuando siente el olor fresco de las cumbres, se transforma. "Escúchame, mañana gano", le anticipa a su compañero Santi Blanco– Y el tío iba y ganaba! –recuerda este con una sonrisa. "Aunque, luego, llegaba la contrarreloj y se hundía con estrépito".

A pesar de que podría pulir y mejorar, por técnica y físico, sus carencias en las *cronos* –que tantos quebraderos de cabeza le provocan–, él no acaba de estar por la labor. Solo muestra ambición cuando realmente le interesa algo (como ser el primero en coronar El Angliru), entonces persevera, se esfuerza y saca el objetivo adelante. Pero si algo no le llena del todo, será la ley del mínimo esfuerzo la que presida su particular decálogo.

"Nunca quiso ser un ciclista grande", escribe Carlos Arribas en el diario El *País*: "Se conformó con explotar su gran clase, una facilidad innata para escalar, ponerse en forma sin sacrificio y hacer el trabajo mínimo que le permitiera seguir con un buen sueldo y el favor de la afición. Por eso solo acumuló triunfos aislados en la Vuelta a España. Nunca le tentó la aventura de hacerse inmortal en el Tour".

En cierta manera, tiene alma de *showman* y un sentido de la competición, entendido como puro espectáculo, muy americano y moderno. No concibe la idea de ganar a la defensiva, capturar un buen puñado de segundos de ventaja un día y luego ir administrándolos sabiamente a lo largo de la carrera, con inteligencia, eficacia y cicatería. Vencer así le resulta rácano. Él es o César o nada. Todo a lo grande. Una forma de pensar y de actuar que también extiende a su vida personal, muy exagerada en los picos y en los valles.

"Su carácter era así y no había forma de cambiarlo –sentencia Miguel Indurain–. Dentro y fuera de la carretera se comportaba igual. Si querías, lo aceptabas. Y si no, pues no había otra cosa".

El *Chava* ejerce de fiel escudero del gran pentacampeón del Tour durante sus últimos años. Algunos intentan ver en él al sucesor del navarro, pero la gran diferencia entre ambos reside en el temperamento. Indurain es como el ordenador de vuelo de un avión, constante y fiable, una máquina fría que nunca sorprende atacando, pero que jamás se bloquea o se queda sin batería.

"No le puedes pedir a un genio que sea sublime las 24 horas del día, sin bajones o ausencias– afirma Javier Ares–. El *Chava* era más de chispazos. Desaplicado y desatento en demasiadas ocasiones. En vez de invertir su energía en cuidarse, prefería derrocharla en hacerse fotos con los aficionados, sin preocuparle demasiado el precio que debía pagar a cambio".

Yo soy 'chavista', yo soy 'olanista'

El 2 de enero de 1997, Miguel Indurain anuncia públicamente su retirada de la competición, dejando así un hueco vacío en la cúspide de la pirámide. Varios son los nombres que se barajan como candidatos a heredar su cetro en lo más alto del escalafón nacional. Y de entre todos ellos, dos –El *Chava* y Abraham Olano– coincidirán, para mayor morbo y enredo, dentro del mismo equipo, el Banesto, acrecentando una pugna fratricida por el liderazgo que zarandeará las placas tectónicas de los cimientos del ciclismo patrio.

Son dos perfiles antagónicos. El vasco representa al competidor serio y callado, resistente, sufridor y disciplinado. El abulense es pólvora y fuego, explosivo, espontáneo y carismático. Dos estilos y concepciones del mundo y el deporte que chocan y se confrontan encima de unos pedales (y mucho más allá). Como un grifo de agua que se desborda sobre el lavabo, su rivalidad enconada –que llega a ser íntima y personal– se extiende de forma paralela por las redacciones de los periódicos, las tertulias radiofónicas y los alientos de la afición, dividiendo a todo el sector de la bicicleta en dos facciones opuestas: 'prochavistas' contra 'proolanistas' y 'antiolanistas' frente a 'antichavistas', como en aquellas cuitas antiguas entre toreros de maneras y estilos contrapuestos.

El cenit del enfrentamiento entre ambos explosiona a lo largo de la Vuelta a España de 1998, donde teóricamente *El Chava* debe ayudar al líder del equipo –Abraham Olano– a ganar en Madrid. Tirar de él en los puertos cuando lo requiera, esperarle incluso si se queda descolgado y, por supuesto, no yéndose hacia delante cuando lo vea desfondado. Pero su teórico asistente va a hacer justo lo contrario. Tal vez porque no ha quedado nada convencido de que los máximos responsables deportivos del Banesto (Eusebio Unzué y José Miguel Echávarri) hayan preferido elegir al vasco –y no a él– como número uno. Puede que Olano sea una opción mucho más sólida de cara al triunfo final, pero todos sospechan que quien mueve realmente los corazones de la afición (y las audiencias de la radio y la televisión) es *El Chava*.

"Allá donde iba caía en gracia –recuerda Víctor Cordero, el director general de la Vuelta en aquellos años–. Su simple presencia era garantía de público. Luego, desde el punto de vista organizativo, tenía sus cosas y generaba pequeños desbarajustes, pero, con todo, gran parte del éxito de aquellas ediciones de la Vuelta se lo debemos a él".

Ese 1998, *El Chava* se siente intratable en la montaña y destroza a sus rivales con ataques tan devastadores como imprudentes, sin tener para nada en cuenta la situación en carrera de su jefe de filas.

–¡Pero dónde se ha visto que el líder se quede sin compañeros que le ayuden! Un día se romperá el saco.

Tras una acometida salvaje en Lagunas de Neila, en Burgos, la esposa de Abraham Olano –Karmele– no aguanta más y denuncia la situación ante los micrófonos de la Cope (emisora que se ha posicionado en favor del vasco, frente a su rival y competidora, la cadena Ser, de clara filiación *Chavista*).

Días más tarde, *El Diario Vasco* (periódico también pro-Olano) filtra que *El Chava* alienta a sus rivales a atacar, en medio de atronadoras carcajadas, al grito de "¡Leña al manzano que está maduro!", como arenga (conviene resaltar que el segundo apellido de Abraham Olano es, curiosamente, Manzano).

"Los movimientos que él hacía eran para perjudicarme a mí", recuerda con amargura el propio corredor vasco, más de dos décadas después, en el documental *40 años: de Reynolds a Movistar*, emitido en 2019: "Entiendo que se te pueda descontrolar la carrera, pero no generar tú mismo el descontrol".

A falta de solo dos jornadas para terminar la Vuelta, en una etapa de alta montaña con final en Navacerrada, *El Chava* abandona cualquier disimulo y deja tirado a Olano en una arrancada de las suyas. Llega incluso a colocarse líder de la clasificación general y enfundarse el maillot amarillo. Al día siguiente, sin embargo, en la contrarreloj de Fuenlabrada, el guipúzcoano aprovecha su superioridad en esta especialidad y lo supera finalmente.

Eusebio Unzué reconoce que "se generaron problemas internos" debido a aquel enfrentamiento, pero al mismo tiempo asegura que –a pesar de todo– sería el propio Banesto, como equipo, quien saldría más favorecido. Olano se lleva el triunfo final y *El Chava* acaba tercero en el podio de Madrid (el mayor logro de todo su palmarés), además de ganar cuatro etapas –todas ellas con final en alto– y el maillot de la montaña, que premia al mejor escalador.

A pesar de las sonrisas y los brindis con champán, la situación se hace insostenible y Olano abandona el equipo a final de temporada. Banesto apuesta al fin por *El Chava* y le firma un contrato con estatus de estrella, 150 millones de pesetas al año de ficha, una cantidad fabulosa, el ciclista español mejor pagado del pelotón.

¿Pero dónde se ha metido 'El Chava'? (malas compañías y la atracción del lado oscuro)

Las tres siguientes temporadas las completa con su única e indeleble rúbrica, alternando tardes de gloria con hundimientos garrafales. Mantiene duelos de altura en las curvas del Giro –con las cumbres nevadas de los Dolomitas de fondo–, obligando a su admirado Marco

Pantani (el mejor por entonces en la montaña, prácticamente invencible) a doblar la testuz y apretar las muelas para conseguir responder a sus bestiales arrancadas (el abulense está a punto de batirle en el imponente macizo del Gran Sasso d'Italia, en L'Aquila).

Cuando aparca la bici, en los meses que está fuera de temporada, le gusta comer –y beber– con fruición y alegría, ganando unos preocupantes kilos de grasa que luego quema sobre el sillín en durísimos entrenamientos de hasta ocho horas. La rumorología comienza a engendrar chismes y bisbiseos que circulan entre la prensa y la afición. Se le ve con frecuencia a altas horas de la madrugada en discotecas de Ávila y Madrid (y no siempre en las mejores condiciones). Amistades peligrosas, dinero fresco en el bolsillo, simpatía, don de gentes y un carácter extrovertido, de esos que gustan complacer y agradar a sus compañeros de correrías, asegurándose de que nunca les falte de nada.

Pero a los cigüeñales de sus piernas no parece faltarles muelle y en la Vuelta de 2001 vuelve a ganar tres etapas (todas con meta en alto) y su cuarto maillot del Gran Premio de la Montaña, además del de la Regularidad. Nada hace presagiar que está punto de emitir un postrero canto de cisne, su precipitada despedida del pelotón profesional. Sin previo aviso, de la noche a la mañana, desaparece entre las sombras. Nunca volverá a correr competición ciclista alguna. Todos arrugan la frente extrañados y se interrogan en voz baja. "Oye, ¿pero tu sabes qué le pasa al *Chava*? ¿Dónde está? ¿Dónde se mete?".

Resulta casi imposible contactar con él. No coge el teléfono más que a unos pocos elegidos. Algunas de sus declaraciones antiguas, que sonaban a *boutade* por entonces, parecen alcanzar ahora un significado revelador. "No voy a estar en un equipo que me ponga dos guardas jurado en la puerta de la habitación para controlarme –bromeaba (¿o tal vez no?)–. Quiero vivir la vida y disfrutarla ahora que tengo 25 o 30 años, no cuando ya cargue con los 70". Se comenta que, tras comprarse un deslumbrante deportivo, lo ha estrellado incomprensiblemente contra un muro nada más salir del concesionario.

En la prensa nacional, salpicados como islotes desperdigados sobre un océano espeso de silencio (algo corporativista), comienzan a aparecer algunos párrafos sueltos flotando que dan a entender cierto coqueteo de *El Chava* con el lado más oscuro de la noche. En un artículo publicado (ya tras su fallecimiento) por Sergio López-Egea en *El Periódico de Catalunya*, se puede leer: "Trataba de salir, sin éxito, del túnel en el que había entrado su vida, producto de los excesos con el alcohol y las drogas. Desde la celebración que sirvió en Madrid para despedir la Vuelta de 2001, su vida se había convertido en un continuo ajetreo nocturno". El periodista llega, incluso, a poner nombre y apellidos a alguno de sus compadres de fiesta.

Uno de los más cercanos a su caótico entorno sería Jesús Manzano, ciclista profesional del conjunto Kelme, escuadra de la que será despedido en 2003 por comportamiento indebido, denunciando el propio corredor –poco después– prácticas de dopaje, dentro de su equipo, de carácter chantajista y casi mafioso, lo que acabará provocando una macro investigación de la Guardia Civil, conocida genéricamente como Operación Puerto. En el transcurso de la misma, el entonces director deportivo del Kelme, Vicente Belda, imputado en el juicio oral, lanza un furibundo ataque contra Manzano –su antiguo pupilo–, al que acusa de ser un "indisciplinado total", beber "cerveza tras cerveza" y subir "señoritas" a su habitación del hotel. En un teletipo de Europa Press, fechado en febrero de 2013, Belda declara: "Como Manzano no tenía carné de conducir, el difunto *Chava* Jiménez se lo llevaba el viernes y regresaba el lunes siguiente. Los dos se pasaban todo el fin de semana desaparecidos".

López-Egea ubica también dentro del círculo más cercano de amistades del *Chava* al portero del Real Madrid Iker Casillas y al torero José Tomás. Se da la circunstancia, precisamente, de que en la temporada 2001-2002, el guardameta blanco llega a perder la titularidad del equipo (Vicente del Bosque alineará en su lugar a César Sánchez, incluso en la final de la Copa de Europa –la de *la Novena*– celebrada en Glasgow), en un episodio nunca aclarado del todo. Se especula con un preocupante bajón de forma por parte del jugador y con algunos informes internos del club, que alarman sobre su vida privada.

Tras meses sin dar señales, *El Chava* decide contactar finalmente con los representantes del Banesto y, tras anunciarles la imposibilidad de comenzar con ellos la nueva temporada, les pide un año sabático para recobrar fuerzas. "Ya sabemos que no volverá a correr. Es un hecho –filtra a los medios una fuente interna del equipo–. Ahora, nuestra única esperanza es poder recuperarle como persona".

Luchando por salir del pozo

A pesar de que El *Chava* se pasa todo el año 2002 en blanco, el Banesto le mantiene la ficha y le abona los 150 millones de pesetas que le corresponden por contrato (unos 900.000 euros, más o menos, ya que justo ese año entra en circulación la nueva moneda europea).

Intentando salir del hoyo lóbrego en el que se ha atorado, se refugia durante varias semanas en el hotel que el exciclista Lale Cubino regenta en Béjar, Salamanca. Hasta allí se lleva su bici y en las frías –pero soleadas– mañanas serranas, como un dominguero más, asciende rampa a rampa el cercano puerto de La Covatilla a un suave ritmo de trantrán. Quienes lo ven pasar, apenas pueden reconocer su figura recortando los repechos. Hinchado por la medicación y el abandono, ha engordado más de cuarenta kilos.

También pasa algún tiempo, apartado del mundanal ruido, en una casa rural de Piedrahita, junto a algunos íntimos, y –de forma intermitente– entra y sale de la madrileña clínica San Miguel, donde –oficialmente– está siendo tratado de una fuerte depresión. Corren todo tipo de rumores sobre sus inusuales extravagancias, el abuso de sustancias y esa sombra lóbrega que lo va eclipsando todo poco a poco, pero tanto él como sus allegados desmienten cualquier tipo de insinuación –por leve que sea– al respecto.

Llega otoño y la Vuelta a España abre el telón de una nueva edición. La no participación final de El *Chava* se recibe por parte de la afición con decepción, disgusto y cierta incredulidad. Nadie, ni dentro ni fuera de la organización, esclarece de forma suficientemente cristalina la causa verdadera de su no presencia en la salida de Valencia, sede de la primera etapa.

Ese mismo fin de semana, en el suplemento *Crónica* del diario El *Mundo*, el periodista Juan Carlos Rodríguez consigue dar con El *Chava* y lo entrevista en un artículo encabezado bajo el título de *El ciclista deprimido*. "Considerado el Curro Romero de este deporte –arranca el texto– por sus memorables gestas y sus decepcionantes *espantás*, el corredor del Banesto es la gran ausencia de esta Vuelta a España 2002. Por prescripción médica apagó su móvil y le dieron por desaparecido. Criticado por su falta de responsabilidad y su afición a la juerga, su silencio ha disparado los rumores: según varios periódicos "intentaba salir de las drogas" y "ha roto los puentes con su equipo".

"¿Cómo te encuentras?", le pregunta el reportero. "Bien, muy tranquilo. Me pillas escuchando a Los Chichos y cortando zarzas en la finca de mi novia, en Pedro Bernardo, Ávila. (...) Nadie tiene cojones para decirme que eso de las drogas es verdad. El que me quiere no se lo cree y el que no me quiere se lo traga. ¿Quién lo ha escrito? Porque sabrá de ciclismo lo que yo de perdices *preñás*. (...) Que yo sepa, en la clínica San Miguel no hay ni drogadictos ni alcohólicos. Es un sanatorio de reposo para depresivos. Las estadísticas dicen que el 60 por ciento de los españoles pasa por una depresión alguna vez en su vida. Pero yo estoy en el punto de mira de los periodistas. (...) Con Javier Ares, David Alonso [de la cadena SER] o José Ramón de la Morena me llevo de puta madre, pero con otros no. (...) Solo quiero que no me echen mierda encima".

El 1 de enero de 2003 queda desvinculado oficialmente del Banesto. Su contrato expira y no parece tener más ofertas en el buzón. A sus 31 años, es poco menos que un ciclista retirado. Vuela a Maspalomas, en Gran Canaria, en busca de horizontes más límpidos. En el hotel Gloria Palace coincide con Marco Pantani, también en horas bajas (el italiano acarrea una suspensión de seis meses por positivo en un control *antidoping*) y se llega a insinuar que ambos podrían terminar corriendo juntos en un mismo equipo.

En mayo, El *Chava* regresa al pórtico de la pequeña iglesia románica de El Barraco, su pueblo natal, para dar el 'sí, quiero' a Azucena, su novia de toda la vida. Ambos empezaron a salir cuando ella tenía tan solo quince años (él veintiuno), recordará tiernamente la propia Azucena, en 2013, en un emotivo homenaje que José Ramón de la Morena –y su programa *El larguero*– dedican a la memoria del corredor en el décimo aniversario de la muerte. "¿Qué fue lo primero que te dijo *El Chava* cuando te conoció?", le pregunta el popular locutor deportivo. "Se acercó y me dijo: 'Oye, tú tienes las piernas muy largas, ¿no?".

No hace ni veinte meses que ha dejado de correr en bici, pero a veces parece que ha transcurrido una vida entera desde entonces. Al todavía joven exagitador de las etapas más escarpadas de la Vuelta –apenas jubilado hace un par de parpadeos– le molesta sobremanera su pérdida de influencia, el modo en que el perfume de su fama parece haberse evaporado de aquellos mismos ambientes cuyas puertas se abrían antes a su paso, impulsadas por un resorte. "Lo más duro que tiene que soportar un deportista cuando se retira es la falta de los aplausos –afirma Federico Martín Bahamontes–. Cuando eres figura y, de golpe y porrazo, los mismos que te veían antes, ya ni te saludan de pronto. Eso es garrafal".

Tal vez *El Chava* no haya sabido gestionar con armonía y avenencia su conexión íntima con la gloria y –sobre todo– con la ausencia de ella. La misma mano que le levantó por los aires, le ha dejado caer al suelo desde ahí arriba.

Muerte de un ciclista

El domingo 6 de diciembre de 2003 *El Chava* se encuentra ingresado, desde el jueves anterior, en la clínica San Miguel de Madrid, el centro de rehabilitación –ubicado en la zona de Arturo Soria– al que suele acudir de forma esporádica. Lleva toda la jornada aquejado de fuertes jaquecas. "Me duele mucho una muela, apagad un poco la tele, por favor", advierte a última hora. Se ha pasado toda la tarde enseñando su álbum de recortes –con recuerdos de sus mejores carreras– al resto de huéspedes del sanatorio. Algunos de ellos no saben muy bien quién es, así que le ha pedido a su mujer que le acerque el porfolio donde guarda todas sus fotografías, para poder mostrarles sus triunfos como ciclista.

A eso de las diez y media de la noche, su corazón colapsa y pierde el conocimiento. Nunca más volverá a despertar. Su esposa Azucena recibe una llamada de aviso por teléfono y se acerca a la clínica. El doctor que atiende a su marido ni siquiera necesita decirle nada, un simple gesto con la cabeza le transmite la peor de las noticias posibles. El parte oficial habla de una parada cardiorrespiratoria sobrevenida de forma súbita. No llegará a cumplir los 33.

En los días posteriores, las reacciones del mundo de la bici se suceden en cascada. La mayoría de los obituarios y homenajes que se rinden a su figura poseen un tañido de *fatum* trágico, el hado maldito de una crónica anunciada.

"La culpa de su fallecimiento la han tenido las malas compañías –afirma con rotundidad Manolo Pérez, presidente de la Real Federación Española de Ciclismo–. Es una verdadera lástima".

"Era una muerte inevitable –asegura Eusebio Unzué, su jefe en el equipo Banesto–. Él había elegido este camino. No se veía viejo".

"Lo que más me fastidia es haber acertado –comenta José Miguel Echavarri, su director deportivo durante años–, haber previsto lo que iba a pasar desde mucho tiempo atrás. Todos lo sabíamos y nadie ha podido hacer nada. De algún modo, estaba escrito en su sangre, en sus genes, en su forma exagerada de encarar la vida. Todos sabíamos que iba a irse joven".

Es precisamente su temprano adiós, impregnado de infortunio y fábula, lo que provoca que gran parte de la prensa emparíente el destino de El *Chava* con el de otras dos fortísimas personalidades del ciclismo español. El primero, José Manuel Fuente, El *Tarangu*, escalador desmesurado como él, protagonista de aquel recordado equipo Kas de principios de los años setenta, capaz de poner al borde del desfallecimiento al mismísimo dios Eddy Merckx en el Giro del 74 (El *Tarangu* se verá obligado a jubilarse prematuramente de la competición, años después, por culpa de una enfermedad hepática). También será comparado con Luis Ocaña, el gran héroe amargo del pelotón nacional, ganador del Tour de 1973, de carácter fatalista y melancólico, quien acabaría suicidándose con una escopeta de caza en su finca francesa de las Landas.

Algo más perezoso que Ocaña, pero con mayor tirón popular, El *Chava* representa al ídolo de la calle, fundido en el aliento cercano del pueblo, ese a quien no le importa mostrar –sin pudor– su imperfecta condición humana. "Apóstol de la genialidad y del abandono autodestructivo –deja escrito sobre él el periodista Jaime Fresno–. Un corredor anacrónico, de impulsos, sin miedo a ninguno de los grandes, cuya línea roja entre la gran victoria y el colosal desfallecimiento se dibujaba demasiado fina". Un modo de vivir y de correr que impacta en la afición, traspasando fronteras y conciencias.

Unos meses después del entierro, Azucena –viuda del ciclista– recibe una carta sellada con membrete de ultramar. Es de un chico canadiense, quien se confiesa ferviente admirador de *El Chava*. Dentro del sobre hay un billete arrugado de veinte dólares y unas instrucciones. "Por favor, compre con este dinero un ramo de flores y lléveselo al cementerio de mi parte".

Algo huele a podrido en las cocinas del sistema

En su libro de memorias *Abrazos y zancadillas*, publicado en 2009, el periodista deportivo J.J. Santos –habitual presentador de la cadena Telecinco– dedica varios párrafos a la muerte de *El Chava*, descorriendo las cortinas del recuerdo y alumbrando con sus palabras una nueva perspectiva.

Considera J.J. Santos al corredor abulense, por encima de todo, una 'víctima' del sistema, el triste efecto colateral del contrato 'leonino' que le ataba sin remedio al equipo Banesto, un grillete mental que acabó por exigirle más de lo que su fortaleza psicológica era capaz de soportar. Un cuadro médico, cita el periodista, similar al de otro gran escalador (uno de sus mayores rivales en la alta montaña), caracterizado por cambios de humor, bipolaridad y estadios depresivos.

El 14 de febrero de 2004, tan solo 70 días después del fallecimiento de *El Chava*, otro suceso luctuoso sacude y esparce –como un atizador de alfombras– el polvo de las conciencias de todo el colectivo ciclista. El cuerpo sin vida del campeón Marco Pantani, alias *El Pirata*, aparece desplomado en el suelo de una habitación del hotel Le Rose, en la localidad costera de Rimini, junto al *mare azzurro* del Adriático.

La causa de tan desgraciado deceso, según revela informe policial, apunta a una sobredosis de cocaína. El afamado corredor tenía 34 años (uno más que *El Chava*) y llevaba frustrado y desmoralizado desde 1999, cuando –tras dar positivo por consumo de EPO en un control antidopaje– fuera expulsado del Giro en plena carrera (mientras marchaba destacado en la primera posición de la clasificación, luciendo el maillot rosa de líder).

Iniciaría entonces un particular descenso a los infiernos, una pesadilla en la que –además de ser desposeído de su aura de leyenda– pasaría a ser considerado por algunos como un simple tramposo. Tocado y hundido, el italiano agota el resto de sus días intentando demostrar su inocencia, jurando a todo aquel que le quiera escuchar que su caída en desgracia no ha sido más que el resultado de un tenebroso y secreto complot.

En un rocambolesco giro de los acontecimientos, su madre Tonina llega a conseguir –en 2014– que los jueces decidan reabrir la investigación del caso (salpicado de sospechas, pruebas no concluyentes e indicios de conspiración, un feo asunto que relaciona a Pantani con la mafia y el mundo de las apuestas clandestinas) y que se tome en consideración la –alucinante– posibilidad de que *El Pirata* pudiese haber sido golpeado y obligado a beber cocaína diluida en agua hasta morir.

El periodista británico Matt Rendell había realizado, un año antes, una minuciosa reconstrucción de los últimos días del escalador transalpino en su polémico libro *The Death of Marco Pantani*. En sus páginas, Rendell afirma que el campeón del Giro y del Tour se había convertido en adicto a la cocaína, durante los últimos tiempos, por culpa de sus constantes accesos depresivos.

Detrás de todo ello se escondería, al fin, la opresión insoportable de la maquinaria interna del ciclismo, convertido ya más en un frío negocio que en un mero deporte, un tinglado repleto de corrupción, bolsas de plasma y agujas dopantes, donde la obsesión por la victoria habría acabado por convertir a los corredores en meras cobayas, un circo de tres pistas sin red de seguridad en el que los especialistas médicos cobrarían en función de los resultados y donde los opacos cócteles de vitaminas se antepondrían –casi por obligación– a la propia salud del deportista.

A partir de 2012, el mundo de la bicicleta asiste –entre la conmoción y el sonrojo– a la demolición y derribo de Lance Armstrong, el último gran titán de este deporte, que será desposeído, uno a uno, de sus siete Tour de Francia, destapando las vergüenzas de un turbio entramado enquistado en las mismas entrañas del sistema.

La película de Stephen Frears *The Program*, de 2015, disecciona con gélido escalpelo la realidad de unas prácticas ilegales, aunque admitidas, negadas, pero reales, resaltando la controvertida figura del médico italiano Michele Ferrari, acusado de ser uno de los instigadores y factótum de toda una industria del dopaje –sistemática y masiva– dentro del pelotón.

Las controvertidas prácticas del doctor Ferrari tendrían su particular transposición a España en las figuras de Sabino Padilla, (facultativo del *Chava* en sus mejores años y constante objeto de suspicacia) y en la de Eufemiano Fuentes, quien –directamente– sería investigado por la Guardia Civil dentro de la llamada Operación Puerto.

En 2016, en una cínica entrevista al diario *El Mundo*, el ganador del Giro de 2007 y *enfant terrible* del sillín, Danilo di Luca, reconocía haber corrido dopado "siempre" y culpaba de ello a "un sistema caníbal que todos conocen, pero del que ninguno habla". Y añadía: "Nunca me arrepentí de nada, hice lo que debía. Cuando decidí ser ciclista profesional tuve que aceptar las reglas. (...) Lo imponía el ambiente. Como amateur ganaba carreras, pero al saltar a profesionales me era imposible, al menos al principio, hasta que acepté las normas (...). El dopaje no es una droga, no crea dependencia. Pero hay alguno que ha hecho tanto abuso que tiene necesidad de seguir usándola".

El testimonio más descarnado y brutal, sin embargo, que también apunta en esta misma dirección, es la del propio Jesús Manzano, el viejo compañero de correrías de El *Chava*, quien en una histórica entrevista al diario francés *L'Equipe*, en 2007, intenta desquitarse de sus errores y pecados disparando a mansalva y sin contemplaciones. "La solución empezaría por cambiar a todos los directores deportivos de los últimos diez años –asegura–. Ellos son los responsables del dopaje, los que chantajean a los ciclistas y los presionan de manera que no puedan elegir otro camino. (...) Quieren hacernos creer que algunos corrían a base de lechuga. (...) Fue el dopaje lo que mató a Pantani y al *Chava* Jiménez. El dopaje conduce a otras adicciones. Yo mismo he tomado hasta ocho pastillas diarias de Prozac cuando competía. Numerosos ciclistas se vuelven adictos a la cocaína, la heroína u otros medicamentos".

Tantos años después, 'El Chava' vive

Pero las manijas del reloj no entienden de nostalgia y siguen avanzando, lentas e inexorables, por la esfera abombada de cristal, siempre hacia delante. Los años van cayendo poco a poco y algunos de los jóvenes que pueblan ahora el renovado pelotón internacional jamás han visto al *Chava* –ni siquiera por la televisión– atacar a pie de puerto. La memoria es flaca y suele caer en la desidia, pero muchos se empeñan en que este desliz no ocurra con él.

En 2008, su cuñado Carlos Sastre le dedica un emocionado recuerdo desde lo más alto del podio de París, vestido de amarillo, levantando el ramo de flores frescas que lo reconoce como campeón del Tour. "Él se murió muy pronto –explica conmovido–. Me enseñó a ver la realidad del ciclismo y también de la vida. Fue como mi hermano pequeño, pese a estar en dos mundos tan opuestos. Me vacilaba mucho pero me quería con locura. Y con lo que pasó se convirtió en la persona que más me ha hecho llorar en la vida".

Otro de sus excompañeros de profesión, Pedro Horrillo, llega a glosarle unos emocionantes versos en su honor: "Y subiendo por las laderas / excitando tu ego / conjurando el mal / buscarás tardes de gloria / días de nunca olvidar / pero encontrarás pozos oscuros / luces que no verás jamás".

Y cerrando el círculo que empezamos a trazar algunas páginas atrás, regresamos de nuevo al *L'Angliru* (como se escribe en bable), la misma cumbre astur donde comenzamos esta historia, con sus rampas colosales y su tapiz de hierba inclinada. Es 9 de septiembre de 2017 y en sus curvas se disputa el final de la penúltima etapa de la Vuelta a España. Las piernas de los corredores han cambiado de propietario, aunque el esfuerzo que deben emplear en ascender semejantes pendientes es idéntico. El británico Chris Froome es quien marcha en la cabeza de la clasificación, seguido del italiano Vincenzo Nibali; sin embargo, quien demarrará hoy es Alberto Contador, despegándose limpiamente del resto de escaladores con la misma facilidad con la que un disolvente diluye un emplasto de pintura.

Ya hace casi veinte años que *El Chava* venciera en esta misma meta, en una gloriosa y fría tarde de viento, niebla y lluvia. "Fue muy duro cómo se fue –recuerda Eusebio Unzué, cuando se le pregunta por la efeméride–, pero él fue muy feliz mientras corrió. Disfrutó mucho del ciclismo y de la vida".

Alberto Contador va agotando el último kilómetro de la etapa cuando el helicóptero que sigue la carrera ofrece un plano cenital en la pantalla de la televisión, mostrando –desde las nubes del cielo– las pintadas que garabatean el negro asfalto de la carretera, como trazos de tiza sobre una gran pizarra longitudinal.

Una de ellas, la más grande, repite uno de los mantras ciclistas que los buenos aficionados han convertido ya en inmortal. Quien la ha pintado lo ha hecho con trazos largos y gruesos, seguramente bien temprano, cuando los de la organización aún no habían colocado ni las vallas.

Son solamente tres palabras, pero resumen en su grafía todo el significado de este capítulo.

Y dicen: "¡El *Chava* vive!".

Este libro se terminó de imprimir el 9 de noviembre de 2020. Ese mismo día de 1996 Mike Tyson perdía su segundo combate como profesional. Lo hacía ante Evander Holyfield –aún con las orejas intactas–, besando la lona en el undécimo asalto en lo que no fue más que el comienzo de su decadencia.